suhrkamp taschenbuch
wissenschaft 1275

In diesem Buch werden die neuesten Kenntnisse über die biologischen, evolutionsbiologischen und neurobiologischen Grundlagen von Wahrnehmung und Erkenntnisleistungen, von Bewußtsein und Geist dargestellt. Es wird diskutiert, wie und innerhalb welcher Grenzen mit den heutigen neurophysiologischen und bildgebenden Verfahren Bewußtsein und Geist »sichtbar« gemacht werden können. Auf diesen Grundlagen aufbauend, wird im Sinne des Konstruktivismus ein philosophisch-erkenntnistheoretisches Konzept des menschlichen Erkenntnisvermögens entwickelt, das zugleich einen nichtreduktionistischen Physikalismus vertritt. Dieser nimmt im Gegensatz zu einem Dualismus die Einheitlichkeit der Natur auch für die Gehirn-Geist-Beziehung an, ohne zugleich Geist auf die Aktivität von Nervenzellen reduzieren zu wollen. Insbesondere wird auf die Frage nach der Herkunft und Natur unserer Erlebniswelt – der *Wirklichkeit* – eingegangen sowie auf die Frage nach ihrer Beziehung zu einer bewußtseinsunabhängigen *Realität*. Die Beantwortung dieser Frage hat weitreichende Konsequenzen für den erkenntnistheoretischen Status (natur)wissenschaftlicher Aussagen. Ein Anspruch auf »Wahrheit« im Sinne objektiv gültiger Aussagen muß verneint werden – im Wissenschaftsalltag wird ein solcher Anspruch auch gar nicht erhoben.

Das Buch wendet sich an Leser mit Interesse an den Bereichen Neurobiologie/Hirnforschung, Biologie allgemein, Kognitionswissenschaften/Kognitive Psychologie, Kommunikationswissenschaften, Informatik und Philosophie. Es ist allgemeinverständlich geschrieben und setzt keine speziellen Vorkenntnisse voraus.

Gerhard Roth, geb. 1942 in Marburg; Studium der Philosophie, Germanistik und Musikwissenschaft 1963-1969 in Münster und Rom; Promotion in Philosophie 1969 an der Universität Münster; Studium der Biologie 1969-1974 in Münster und Berkeley, Kalifornien; Promotion in Zoologie 1974 an der Universität Münster; 1975-1976 Wissenschaftlicher Assistent an der GH Kassel; seit 1976 Professor für Verhaltensphysiologie an der Universität Bremen; Direktor des Institutes für Hirnforschung; seit 1997 Gründungsrektor des Hanse-Wissenschaftskollegs der Länder Bremen und Niedersachsen.

Rund 150 Veröffentlichungen auf den Gebieten Neuro- und Verhaltensbiologie, Biologische Systemtheorie und Kognitionsforschung.

Gerhard Roth
Das Gehirn
und seine Wirklichkeit

Kognitive Neurobiologie
und ihre philosophischen Konsequenzen

Suhrkamp

Diese Taschenbuchausgabe ist text- und seitenidentisch
mit der fünften, überarbeiteten Auflage 1996

Die Deutsche Bibliothek – CIP-Einheitsaufnahme
Ein Titeldatensatz dieser Publikation ist bei
Der Deutschen Bibliothek erhältlich

suhrkamp taschenbuch wissenschaft 1275
Erste Auflage 1997
© Suhrkamp Verlag Frankfurt am Main 1994, 1996
Suhrkamp Taschenbuch Verlag
Druck: Nomos Verlagsgesellschaft, Baden-Baden
Printed in Germany
Umschlag nach Entwürfen von
Willy Fleckhaus und Rolf Staudt

8 9 – 05 04 03 02

Inhalt

Vorwort zur 5. Auflage

Die Tatsache, daß dieses Buch zwei Jahre nach seinem Erscheinen in die fünfte Auflage geht, ist nur eines von vielen Anzeichen für das wachsende Interesse einer breiteren Öffentlichkeit für Hirnforschung und kognitive Neurobiologie. In den letzten zwei Jahren sind eine ganze Reihe von Büchern zum Geist-Gehirn- bzw. Bewußtseins-Problem erschienen, allerdings nahezu ausschließlich als Übersetzungen englischsprachiger Autoren von wissenschaftlichem Rang wie Francis Crick (1994), Antonio Damasio (1994), Daniel Dennett (1994) und Roger Penrose (1995), um nur einige zu nennen. Diese Bücher bieten eine sehr unterschiedliche Mischung von neurobiologischem Fachwissen und philosophischen Erörterungen. Wenig davon – mit Ausnahme des Buches von Damasio – ist aus neurobiologischer Sicht fundiert. Auch wird von philosophischer Seite, z.B. von Dennett, das Bewußtseinsproblem geradezu totgeredet.

So erfreulich dieses Interesse an der Geist-Gehirn- bzw. Bewußtseins-Debatte ist, sie darf nicht bei der Erkenntnis stehenbleiben, *daß* Geist/Bewußtsein und Gehirn miteinander verknüpft sind, sondern muß auch die Frage beantworten, *wie* dies im Gehirn geschieht, und *welche Funktion* Geist bzw. Bewußtsein haben, wobei die gegenwärtige neurobiologische Erkenntnislage zu respektieren ist. Vor allem aber dürfen wir nicht aus dem Auge verlieren, daß geistige bzw. bewußte Akte nur einen kleinen und oft nicht einmal besonders wichtigen Teil dessen ausmachen, was wir sind und tun. Das allermeiste und komplexeste tun wir, ohne daß wir uns dessen bewußt sind. Die wirklich große Herausforderung an die kognitive Neurobiologie ist es, diese Vorgänge des Vor- und Unbewußten genauer zu verstehen, denn dann verstehen wir die eigentlichen Antriebe unseres Handelns. Dies betrifft vor allem das limbische Systems als das zentrale Bewertungssystem in unserem Gehirn. Kognitive Leistungen sind aufs Engste verbunden mit Emotionen, die ihrerseits eine Brücke zum völlig Unbewußten in uns bilden. Dieses völlig Unbewußte ist keineswegs nur das Angeborene,

9

Reflex- und Triebhafte, sondern der gewaltige Vorrat an Vorerfahrung, der aus dem aktuellen Bewußtsein abgesunken ist, aber dennoch – oder gerade deshalb – maßgeblich in die Steuerung unseres Denken und Handelns eingreift. Freilich sind diese Prozesse noch weitgehend unverstanden, und ihre Aufklärung wird eine der größten Herausforderungen an die Wissenschaft sein.

Ich habe versucht, bei der Überarbeitung dieses Buches seinen Darstellungs- und Argumentationsrahmen weitgehend zu bewahren. Dabei habe ich neben sprachlichen Verbesserungen eine Reihe sachlicher Fehler korrigiert und einige der oben genannten neuesten Veröffentlichungen zum Geist-Gehirn- bzw. Bewußtseinsproblem berücksichtigt. In stärkerem Maße umgearbeitet habe ich das 3. Kapitel, was die Darstellung des Aufbaus des menschlichen Gehirns angeht, das 9. Kapitel, bei dem ich ausführlicher auf das limbische System eingegangen bin, sowie das 10. und das 12. Kapitel, wo es um Bewußtsein und die Beziehung zwischen Geist und Gehirn geht. In diesem Zusammenhang bin ich auch ausführlicher auf das Problem der Willensfreiheit aus neurobiologischer Sicht eingegangen. Es sind einige neue bzw. verbesserte Abbildungen hinzugekommen, welche hoffentlich die Verständlichkeit dieses Buches erhöhen.

Bremen, Juni 1996.

Vorwort zur 1. Auflage

Dieses Buch hat eine Vorgeschichte, die in meine frühe Studienzeit an der Universität Münster zurückreicht. Dort hatte ich im Jahre 1963 mit dem Studium in Philosophie, Germanistik und Geschichte angefangen (letzteres ersetzte ich bald durch Musikwissenschaft). Ich hatte mich entschlossen, Philosophie zu studieren, um zu erfahren, wie Wahrnehmung funktioniert und wie Erkenntnis und Wissen zustande kommen, was Geist ist und wie man wahre Aussagen von falschen unterscheidet. In vielen Vorlesungen erfuhr ich, was Platon, Aristoteles, Descartes, Leibniz, Kant und Hegel zu diesen Fragen gesagt hatten. Die Frage allerdings, die mich brennend interessierte, nämlich »wer hat womit recht?«, wurde nicht behandelt. Wenn ich sie in den Seminaren stellte, wurde ich belächelt; diese Frage galt als unpassend. Wichtig war es zu untersuchen, warum wer welche Frage in welchem historischen Kontext gestellt und wie beantwortet hatte. Hierin steckte – wie ich erst viel später erkannte – ein gutes Stück Ehrlichkeit; wie hätte man die Frage »Wer hat recht?« auch beantworten können!

Zur gleichen Zeit, kaum fünfhundert Meter in etwas verschiedenen Richtungen vom philosophischen Seminar der Universität entfernt, lehrten und forschten zwei hervorragende Wissenschaftler, die sich intensiv um eine Beantwortung der oben genannten Fragen bemühten, nämlich der Zoologe Bernhard Rensch und der Psychologe Wolfgang Metzger. Bernhard Rensch hatte sich als Evolutionsbiologe einen großen Namen gemacht; sein Werk »Neuere Probleme der Abstammungslehre« von 1947 war ein Meilenstein in der Ausformulierung des Neodarwinismus. Daneben betrieb er die verschiedensten anatomischen, physiologischen und verhaltensbiologischen Untersuchungen, unter anderem solche zu Intelligenzleistungen von Tieren, von denen die mit der Schimpansin Julia die bekanntesten sind. Sein populär gehaltenes Buch »Homo sapiens – vom Tier zum Halbgott« (Rensch, 1965) hat mich als jungen Philosophiestudenten zutiefst beeindruckt. Er schrieb eine Reihe von philosophisch-erkenntnistheoretischen Abhandlungen, von denen vor allem das Buch »Biophilosophie auf erkenntnistheoretischer Grundlage« von 1968 zu nennen ist. Dieses Buch war ein heroischer Versuch, Philosophie, speziell Erkenntnistheorie, und naturwissenschaftliches, biologisches Wissen der damaligen Zeit miteinander zu vereinen, um die Frage nach der Herkunft und dem Wesen des Geistes zu beantworten. Diese »Ausflüge des Herrn Rensch in die Philosophie« wurden, wenn sie überhaupt im philosophischen Seminar wahrgenommen wurden, belächelt. Ich kann mich nicht daran erinnern, jemals dort eine ausführlichere Stellungnahme zu dem Buch »Biophilosophie« gehört zu haben.

Der Psychologe Wolfgang Metzger gehört zu den bedeutendsten Vertretern der Gestaltpsychologie. Sein Werk »Gesetze des Sehens« von 1936 (3. Auflage 1975) gehört genauso zum Rüstzeug des Wahrnehmungspsychologen wie sein Lehrbuch »Psychologie« (1. Auflage 1940, 5. Auflage 1975). Ebenso wie sein Kollege Wolfgang Köhler versuchte er, eine in sich konsistente Erklärung des »ontologischen« Status der phänomenalen Wirklichkeit zu liefern. Weder Metzger noch Köhler noch irgendein anderer Wahrnehmungspsychologe kamen in den philosophischen Seminaren über Erkenntnistheorie zur Sprache.

Dies liegt alles dreißig Jahre zurück, und man könnte meinen, es habe sich vieles geändert. Die Biologie und insbesondere die Neurobiologie und Hirnforschung haben einen ungeahnten Aufschwung erlebt. Es sieht nunmehr danach aus, als sei die Lösung der Frage, wie Wahrnehmen und Denken zustande kommen und in welchem Verhältnis Geist und Gehirn zueinander stehen, eine wirklich interdisziplinäre Angelegenheit geworden, bei der gleichberechtigt Philosophen, Psychologen, Computerwissenschaftler (»Informatiker«), Netzwerktheoretiker und Neurowissenschaftler zusammenarbeiten. Entsprechend wurden interdisziplinäre Forschungsprogramme und -institute ins Leben gerufen. Dabei hat sich jedoch gezeigt, daß die Schwierigkeiten interdisziplinärer Zusammenarbeit im kognitionswissenschaftlichen Bereich viel größer sind als angenommen. Eine fruchtbare Zusammenarbeit kommt in vielen Fällen erst nach Jahren zustande. Das größte Hindernis bei der gemeinsamen Arbeit sind Statusprobleme der beteiligten Wissenschaften, gefolgt von der weitgehenden Unkenntnis des Problembewußtseins, der Begriffssysteme, des Wissensstandes und des methodisch-praktischen Vorgehens in den jeweils anderen Disziplinen.

Ich verstehe mein Buch als einen (sicherlich unzulänglichen) Versuch des Brückenschlags zwischen Neurobiologie, Psychologie und Philosophie. Trotz aller Schwierigkeiten bei der interdisziplinären Zusammenarbeit hat sich gezeigt, daß es sich lohnt, diese Anstrengungen weiterzuführen.

Ich habe versucht, meine Argumentation im Rahmen der heute in den Neurowissenschaften akzeptierten oder zumindest ernsthaft diskutierten Daten und Konzepte zu führen und solche Daten und Konzepte zu kennzeichnen, die umstritten sind. Freilich sind bei der Darstellung der Fakten Fehler unvermeidlich; selbst dem Fachmann ist nur der allerkleinste Teil seines weiteren Fachgebietes durch eigene Erfahrung vertraut, und er muß sich notgedrungen auf Wissen aus zweiter oder gar dritter Hand verlassen. In einer stürmisch sich entwickelnden Wissenschaft wie der Hirnforschung stellt sich schnell etwas als Irrtum heraus, und vieles von dem, das heute als gesichert gilt, kann morgen schon falsch sein (und gelegentlich übermorgen doch wieder zutreffen).

Ganz herzlich möchte ich denjenigen Personen danken, die über eine Reihe von Jahren die hier vorgetragenen Ideen mit mir diskutiert und das Manuskript oder Teile davon kritisch gelesen haben. Diese sind in alphabetischer Reihenfolge Ursula Dicke, Reinhard Eckhorn, Hans Flohr, Ernst Florey, Rolf Henkel, Gerhard Schloßer, Helmut Schwegler, Wolfgang Walkowiak und Hanna-Maria Zippelius. Selbstverständlich sind alle in diesem Buch enthaltenen Fehler allein mir zuzurechnen. Den Herren Wolfgang Grunwald und Wolfgang Wiggers danke ich herzlich für die Hilfe bei der Anfertigung der Zeichnungen und Frau Ulrike Nagler für die Unterstützung bei der Anfertigung des Manuskripts.

Bremen, April 1994.

1 Über die Schwierigkeiten, das Gehirn zu verstehen

In seinem Buch »The Principles of Psychology« beginnt William James das Kapitel »The Functions of the Brain« mit einer Feststellung, die in freier Übersetzung lautet: »Unser Wissen über die genauere Anatomie und Physiologie des Gehirns ist eine Errungenschaft der heutigen Generation, oder besser gesagt: der letzten zwanzig Jahre. Viele Punkte sind noch ungeklärt und werden kontrovers diskutiert, aber ein Verständnis dieses Organs wurde hinsichtlich seiner allgemeinen Eigenschaften erreicht; dies betrifft insbesondere auch plausible Vorstellungen über die Art, wie Gehirnprozesse und mentale Prozesse miteinander interagieren.«

Bemerkenswert an dieser Feststellung ist vor allem, daß sie nicht heute, sondern im Jahr 1890, also vor mehr als hundert Jahren, geschrieben wurde. Unterlag James (1842-1910) – von Hause aus Physiologe und mit dem genannten Buch einer der Väter der modernen Psychologie – einem großen Irrtum, wenn er meinte, um 1890 habe man bereits brauchbare Vorstellungen darüber entwickelt, wie das Gehirn arbeitet und wie Geist und Gehirn miteinander zusammenhängen? Oder hat sich in den über hundert Jahren trotz allen Fortschritts in den Methoden und der durch sie ermöglichten Analyse anatomischer und funktionaler Details so wenig getan? Vielleicht hat mein verehrter Kollege Ernst Florey recht, wenn er vermutet, daß die wesentlichen Konzepte der Neurobiologie und Hirnforschung alle in der zweiten Hälfte des vorigen und in den ersten Jahrzehnten dieses Jahrhunderts durch Forscher wie Müller, von Helmholtz, Du Bois-Reymond, Hering, Fechner, Mach und Ramon y Cajal entwickelt wurden und daß wir demgegenüber konzeptionell kaum Fortschritte gemacht haben. Vielmehr gehe man – so Florey – heute in der Gewißheit, man stehe kurz vor der Lösung des »Rätsels Gehirn«, außerordentlich leichtsinnig, ja gewissenlos mit Begriffen und Konzepten um. Im Vorwort zu dem sehr lesenswerten Buch »Das Gehirn – Organ der Seele? Zur Ideengeschichte der Neurobiologie« schreiben die Herausgeber Ernst

Florey und Olaf Breidbach: »Mit raffinierten neuen Methoden, welche die Bewegung und Umwandlung selbst einzelner Atome und Moleküle der Beobachtung zugänglich machen, hat die Forschung heute eine Beschreibungsebene erreicht, welche unentwegt neue und überraschende Daten erbringt, deren Zuordnung zu den primären Fragestellungen keineswegs immer möglich ist. Die Antworten kommen bereits vor den Fragen. Die chemischen und physikalischen Vorgänge, die sich an und in einzelnen Neuronen abspielen, sind heute bis in unglaubliche Details bekannt und werden immer weiter untersucht und beschrieben – die spezifische Bedeutung für das Funktionieren des Nervensystems bleibt meist künftiger Interpretation der Forschungsergebnisse vorbehalten.« Und die Autoren fahren in ihrer Kritik fort: »Das Dogma des Neuronenkonzepts wird als ausreichend betrachtet, menschliches und tierisches Verhalten zu erklären. Dabei wird mit erstaunlicher Selbstsicherheit der Bezug auf bewußtes Wahrnehmen, Denken, Fühlen, Erinnern oder bewußtes Verhalten weitgehend vermieden, und wenn schon von Bewußtsein die Rede ist, dann in der Überzeugung, daß das Bewußtsein lediglich eine Begleiterscheinung (ein Epiphänomen) neuronaler Prozesse darstellt. Die Dimension des Mentalen, des Psychischen, wird aus der Debatte verdrängt, da es in keiner Kausalkette notwendig unterzubringen ist« (Florey und Breidbach, 1993). Diese Kritik aus der Feder philosophisch gebildeter Wissenschaftler ist sehr ernst zu nehmen.

Die Beantwortung der Frage, inwieweit wir das Gehirn vom neurobiologischen Standpunkt aus bereits erklären können, hängt wesentlich davon ab, was wir unter »erklären« verstehen. In dem bereits genannten Kapitel »The Functions of the Brain« seines Buches schildert William James (ohne Rücksicht auf heute selbstverständliche Bedenken gegen Versuche an nichtbetäubten Tieren), was passiert, wenn man in einem Frosch vom Nervensystem nur das Rückenmark übrigläßt, bei einem anderen Frosch Medulla oblongata und Kleinhirn zusätzlich intakt läßt, bei einem weiteren zusätzlich das Mittelhirn mit dem Tectum opticum, dann das Zwischenhirn (so daß nur die Endhirnhemisphären zerstört sind), und wenn man schließlich das Verhalten dieser »Teilhirnfrösche« mit einem Frosch vergleicht, der ein völlig intaktes Zentralnervensystem besitzt. Es vollzieht sich nach James der Übergang vom reinen Reflexwesen (»spinaler« Frosch) über eine »Maschine« (ein Frosch, bei dem das Endhirn fehlt), die auf alle Umweltreize völlig angemessen und »normal« reagiert, bis hin zu einem sich *spontan* verhaltenden Tier (ein Frosch mit intaktem Endhirn). James schreibt, er beschränke sich der Einfachheit halber auf die Verhältnisse beim Frosch, aber er läßt keinen Zweifel daran, daß diese »Hierarchie« der Gehirnteile bei der Erzeugung und Steuerung des Verhaltens für alle anderen Wirbeltiere einschließlich des Menschen gilt.

James hatte den Eindruck, mit dieser Beschreibung das Wesentliche des Gehirns als eines verhaltenssteuernden Organs erfaßt zu haben, denn sonst hätte er sie nicht als Beleg für die eingangs zitierte Behauptung angeführt, man verstehe bereits das Gehirn in seinen Grundzügen. Interessanterweise kommt in dem genannten Kapitel, in dem erstaunlich viele Kenntnisse über die Lokalisation verhaltenssteuernder und kognitiver Zentren dargelegt werden, das Wort »Nervenzelle« bzw. »Neuron« nicht vor. Die uns heute selbstverständlich erscheinende Idee, daß das Gehirn aus Nervenzellen aufgebaut ist – die Neuronenlehre –, entwickelte sich damals erst (der Begriff »Neuron« wurde 1891 von Waldeyer eingeführt) und wurde erst in diesem Jahrhundert durch den spanischen Neurobiologen Ramon y Cajal endgültig etabliert (hierzu ausführlich Breidbach, 1993).

Auf der Grundlage dieser Neuronenlehre wird kein Neurobiologe dasjenige als »Erklären« oder »Verstehen« des Gehirns akzeptieren, was James vorbringt; vielmehr geht es heute in den Augen der meisten Fachleute darum, die funktionale Organisation und die spezifischen verhaltenssteuernden und kognitiven Leistungen auf der Grundlage der Aktivität von *Nervenzellen* und *Nervenzellverbänden* zu erklären. Erst wenn dies gelungen ist – so die weitverbreitete Meinung –, haben wir das Gehirn erklärt. Freilich wird dabei nicht der Anspruch erhoben zu erklären, was Geist, Bewußtsein und freier Wille *ihrem Wesen nach* sind. Diese Wesensfrage wird von Neurobiologen und Naturwissenschaftlern allgemein als unbeantwortbar angesehen. Hingegen lauten typische Fragen der Hirnforschung: Was passiert auf der Ebene einzelner Neurone und von kleineren und größeren Neuronenverbänden, wenn ein Affe nach einem Gegenstand greift oder ein Salamander eine Fliege als Beute identifiziert und fängt? Oder: Welche neuronalen Prozesse laufen im Gehirn eines Menschen ab, wenn er Sprache wahrnimmt und das Gehörte zu verstehen versucht?

Daß die Beantwortung derartiger Fragen bis heute nicht vollkommen gelungen ist, wird von keinem Hirnforscher und Neurobiologen bestritten; vielmehr unterscheidet man sich hinsichtlich der Einschätzung, wie weit die aktuelle Forschung vom Erreichen dieses Ziels entfernt ist. Viele meinen, man habe zumindest die Prinzipien erkannt und auch die Details würden in den nächsten zehn oder zwanzig Jahren »nachgeliefert«. In der Tat sind – wie auch Florey und Breidbach feststellen – manche Fortschritte in der Neurobiologie faszinierend und manche sogar atemberaubend, besonders in methodischer Hinsicht. Andere Forscher sind viel skeptischer und führen aus, es sei noch nicht einmal klar, welches überhaupt der »neuronale Code« ist, die Sprache also, in der sich die Nervenzellen »Informationen« mitteilen. Sind es wirklich die Aktionspotentiale (»Spikes«)? Wenn ja, ist der Code ihre mittlere Entladungsrate, das zeitliche Muster einer Salve von Aktionspotentialen oder das Auftreten des ersten Spikes? Oder kommt es allein auf die chemischen Botenstoffe an, die Neurotransmitter oder Neuropeptide? Welche Rolle spielen überhaupt die Gliazellen, die etwa im menschlichen Gehirn viel zahlreicher vorhanden sind als Nervenzellen? Sind sie vielleicht die eigentlichen Träger der Information, etwa beim Gedächtnis?

All dies wird diskutiert, auch wenn die Mehrzahl der Fachleute der Meinung anhängt, es seien die Neurone und die von ihnen produzierten Aktionspotentiale, auf die es letztendlich ankomme. Bei keinem tierischen Gehirn, geschweige denn bei dem des Menschen, ist der Weg von der Sinnesempfindung bis hin zur Handlung bzw. Reaktion vollständig aufgezeigt. Man hat lange gehofft, daß dies am ehesten bei »einfachen« Tieren wie Insekten oder Amphibien zu erreichen sei, die scheinbar mit stereotypen Verhaltensweisen und einfach gebauten Nervensystemen ausgestattet sind. Zweifellos hat die Beschäftigung mit solchen

Tieren die Neurobiologie weit vorangetragen, aber gleichzeitig gewann man die Einsicht, daß ihr Verhalten keineswegs so stereotyp ist wie angenommen und ihre Nervensysteme um mindestens eine Größenordnung komplexer als je gedacht. Ich beschäftige mich seit über zwanzig Jahren (unter anderem) damit, wie das Gehirn von Fröschen und Salamandern funktioniert. Hierzu gehört die Frage, welches die anatomischen und physiologischen Grundlagen von Tiefenwahrnehmung und Objekterkennung dieser Tiere sind und wie sich diese visuellen Prozesse in Verhalten umsetzen. Ich bin keineswegs der einzige oder gar der erste, der dies untersucht. Meine Kollegen und ich sind zwar optimistisch, daß wir aufgrund neuer und zum Teil neuartiger Methoden und auch durch die tätige Mithilfe von Netzwerk-Theoretikern in einigen Teilbereichen (z. B. Tiefenwahrnehmung oder Lauterkennung) bald ein weitgehendes Verständnis dieser Funktionen auf zellulärer Ebene erreichen werden. Es mag aber auch sein, daß sich bei allem Fortschritt alles als noch viel komplizierter herausstellt, als man gedacht hatte.

Dasselbe könnte ich über die Bemühungen erzählen, das Fliegengehirn zu verstehen, wie sie im Tübinger Max-Planck-Institut für biologische Kybernetik unter Beteiligung hervorragender Forscher unternommen wurden. Nach Jahrzehnten intensiver Forschung hat man dieses Ziel noch nicht erreicht, auch wenn sehr viele neue und zum Teil grundlegende Erkenntnisse über das Fliegengehirn dabei gewonnen wurden. Die Insektengehirne, die uns früher nachdrücklich als die geeignetsten Studienobjekte empfohlen wurden, wenn wir die neuronalen Grundlagen des Verhaltens verstehen wollten, haben sich als außerordentlich kompliziert erwiesen. In vieler Hinsicht wissen wir über die Gehirne von Amphibien, von Katzen und Affen mehr als über diejenigen von Fliegen, Grillen und Bienen. Die Gründe hierfür sind vielfältiger Natur. So sind bei Insekten die meisten Nervenzellen sehr klein und deshalb neurophysiologisch schwer oder gar nicht zugänglich, und die großen, zugänglichen Nervenzellen und ihre Verschaltungen mit anderen Nervenzellen sind von einer verwirrenden Komplexität. Vielfach erscheint uns das Verhalten dieser Tiere verstandes- und gefühlsmäßig unzugänglich.

Ich will mich im Verlauf dieses Buches ausschließlich mit dem Gehirn von Wirbeltieren und hier – mit Ausnahme meiner »Lieblingstiere«, der Amphibien – vor allem mit dem der Primaten einschließlich des Menschen beschäftigen. Die Erforschung der neuronalen Grundlagen von Wahrnehmungsleistungen, etwa von visueller Objekterkennung, hat in den letzten Jahren substantielle Fortschritte gemacht. Ein erstes, akzeptables Verständnis solcher Leistungen ist dann erreicht, wenn man ein Modell entwickelt hat, das im Einklang mit den wesentlichen anatomischen und physiologischen Daten steht, die beobachteten Leistungen befriedigend simulieren kann und zumindest einige Leistungen des natürlichen Systems zeigt, die nicht »hineingesteckt« wurden. Dies – so glaube ich – ist punktuell durchaus schon erreicht und wird bald in größerem Maße möglich sein.

Damit ist aber nur ein erster Schritt getan. Es bleibt vor allem die Erklärung komplexer kognitiver Leistungen und Zustände des Menschen wie Bewußtsein, Aufmerksamkeit, Gedächtnis und Handlungsplanung, von Phänomenen also, die für viele Philosophen, Psychologen und auch Neurobiologen jenseits einer naturwissenschaftlich-empirischen Analyse liegen. In den letzten Jahren haben sich die Bedingungen für die Erforschung dieser Phänomene jedoch dramatisch verändert. So hat man nicht nur sehr viele Details über die strukturelle und funktionale Organisation des Gehirns in Hinblick auf Wahrnehmung, Gedächtnis und kognitive Leistungen gesammelt, sondern es ist heute mithilfe sogenannter bildgebender Verfahren möglich, festzustellen, welche Prozesse im Gehirn ablaufen, wenn eine Person »geistig« tätig ist, etwa wenn sie einen Gegenstand wahrnimmt, sich an etwas erinnert, sich etwas vorstellt oder über etwas nachdenkt. Dies ermöglicht Fragestellungen und Einsichten, die vor Jahren noch für unmöglich gehalten wurden.

Ich will in meinem Buch Ansätze zu einer Erklärung darstellen, welche Prozesse im Gehirn ablaufen müssen, damit Wahrnehmung zustande kommt, und wie diese Vorgänge sich zu einem einheitlichen Wahrnehmungserlebnis zusammenschließen. Dabei werde ich mich ausführlich mit dem Konzept einer räumlich-verteilten Informationsverarbeitung befassen. Komplexe

Wahrnehmung – so werde ich zeigen – ist notwendig mit der gleichzeitigen Aktivität vieler räumlich getrennter Hirnzentren verbunden; es gibt kein oberstes kognitives Zentrum. Dies gilt nicht nur für kognitive Leistungen des Menschen, sondern auch für die Gehirne scheinbar einfacher Tiere wie Frösche und Salamander. Ebenso will ich ausführlich auf die Frage eingehen, welche neuronalen Prozesse den geistigen oder mentalen Prozessen wie Bewußtsein und Denken in unserem Gehirn zugrunde liegen und wie sich dies alles zu einer Einheit zusammenfügt.

Diese Prozesse zusammen bilden zumindest bei uns Menschen unsere Erlebniswelt, die *Wirklichkeit*. Was ich in meinem Buch zeigen will, ist das Entstehen dieser Wirklichkeit und die neuronalen Bedingungen dieses Vorgangs. Das Gehirn kann zwar über seine Sinnesorgane durch die Umwelt erregt werden, diese Erregungen enthalten jedoch keine bedeutungshaften und verläßlichen Informationen über die Umwelt. Vielmehr muß das Gehirn über den Vergleich und die Kombination von sensorischen Elementarereignissen Bedeutungen erzeugen und diese Bedeutungen anhand interner Kriterien und des Vorwissens überprüfen. Dies sind die Bausteine der Wirklichkeit. Die Wirklichkeit, in der ich lebe, ist ein Konstrukt des Gehirns.

Da ich nun offenbar selbst ein Teil dieser Wirklichkeit bin, gerate ich bei einem solchen Konzept unweigerlich in tiefe Paradoxien. Ich will einige dieser Paradoxien nennen.

Die erste ist die der verschwundenen Welt und des nichtvorhandenen Gehirns. Wenn die Neurobiologen behaupten, daß alle Wahrnehmung im Gehirn entsteht, dann muß es zwei Welten geben, nämlich eine Welt der *Gegenstände* außerhalb des Gehirns und eine Welt der *Wahrnehmungen* der Gegenstände in unserem Gehirn. Dies entspricht aber überhaupt nicht unserem Erleben, denn wir erleben nur eine Welt und nicht zwei Welten. Außerdem nehmen wir die Gegenstände unserer Wahrnehmung keineswegs im Gehirn wahr. Die Gegenstände sind draußen und nicht in meinem Gehirn, und sie sind mir unmittelbar gegeben, ohne irgendeine Vermittlung des Gehirns und der Sinnesorgane. Andererseits gibt es in den Gehirnen, die ich als Neurobiologe studiere, gar keine Gegenstände, sondern nur Nervenzellen (und Gliazellen) und ihre Aktivitäten. Entweder stimmt es also gar nicht, daß alle Wahrnehmungen im Gehirn entstehen, oder die Gegenstände sind gar nicht da draußen, wie wir es erleben.

Die zweite Paradoxie hat mit der ersten zu tun. Nehmen wir einmal an, es sei so, daß unsere Erlebniswelt im Gehirn entsteht. In dieser Welt, der Wirklichkeit, kommen viele Dinge vor, unter anderem auch mein Körper. Ich kann meinen Körper betrachten und ebenso den Raum mit den Dingen, die meinen Körper umgeben. Gleichzeitig muß ich als Neurobiologe annehmen, daß sich diese ganze Szene in meinem Gehirn abspielt, das sich in meinem Kopf befindet. Also befindet sich mein Gehirn in meinem Kopf, der sich zusammen mit meinem Körper in einem Raum befindet, und dies alles wiederum befindet sich in meinem Gehirn. Wie kann aber das Gehirn ein Teil der Welt sein und sie gleichzeitig hervorbringen?

Die dritte Paradoxie lautet folgendermaßen: Hirnforscher behaupten, es gebe zwischen den neuronalen Hirnzuständen und den bewußt erlebten oder mentalen Zuständen eine eindeutige Beziehung. Das würde bedeuten, daß man aus der Kenntnis von Hirnprozessen mehr oder weniger eindeutig auf mentale Prozesse schließen kann und eventuell auch umgekehrt. Erforsche ich aber das Gehirn, dann entdecke ich nur feuernde Neurone und ausgeschüttete Neurotransmitter, aber keinerlei Wahrnehmungsinhalte, d. h. keine Farben, Formen, Töne, Gerüche; auch keine Denkvorgänge, Erinnerungen, Gefühle. Außerdem – und das ist noch gravierender – scheint es überhaupt keine Unterschiede in den neuronalen Prozessen zu geben, die in den verschiedenen Hirnrealen ablaufen und etwa mit Farbwahrnehmung oder mit Tonwahrnehmung zu tun haben, mit Körperbewegung oder mit Gesichtererkennung. Wie kann das sein? Kann die Vielfalt meiner Sinneswahrnehmungen überhaupt etwas mit der eintönigen »Sprache der Neurone« zu tun haben?

Die vierte Paradoxie betrifft den Status meiner Aussagen über die Funktionsweise und die Leistungen des Gehirns. Wenn alle meine geistigen Leistungen, zum Beispiel wissenschaftliche Erkenntnis, Leistungen meines Gehirns sind, dann unterliegen diese zweifellos den biologischen Konstruktions- und Funktionsbedingungen meines Gehirns und können per se keinen

Anspruch auf Allgemeingültigkeit erheben. Ich glaube ja auch nicht, daß die »Konstruktionen« eines Ameisengehirns die objektive Wahrheit widerspiegeln, warum dann diejenigen des Menschen? Auf der anderen Seite erheben gerade wissenschaftliche Aussagen Anspruch auf allgemeine Gültigkeit, auf Wahrheit. Welchen Wahrheitsanspruch haben aber wissenschaftliche Aussagen von Hirnforschern über die Funktionsweise und die Leistungen des Gehirns, wenn diese von den Konstruktions- und Funktionsbedingungen des Gehirns selbst abhängen? Ist meine Theorie genauso ein subjektives Konstrukt wie alles andere?

Diese scheinbaren oder wirklichen Paradoxien entstehen dadurch, daß wir als Gehirnzustände (Ich, Wahrnehmung, Bewußtsein, Denken) mithilfe von Gehirnzuständen (Wahrnehmung, Bewußtsein, Denken, Handlungsplanung, wie sie bei der wissenschaftlichen Arbeit nötig sind) etwas über Gehirnzustände (Ich, Wahrnehmung, Bewußtsein, Denken, Handlungsplanung usw.) herausbekommen wollen. *Letztlich will ich wissen, wie ich selbst zustande komme.* Dies ist ein fundamental selbstreferentielles Unterfangen, und manche meinen, daß man als Hirnforscher oder als »Neurophilosoph« aus diesem »Teufelskreis« niemals herauskommen wird.

Ich will im Laufe meines Buches einen Ausweg aus dieser »verteufelten« Situation vorschlagen, und zwar im Rahmen der Kombination zweier Ansätze, die scheinbar nichts miteinander zu tun haben oder sich auf den ersten Blick gar widersprechen, nämlich den Ansatz des *erkenntnistheoretischen Konstruktivismus* und den eines *nicht-reduktionistischen Physikalismus*. Was den erkenntnistheoretischen Konstruktivismus angeht, so behaupte ich, daß er sich zwangsläufig aus der Konstruktivität unseres Gehirns ergibt. Gehirne – so lautet meine These – können die Welt grundsätzlich nicht abbilden; *sie müssen konstruktiv sein,* und zwar sowohl von ihrer funktionalen Organisation als auch von ihrer Aufgabe her, nämlich ein Verhalten zu erzeugen, mit dem der Organismus in seiner Umwelt überleben kann. Dies letztere garantiert, daß die vom Gehirn erzeugten Konstrukte nicht willkürlich sind, auch wenn sie die Welt nicht abbilden (können).

Sie müssen nützlich sein,

2

Ein solcher konstruktivistischer Ansatz hat weitreichende erkenntnistheoretische Folgerungen, indem er auf sich selbst angewandt werden muß. Dies betrifft unter anderem auch das Verhältnis zwischen empirischer Kognitionsforschung und philosophischer Erkenntnistheorie. Ich vertrete dabei die Meinung, daß eine philosophische Erkenntnistheorie nicht ohne empirische Basis auskommen kann, genausowenig wie empirisches Forschen ohne erkenntnistheoretische Grundlage möglich ist. Beide Bereiche bedingen sich gegenseitig, und keiner ist dem anderen vorgeordnet. Daß dies gegen das traditionelle Verständnis der philosophischen Erkenntnistheorie als der »Königin der Wissenschaften« verstößt, ist mir dabei sehr wohl klar.

Ich will bei der Darlegung dieses konstruktivistischen Ansatzes nicht darauf eingehen, was andere Autoren, die sich als Konstruktivisten bezeichnen, gesagt haben, und wie dies mit meiner Meinung übereinstimmt (vgl. Schmidt, 1993). Da es unter Konstruktivisten aus gutem Grund keinerlei Bestrebungen zu einer Schulbildung und Vereinheitlichung der Theorie gegeben hat, kann und will ich hier nur für mich sprechen. Entsprechend muß auch jede Kritik sich auf *meine* Aussagen beziehen und nicht auf die anderer Konstruktivisten.

Innerhalb des von mir (zusammen mit H. Schwegler) vertretenen *Physikalismus* behaupte ich, daß nicht nur der Bau und die Funktion des Gehirns, sondern auch die geistigen oder kognitiven Zustände *physikalische Zustände* sind. Dies scheint einem konstruktivistischen Ansatz eklatant zu widersprechen, der ja die Möglichkeit »objektiver«, d. h. unbedingt gültiger Aussagen bestreitet. »Physikalisch« ist jedoch hier nicht mit »materiell« gleichzusetzen (die moderne Physik hat den alten Materiebegriff schon längst aufgegeben!), sondern ist im methodologischen Sinne gemeint. Ich gehe dabei von einem einheitlichen Wirkungszusammenhang der Phänomene unserer Welt aus, in dem eine Unterteilung in verschiedene »Wesenheiten« oder »Substanzen« (z. B. Materie und Geist) keine Legitimation hat (vgl. Schlosser, 1993). Gleichzeitig vertrete ich die Anschauung, daß ein solcher einheitlicher Wirkungszusammenhang keine Reduktion von bestimmten Phänomenbereichen auf andere (z. B. des Geistes auf das »materielle« Gehirn) erfordert, denn eine solche

Reduktion wird auch innerhalb der Physik nicht überall verlangt oder gar erbracht. Die Aussagen der Physik wiederum sind wie alle Aussagen und Tätigkeiten der Wissenschaften Teil unserer *Wirklichkeit* und haben nur dort Gültigkeit, unabhängig davon, welchen Grad von Glaubwürdigkeit und Konsistenz sie besitzen. Dies gilt natürlich auch für alles, was in diesem Buch gesagt wird.

2 Was ist Kognition?

Das vorliegende Buch beschäftigt sich mit den Forschungsergebnissen der kognitiven Neurobiologie. Was dabei unter dem Begriff *Neurobiologie* zu verstehen ist, läßt sich relativ einfach erklären, nämlich die Untersuchung des Baus, der Funktion und der Entwicklung von Nervenzellen (Neuronen) und ihrer Bausteine, von Nervenzellverbänden und von Nervensystemen (Shepherd, 1993). Die Frage, was *Kognition* ist, ist schon schwieriger zu beantworten, obwohl dieser Begriff inzwischen in Mode gekommen ist. Weder in der Psychologie, der Informatik, den Computerwissenschaften und der Linguistik – Bereiche, die als traditionelle Kognitionswissenschaften (»Cognitive sciences«, vgl. Gardner, 1987) betrachtet werden – noch in den Neurowissenschaften gibt es eine verbindliche oder auch nur allgemein akzeptierte Definition von »Kognition« bzw. »kognitiv«. Eine noch heute weitgehend gültige Darstellung der Bedeutungsvielfalt im Bereich der Psychologie liefert der Artikel »Kognition, kognitiv« von W. Prinz im »Historischen Wörterbuch der Philosophie« (Prinz, 1976). Danach umfaßt die ursprüngliche, aus der Vermögenspsychologie des 18. und 19. Jahrhunderts stammende Festlegung des Begriffs »Kognition« Phänomene des »Erkenntnisvermögens«, worunter Vorgänge wie Wahrnehmen, Denken, Verstehen und Urteilen fallen. Gemeinsam ist diesen Vorgängen die »Orientierung des Organismus in seiner Umgebung als der hauptsächlichen Grundlage für angepaßtes Verhalten« (Prinz, 1976). Allerdings sind hiermit keineswegs nur Prozesse gemeint, die der Introspektion, d. h. der bewußten Selbsterfahrung zugänglich sind.

Ein solches Verständnis von Kognition, so alt es auch sein mag, erscheint mir sehr brauchbar, denn es hebt die Funktion von Kognition im Rahmen der Lebens- und Überlebenssicherung hervor. Gegenwärtig wird der Begriff jedoch häufig im Sinne von »kategorialer Wahrnehmung«, »Denken«, »bewußter Wahrnehmung«, »Repräsentation« und »Intentionalität« gebraucht. Innerhalb der »Computational Theory of Mind« Jerry Fodors und seiner Anhänger (Fodor, 1975; Anderson, 1990) wird er mit »algorithmischer Symbolverarbeitung« gleichgesetzt und damit bewußt auf Leistungen des Menschen (bzw. auf vom Menschen hergestellte »informationsverarbeitende« Systeme wie Computer) eingeschränkt.

Alle »kognitivistischen« Konzepte, wie unterschiedlich sie auch sein mögen, grenzen sich von dem lange Zeit dominierenden behavioristischen Ansatz ab, wie er von J. B. Watson und B. F. Skinner entwickelt wurde. Der Behaviorismus wollte und will Verhaltensweisen grundsätzlich auf Reiz-Reaktionsbeziehungen zurückführen, die durch Prozesse der operanten Konditionierung (Versuch-und-Irrtum-Lernen, Verstärkungslernen) hergestellt werden (Skinner, 1973). Bei der Analyse und Erklärung von Verhalten ist für den Behavioristen jeder Bezug auf nur subjektiv erlebbare Zustände, die nach Meinung der traditionellen Psychologie zwischen Wahrnehmung und Verhalten vermitteln, unzulässig. Derartige Geschehnisse seien – so die Behavioristen – nicht zu beobachten oder zumindest nicht exakt zu messen und deshalb notgedrungen unwissenschaftlichen Spekulationen ausgeliefert. Zudem seien sie auch überflüssig, denn in der Tat ließen sich selbst komplexe Verhaltensleistungen wie Sprachverstehen und Problemlösen rein auf der Basis operanter Konditionierung erfassen.

Man muß rückblickend sagen, daß dieser Ansatz außerordentlich fruchtbar war und zu weitreichenden Begriffsklärungen zum Beispiel innerhalb der Verhaltensbiologie und Lernforschung geführt hat. Seit den sechziger Jahren reifte aber in vielen Psychologen und Verhaltensforschern die Einsicht, daß ein rein behavioristischer Ansatz unzureichend ist, um komplexes tierisches und menschliches Verhalten zu erklären. Vielmehr sah man, daß hierfür Annahmen über als »kognitiv« bezeichnete *interne* Zustände notwendig sind. Man entdeckte, daß die Beziehung zwischen Reiz und Reaktion bei Mensch und Tier durch – wie man vorsichtig sagte – »intervenierende Variable« veränderbar sind. Diese beziehen sich auf innere Zustände wie Vorwissen, Aufmerksamkeit, Erwartungshaltungen, Weltmodelle und Handlungsstrategien. Diejenige Psychologie, welche sich mit derartigen internen Zuständen beschäftigte, konnte nunmehr als

»Kognitionspsychologie« bezeichnet werden (Neisser, 1967; Broadbent, 1971).

Einen großen Aufschwung erlebte der kognitivistische Ansatz durch die Computerwissenschaft, in Deutschland Informatik genannt. Die Kognitionspsychologie übernahm das Modell der »Informationsverarbeitung« im computertechnischen Sinne, und man sah die Aufgabe des Kognitionsforschers nunmehr darin, »herauszufinden, wie das informationsverarbeitende System des Menschen in verschiedenen Situationen programmiert ist« (Prinz, 1976).

Es stellt sich die Frage, wie man angesichts dieser komplizierten Begriffsgeschichte den Begriff »Kognition« nutzbar machen kann. Ihn als zu schillernd abzulehnen, wie einige Kritiker meinen, ist voreilig; vielmehr sollten wir versuchen, ihn genauer zu fassen. Zwei Positionen erscheinen dabei von vorneherein unbrauchbar.

Die erste Position besteht in der Auffassung, Kognition komme nur dem Menschen zu, etwa im Sinne von »bewußter geistiger Tätigkeit«, »Erkenntnis«, »Wissen« oder »Einsicht«. Eine Variante dieses anthropozentrischen Standpunktes ist die in der »Computational Theory of Mind« übliche Definition von Kognition als »regelgeleiteter Symbolverarbeitung« im Rahmen logischer Satzstrukturen (Fodor, 1975; Anderson, 1990). Daraus würde folgen, daß neben Menschen auch Computer als kognitive Systeme anzusehen sind, da sie Information »propositional«, d. h. logisch-satzhaft, verarbeiten. Für Tiere würde dies jedoch nicht gelten. Für den neurobiologisch ausgerichteten Kognitionswissenschaftler ist daher das am Computerparadigma orientierte Modell der Informationsverarbeitung von begrenztem Nutzen und kann keineswegs als Vorbild für kognitive Leistungen gelten. Zudem wird bei diesem Ansatz die Tatsache unterschlagen, daß Computer Systeme sind, die – bisher zumindest – ausschließlich *syntaktische* Operationen durchführen, deren *Bedeutungen* aber erst durch den menschlichen Benutzer konstituiert werden.

Desweiteren ist die Beschränkung von Kognition auf den Menschen auch angesichts der im nächsten Kapitel erörterten Tatsache nicht möglich, die besagt, daß sich das Gehirn des Menschen von dem anderer Primaten weder anatomisch noch physiologisch *qualitativ* unterscheidet. Sehr vieles von dem, was wir über den Zusammenhang von Gehirnprozessen und kognitiven Leistungen beim Menschen wissen, wurde erst durch Befunde an nichtmenschlichen Primaten oder anderen Säugetieren erhärtet oder erstmals aufgezeigt.

Die zweite, entgegengesetzte und ebenso nicht akzeptable Position besteht in der Gleichsetzung von Kognition und Erregungsverarbeitung in Nervensystemen. Bei einer solchen Gleichsetzung muß jeder Erregungszustand im Nervensystem als »kognitiv« bezeichnet werden, sei es die Absorption eines Lichtquants durch einen Photorezeptor oder die Aktivierung einer »orientierungsspezifischen« Zelle im primären visuellen Cortex eines Säugers. Es gäbe dann im gesamten Nervensystem keine Aktivität, die nicht kognitiv ist, einschließlich der molekularen Prozesse an Synapsen. Damit aber würde der Begriff »kognitiv« wertlos werden.

Um der Verwendung des Begriffs »Kognition« einen Sinn zu geben, muß er von Begriffen abgegrenzt werden, die *nicht*-kognitive Hirnleistungen beschreiben. Dies ist nicht leicht, denn aufgrund unseres heutigen Verständnisses von der Arbeitsweise des Gehirns müssen wir, wie ich noch darlegen werde, von einem *Kontinuum* zwischen einfachen und komplexen Leistungen des Gehirns ausgehen, und eine Abgrenzung kognitiver von nicht-kognitiven Leistungen ist damit stets mit einer gewissen Willkür behaftet.

Für viele Autoren sind kognitive Leistungen an das Vorhandensein von »internen Repräsentationen« gebunden (z. B. Scheerer, 1992). Eine solche Definition von Kognition ist nur dann sinnvoll, wenn Begriffe wie »Repräsentation« bzw. »interne Repräsentation« wiederum klar definiert sind. Dies ist aber nicht der Fall. Nach Scheerer hat der Begriff »Repräsentation« im erkenntnistheoretischen und kognitionswissenschaftlichen Kontext vier verschiedene Bedeutungen: (1) Inhaltsvoller geistiger (mentaler) Zustand oder Akt. Diese Bedeutung, die auf Descartes zurückgeht, ist identisch mit dem deutschen philosophischen Begriff der »Vorstellung« und dem englischen Begriff »representation«. (2) Vermittelte Erkenntnis im Gegensatz zu (bloß) sinnlicher Wahrnehmung, d. h. Erkenntnis, die als »Wissen« auf Gedächtnisleistungen und Denken beruht. (3) Strukturerhaltende Darstellung, die nicht unbedingt bildhaft sein muß; sie kann zum Beispiel »abbildend« im mathematischen Sinne sein. Sie muß aber eine »geregelte Korrespondenz« beinhalten. (4) Stellvertretung, ohne Notwendigkeit einer Ähnlichkeit mit dem Stellvertretenen.

Für eine Definition von »Kognition« ist die erste Bedeutung von »Repräsentation« nicht unmittelbar brauchbar, denn sie zielt vornehmlich auf menschliche psychische Zustände ab. Auch die zweite Bedeutung (»Erkenntnis«, »Wissen«, »Denken«) bezieht sich teilweise auf Zustände, die nicht ohne weiteres auf Tiere übertragbar sind. Die dritte und vierte Definition besagen, daß bestimmte Prozesse, die in einem Nervensystem ablaufen, einen systematischen Bezug zu Prozessen in der Außenwelt des Nervensystems besitzen müssen. Dabei verlangt die dritte Bedeutung, daß Repräsentant und Repräsentat bestimmte formale Ähnlichkeiten, z. B. hinsichtlich der räumlichen oder zeitlichen Relationen, haben, wie dies bei sogenannten »primären Karten« in den sensorischen Systemen des Gehirns der Fall ist, die etwa mit dem Sehraum oder der Körperoberfläche unter Wahrung räumlich-nachbarschaftlicher Beziehungen korrelieren. Die Existenz solcher Karten ist eine wichtige Voraussetzung für kognitive Operationen, sie sollte jedoch selbst nicht als »kognitiv«, sondern als »präkognitiv« im weiter unten angegebenen Sinne angesehen werden, und zwar unabhängig davon, ob diese primären Karten durch Erfahrung entstehen oder nicht. Im vierten Fall wird eine solche Ähnlichkeit nicht verlangt. Hier sind durchaus »abstrakte« Stellvertretungen zugelassen, wie z. B. die »Repräsentation« von Außenweltprozessen in Symbolen, Sätzen oder Gedanken. Dies entspricht am ehesten dem, was andere Autoren unter »kognitiven Karten« oder »kognitiven Modellen« verstehen. Diese mögen unter Benutzung von »Repräsentationen« der Umwelt im Sinne von (3) erzeugt werden und in »Repräsentationen« im Sinne von (1) und (2) einmünden; notwendig ist dies jedoch nicht. Zum Beispiel muß die Operation mit »kognitiven Modellen« oder »kognitiven Karten« keineswegs bewußt bzw. mit subjektivem Erleben verbunden sein.

Festzuhalten bleibt also: (1) Kognition kommt keineswegs nur dem Menschen zu; umgekehrt ist es nicht sinnvoll, alles, was im Gehirn geschieht, als kognitiv zu bezeichnen; (2) Kognition erwächst aus rein physiologischen Prozessen auf zellulärer und subzellulärer Ebene sowie aus präkognitiven Leistungen und ist deshalb von letzteren nicht scharf abgrenzbar; (3) Kognition bezieht sich auf komplexe, für den Organismus *bedeutungsvolle*, d. h. für Leben und Überleben (besonders auch das psychosoziale Überleben) relevante und deshalb meist erfahrungsabhängige Wahrnehmungs- und Erkenntnisleistungen. Diese arbeiten in der Regel mit Repräsentationen im Sinne einer »Stellvertretung« sowie mit rein internen »Modellen« der Welt und der Handlungsplanung, *gleichgültig ob diese bewußt oder unbewußt sind*. Wir müssen in diesem Zusammenhang davon ausgehen, daß auch bei uns Menschen das allermeiste, was unsere Interaktion mit der Umwelt steuert, unserem bewußten Erleben nicht zugänglich ist. »Kognitive Neurobiologie« ist demnach derjenige Teil der Neurobiologie, der sich in Zusammenarbeit mit anderen Disziplinen, vor allem der experimentellen und kognitiven Psychologie, mit den neurobiologischen Grundlagen kognitiver, bedeutungshafter Leistungen beschäftigt.

Ich werde in den folgenden Kapiteln zeigen, in welcher Weise Kognition einerseits auf nicht-kognitiven neuronalen Prozessen aufbaut bzw. aus ihnen entsteht und andererseits auch komplexe Leistungen umfaßt, die als typisch menschliche Kognition angesehen werden. Es ist dabei zweckmäßig, zwischen folgenden Zuständen zu unterscheiden: (1) *Rein physiologische* Ereignisse, z. B. Prozesse an Zellmembranen und Synapsen, die als Grundelemente kognitiver Prozesse verstanden werden können. (2) *Neuronale Prozesse* auf der Ebene einzelner Zellen innerhalb kleiner Zellverbände: wellenlängen-, orientierungs- oder tonhöhenspezifische Antworten von Nervenzellen, ebenso einfache Reiz-Reaktionsbeziehungen wie monosynaptische Reflexe, Habituation und Sensitivierung auf Einzelzellebene. (3) *Präkognitive* Prozesse wie Konstanzleistungen (Farbkonstanz, Formkonstanz u. ä.), einfache Wahrnehmungsprozesse wie Figur-Hintergrund-Unterscheidung oder das »automatisierte« Segmentieren komplexer Szenen nach »einfachen« bzw.

»guten« Gestalten, das Erkennen von »einfachen« Ordnungen, Mustern und Objekten. Derartige präkognitive Prozesse laufen prinzipiell vorbewußt ab. (4) *Kognitive*, d. h. *bedeutungshafte* Prozesse: Diese umfassen, wie sich im folgenden zeigen wird, (a) integrative, häufig multisensorische und auf Erfahrung beruhende Erkennungsprozesse; (b) Prozesse, die das Erkennen individueller Ereignisse und das Kategorisieren bzw. Klassifizieren von Objekten, Personen und Geschehnissen beinhalten; (c) Prozesse, die bewußt oder unbewußt auf der Grundlage »interner Repräsentationen« (Modelle, Vorstellungen, Karten, Hypothesen) ablaufen; (d) Prozesse, die eine zentrale, erfahrungsgesteuerte Modulation von Wahrnehmungsprozessen beinhalten und deshalb zu variablen Verarbeitungsstrategien führen; (e) Prozesse, die Aufmerksamkeit, Erwartungshaltungen und aktives Explorieren der Reizsituation voraussetzen oder beinhalten; und (f) »mentale Aktivitäten« im traditionellen Sinne wie Denken, Vorstellen, Erinnern.

Es wird sich in den folgenden Kapiteln zeigen, ob und inwieweit diese vorläufigen Begriffsdefitionen *brauchbar* sind; eine logisch wie empirisch völlig befriedigende Definition ist hingegen nicht zu erreichen.

3 Von Salamandern und Menschen –
unser Gehirn im Vergleich

In dem viele Jahrhunderte vorherrschenden Bild der Ordnung
der Natur stand der Mensch an der Spitze der »Leiter der Natur« (der »Scala naturae«), abgesondert von den Tieren. Diese
Vorstellung wird auch heute noch weitgehend akzeptiert. Viele
Philosophen, Psychologen, Anthropologen und selbst Biologen
sehen den Menschen innerhalb der Natur als *unvergleichlich* an,
von religiösen Vorstellungen über die Einzigartigkeit des Menschen ganz zu schweigen.
Betrachtet man hingegen den Bau und die Physiologie des
menschlichen Körpers, so fällt es schwer, eine solche Einzigartigkeit zu akzeptieren. Unser Körper weist uns als ein Säugetier,
genauer als Angehörigen der Ordnung der Primaten aus. Nach
den neuesten Erkenntnissen sind Schimpansen und Menschen
genetisch viel enger miteinander verwandt als beide mit den Gorillas oder anderen Menschenaffen. Die Übereinstimmungen im
Körperbau und im Verhalten zwischen Mensch und Schimpansen, insbesondere dem Zwergschimpansen (Bonobo, *Pan panis-
cus*) sind außerordentlich groß, obwohl sich Schimpansen und
Menschen seit ca. 5 Millionen Jahren getrennt entwickelt haben.
In den letzten Jahren wurde über das Sozialverhalten von Gorillas und Schimpansen in freier Wildbahn vieles bekannt, das
auch auf diesem Gebiet den scheinbaren Abstand zwischen
Menschen und Menschenaffen stark verringert hat, insbesondere was die Fähigkeit, Böses zu tun, betrifft (Goodall, 1986; Sommer, 1992). Es gibt wohl keine Gemeinheit und Schlechtigkeit
des Menschen bis hin zu Kindermord und dem Ausrotten
ganzer Gruppen von Artgenossen, die sich nicht auch bei
Schimpansen finden. Darin scheinen Menschen und Schimpansen sich deutlich von den wesentlich friedfertigeren Gorillas und
Orang-Utans zu unterscheiden.
All das mag zwar das Vertrauen in unsere Einzigartigkeit erheblich erschüttern, doch gibt es das Organ, welches uns gegenüber
dem Rest der Natur wirklich einzigartig zu machen scheint: unser Gehirn. Es wird als die Quelle und der Sitz des menschlichen

Geistes, des Verstandes, des Erfindungsreichtums und nicht zu-
letzt der menschlichen Sprache angesehen. Seine Größe, seine
Gestalt und sein innerer Aufbau werden mit diesen Eigenschaften und Leistungen in Verbindung gebracht, und die Evolution
des Menschen wird vor allem als Evolution des menschlichen
Gehirns angesehen. In diesem Zusammenhang wird häufig auf
die eindrucksvolle Vergrößerung des Hirnvolumens von ca. 400
Gramm bei unseren äffischen Vorfahren auf 1300-1500 Gramm
beim heutigen Menschen und insbesondere auf die starke Vergrößerung der Hirnrinde (Cortex) hingewiesen.

Doch wie stellt sich unser Gehirn im Vergleich zu den Gehirnen
anderer Wirbeltiere tatsächlich dar? Ist das menschliche Gehirn
in irgendeiner Weise (anatomisch, physiologisch, leistungs-
mäßig) *grundsätzlich* vom Gehirn der Tiere unterschieden? Die
nicht gern gehörte Antwort darauf lautet: Das menschliche Gehirn entspricht in seinem *Grundaufbau* dem Gehirn der anderen Wirbeltiere; es ist dem Gehirn anderer Landwirbeltiere
(Amphibien, Reptilien, Vögel und Säuger) sehr ähnlich und
stimmt in den meisten Details mit den Gehirnen anderer Säugetiere überein. Vom Gehirn unserer nächsten biologischen Verwandten, der Menschenaffen, ist unser Gehirn mit Ausnahme
seiner Größe nahezu ununterscheidbar.

Ich will im folgenden versuchen, diese Behauptung zu unter-
mauern und dabei gleichzeitig neuroanatomisches Basiswissen
für die weiteren Kapitel dieses Buches zu vermitteln. Dazu soll
zunächst das menschliche Gehirn in seinem Aufbau beschrieben
und mit dem einfachsten Gehirn verglichen werden, das sich bei
Landwirbeltieren und bei Wirbeltieren überhaupt findet, dem
der Salamander. Es ist aber keineswegs so, daß das Gehirn der
Salamander – wie man in vielen neurobiologischen Lehrbüchern
noch lesen kann – das *primitivste* Wirbeltiergehirn ist; denn das
würde bedeuten, daß es den Urzustand des Wirbeltiergehirns
bewahrt hat oder ihm am nächsten steht. Dies ist aber offenbar
nicht der Fall (s. unten).

Wie das Gehirn der ursprünglichen Wirbeltiere ausgesehen hat,
wissen wir nicht genau, denn Gehirne bilden als Körperweich-
teile keine Fossilien. Wir können aber aufgrund einer sogenannten phylogenetischen Analyse als gesichert annehmen, daß das

Wirbeltiergehirn von Anfang an aus fünf Teilen aufgebaut war und sich von vorn (rostral) nach hinten (caudal) in ein Endhirn (Telencephalon), Zwischenhirn (Diencephalon), Mittelhirn (Mesencephalon), Hinterhirn (Metencephalon) und Nachhirn (Myelencephalon, Medulla oblongata) gliedert und dann in das Rückenmark (Medulla spinalis) übergeht (Roth und Wullimann, 1996). Dieser Aufbau findet sich bei allen Wirbeltieren einschließlich des Menschen und der Salamander (Abb. 1 und 2). Bei Reptilien, Vögeln und Säugetieren hat sich ein unscheinbarer Teil des vorderen unteren Nachhirns zur Brücke (Pons) vergrößert, der oft als sechster Hirnteil gerechnet wird. Gehirn und Rückenmark bilden zusammen das *Zentralnervensystem*. Die Medulla oblongata und der ventrale Teil des Mittelhirns, das Tegmentum und die Brücke werden zusammen auch als Hirnstamm bezeichnet, gelegentlich wird das gesamte Mittelhirn in den Begriff »Hirnstamm« mit eingeschlossen.

Vieles spricht dafür, daß das ursprüngliche Wirbeltiergehirn erheblich komplizierter aufgebaut war als das Salamandergehirn. Dieses hat ganz offensichtlich eine dramatische *Vereinfachung* erfahren, was auch bei den Nervensystemen vieler anderer Tiere passiert ist. Die Gründe für diese Vereinfachung sind darin zu suchen, daß die Vorfahren der Salamander einen »genetischen Unfall« erlebten, indem ihr Genom sich riesenhaft vergrößerte. Dies führte auf eine komplizierte Weise zu einer Verlangsamung der normalen Entwicklung des Körpers einschließlich des Nervensystems und der Sinnesorgane (Roth et al., 1993). Salamandergehirne (und in geringerem Maße die Gehirne anderer Amphibien, nämlich der Frösche und der Blindwühlen) bleiben in gewisser Weise in ihrer ontogenetischen Entwicklung auf einem embryonalen oder larvalen Niveau »stecken« und täuschen einen Primitivzustand vor, den es aber in der Hirnevolution so nie gegeben hat. Wir können daraus die wichtige Einsicht gewinnen, daß im Verlauf der Evolution »einfach« keineswegs immer gleichbedeutend mit »ursprünglich« bzw. »primitiv« ist: Vereinfachungen von Strukturen sind in der Evolution ebenso häufig zu finden wie Komplizierungen (Wake und Roth, 1989; Roth und Wullimann, 1996).

Salamandergehirn und menschliches Gehirn sind, wie alle Ge-

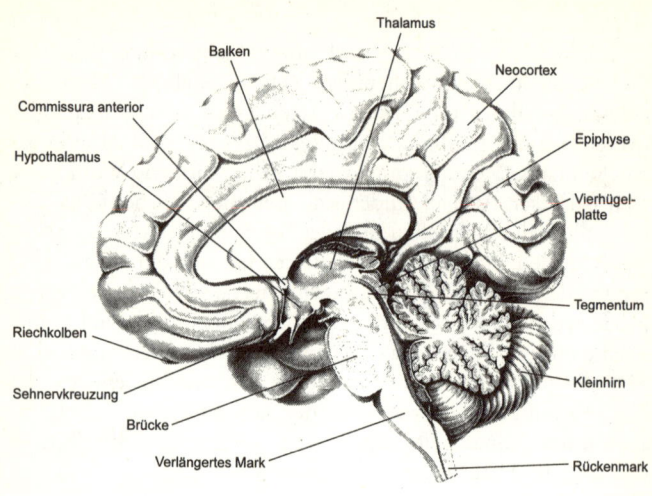

Balken
Thalamus
Neocortex
Commissura anterior
Epiphyse
Hypothalamus
Vierhügel-
platte
Tegmentum
Riechkolben
Kleinhirn
Sehnervkreuzung
Brücke
Verlängertes Mark
Rückenmark

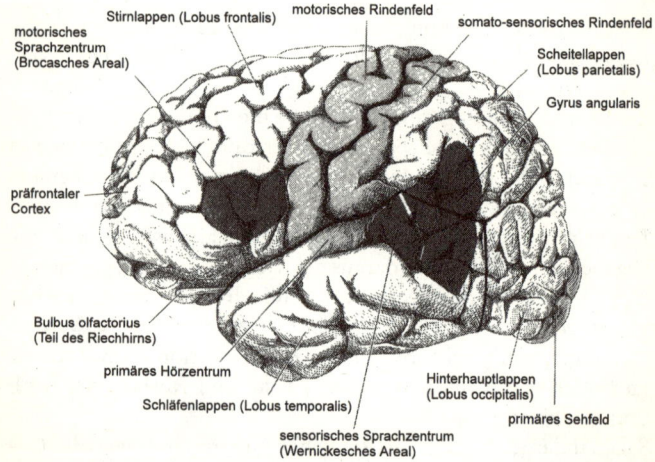

Stirnlappen (Lobus frontalis)
motorisches Rindenfeld
motorisches
Sprachzentrum
(Brocasches Areal)
somato-sensorisches Rindenfeld
Scheitellappen
(Lobus parietalis)
Gyrus angularis
präfrontaler
Cortex
Bulbus olfactorius
(Teil des Riechhirns)
primäres Hörzentrum
Hinterhauptlappen
(Lobus occipitalis)
Schläfenlappen (Lobus temporalis)
primäres Sehfeld
sensorisches Sprachzentrum
(Wernickesches Areal)

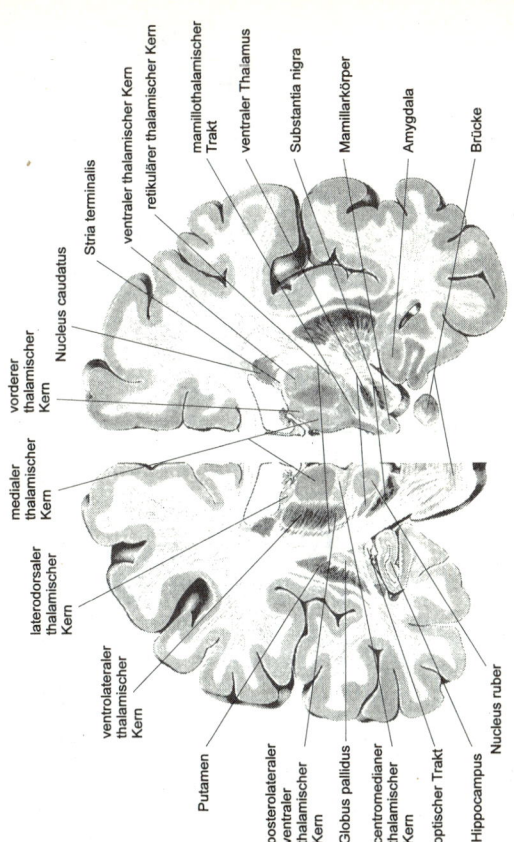

Abb. 1: Aufbau des menschlichen Gehirns. Links oben: Längsschnitt.
Die Abbildung zeigt die Innenseite der rechten Großhirnrinde; der Balken (Corpus callosum) und die übrigen Teile des Gehirns sind in der
Mitte durchtrennt. Links unten: Seitenansicht der linken Großhirnrinde mit den vier Hirnlappen und den wichtigsten funktionellen Arealen.
Oben: Querschnitt etwa in der Mitte des Längsschnitts (links oben);
die rechte Hälfte zeigt einen Querschnitt auf der Höhe der Amygdala,
die linke einen weiter hinten liegenden Querschnitt auf der Höhe des
Hippocampus. Nach Nieuwenhuys et al. 1991, verändert, und Geschwind, 1985.

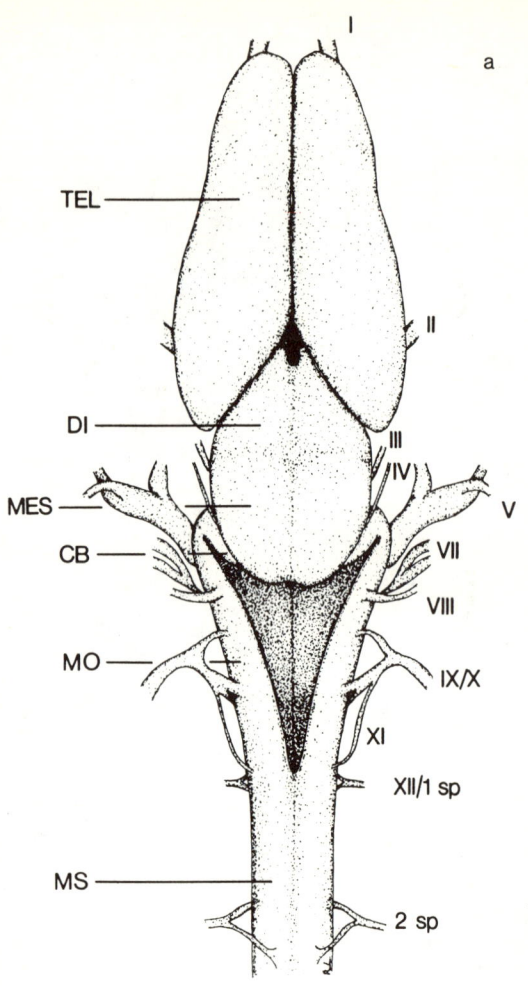

a

I

TEL

II

DI

III

IV

MES

V

CB

VII

VIII

MO

IX/X

XI

XII/1 sp

MS

2 sp

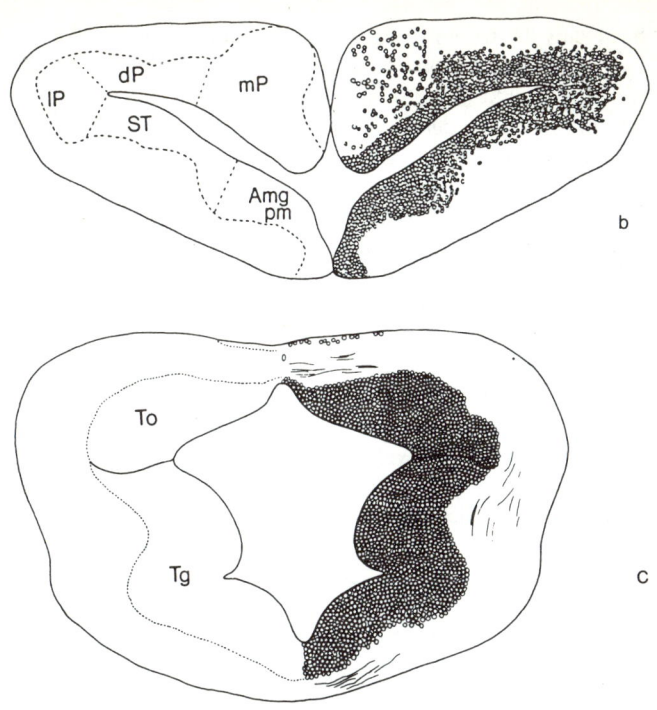

Abb. 2: Salamandergehirn: (a) Aufsicht, (b) Querschnitt in Höhe des Vorderhirns, (c) Querschnitt in Höhe des Mittelhirns. Abkürzungen: Amg pm: Amygdala pars medialis, CB: Cerebellum, DI: Diencephalon, dP: dorsales Pallium, lP: laterales Pallium, MES: Mesencephalon, MO: Medulla oblongata, mP: mediales Pallium, MS: Medulla spinalis, ST: Striatum, TEL: Telencephalon, Tg: Tegmentum, To: Tectum opticum; römische Zahlen: Hirnnerven und vordere Spinalnerven (siehe Text).

hirne, aus denselben Grundbausteinen aufgebaut, nämlich aus Nervenzellen (*Neuronen*) und aus Gliazellen. Gliazellen haben vielfältige Funktionen: Sie spielen als Mikroglia bei der Regeneration von entzündetem oder verletztem Nervengewebe eine wichtige Rolle, dienen als Stütz- und Leitgerüst für das Nervengewebe (Radialglia, Astrocyten), insbesondere während der Ontogenese. Sie bilden die Myelinscheiden von Nervenfasern (Schwannzellen, Oligodendroglia) und sind an der Aufrechterhaltung des sogenannten extrazellulären Milieus beteiligt, das für die Erregungsverarbeitung der Nervenzellen nötig ist.

In Abbildung 3 sind einige Neurone aus dem Gehirn des Menschen dargestellt, um einen Eindruck von ihrer morphologischen Vielfalt zu geben. Ein idealisierter Aufbau ist in Abbildung 4 wiedergegeben. Nervenzellen besitzen in aller Regel einen *Dendritenbaum*, welcher der Aufnahme neuronaler Erregung und ihrer Fortleitung zum *Zellkörper* (*Soma* oder *Perikaryon* genannt) dient. Dieser Dendritenbaum kann sehr schmal und lang oder kurz und kugelförmig um den Zellkörper herum angeordnet oder weit ausladend sein. Bei vielen Nervenzellen ist ein Primär- oder Hauptdendrit vorhanden, der sich in Dendriten zweiter und dritter Ordnung (Sekundär- und Tertiärdendriten) aufspaltet. Diese nennt man *apikale* Dendriten. Manchmal, z. B. bei Motorneuronen, sind auch mehrere Hauptdendriten vorhanden. Bei vielen Nervenzellen entspringen *basale* Dendriten dem Zellkörper; sie sind bei den Pyramidenzellen der Großhirnrinde besonders ausgeprägt (Abb. 3E). Ein Fortsatz, Nervenfaser oder *Axon* genannt, leitet die neuronale Erregung von der Nervenzelle fort. Das Axon kann am Zellkörper oder an einem Hauptdendriten entspringen. Sein Ursprungsort wird *Axonhügel* genannt. Ein Axon kann wenige Tausendstel Millimeter oder mehr als einen Meter lang sein und sich überall in seinem Verlauf in Seitenäste, *Kollaterale*, aufspalten und Kontakte mit den Dendriten, Zellkörpern oder Axonen anderer Nervenzellen bilden. Allerdings haben eine Reihe von Nervenzelltypen, besonders diejenigen, die nur mit lokaler Erregungsverarbeitung befaßt sind, kein Axon. Hier erfolgt die Erregungsfortleitung direkt über die Dendriten.

Nervenzellen haben über *Synapsen* miteinander Kontakt. Wie in

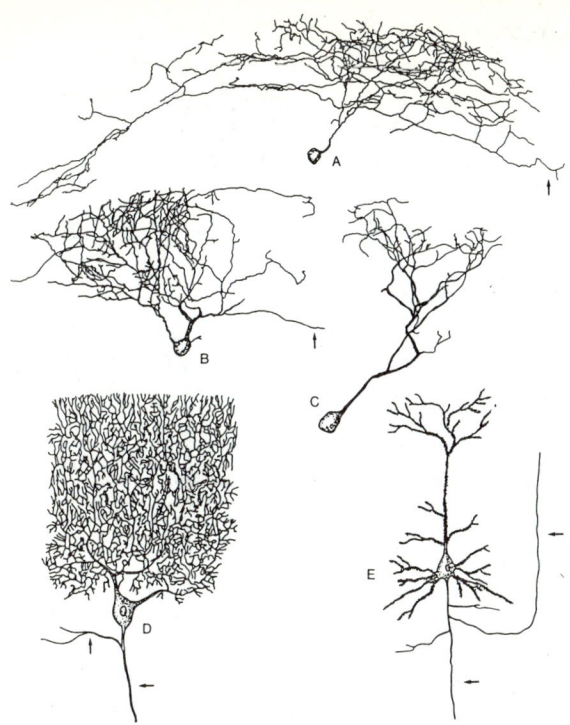

Abb. 3: Charakteristische Nervenzellen aus dem Gehirn von Salamandern und des Menschen. A-C: Neurone aus dem Tectum des Salamanders *Hydromantes italicus*; A und B sind Projektionsneurone, C ist ein lokales Interneuron. D: Purkinjezelle aus dem Kleinhirn des Menschen; E: Pyramidenzelle aus der Großhirnrinde des Menschen. Pfeile: Axone und Axonkollaterale.

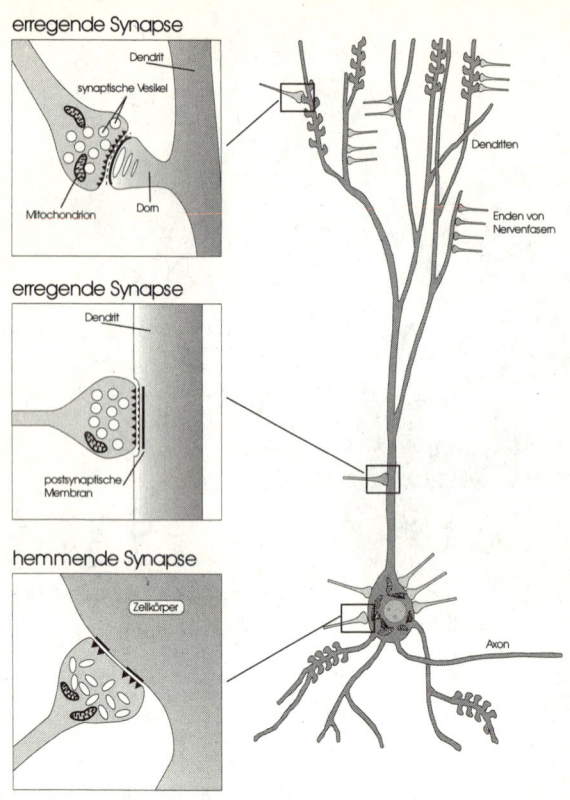

Abb. 4: Rechts Aufbau einer idealisierten Nervenzelle und von Synapsen. Die Dendriten (oben) dienen der Erregungsaufnahme, das Axon (unten) ist mit der Erregungsweitergabe an andere Zellen (Nervenzellen, Muskelzellen usw.) befaßt. Links drei verschiedene Synapsentypen (vergrößert): oben eine erregende Synapse, die an einem »Dorn« eines Dendriten ansetzt (»Dornsynapse«); in der Mitte eine erregende Synapse, die direkt an einem Dendriten ansetzt; unten eine hemmende Synapse, die am Zellkörper ansetzt.

Abbildung 4 dargestellt, können Synapsen zwischen Axonen und Dendriten, Axonen und Zellkörpern, Axonen und anderen Axonen, aber auch zwischen Dendriten bestehen. Es gibt zwei Arten von Synapsen, *elektrische* und *chemische* Synapsen. Bei den elektrischen Synapsen sind zwei Nervenzellen über sehr enge Zellkontakte (»gap junctions«) miteinander verbunden, durch welche die elektrische Erregung direkt und ohne weitere Verzögerung von einer Zelle zur anderen hinüberläuft. Bei den chemischen Synapsen wird die elektrische Erregung nicht direkt übertragen, sondern durch chemische Botenstoffe, *Neurotransmitter* (oder einfach *Transmitter*), vermittelt. Chemische Synapsen bestehen aus einem präsynaptischen Teil (der *Präsynapse*), in der Regel dem Endknöpfchen eines Axons, und einem postsynaptischen Teil (der *Postsynapse*), der je nach Lage ein Stück Membran des Zellkörpers, eines Dendriten oder des Axons einer anderen Nervenzelle sein kann. Oft tragen – wie in Abbildung 4 dargestellt – Dendriten einer Nervenzelle kleine Vorsprünge, *Dornfortsätze* (spines), die besondere Orte für Synapsen zwischen axonalen Endknöpfchen und Dendriten darstellen. Prä- und Postsynapse stehen nicht in unmittelbarem Kontakt, sondern sind durch den synaptischen Spalt getrennt. Dieser Spalt wird durch die Ausschüttung von Transmittern überbrückt.

Von diesen sind die bekanntesten Acetylcholin, Noradrenalin, Serotonin, Dopamin und Glutamat (alles *erregende* Transmitter) sowie Gamma-Aminobuttersäure (abgekürzt GABA) und Glycin (*hemmende* Transmitter). Dabei unterscheidet man Transmitter, welche die schnelle Erregungsübertragung vermitteln wie Glutamat, GABA und Glycin, und solche, die diese Übertragung beeinflussen wie Acetylcholin, Noradrenalin, Serotonin und Dopamin und deshalb *Neuromodulatoren* genannt werden. Daneben gibt es mittel- und längerfristig wirkende neurochemische Botenstoffe, *Neuropeptide*, welche die Wirkung der Transmitter verändern können. Es sind zur Zeit bereits mehr als hundert solcher Neuropeptide bekannt (Shepherd, 1993). Durch das Eintreffen elektrischer Erregung in Form eines Aktionspotentials werden in der Präsynapse Transmittermoleküle in den synaptischen Spalt ausgeschüttet, die an bestimmten Rezeptormolekülen auf der postsynaptischen Membran »andocken« (vgl. Abb. 38). Diese so aktivierten Rezeptoren beeinflussen entweder direkt oder indirekt über eine sogenannte »second messenger«-Kaskade die Ionenkanäle der postsynaptischen Membran. Diese öffnen sich und lassen entweder Natrium- oder Calcium-Ionen in die Zelle herein, was zu einer *Depolarisation* der Membran und gegebenenfalls zum Auftreten eines Aktionspotentials führt, oder Kalium-Ionen heraus (bzw. Chlorid-Ionen hinein), was zu einer *Hyperpolarisation* der Membran führt.

Im Nervensystem kommen die meisten Leistungen durch die Arbeit eines *Zellverbandes* zustande, der wenige zehn, aber auch eine Million Nervenzellen umfassen kann. Dennoch ist bereits ein einzelnes Neuron ein sehr komplexes Verarbeitungssystem. Es ist in aller Regel der Ort gewaltiger *Konvergenz* und *Divergenz* von Erregung. Es kann mit tausend oder gar mehr als zehntausend anderen Nervenzellen über Synapsen verbunden sein und selbst wieder an dieselbe Zahl von Nervenzellen seine Erregung abgeben. Zwischen Aufnahme und Weiterleitung kommt es zu einer unterschiedlich komplizierten *Integration* der Erregung. Die Erregung wird von anderen Zellen in der Regel über die Dendriten aufgenommen und zum Axonhügel weitergeleitet. Dort entsteht ein Aktionspotential, welches dann auf dem Axon zur nächsten Nervenzelle eilt (mit Geschwindigkeiten von 100 Metern pro Sekunde und mehr).

Betrachten wir eine »normale« Nervenzelle, wie sie in Abbildung 4 dargestellt ist. Sie hat einen ausgedehnten Dendritenbaum und ein Axon. Sie ist besetzt mit rund zehntausend erregenden und hemmenden Synapsen, die von rund tausend anderen Nervenzellen stammen (d. h. jede Nervenzelle sitzt im Schnitt mit zehn Synapsen auf einer anderen Nervenzelle auf). Eine einzelne Synapse erregt (depolarisiert) die subsynaptische Membran in Form eines sogenannten exzitatorischen postsynaptischen Potentials (EPSP) nur sehr wenig, so daß dieses EPSP es normalerweise nicht schafft, bis zum Axonhügel »durchzukommen« und dort ein Aktionspotential auszulösen. Dies passiert meist nur dann, wenn viele am Neuron aufsitzende Synapsen gleichzeitig oder kurz hintereinander aktiv sind (bei letzterem kann sich die Erregung »aufschaukeln«). Allerdings sind nicht alle Synapsen dabei gleichberechtigt, denn es gilt: Je weiter eine einzelne Synapse vom Axonhügel entfernt ansitzt (z. B. an distalen Dendriten), desto schneller »versickert« ihr EPSP, und desto mehr Synapsen müssen gleichzeitig aktiv sein, damit die Zelle »feuert«. Dies bedeutet auch, daß eine einzelne Zelle eine andere nur dann erregen kann, wenn sie mit vielen Synapsen an ihr aufsitzt. Normalerweise feuert also eine Zelle dann, wenn mehrere bis viele vorgeschaltete Neurone *gleichzeitig* und *gleichartig* auf sie einwirken.

Damit haben wir bereits zwei wichtige Faktoren kennengelernt, welche die Integrationsleistung einer Nervenzelle bestimmen, nämlich erstens den *Sitz* einer Synapse (d. h. ob weit entfernt vom Axonhügel oder nahe), und zweitens die *räumlich-zeitliche Summation* synaptischer Aktivität (d. h. wie viele Synapsen zur selben Zeit ein EPSP produzieren). Allerdings gibt es auch die Möglichkeit, daß EPSPs auf ihrem Weg zum Axonhügel von den Dendriten nicht nur passiv weitergeleitet, sondern aktiv verstärkt werden, und dies erhöht natürlich ihre Chance, ein Aktionspotential auszulösen.

Der wichtigste Faktor für die Integrationsleistung einer Nervenzelle ist jedoch das *zahlenmäßige Verhältnis* von erregenden und hemmenden Synapsen – und natürlich die Tatsache, *wo* diese ansetzen. Eine gleichstarke Erregung und Hemmung, hervorgerufen durch dieselbe Zahl erregender und hemmender Synapsen an denselben Stellen, heben sich natürlich gegenseitig auf, während unterschiedliche Zahlenverhältnisse der beiden Synapsentypen, kombiniert mit unterschiedlichen Ansatzorten, sehr unterschiedliche Erregungszustände hervorrufen. Hemmende Synapsen tendieren dazu, in der Nähe des Axonhügels anzusetzen, während erregende Synapsen vermehrt in distalen Dendritenbereichen zu finden sind. Dadurch können die hemmenden Synapsen, selbst wenn sie viel geringer an Zahl sind, den Erregungsfluß sehr effektiv, sozusagen in der »Hinterhand«, beeinflussen. Ebenso können hemmende Synapsen, die an wichtigen Gabelpunkten des Dendritenbaums sitzen, ganze dendritische Bereiche »abschalten«.

Die Kombination all dieser Faktoren, d. h. der zahlenmäßigen

Verhältnisse erregender und hemmender Synapsen, ihres Sitzes an der Oberfläche der Zelle, unterschiedlicher Längs- und Zeitkonstanten der beteiligten Membranen, und damit unterschiedlicher Ausmaße zeitlicher und räumlicher Integration, lassen nahezu beliebig komplexe Verarbeitungsprozesse in einer einzelnen Nervenzelle zu. Dies kann dazu führen, daß eine Nervenzelle nach einlaufender Erregung mit niedriger oder hoher Frequenz »feuert« oder die einlaufende Erregung völlig unterdrückt. Es kann auch dazu führen, daß sie selbst bei zufällig oder kontinuierlich einlaufender Erregung rhythmisch feuert oder Aktionspotential-Salven mit komplizierten Zeitstrukturen produziert. Ob und in welchem Maße die *Zeitstruktur* der Entladungen wichtige neuronale Informationen enthält, wird gegenwärtig intensiv untersucht. Viele Nervenzellen haben die Fähigkeit, sich selbst zu depolarisieren und deshalb auch ohne äußere Reizung Aktionspotentiale zu produzieren. Man spricht hierbei von *Spontanaktivität*. Diese ist allerdings meist niederfrequent (z. B. 1-4 Hz). Bei genügender afferenter Hemmung schweigt diese Zelle, bei Reizung steigt die Feuerrate über die Spontanaktivität hinaus an.

Das Dogma der heutigen Neurobiologie lautet, daß *alle* Leistungen des Gehirns aus den geschilderten Integrationsleistungen einzelner Nervenzellen resultieren. Diese Leistungen können durchaus sehr kompliziert sein, und deshalb kommt gelegentlich der Aktivität *einzelner Neurone* eine große Bedeutung zu. In der Regel gilt dabei: In kleinen Gehirnen mit wenig Neuronen zeigen einzelne Nervenzellen eine komplexe Integrationsarbeit, und deshalb können auch solche Gehirne durchaus sehr komplexe Leistungen vollbringen. In großen Gehirnen mit sehr vielen Neuronen, z. B. den Gehirnen von Primaten einschließlich des Menschen, finden wir Bereiche wie die Großhirnrinde oder das Kleinhirn, die aus Millionen oder gar Milliarden von gleichartigen Neuronen mit denselben Integrationsleistungen bestehen. In einem solchen Funktionszusammenhang kommt natürlich einem einzelnen Neuron eine geringe Bedeutung zu. Wenn Millionen solcher gleichartiger Neurone miteinander interagieren, dann entstehen großflächige Erregungsfelder, die – so müssen wir vermuten – Verarbeitungsleistungen ganz anderer Art darstellen als die Aktivitäten vereinzelter Neurone. Allerdings gibt es auch im menschlichen Gehirn sehr kleine Gruppen von Nervenzellen mit riesigen axonalen Aufzweigungen, die in der Lage sind, die Aktivität großer Areale in der Großhirnrinde und anderswo zu beeinflussen. Dies gilt zum Beispiel für Kerne der retikulären Formation, von denen noch ausführlicher zu sprechen sein wird.

Bevor wir zur Erläuterung des Aufbaus des menschlichen Gehirns kommen, will ich noch einige neuroanatomische Begriffe und Bezeichnungen erläutern, die wir im weiteren Verlauf des Buches dringend benötigen. Der geneigte Leser möge sich diese gut einprägen.

Von den Sinnesorganen zum Zentralnervensystem ziehen *sensorische* Nerven und vom Zentralnervensystem zu den Muskeln *motorische* Nerven. Es gibt rein sensorische und rein motorische Nerven; die meisten Nerven bestehen aber aus sensorischen und motorischen Fasern und werden deshalb als *gemischte* Nerven bezeichnet. Eine größere Anzahl von Nervenzellen kann im Gehirn zu räumlichen und funktionalen Einheiten zusammengeschlossen sein, die man *Kerne* (Nuclei, Singular Nucleus, abgekürzt Ncl.) nennt. Diese Kerne sind durch Faserzüge miteinander verbunden, die aus den Axonen von Nervenzellen eines oder mehrerer Kerne bestehen; Faserzüge in Längsrichtung werden als *Trakte*, solche in Querrichtung als *Kommissuren* bezeichnet. Allerdings senden immer nur einige Nervenzellen eines Kerns, sogenannte *Projektionsneurone* oder *efferente Neurone*, ihre Axone zu anderen Hirngebieten; viele Zellen innerhalb von Kernen sind lokale Verarbeitungsneurone oder *Interneurone*. Neben den Kernen unterscheidet man im Gehirn als anatomische und funktionale Einheiten noch Schichten (*Laminae*, Singular *Lamina*), z. B. im Tectum des Mittelhirns und in der Rinde (Cortex) des Großhirns, sowie Areale (*Areae*, Singular *Area*), vor allem in der Großhirnrinde. Faserzüge, die von Kernen, Schichten oder Arealen zu bestimmten Zielorten ausgesandt werden (*projizieren*), nennt man *efferente* Fasern oder *Efferenzen*, solche, die von einem anderen Gehirnort zu einem Zielort einlaufen, afferente Fasern oder *Afferenzen* dieses Zielortes. Dabei kann derselbe Trakt in Hinblick auf den einen Kern (den Ausgangsort) efferent und auf den anderen Kern (den Zielort) afferent sein. Man sagt hierbei, Kern X *projiziert* nach (oder zu) Kern Y. Derartige Verbindungen im Gehirn sind häufig rückläufig oder *reziprok*, d. h., Kern X projiziert nach/zu Kern Y und umgekehrt.

Für die Lagebeziehung von Hirnstrukturen gibt es spezielle Bezeichnungen. Alles was im Zentralnervensystem oder Gehirn oben bzw. »rückenwärts« liegt, wird als *dorsal* bezeichnet, was unten oder »bauchwärts« liegt, *ventral*. Seitliche Positionen werden als *lateral*, in der Mitte oder zur Mitte hin liegende als *medial* bezeichnet. Genau auf der Mitte liegende Strukturen sind *median*. Mit *rostral* wird alles bezeichnet, was im Gehirn oder in Teilen des Gehirns vorn (eigentlich »schnabelwärts«) liegt, und mit *caudal* alles, was hinten (eigentlich »schwanzwärts«) liegt. Die drei Hauptachsen des Gehirns bezeichnet man entsprechend als rostro-caudale, dorso-ventrale und medio-laterale Achse (mit oder ohne Bindestrich). Zwischenrichtungen werden entsprechend als dorso-lateral, medio-caudal usw. bezeichnet. Bei Kerngebieten (z. B. des Thalamus) verwendet man auch die Bezeichnung *anterior* für vordere, *posterior* für hintere, *superior* für obere und *inferior* für untere Positionen. Dazwischenliegende Positionen deutet man durch Kombination dieser Adjektive an, etwa Ncl. ventro-caudalis oder Ncl. dorso-medialis.

Wenden wir uns nun dem Vergleich des Gehirns der Salamander und des Menschen zu. Die Größenunterschiede sind gewaltig: das Salamandergehirn (Abb. 2) wiegt ungefähr ein Milligramm, das menschliche Gehirn (Abb. 1) mit rund 1,4 kg etwa eine Million mal mehr. Entsprechend groß sind die Unterschiede in der Zahl der Nervenzellen im Gehirn. Während Salamandergehirne aus einer halben bis einer Million Neurone bestehen, beinhaltet unser Gehirn nach Meinung vieler Autoren eine halbe bis eine Billion davon, also ebenfalls eine Million mal mehr. (Die Schätzungen, wie viele Nervenzellen das menschliche Gehirn tatsächlich umfaßt, gehen zum Teil weit auseinander, und diese Frage ist aus methodischen Gründen nur schwer zu beantworten). Dennoch besitzen die beiden Gehirne den gleichen Bauplan.

Dieser Bauplan beginnt mit der Medulla oblongata. Sie ist bei Salamandern wie beim Menschen der Ort des Ein- und Austritts des neunten bis zwölften Hirnnervenpaars und enthält die motorischen und sensorischen Kerngebiete dieser Nerven. Dort befinden sich einerseits diejenigen Kerngebiete, in denen die Motorneurone sitzen, deren *efferente* Axone über den Nerven zu den Muskeln ziehen, und andererseits diejenigen Zellgruppen, an denen die sensorischen Afferenzen von den peripheren Sinneszellen bzw. -organen enden. Der neunte Hirnnerv, der *N. glossopharyngeus*, ist ein gemischter Nerv; er versorgt motorisch Muskeln des Schlundes und zusammen mit dem *N. facialis* und dem *N. vagus* die Geschmacksknospen der Zunge und des Schlundes. Beim Salamander ist er beim Beutefang am Herausschleudern des Zungenapparats beteiligt, dessen Strukturen aus dem Bereich des embryonalen Mund- und Rachenraums stammen (dem sogenannten Kiemenbogenapparat). Der zehnte Hirnnerv, der N. vagus, innerviert ebenfalls Muskeln des Gaumens und Schlundes. Bei Salamandern ist der Vagus über den Zungenvorschnellmuskel ebenfalls am Beutefang beteiligt. Besonders wichtig für den Menschen ist die motorische und sensorische Innervation des Kehlkopfes durch diesen Nerven. Eine weitere wichtige Funktion des Vagusnerven besteht in der Bildung des *parasympathischen* Nervensystems, das zusammen mit seinem Gegenspieler, dem *sympathischen* Nervensystem, die Eingeweide versorgt. Der elfte Hirnnerv, *N. accessorius*, ist rein motorisch und eigentlich ein Nerv des Rückenmarks (ein »spinaler« Nerv also); er versorgt bei Salamander wie Mensch die Nackenmuskulatur. Der zwölfte Hirnnerv, der *N. hypoglossus*, ist ebenfalls rein motorisch und innerviert die Zungenmuskulatur. Beim Salamander ist er zusammen mit dem zweiten Spinalnerven am Rückholen der Zunge beteiligt und deshalb ein wichtiger Nerv beim Beutefang.

Die Kerne der genannten und weiter vorn liegenden Hirnnerven werden umgeben von einer Ansammlung von Kernen und Kerngebieten, der *Formatio reticularis*, die sich von hier bis zum vorderen Mittelhirn zieht und eine Rolle bei der Kontrolle lebenswichtiger Körperfunktionen wie Schlafen und Wachen, Blutkreislauf und Atmung sowie von Aufmerksamkeits- und

Bewußtseinszuständen spielt. Als seitliche Auswölbung der Medulla oblongata ist beim Menschen auf beiden Seiten die *untere Olive* sichtbar; beim Salamander ist sie äußerlich unauffällig. Sie spielt eine Rolle im Gleichgewichtssystem und steht über sog. Kletterfasern mit dem Kleinhirn in enger Verbindung (s. dort).

Unter dem Kleinhirn, getrennt durch den vierten Ventrikel, liegt die Brücke (Pons), die beim Salamander unauffällig ist. Sie beinhaltet die Kerne folgender Hirnnerven: *N. trigeminus* (fünfter Hirnnerv), ein dreiästiger Nerv, der sensorisch (oder »sensibel«) die Haut und Schleimhäute der Kopf- bzw. Gesichtsregion einschließlich der Zunge und die Zähne und motorisch die Kaumuskulatur versorgt. Dann folgt der *N. abducens* (sechster Hirnnerv), der einen der sechs Augenmuskeln innerviert. Daran schließt sich nach hinten der *N. facialis* (siebter Hirnnerv) an, der motorisch Kopf- bzw. Gesichtsmuskeln und sensorisch u. a. Geschmacksknospen der Zunge versorgt. Mit ihm zusammen tritt der *N. vestibulo-cochlearis*, auch *N. stato-acusticus* genannt (achter Hirnnerv) ins Gehirn ein. Dieser Nerv ist rein sensorisch und leitet mit einem Teil, dem *N. cochlearis*, Erregungen aus dem Hörorgan im Innenohr, und mit einem anderen Teil, dem *N. vestibularis*, Erregungen aus dem Gleichgewichtsorgan, das sich ebenfalls im Innenohr befindet, zum Gehirn.

In der Brücke der Säugetiere einschließlich des Menschen finden sich nachgeschaltete sensorische Kerne, auf- und absteigende Fasertrakte (insbesondere die *Pyramidenbahn*, Tractus corticospinalis, die Salamandern wie allen Wirbeltieren außer den Säugern fehlt) und die sog. *Brückenkerne* (Nuclei pontis), in denen von der Großhirnrinde einlaufende Fasern auf ihrem Weg zum Kleinhirn umgeschaltet werden. Ebenfalls in der Brücke, zum Teil am Übergang zum Mittelhirn, sind wichtige Kerne der *Formatio reticularis* angesiedelt, nämlich der durch den Transmitter Noradrenalin gekennzeichnete *Locus coeruleus* (»blauer Kern«) als Teil der *lateralen* Formatio reticularis, die durch den Transmitter Serotonin charakterisierten *Raphe-Kerne* (Ncl. raphes dorsalis, pontis und magnus) als Teil der *medianen* Formatio reticularis, die durch den Transmitter Dopamin gekennzeichneten *parabrachialen Kerne* und die Kerne der *medialen* Formatio reticularis. Die Funktion dieser Kerne wird im 9. Kapitel genauer besprochen werden.

Das Mittelhirn (Mesencephalon) des menschlichen Gehirns ist verhältnismäßig klein und liegt unscheinbar zwischen dem Pinealorgan und dem Kleinhirn (Abb. 1A). Bei den meisten anderen Wirbeltieren ist es dagegen auffällig und kann einen beträchtlichen Teil des Gesamtgehirns einnehmen. Es gliedert sich in einen oberen Teil, das Mittelhirndach (*Tectum* oder *Vierhügelplatte*), und einen unteren Teil, das *Tegmentum*. Das Tectum enthält wichtige visuelle und auditorische Zentren sowie Zentren der Körperempfindung (Somatosensorik). Beim Salamander wie allgemein bei den Fischen, Amphibien, Reptilien, Vögeln und auch vielen Säugern ist das Tectum das wichtigste sensorische, insbesondere visuelle und auditorische Integrationszentrum. Bei nahezu allen Wirbeltieren zeigt es eine deutliche Schichtenbildung, bei der sich Schichten der ein- und auslaufenden Fasern mit den Schichten der Zellkerne der Tectumneurone abwechseln. Das Salamandertectum (Abb. 2c) zeigt kaum eine solche Schichtung, denn diese entwickelt sich erst spät in der Gehirnontogenese. Es ist aber wahrscheinlich, daß die Vorfahren der Salamander ein »normales«, d. h. mehrfach geschichtetes Tectum besaßen. Interessanterweise zeigt das Tectum derjenigen Salamander, die unter den Amphibien ein besonders leistungsfähiges visuelles System besitzen, nämlich der Schleuderzungensalamander, einen besonders einfachen (d. h. sekundär vereinfachten) grobmorphologischen Aufbau. Bei Fischen und Vögeln findet sich ein besonders stark laminiertes Tectum, während es bei den Säugetieren eine anatomisch nur schwer erkennbare Gliederung zeigt, die möglicherweise auch auf eine sekundäre Vereinfachung zurückgeht. Bei den Säugetieren und insbesondere bei den Primaten sind viele visuelle und auditorische Funktionen auf Vorderhirnzentren übergegangen, doch spielt das Tectum, hier *Colliculus superior* genannt, dennoch eine wichtige Rolle bei visuell und auditorisch ausgelösten Blick- und Kopfbewegungen und bei gezielten Hand- und Armbewegungen und entsprechenden Aufmerksamkeitsleistungen.

Das *Tegmentum* des Mittelhirns (Abb. 1A) enthält die Kerne des dritten (*N. oculomotorius*) und vierten Hirnnerven (*N. trochlearis*),

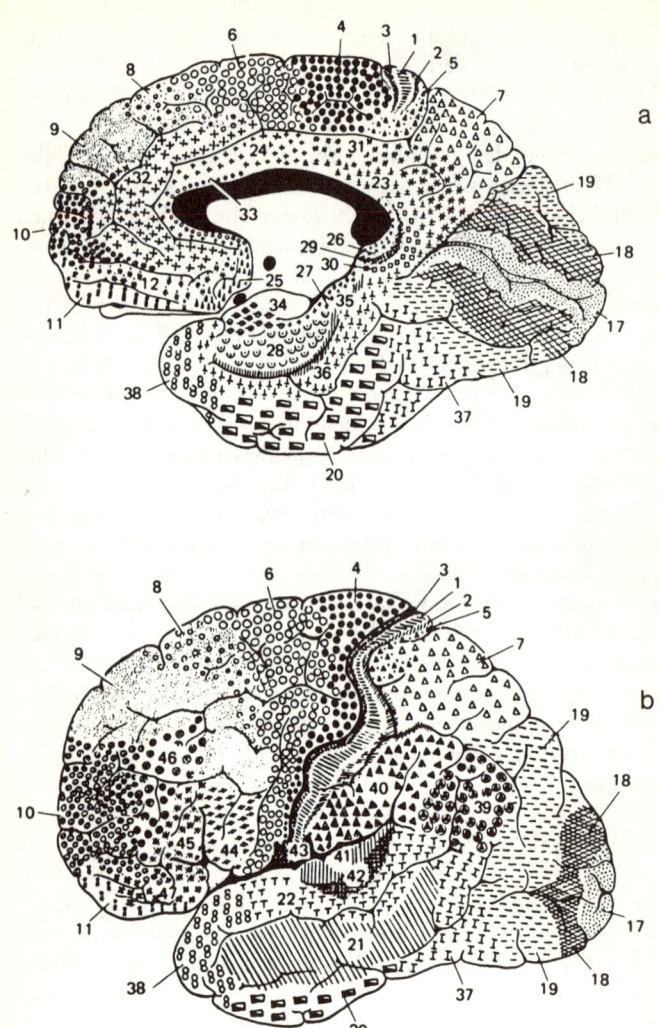

Abb. 5: Areale des menschlichen Cortex nach K. Brodmann (1909). Die Areale tragen Nummern von 1 bis 47, auf die sich der Text bezieht. (a): Innenansicht einer Cortexhälfte, (b): Seitenansicht des Cortex.

beides Augenmuskelnerven; außerdem enthält es durchziehende Fasertrakte (vor allem die Pyramidenbahn) und Anteile der Formatio reticularis sowie Zentren, die für Bewegung und Handlung wichtig sind. Der *Nucleus ruber* (»roter Kern«, Abb. 1c) ist über direkte und indirekte Verbindungen mit dem Cortex, Cerebellum und Rückenmark eine wichtige Schaltstation des *extrapyramidalen motorischen Systems*. Die *Substantia nigra* (»schwarze Substanz«, Abb. 1c) besteht aus zwei Teilen, der Pars compacta und der Pars reticulata. Die Pars compacta stellt eine Ansammlung dopaminerger Neurone dar, die Fasern zum Striatum senden.

Um den das Mittelhirn durchziehenden »Aquädukt« (den Verbindungskanal zwischen drittem und viertem Ventrikel) herum liegt das *zentrale Höhlengrau*, eine kompakte Zellansammlung. Es hat mit Schmerzempfindung und der Verarbeitung schädlicher Reize und sonstiger stark emotionsbegleiteter Zustände zu tun und ist ein Teil des limbischen Systems, das weiter unten ausführlich besprochen werden wird.

Das *Kleinhirn* (Cerebellum) ist bei Salamandern sehr klein (Abb. 2a), und zwar auch bei denen, die sich sehr geschickt dreidimensional bewegen können, denn seine normale ontogenetische Größenzunahme fällt der genannten Verlangsamung der Ontogenese aufgrund der Genomvergrößerung zum Opfer, da es im Laufe der Ontogenese erst spät entsteht. Beim Menschen (Abb. 1a) wie bei den meisten Säugetieren erreicht es eine beträchtliche Größe und kann bei manchen Knochenfischen riesengroß werden. Funktional ist das Kleinhirn der Säuger und des Menschen aus drei Teilen zusammengesetzt. Der erste Teil wird *Vestibulo-Cerebellum* genannt und ist mit der Steuerung des Gleichgewichts und der Augenfolgebewegungen befaßt. Der zweite Teil erhält über das Rückenmark Eingänge von den Muskelspindeln und heißt deshalb auch *Spino-Cerebellum*. Der dritte Teil umfaßt die Kleinhirnhemisphären und bildet den größten Teil des Kleinhirns. Er ist über die tiefen Kleinhirnkerne (s. u.) und die Brückenkerne (Nuclei pontis) eng mit der Großhirnrinde verbunden und heißt deshalb auch *Ponto-Cerebellum*; er ist an der Steuerung der feinen Willkürmotorik beteiligt und spielt – zusammen mit den Basalkernen – eine wichtige Rolle beim »Starten« solcher Bewegungen.

Das Kleinhirn besitzt eine stark gewundene Rinde (den *Cortex cerebelli*). Ihr Aufbau ist sehr regelmäßig: sie besteht aus drei Schichten, einer tiefliegenden, kleinzelligen Körnerzellschicht, einer großzelligen Purkinjezellschicht und einer oberflächlichen Molekularschicht. Purkinjezellen (Abb. 3D) sind die Ausgangsneurone des Kleinhirns und wirken *inhibitorisch* auf die sogenannten tiefen Kleinhirnkerne (Ncl. dentatus, Ncl. fastigii und Ncl. globosus et emboliformis); die Körnerzellen dagegen sind reine Interneurone.

Das Kleinhirn ist unter dem Einfluß der motorischen Großhirnrinde (über die Brücke) an der Feinregulierung der Muskeln beteiligt und stellt einen wichtigen – vielleicht den wichtigsten – Ort motorischen Lernens dar. Es empfängt Erregungen vom Gleichgewichtssystem, den Muskelspindeln, den Hautsinnesrezeptoren, dem Auge und dem Ohr. Kürzlich wurde entdeckt, daß beim Menschen das Kleinhirn keineswegs nur ein Bewegungssteuerungszentrum ist, sondern auch an kognitiven Leistungen und Sprache erheblichen Anteil hat, allerdings ohne daß dies uns bewußtseinsmäßig zugänglich ist (Leiner et al., 1991; Gao et al., 1996).

Das Kleinhirn steht beim Menschen wie bei den anderen Säugern und Vögeln über Umschaltstationen in der Brücke, *Pons* (Abb. 1a, c, d), im engen Kontakt mit der Großhirnrinde. Eine Brücke ist bei Salamandern und anderen Amphibien, bei Fischen und Reptilien, die alle keinen sehr großen Neocortex haben, nicht vorhanden. Je größer der Cortex und die Zahl der vom Cortex absteigenden Fasern, desto deutlicher bildet sich eine Brücke aus. Die Brücke und die durch sie ermöglichten massiven Verbindungen zwischen Cortex und Kleinhirn sind eine der wenigen deutlichen Unterschiede, die das Gehirn der Vögel und Säugetiere gegenüber dem der Reptilien, Amphibien und Fische aufweist.

Das Zwischenhirn (Diencephalon) ist beim Menschen vollständig vom Telencephalon umgeben (Abb. 1c, d). Es besteht wie bei allen Wirbeltieren aus Epithalamus, dorsalem Thalamus, ventralem Thalamus (auch Subthalamus genannt) und Hypothalamus.

Der *Epithalamus* setzt sich zusammen aus der Habenula mit den Nuclei habenulae und ihrer Kommissur und der Epiphyse

(Abb. 1a). Die Habenula ist ein Schaltsystem für olfaktorische Informationen und Teil des limbischen Systems (s. u.). Die Epiphyse, ein kleiner zapfenförmiger Körper, ist bei vielen Wirbeltieren ein lichtempfindliches Organ, das an der Registrierung von Hell-Dunkel-Wechsel und der Steuerung des Tag-Nacht-Rhythmus beteiligt ist. Beim Menschen hat sie offenbar nur für die Entwicklung der Sexualorgane eine Bedeutung.

Der *dorsale Thalamus* befindet sich tief im Innern des Vorderhirns an den Seiten des dritten Ventrikels und unterhalb des Balkens und der beiden Großhirnventrikel (Abb. 1d). Er ist ein Konglomerat aus funktional sehr unterschiedlichen Kernen und Kerngebieten. Traditionell werden die Kerne und Kernbereiche des dorsalen Thalamus eingeteilt in »spezifische« oder *palliothalamische* Kerne und »unspezifische« oder *trunco-thalamische* Kerne.

Die *pallio-thalamischen* Kerne sind Umschaltstationen, die spezifische Eingänge von subcorticalen Zentren erhalten und ihrerseits mit eng umgrenzten Cortexgebieten in wechselseitiger (reziproker) Verbindung stehen. Diese Verbindung ist *topologischer*, d. h. räumlich geordneter Natur; dies bedeutet, daß rostrale Teile des Thalamus zu vorderen Teilen der Großhirnrinde projizieren, caudale Teile in den hinteren Cortex usw.

Innerhalb der palliothalamischen Kerne trifft man weitere Unterscheidungen in (a) die *anteriore Kerngruppe*, (b) die *mediale Kerngruppe*, (c) die *laterale Kerngruppe*, (d) das *Pulvinar*, (e) den *medialen Kniehöcker* (Corpus geniculatum mediale) und (f) den *seitlichen Kniehöcker* (Corpus geniculatum laterale).

Der Hauptkern der *anterioren* Kerngruppe ist der Ncl. anterior thalami. Dieser Kern hat rückläufige Verbindungen zum Gyrus cinguli der Großhirnrinde und zu den Mammillarkörpern und ist eine wichtige Schaltstelle des limbischen Systems (s. dort).

Alle Kerne der *medialen* Kerngruppe haben wechselseitige Verbindungen zum Frontallappen der Großhirnrinde. Sie sind reziprok mit dem frontalen Augenfeld (FEF = Area 8 des Cortex) und dem präfrontalen Cortex verbunden und erhalten Eingänge aus der Amygdala und dem ento- und perirhinalen Cortex.

Die mediale Kerngruppe hat wie die anteriore Kerngruppe mit *emotionaler* Verhaltenssteuerung (z. B. aufmerksamkeitsgesteuerten Augenbewegungen) und Verhaltensbewertung zu tun und steht ebenfalls mit dem limbischen und dem olfaktorischen System in enger Verbindung. Bei Patienten mit schweren Erregungszuständen wurde früher eine Durchtrennung der Bahnen zwischen medialer Kerngruppe und dem präfrontalen Cortex, die berüchtigte *Leukotomie*, vorgenommen, die zu Gleichgültigkeit und Verflachung der Persönlichkeit führten.

Die *laterale* Kerngruppe umfaßt Ventral-, Dorsal- und Zentralkerne und wird im Gegensatz zu den limbischen anterioren und medialen Kernen als *somatische* Kerngruppe des Thalamus angesehen. Hier enden nämlich in den ventralen Kernen Sinnesempfindungsbahnen aus dem Körper.

Das *Pulvinar* (»Kissen«) ist die größte thalamische Kerngruppe. Das Pulvinar spielt bei der visuellen und auditorischen Aufmerksamkeitssteuerung eine wichtige Rolle, hat aber auch mit Sprache und symbolischem Denken zu tun – ist also ein »hochkognitives« thalamisches Zentrum.

Der *mediale Kniehöcker* (Corpus geniculatum mediale), der sich caudal an das Pulvinar anschließt, ist die thalamische Umschaltstation in der Hörbahn. Er erhält Eingänge aus dem Colliculus superior und inferior sowie aus den Cochleariskernen und projiziert zu den Heschlschen Querwindungen des auditorischen Cortex.

Der *laterale Kniehöcker* (Corpus geniculatum laterale, CGL) ist die visuelle Umschaltstation für Fasern des optischen Nerven. Sein dorsaler Teil (abgekürzt dCGL) zeigt einen geschichteten Aufbau: er besteht aus zwei ventralen großzelligen (magnozellulären) und vier dorsalen kleinzelligen (parvozellulären) Schichten. Das dCGL ist reziprok mit der primären visuellen Rinde (A17) verbunden.

Während von den soeben behandelten spezifischen oder palliothalamischen Kernen seit längerem eine präzise Verbindung mit bestimmten Teilen der Großhirnrinde bekannt ist, nahm man bisher an, daß die *trunco-thalamischen Kerne* eher diffus zum Cortex bzw. zu subcorticalen Zentren projizieren. Neuere Untersuchungen haben aber auch hier – wie auch in den meisten anderen Teilen des Gehirns – eine präzise Anordnung von Projektionsbahnen ergeben. Man sollte deshalb die Bezeichnung »unspezifische Kerne« vermeiden.

Zu den trunco-thalamischen Kernen gehören die *intralami-*
nären Kerne sowie die »*Mittellinien-Kerne*« (von manchen Autoren zur medialen Kerngruppe gerechnet). Intralaminäre und
Mittellinien-Kerne sind eng mit dem Striatum und dem Cortex
verbunden. Was die corticalen Verbindungen betrifft, so projizieren die Mittellinien-Kerne vornehmlich zu limbischen Anteilen des präfrontalen Cortex, zur Amygdala und zum Hippocampus, die rostralen intralaminären Kerne projizieren zum
assoziativen präfrontalen und zum posterioren parietalen Cortex, und die caudalen intralaminären Kerne zu den motorischen
und prämotorischen Arealen des frontalen Cortex und dem vorderen, somatosensorischen Parietallappen (s. u.). Die Projektionen einzelner Kerne und Kernbereiche überlappen dabei nur
wenig. Eingänge erhalten die intralaminären und Mittellinien-
Kerne aus dem Ncl. reticularis thalami, der Formatio reticularis
(Locus coeruleus, Raphe-Kerne und parabrachiale Kerne), dem
Rückenmark, dem Pallidum, den sog. tiefen Kleinhirnkernen,
der Substantia nigra, dem Tectum und Prätectum.
Die Funktion der intralaminären und Mittellinien-Kerne ist
entsprechend der vielfältigen Verbindungen komplex. Sie spielen bei der Regulation von Wachheits-, Bewußtseins- und Auf-
merksamkeitszuständen eine wichtige Rolle, und zwar aufgrund
der Afferenzen von den retikulären Kernen und ihrer Verbindungen zum präfrontalen und parietalen Cortex, und haben
in diesem Zusammenhang mit aufmerksamkeitsgesteuerten
Augenbewegungen (über die Verbindungen zum frontalen
Augenfeld) zu tun. Außerdem sind sie ein wichtiger Bestand-
teil des limbischen Systems, und zwar über die Verbindungen
zum präfrontalen Cortex, zur Amygdala und zum Hippocampus.
Eine besondere anatomische und funktionale Rolle nimmt der
Nucleus reticularis thalami ein (Abb. 1d). Er umhüllt schalenar-
tig den gesamten lateralen Teil des Thalamus. Er erhält Kollaterale sowohl von thalamo-corticalen Bahnen als auch von corti-
co-thalamischen Bahnen und steht in reziproker Verbindung
mit den geschilderten pallio-thalamischen und den trunco-thalamischen Kernen des dorsalen Thalamus; er projiziert aber
nicht selbst zum Cortex. Über hemmende (GABAerge) Fasern

kontrolliert er die Aktivität der meisten Thalamuskerne, insbesondere die intralaminären Kerne.

Der *ventrale Thalamus* oder *Subthalamus* besteht vornehmlich aus dem Ncl. subthalamicus (1d), der eng mit dem Globus pallidus und dem Tegmentum verbunden ist, und aus dem Globus pallidus (»bleicher Kern«). Dieser wird von einigen Autoren auch zu den Basalganglien gerechnet und deshalb dort abgehandelt (s. u.).

Der *Hypothalamus* ist ein wichtiges Regulationszentrum für vegetative Funktionen wie Atmung, Herzschlag, Kreislauf, Nahrungs- und Flüssigkeitshaushalt, Wärmehaushalt und immunologische Reaktionen. Er beeinflußt in diesem Zusammenhang lebens- und überlebenswichtiges Verhalten wie Flucht, Abwehr, Fortpflanzung, Nahrungsaufnahme und Biorhythmen. Entsprechend seinen Funktionen ist der Hypothalamus mit nahezu allen Teilen des restlichen Gehirns verbunden, besonders mit den vegetativen Kerngebieten des Hirnstamms und den limbischen Anteilen des Telencephalon, d. h. mit Septum, Amygdala und Hippocampus, von denen noch die Rede sein wird.

Das *Endhirn* (Telencephalon, Abb. 1a, b) oder Großhirn ist beim Menschen und anderen Primaten sowie bei Walen und Delphinen sehr groß und umfaßt ca. 80 % des Gesamtgehirns. Große Endhirne finden sich aber bei den meisten anderen Wirbeltieren; beim Salamander bildet es immerhin bis zu 50 % des Gesamthirns. Über das Endhirn der sogenannten »niederen« Wirbeltiere (Schleimaale, Neunaugen, Knorpelfische, Knochenfische und Amphibien) sind selbst in Fachbüchern noch immer absurde Auskünfte zu finden. Dort steht etwa zu lesen, das Endhirn dieser Tiere sei ein reines Riechhirn und deshalb außerordentlich primitiv. Warum ein gutes Riechvermögen primitiv sein soll, hat aber noch niemand erklären können (außer man betrachtet alle Fähigkeiten, in denen wir Menschen schlecht sind, automatisch als primitiv). Vor vielen Jahren schon haben aber vergleichende Neurobiologen zeigen können, daß das Endhirn bei allen »niederen« Wirbeltieren genauso wie bei den »höheren« (Reptilien, Vögel, Säuger) Zentren für alle Sinnessysteme und nicht nur für Riechen besitzt und außerdem Orte für die Konvergenz der Informationen aus diesen Sinneszentren.

Die Endhirne aller Wirbeltiere besitzen einen typischen Aufbau, nämlich den Bereich der Basalganglien und den des Endhirnmantels (*Pallium*). Dieses Pallium wird üblicherweise in ein Palaeopallium (»Altmantel«), ein Archipallium (»Urmantel«) und ein Neopallium (»Neumantel«) gegliedert (vgl. Abb. 2b). Diese Bezeichnungen sind sehr unglücklich, denn sie unterstellen, das Endhirn habe sich nach und nach neue Strukturen zugelegt. Entsprechend werden das Palaeopallium und das Archipallium als »stammesgeschichtlich alt« und das Neopallium als »stammesgeschichtlich neu« angesehen. Dies ist völlig falsch, denn Basalganglien und alle drei Typen von Pallium sind gleichzeitig entstanden, auch wenn sie im weiteren Verlauf der Gehirnevolution sehr unterschiedliche Veränderungen in Größe und zellulärem Aufbau erlebt haben. Nur weil sich bei Säugern das Neopallium zu einer geschichtet aufgebauten Hirnrinde (Neocortex) entwickelt hat und bei uns sehr groß geworden ist, meinen wir, dies müsse eine neuartige (und großartige) Entwicklung sein. Man spricht, um pseudoevolutionäre Assoziationen zu vermeiden, bei Säugern am besten vom *Isocortex*, wenn man den sechsschichtigen Neocortex meint, und vom *Allocortex*, wenn man den andersartig aufgebauten Palaeo- und Archicortex meint. Allerdings haben sich die Bezeichnungen Palaeo-, Archiund Neocortex dermaßen eingebürgert, daß sie auch hier weiter verwandt werden sollen, allerdings ohne ihren stammesgeschichtlichen Beigeschmack.

Die *Basalganglien* bestehen aus dem *Corpus striatum* (auch einfach *Striatum* genannt) und dem *Globus pallidus* (auch einfach *Pallidum* genannt) (Abb. 1c, d). Die bereits erwähnte Substantia nigra pars reticulata wird von einigen Autoren ebenfalls zu den Basalganglien gezählt.

Das Striatum im engeren Sinne gliedert sich in den *Nucleus caudatus* (»geschweifter Kern«, auch einfach *Caudatum* genannt), das *Putamen* und den *Ncl. accumbens*, der von einigen Autoren dem Septum zugerechnet wird. Das Putamen ist eine große, eiförmige Struktur, die seitlich vom dorsalen Thalamus tief im Innern des Vorderhirns liegt. Umrundet wird es vom Nucleus caudatus, der sich in ein rostrales »Kopfteil«, einen »Körperteil« und einen langgezogenen »Schwanzteil« gliedert. Zwischen beiden Strukturen bestehen stegartige Verbindungen, durch deren Zwischenräume Fasern vom und zum Cortex hindurchziehen. Dem Kopf des Ncl. caudatus ist der Ncl. accumbens angegliedert.

Das Striatum hat zwei unterschiedliche Funktionen. Das *dorsale* Striatum, welches den größten Teil des Nucleus caudatus und des Striatum umfaßt, erhält Eingänge vom gesamten Neocortex/Isocortex, von den intralaminären Kernen, Mittellinienkernen und ventralen Kernen des dorsalen Thalamus sowie von der Substantia nigra pars compacta. Es hat vor allem mit Handlungsplanung und Verhaltenssteuerung zu tun und wird auch *somatisches* Striatum genannt. Das *ventrale* Striatum umfaßt den unteren Teil von Caudatum und Putamen und den Ncl. accumbens. Es erhält Eingänge vor allem von corticalen und subcorticalen olfaktorischen und limbischen Gebieten und hat mit Emotionen und Verhaltensbewertung zu tun. Deshalb wird es auch *limbisches* Striatum genannt (s. Kapitel 9).

Der nach innen an das Putamen angrenzende Globus pallidus ist in ein äußeres (Pallidum externum) und ein inneres Segment (P. internum) gegliedert. Man unterscheidet wie beim Striatum funktional ein dorsales und ein ventrales Pallidum, die jeweils eng mit dem dorsalen bzw. ventralen Striatum verbunden sind und entsprechende (d. h. motorische oder limbische) Funktionen besitzen.

Die *Großhirnrinde (Cortex cerebri)* wird – wie erwähnt – traditionell und sehr mißverständlich eingeteilt in *Palaeocortex*, *Archicortex* und *Neocortex*. Der *Palaeocortex* umfaßt die Riechrinde, nämlich den Ncl. olfactorius anterior/Tuberculum olfactorium, den präpiriformen Cortex und Teile des Mandelkern-Komplexes (die corticomedialen Kerne). Bei Primaten einschließlich des Menschen ziehen nur wenige Fasern zum nach hinten sich anschließenden entorhinalen Cortex, welcher den Hippocampus umgibt. Deshalb besitzt die Riechrinde kaum oder keine direkten Verbindungen zum Isocortex/Neocortex. Indirekte Verbindungen laufen einerseits über das basale Vorderhirn und andererseits über die mediale Kerngruppe des Thalamus. Erst über diese Verbindungen können olfaktorische Reize bewußt werden.

Der Mandelkern-Komplex (*Corpus amygdaloideum*, kurz *Amygdala* genannt, vgl. Abb. 1d, 30) ist ein aus allocorticalen Kernen zusammengesetzter Komplex und ein wichtiges Zentrum des limbischen Systems und wird in Kapitel 9 noch genauer besprochen.

Der allocorticale *Archicortex* umfaßt im wesentlichen die *Hippocampus-Formation*, die sich aus dem *Hippocampus* und den ihn umgebenden *Gyrus parahippocampalis* zusammensetzt, zu dem die entorhinale Rinde gehört (Abb. 1c, 30). Die Hippocampus-Formation wird ebenfalls im Kapitel 9 genauer besprochen.

Eine mit Amygdala und Hippocampus eng zusammenhängende Struktur ist die *septale Region* (meist einfach *Septum* genannt), die als Wandverdickung zwischen den vorderen Seitenventrikeln des Telencephalon sitzt. Das Septum ist ein Teil des limbischen Systems und erhält massive Eingänge vom Hippocampus über den Fornix, von der Amygdala, der präoptischen Region, dem Hypothalamus, vom Locus coeruleus, den Raphekernen, dem zentralen tegmentalen Grau und den parabrachialen Kernen. Efferenzen des Septum gehen zu all diesen Strukturen zurück.

Als subcorticaler Kernkomplex ist schließlich das *basale Vorderhirn* zu nennen, zu dem auch Teile des Septum gerechnet werden (Abb. 34). Es ist Teil des limbischen Systems. Sein Hauptkern ist der *Nucleus basalis Meynert*. Dieser Kern ist der Ursprungsort des *cholinergen Systems* des Telencephalon; die Axone seiner Zellen projizieren in alle Gebiete des Isocortex und zur Amygdala. Eingänge erhält das basale Vorderhirn vor allem aus dem limbischen Isocortex, dem Ncl. accumbens des Striatum, dem Hippocampus, der Amygdala, dem Septum, dem Hypothalamus, dem Raphekern und dem Locus coeruleus. Degenerationen des basalen Vorderhirns stehen in engem Zusammenhang mit der Alzheimerschen Altersdemenz.

Eine Übergangszone zwischen isocorticalem und allocorticalem Cortex bildet der *limbische Cortex*, der sich wie ein »Saum« (limbus) um die subcorticalen Anteile des Großhirns und den Thalamus legt. Hierzu vor allem der Gyrus cinguli anterior (Brodmann-Areal A 24) und posterior (A 23) und der Gyrus parahippocampalis (A 27, 28, 35). Dieser limbische Cortex hat

Verbindungen zum Isocortex einerseits und zum gesamten übrigen limbischen System andererseits.

Der *Neocortex/Isocortex* ist beim Menschen der größte Teil des Telencephalon und macht etwa die Hälfte des gesamten Hirnvolumens bzw. -gewichtes aus. Sein Äquivalent, das Neopallium, ist beim Salamander sehr klein und völlig ungefaltet, denn es fällt der sekundären Vereinfachung zum Opfer, da es sich verhältnismäßig spät entwickelt. Wie aus Abbildung 1 ersichtlich, ist beim Menschen der Isocortex stark gefaltet; man unterscheidet Windungen (*Gyri*, Sing. *Gyrus*) und die dazwischenliegenden Furchen (*Fissurae* oder *Sulci*, Sing. *Fissura* und *Sulcus*). Aufgrund der starken Furchung bildet der Isocortex eine Gesamtfläche von 2200 cm²; zwei Drittel davon liegen in den Furchen verborgen. Der außen sichtbare Isocortex wird in vier Lappen (*Lobi*, Singular *Lobus*) eingeteilt, den *Hinterhauptslappen* (*Lobus occipitalis*), den *Schläfenlappen* (*Lobus temporalis*), den *Scheitellappen* (*Lobus parietalis*) und den *Stirnlappen* (*Lobus frontalis*) (vgl. Abb. 1b).

Aufgrund von Unterschieden in der Zellkörpergröße, der Zelldichte und der Gesamtdichte des Cortex wird der Isocortex seit der grundlegenden Arbeit von K. Brodmann zu Beginn des Jahrhunderts in ca. 50 unterschiedliche *Hirnrindenfelder* eingeteilt, die zum Teil auch funktionale Unterschiede kennzeichnen (vgl. Abb. 5). Diese Felder werden mit »A« bezeichnet und sind durchnumeriert (A1, A2, A3 usw.).

Der dominierende Zelltyp des Cortex sind die *Pyramidenzellen* (Abb. 3E). Sie bilden rund 80 % aller corticalen Neurone. Sie besitzen einen pyramidenartigen Zellkörper, der ihnen den Namen gegeben hat. Pyramidenzellen sind die Projektionsneurone des Cortex, d. h. ihre Axone verlassen den Cortex. Sie sind allesamt erregend. Die restlichen rund 20 % der corticalen Zellen sind Interneurone. Hierunter fallen vor allem *Sternzellen,* die teils erregend, teils hemmend sind.

Die Masse der *Afferenzen* des Isocortex kommen vom Thalamus, und dort wiederum vornehmlich von den pallio-thalamischen Thalamuskernen. Andere Afferenzen kommen vorwiegend aus der Amygdala, dem basalen Vorderhirn (cholinerge Afferenzen), den Basalganglien, dem Hypothalamus, den Raphekernen (serotoninerge Afferenzen), dem Locus coeruleus (noradrenerge Afferenzen) und dem tegmentalen Höhlengrau (dopaminerge Afferenzen). Diese Afferenzen wirken vornehmlich *modulatorisch* auf die Aktivität des Cortex ein.

Die *Efferenzen* des Cortex übertreffen an Zahl die Afferenzen um ungefähr das fünffache. Die meisten Efferenzen ziehen zum Thalamus, wobei bestimmte corticale Gebiete genau zu den Kernen zurückprojizieren, von denen sie Afferenzen erhalten. Diese rückläufigen Verbindungen bilden das *thalamo-corticale System*. Andere Efferenzen des Cortex gehen zum Striatum und zur Amygdala sowie über die Pyramidenbahn zum Mittelhirn, zur Brücke und zu den prämotorischen und motorischen Zentren der Medulla oblongata und des Rückenmarks.

Die massivsten Faserzüge des Cortex sind jedoch *intracorticale* Verbindungen, *Assoziationsfasern* genannt. Man unterscheidet kurzreichweitige Fasern, welche die lokale Verschaltung bilden, und langreichweitige Fasern, welche die verschiedenen Rindenlappen miteinander verbinden. Diese Fasern bilden in regelmäßigen Abständen lokale Kollateralverzweigungen oder »Cluster«. Schließlich sind noch Kommissurfasern, die mit ca. 300 Mio. Fasern über den Balken (Corpus callosum) die beiden Großhirnhemisphären miteinander verbinden. Die starke intracorticale Verschaltung des Cortex bewirkt, daß der größte Teil seiner Erregung nicht aus der sensorischen Peripherie bzw. den entsprechenden subcorticalen Umschaltzentren kommt, sondern »von ihm selber«.

Der Isocortex läßt sich in primäre und sekundäre *sensorische* Areale, in primäre und sekundäre *motorische* Areale und in assoziative Areale gliedern (Abb. 1b, 5). Der *primäre somatosensorische Cortex* umfaßt die parietalen Brodmann-Areale A3a, 3b, 1, 2, die hinter der Zentralfurche im Gyrus postcentralis bzw. in der Tiefe der Zentralfurche liegen. Er ist nach somatosensorischen Sinnesqualitäten bzw. -modalitäten aufgegliedert. So sind in den Arealen A3b und 1 Erregungen von Tast- und Druckrezeptoren der Haut und von Körperhaaren repräsentiert, in A2 Erregungen von Gelenkrezeptoren und Vibrationssinn und in A3a solche von Muskelspindeln. Gleichzeitig ist die Oberfläche der gegenüberliegenden Körperseite in jeder dieser Areale entlang der Zentralfurche *somatotopisch* als »Homunculus« abgebildet, und zwar in der Weise, daß die unteren Körperregionen auf der Innenseite der Hemisphäre bzw. im oberen Teil des Gyrus postcentralis und die oberen Körperregionen im unteren Teil der Zentralfurche repräsentiert sind. Dabei sind die verschiedenen Körperteile je nach Innervationsdichte der Oberfläche unterschiedlich groß dargestellt, nämlich Fingerspitzen und Mund am größten und Rumpf und Oberschenkel am kleinsten. Der *sekundäre* somatosensorische Cortex (A5) ist nur partiell somatotopisch gegliedert und wird meist zum posterioren parietalen Cortex (A7, 7a; s. u.) gerechnet.

Der *primäre visuelle Cortex* (A17, auch Area striata oder striärer Cortex genannt) liegt am hinteren (occipitalen) Teil des Cortex sowie an der occipitalen Innenfläche. Area A17 ist der Projektionsort der vom lateralen Kniehöcker ausgehenden Sehstrahlung (Radiatio optica). Der primäre visuelle Cortex wird eingerahmt vom *sekundären* (A18) und *tertiären* visuellen Cortex (A19; zusammen auch extrastriärer Cortex genannt). Eine ausführlichere Darstellung des visuellen Cortex findet sich in Kap. 8.

Der *primäre auditorische Cortex* umfaßt beim Menschen das corticale Gebiet A41 (die sog. Heschlschen Querwindungen). Hier enden die Fasern der Hörstrahlung (Radiatio acustica) aus dem medialen Kniehöcker. Der *sekundäre* auditorische Cortex (A 42) umschließt hufeisenförmig den primären auditorischen Cortex.

Der *primäre motorische Cortex* (A4) liegt unmittelbar vor dem Gyrus centralis. Er zeigt ebenso wie die gegenüberliegende somatosensorische Rinde eine »auf den Kopf gestellte« somatotope Organisation (»motorischer Homunculus«). Weitere wichtige motorische Cortexareale sind der *prämotorische* Cortex (A6) und das *motorische Supplementärfeld* (MSA, A6a, d. h. der dorsomediale Anteil von A6) und das *frontale Augenfeld* (FEF, Teile von A8 und A9), das bereits assoziative Funktionen hat.

Der *Assoziationscortex* wurde früher definiert als derjenige Teil des Cortex, der keine direkten Afferenzen aus subcorticalen Regionen erhält. Diese Charakterisierung ist ungerechtfertigt, denn auch die nicht primären sensorischen oder motorischen

Cortexareale erhalten massive subcorticale Eingänge. Heute bezeichnet man mit »Assoziationscortex« etwas unscharf all die Rindenanteile, in denen komplexe Informationsverarbeitung innerhalb eines Sinnessystems und/oder zwischen verschiedenen Sinnessystemen stattfindet. Wir werden uns mit dem Assoziationscortex genauer in Kapitel 9 befassen.

Salamandergehirn und menschliches Gehirn sind sich also trotz der gewaltigen Unterschiede in der Größe in der Tat ähnlich, und diese Ähnlichkeit steigert sich noch, wenn wir die Verteilung von Neurotransmittern und Neuropeptiden in beiden Gehirnen vergleichen. Die Ähnlichkeit betrifft vor allem den Hirnstamm und die ventralen Anteile des Mittel-, Zwischen- und Endhirns, während die Unterschiede zwischen den dorsalen Anteilen dieser Hirnteile größer sind. Dies ist kein Zufall, denn die ventralen Teile des gesamten Gehirns (Medulla oblongata, Tegmentum, Hypothalamus, Basalkerne, Amygdala, Septum) umfassen diejenigen Funktionen, die sich mit der Steuerung des »internen Milieus« des Körpers (Kreislauf, Blutdruck, Schlafen und Wachen usw.), mit grundlegenden Verhaltensprogrammen und -antrieben, mit Emotionen und Affekten zu tun haben, während dorsale Anteile wie das Kleinhirn, das Tectum, der dorsale Thalamus und die Großhirnrinde komplexere Verarbeitungsfunktionen im sensorischen Bereich beinhalten. Das ventrale Gehirn verkörpert also das Überlebensprogramm der Wirbeltiere; nachdem es sich einmal als voll funktionsfähig entwickelt hatte, wurde an ihm nicht mehr Wesentliches verändert. Das dorsale sensorische System hat mehr Freiheitsgrade; es befaßt sich mit nicht lebenswichtigen Funktionen und kann sich deshalb schneller verändern und auch auf veränderte Umweltbedingungen einstellen. Am meisten trifft dies für die Großhirnrinde zu, die neben dem Kleinhirn der veränderlichste Hirnteil der Wirbeltiere ist. Die Großhirnrinde ist, wie bereits erwähnt, bei Amphibien sehr klein (sekundär verkleinert), erreicht aber bei Haien, Knochenfischen und Reptilien eine beträchtliche Größe (natürlich stets relativ zur Gesamtgröße des Gehirns). Besonders groß und kompliziert ist die Großhirnrinde bei Vögeln und Säugetieren.

Ist das menschliche Gehirn einzigartig?

Wenden wir uns nach dieser Kurzdarstellung des Aufbaus des menschlichen Gehirns einer Reihe von Behauptungen zu, die alle von einer Besonderheit, ja Einzigartigkeit, des menschlichen Gehirns sprechen. Da gibt es zunächst die These, der Mensch habe das größte Gehirn unter den Tieren. Eine solche Behauptung liegt nahe, denn ein großes Gehirn wird als Anzeichen für besondere Intelligenz angesehen, und viele glauben, der Mensch sei deshalb so klug und den Tieren überlegen, weil er ein so großes Gehirn habe. Diese Annahme ist jedoch falsch, denn einige Säugetiere wie Wale (einschließlich der Delphine) und Elefanten haben Gehirne, die erheblich größer sind als das menschliche Gehirn (Tabelle 1). Das menschliche Gehirn wiegt im Durchschnitt 1,3-1,5 kg, das Gehirn eines Elefanten rund 5 kg und das eines Pottwals rund 8,5 kg (es ist das größte Gehirn überhaupt). Allerdings befindet sich der Mensch bezüglich des Gehirnvolumens durchaus in der »Spitzengruppe«, denn die allermeisten anderen Tiere besitzen sehr viel kleinere Gehirne, selbst wenn sie in ihrer Körpermasse den Menschen übertreffen wie etwa Pferde oder Gorillas.

Wie steht es hingegen mit der Behauptung, der Mensch habe von allen Tieren das größte Gehirn *relativ zu seiner Körpergröße*?

Tabelle 1: Gehirngewichte bei Säugetieren (in Gramm)

Pottwal	8500
Elefant	5000
Mensch	1450
Pferd	590
Gorilla	550
Rind	540
Schimpanse	400
Löwe	220
Hund	135
Katze	30
Ratte	2
Maus	0,4

Diese Behauptung ist richtig, wenn man von wenigen Ausnahmen absieht. Zum besseren Verständnis dieser Tatsache müssen wir uns kurz mit den Gesetzmäßigkeiten der Beziehung zwischen Gehirngröße und Körpergröße bzw. zwischen Gehirngewicht und Körpergewicht beschäftigen. Bereits im vorigen Jahrhundert wurde festgestellt, daß größere Wirbeltiere gemessen an ihrem Körpervolumen bzw. -gewicht kleinere Gehirne haben als kleine Wirbeltiere. Trägt man nun, wie in Abb. 6 geschehen, das Körpergewicht und das Gehirngewicht jeweils in logarithmischer Weise gegeneinander auf, so ergibt sich zwischen einer Zunahme des Gehirngewichts und einer Zunahme des Körpergewichts ein Verhältnis von rund $0.7:1$. Dies bedeutet, daß bei einer Zunahme des Körpergewichts um einen bestimmten Wert das Gehirngewicht nicht um denselben Wert (also nicht »isometrisch«), sondern nur um das rund 0.7fache, also unterdurchschnittlich oder *negativ allometrisch* zunimmt und damit relativ kleiner wird. Über diesen »allometrischen Koeffizienten« wurde lange spekuliert, aber bis heute gibt es dafür keine allgemein akzeptierte Erklärung (Jerison, 1973; 1991; Harvey und Krebs, 1990). Es hat sich zudem gezeigt, daß die verschiedenen Wirbeltiergruppen sich in ihrem allometrischen Koeffizienten unterscheiden. Bei Säugetieren liegt er im Durchschnitt bei 0.76, während er bei den Reptilien bei 0.54 liegt. Das heißt: Bei einer Größenzunahme des Körpers nimmt die *relative* Gehirngröße bei den Reptilien stärker ab als bei Säugern.

Außerdem muß berücksichtigt werden, daß sich die verschiedenen Wirbeltiergruppen in ihren grundsätzlichen Gehirn-Körper-Beziehungen unterscheiden. Wie aus Abbildung 6 hervorgeht, haben die unterschiedlichen Wirbeltierklassen von ihrem »Bauplan« her verschiedene Körper-Gehirn-Beziehungen. Zum Beispiel haben Säugetiere im Durchschnitt größere Gehirne als andere Wirbeltiere mit gleicher Körpergröße, und Affen (Primaten) haben wiederum durchschnittlich größere Gehirne als andere Säugetiere mit gleicher Körpergröße. Beim Vergleich der Säugetiere und der Primaten untereinander bestehen dann wieder die oben genannten allometrischen Gesetzmäßigkeiten, d. h., kleinere Säuger bzw. Primaten haben *relativ* größere Gehirne als größere Säuger bzw. Primaten.

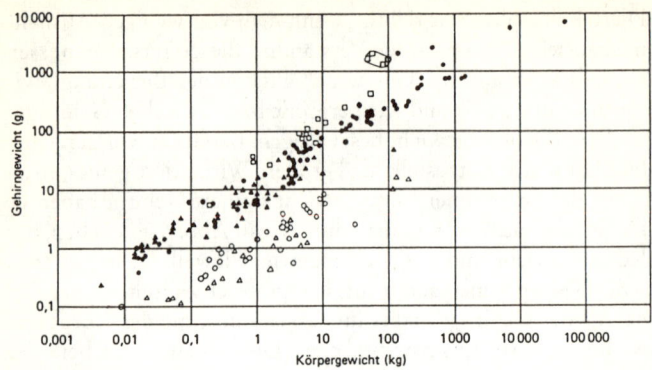

Abb. 6: Hirnallometrie bei Wirbeltieren. Gezeigt ist das Gewicht der Gehirne von 200 Wirbeltierarten (in Gramm) im Verhältnis zum Körpergewicht (in Kilogramm) in doppelt logarithmischer Auftragung. Offene Quadrate: Primaten; vier eingekreiste offene Quadrate: Mensch; schwarze Punkte: Säugetiere ohne Primaten; schwarze Dreiecke: Vögel; offene Dreiecke: Reptilien; offene Kreise: Knochenfische. Amphibien (nicht eingezeichnet) liegen zwischen Knochenfischen und Reptilien. (Nach Jerison 1973)

Auf der Grundlage dieser allometrischen Beziehungen läßt sich nun bestimmen, wie groß das menschliche Gehirn aufgrund der »normalen« allometrischen Beziehungen bei Säugern bzw. Primaten sein müßte. Dabei stellt sich heraus, daß der Mensch relativ zu seinem Körpergewicht in der Tat ein sehr großes Gehirn hat. Mit in der Regel 1300-1500 Gramm Gewicht hat sein Gehirn einen Anteil von rund 2 Prozent am Körpergewicht (bei einem angenommenen Durchschnitt von 65-75 kg), während ein Schimpansengehirn mit einem Gewicht von rund 420 Gramm nur 0,9 Prozent und ein Elefantengehirn mit 5000 Gramm nur rund 0,2 Prozent des jeweiligen Körpergewichts ausmacht. Allerdings wird der Mensch hinsichtlich seines *relativen* Gehirngewichts von manchen Kleinsäugern, darunter den Spitzmäusen, deutlich übertroffen, deren Gehirngewichte 4 Prozent des Körpergewichts und mehr betragen (Stephan et al., 1991). Aber auch innerhalb der Primaten haben einige kleinere Affen wie die Kapuzineraffen ein gleich hohes relatives Gehirngewicht wie der

Mensch. Die häufig vertretene Meinung, der Mensch habe von allen Tieren das größte Gehirn relativ zu seiner Körpergröße (bzw. seinem Körpergewicht), ist also auch nicht ganz richtig.

Das Besondere am Menschen ist jedoch, daß er ein wesentlich größeres Gehirn hat, als er entsprechend seiner Körpergröße – aufgrund der bei Affen geltenden allometrischen Beziehungen – haben dürfte. Sein Gehirn ist zwei- bis dreimal so groß wie das eines Affen derselben Körpergröße, wobei Affen selbst schon gegenüber anderen Säugern relativ große Gehirne haben. Man nimmt an, daß es innerhalb der Evolution des Menschen bei der Entstehung des *Homo habilis* und später des *Homo erectus* gegenüber den anderen Affen (die ja bereits über ein relativ großes Gehirn verfügen) eine zusätzliche Veränderung des Gehirn-Körper-Verhältnisses hin zu einer *positiven Allometrie* gegeben hat (Philbeam und Gould, 1974; Gould, 1977). Dies bedeutet, daß stammesgeschichtlich beim Menschen das Gehirn schneller zugenommen hat als der übrige Körper.

Nun zu der Behauptung, der Mensch habe die größte Hirnrinde. Der Neocortex wird allgemein als der »Sitz« sogenannter höherer Hirnfunktionen wie Bewußtsein, Wahrnehmung, Denken und Vorstellen angesehen. Deshalb meint man, die Hirnrinde des Menschen sei anatomisch etwas Besonderes oder sie sei besonders groß, entweder in ihrer absoluten Größe oder zumindest relativ zum Rest des Gehirns. Diese Anschauungen sind aber alle falsch. Die menschliche Großhirnrinde unterscheidet sich hinsichtlich ihres sechsschichtigen Aufbaus, der Morphologie der corticalen Nervenzellen, der Zelldichte und der Verknüpfung zwischen den Nervenzellen nicht von dem der meisten anderen Säugetiere (Creutzfeldt, 1983; Braitenberg und Schüz, 1991). Es ist selbst für Fachleute schwierig, Ausschnitte aus dem Cortex einer Maus, einer Katze oder eines Menschen auch unter dem Mikroskop auseinanderzuhalten.

Der Cortex des Menschen ist keineswegs besonders groß und entspricht in seiner Größe relativ zum restlichen Gehirn völlig den für Primaten »typischen« Verhältnissen; er ist nach Jerison (1991) sogar weniger gefurcht, als er angesichts seiner Absolutgröße eigentlich sein müßte. Elefanten, Delphine (Abbildung 7) und andere Wale besitzen einen größeren Neocortex als der

Mensch, und zwar sowohl absolut als auch relativ (Hofman, 1989; Deacon, 1990). Die Größe des Cortex wie auch die des Gehirns scheint nicht *unmittelbar* etwas mit Intelligenz, Denken oder Geist zu tun zu haben. Es mag sein, daß bei diesen Tieren ein größerer Cortex eine mehr oder weniger automatische Folge der erhöhten Hirngröße ist. Es wurde nämlich festgestellt, daß bei Säugetieren der Cortex im Vergleich zum übrigen Gehirn überproportional zunimmt, d. h. größere Säugetiergehirne haben nicht nur einen absolut, sondern auch einen relativ größeren Cortex als kleinere. Der Höhepunkt dieser Entwicklung findet sich beim Pottwal, dessen 8,5 kg schweres Gehirn einen selbst gegenüber dem menschlichen Gehirn sprichwörtlich überbordenden Neocortex besitzt. Allerdings scheint der über-

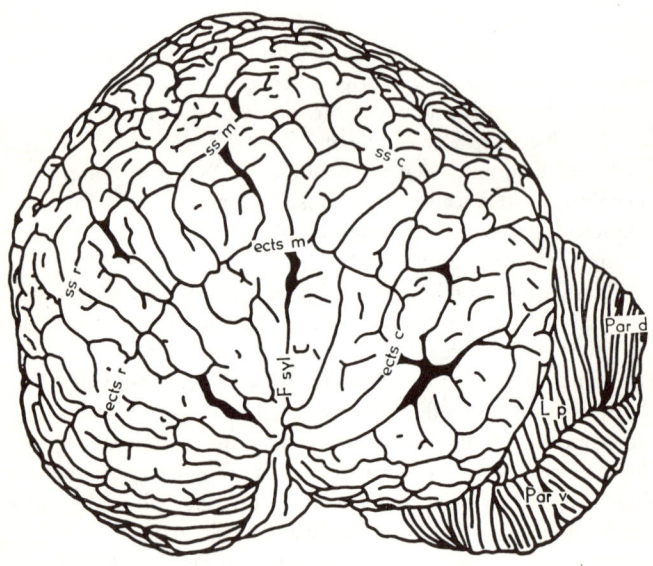

Abb. 7: Das Gehirn des Delphins *Tursiops truncatus*; (Tümmler; Hirngewicht 1600 bis 1900 Gramm, Körpergewicht 150 Kilogramm). Man beachte die im Vergleich zum Menschen extrem windungsreiche Hirnrinde. Rechts hinten das ebenfalls sehr große Cerebellum. (Aus Brauer und Schober, 1976.)

große Neocortex der Wale hinsichtlich der Schichtenbildung, der Anzahl von Nervenzellen und unterschiedlicher Nervenzelltypen sekundär vereinfacht zu sein, möglicherweise als Folge der Anpassung an das für Säugetiere relativ spezialisierte Leben im Wasser (Deacon, 1990; Jerison, 1991).

Untersuchen wir nun die These, der Mensch habe den größten Assoziationscortex. Diese Ansicht ist insofern interessant, als man in den Assoziationsarealen der Hirnrinde, also im parietalen, temporalen und präfrontalen Cortex, die geistigen Leistungen des Menschen ansiedelt. Man geht deshalb davon aus, daß im Vergleich zu anderen Säugetieren und anderen Affen der Mensch die größten assoziativen Anteile im Neocortex besitzt.

Dies ist zwar im Vergleich des Menschen mit den anderen Affen zutreffend, jedoch findet sich schon bei den Affen ein gegenüber den meisten anderen Säugetieren stark vergrößerter Assoziationscortex (Creutzfeldt, 1983). Der Mensch setzt also wiederum den für Primatengehirne typischen Trend nur fort, und dieser Trend ist zumindest zum Teil wiederum eine natürliche Folge der Vergrößerung des Gehirns, denn die primären sensorischen und motorischen Gebiete bleiben bei der starken Größenzunahme des Gehirns zurück. Sie können sich nicht beliebig vergrößern, weil sie eng an die Sinnesorgane und an Sinneszentren außerhalb des Cortex und an die subcorticalen motorischen Systeme und die Muskeln gebunden sind. Für die assoziativen Gebiete gilt diese Beschränkung nicht, und sie können sich ausdehnen.

Bei Menschen und Affen hat innerhalb der Vergrößerung des Neocortex der präfrontale Cortex (Stirnlappen) am meisten zugenommen. Daher hat im Vergleich zu den anderen Affen der Mensch einen besonders großen Stirnlappen (Deacon, 1990). Dies hat Anlaß zu vielen Spekulationen gegeben, denn im präfrontalen Cortex werden Handlungsplanung und Ich-Gefühl angesiedelt, und nach Meinung vieler Biologen ist der Stirnlappen derjenige Hirnteil, der den Menschen erst zu einer Persönlichkeit macht. Allerdings ist hierbei zu berücksichtigen, daß an den geistigen und verhaltensmäßigen Leistungen des Menschen – wie wir noch sehen werden – jeweils sehr viele Zentren beteiligt sind, die weit über das Gehirn verstreut sind. Zu denken gibt auch die Tatsache, daß Wale und Delphine einen sowohl relativ wie absolut gesehen viel größeren präfrontalen Cortex haben (s. Abbildung 7) als der Mensch, wenn er auch anders aufgebaut ist.

Fassen wir die bisherige Diskussion zusammen, so bleibt festzuhalten, daß das menschliche Gehirn denselben Grundaufbau wie das Gehirn aller anderen Wirbeltiere hat. Es ist vom Gehirn der übrigen Säugetiere in den meisten Details nicht unterschieden. Auch unterscheidet sich der zelluläre Aufbau des menschlichen Gehirns und seines Neocortex in nichts von dem anderer Primaten. Was den Menschen gegenüber den Tieren hervorhebt, ist das große Volumen seines Gehirns im Vergleich zu seinem Körpervolumen, denn *relativ* gesehen große Gehirne finden sich normalerweise nur bei sehr kleinen Tieren. Aber auch hier liegt der Mensch – wie wir gesehen haben – nur im »Trend« der Säugetiere und insbesondere der Primaten.

Einer der stärksten Unterschiede zwischen Mensch und Tieren scheint im *Sprachvermögen* des Menschen zu liegen. Deshalb wird allgemein angenommen, nur der Mensch besitze Sprachzentren und deshalb könne nur er sprechen. Es gibt in der Verhaltensbiologie und Psychologie eine lange Diskussion darüber, ob Affen und andere Tiere Sprache haben. Nachdem klar wurde, daß Affen bereits aufgrund der Eigenschaften ihres Vokalisationsapparats nicht wie Menschen sprechen können, wurden in den sechziger und siebziger Jahren aufsehenerregende Experimente mit Menschenaffen durchgeführt. Diese Experimente schienen zu belegen, daß Affen eine dem Menschen ähnliche sprachliche Kommunikation erwerben können, wenn man sie statt sprachlicher Laute verschiedene Arten von Symbolen (z. B. Gesten der Taubstummensprache oder visuelle Symbole) lehrt. Der vom Ehepaar Gardner trainierte Schimpanse Washoe brachte es auf weit über 100 Wortgesten, der von F. Patterson trainierte Gorilla Koko gar auf 375 Zeichen. Diese Studien belegten, daß Affen zumindest mit einem wichtigen Aspekt der menschlichen Sprache keine Schwierigkeiten haben, nämlich abstrakte Symbole für Objekte, Situationen und Handlungen zu verwenden (Corballis, 1991).

Ende der siebziger Jahre wurde heftige inhaltliche und methodologische Kritik an diesen Experimenten geübt (Terrace et al., 1979), die aber in den nachfolgenden Jahren zumindest zum Teil entkräftet werden konnte. Die Diskussion darüber, ob Affen (oder auch andere Tiere) eine der menschlichen Sprache vergleichbare Kommunikationsweise besitzen oder erlernen können, ist bis heute unentschieden. Eine Antwort auf diese Frage hängt natürlich unter anderem von der Definition von »Sprache« ab. Ein wichtiger Aspekt neben der Symbolhaftigkeit der Sprachzeichen ist die Grammatikalität, d. h. die Möglichkeit, beliebige Kombinationen von Silben, Worten usw. zu bilden. Damit wird eine nahezu unendliche Produktion von sprachlichen Bedeutungen unter Verwendung bestimmter Regeln (der Syntax) ermöglicht. Nach Meinung des amerikanischen Linguisten N. Chomsky ist das Vorhandensein von Grammatik das entscheidende Merkmal der menschlichen Sprache. Ob Affen in der ihnen von Menschen gelehrten Sprache tatsächlich Anzeichen von Grammatik zeigen (wenn auch von einer sehr einfachen Art), darüber wird bis heute gestritten (Corballis, 1991). Vor einigen Jahren erregten die Sprachlehr-Erfolge von E. S. Savage-Rumbaugh (1984) mit dem Zwergschimpansen Kanzi unter Benutzung eines Sprachsynthesizers großes Aufsehen. Sie scheinen nach Meinung vieler Forscher zu belegen, daß diese den Menschen sehr ähnlichen Primaten in der Tat, zumindest was das Sprach*verstehen* betrifft, Grammatik benutzen (was von der Chomsky-Schule wiederum bestritten wird).

Es besteht aber kein Zweifel darüber, daß Affen ein komplexes Laut- und Kommunikationsrepertoire und zumindest Vorstufen der menschlichen Sprachzentren besitzen. Der Neurobiologe Terrence Deacon geht aufgrund anatomischer und physiologischer Untersuchungen davon aus, daß es schon bei Primaten spezifische Gehirnzentren für Kommunikation gibt, die den beim Menschen bekannten zwei Sprachzentren entsprechen, dem Wernickeschen Areal für Wortverständnis im Schläfenlappen und dem Brocaschen Areal für Wortartikulation und Grammatik im Stirnhirn (Deacon, 1989). Bei Affen führen Verletzungen in entsprechenden Hirngebieten zu ähnlichen Störungen der lautlichen Kommunikation wie beim Menschen. Affen haben also ebenfalls corticale Zentren für symbolische Kommunikation, ohne jedoch eine komplexe vokale Sprache wie die Menschen zu besitzen.

Nach Deacon vollzog sich die Ausbildung der menschlichen Sprache in mehreren Schritten. Der erste Schritt bestand in der starken Vergrößerung des präfrontalen Cortex beim Menschen (mindestens seit dem *Homo erectus*, der vor 2 bis 1.6 Millionen Jahren zum erstenmal auftrat). Die Funktionen des präfrontalen Cortex liegen, wie gehört, unter anderem in der zeitlichen Organisation von Verhalten im Kurz- und Langzeitbereich. Dies beinhaltet Handlungsplanung, die Abfolge von Handlungen, Erwartungen, Lernstrategien, Aufmerksamkeitssteuerung, kombinatorische Analyse, die Analyse symbolischer Zeichen und insbesondere das Erkennen des *Bedeutungskontextes* von Ereignissen (vgl. dazu auch Kapitel 9). Diese bereits bei Affen vorhandenen Funktionen des präfrontalen Cortex wurden im Laufe der Evolution des menschlichen Gehirns in den Dienst verbaler Sprache gestellt, für welche die zeitlich flexible Organisation (Grammatik, Syntax) das wesentliche Merkmal ist. Beim Menschen übernahm der präfrontale Cortex im Vergleich zu den anderen Primaten mehr und mehr die Kontrolle der Vokalisation, die ansonsten von Zentren im limbischen System, Mittelhirn und Hirnstamm gesteuert wird. Dieser Prozeß stellte keine wirklich qualitative Neuerung, sondern eine Umorganisation, eine Neuverknüpfung bereits bestehender Fähigkeiten (z. B. derjenigen des präfrontalen Cortex) dar.

Das zweite wesentliche Ereignis in der Entwicklung der Sprachfähigkeit des Menschen war die Umbildung des Kehlkopfes. Der moderne *Homo sapiens* zeichnet sich gegenüber anderen Primaten durch eine relativ niedrige Lage des Kehlkopfes im Verhältnis zur Zunge und zum weichen Gaumen aus. Dies ermöglicht eine Ausweitung der Möglichkeiten der Lauterzeugung, insbesondere in Hinblick auf die Produktion von Vokalen.

Nach der Theorie einiger Autoren (z. B. Lieberman, 1984) vollzog sich dieser Umbau erst beim modernen *Homo sapiens* (dem Cro-Magnon-Mensch) und war beim Neandertaler (*Homo sapiens neandertalensis*), der vor rund 100 000 Jahren auftrat, vor ungefähr 35 000 Jahren verschwand und vom Cro-Magnon-

Mensch »ersetzt« wurde, nicht vorhanden. Diese Deutung ist aber umstritten. Deacons Argument in diesem Zusammenhang lautet: auch mit einem kleinen Vokalraum konnten zumindest Konsonanten gut, wenn auch nur langsam, produziert werden. Außerdem konnten derartige Sprachlaute durch nichtverbale kommunikative Signale semantisch unterstützt werden. Der entscheidende Schritt in der Evolution der menschlichen Sprache, nämlich die Vergrößerung des Neocortex, fand nach Deacon *vor* der endgültigen Umwandlung des Kehlkopfes statt.

Kehren wir zurück zur Frage der Existenz von Sprache bei Tieren. Es ist sicher richtig, daß die sprachlich-verbale Art der menschlichen Kommunikation den Formen tierischer Kommunikation weit überlegen ist (obwohl wir angesichts unseres Nichtwissens über tierische Kommunikation vorsichtig sein sollten). Während intensiv trainierte Menschenaffen nach 4-6 Jahren einige hundert Worte verstehen und sinnvoll anwenden können, beherrschen Kinder im Alter von 3 bis 4 Jahren ein Vokabular von 1500 Worten und verstehen zusätzlich 3000 bis 4500 Worte. Der durchschnittliche Erwachsene verfügt über einen Sprechwortschatz von rund 10000 Worten und einen Verstehenswortschatz, der ungefähr zehnmal höher ist. Es wird geschätzt, daß beim Sprechen mehr als 1000 Grammatikregeln (meist unbewußt) angewandt werden (Corballis, 1991). Dennoch ist es unzutreffend, die menschliche Sprache als etwas Einzigartiges anzusehen. Vielmehr beruht ihre offensichtliche Einzigartigkeit auf einem *kombinatorischen Effekt*. Dieser betrifft das Zusammentreffen dreier Ereignisse: erstens der Weiterentwicklung der bei Primaten bereits vorhandenen Sprachzentren, zweitens der ebenfalls bei Primaten eingeleiteten Vergrößerung des präfrontalen Cortex und seiner Bedeutung für die Entwicklung der Grammatik, und drittens der Umgestaltung des Kehlkopfes.

Zum Schluß müssen wir uns noch mit einer letzten These zur Überlegenheit des Menschen auseinandersetzen: Nur der Mensch hat Geist und Bewußtsein, nur er kann denken. Diese Annahme ist weit verbreitet, auch unter Naturwissenschaftlern, obwohl gleichzeitig Tiere, besonders Affen, als schlau oder intelligent angesehen werden. Während des 1. Weltkriegs führte der deut-

sche Psychologe Wolfgang Köhler auf Teneriffa aufsehenerregende Untersuchungen über das erstaunliche Problemlösever-
halten von Schimpansen durch, welches teilweise durchaus in
die Nähe menschlicher Leistungen gestellt werden kann. Sind
wir deshalb berechtigt, den Affen (oder anderen »intelligenten«
Tiere) Geist zuzusprechen?

Noch vor einigen Jahren galt es als unmöglich, diese Frage zu
entscheiden. Geist gilt seit jeher als etwas, das sich den empirischen Wissenschaften grundsätzlich entzieht und nur durch eigenes Erleben direkt erfahren läßt. Auch bei unseren Mitmenschen können wir – so scheint es – nicht genau feststellen, ob sie
Geist besitzen. Wir sprechen ihnen in der Regel ein solches Vermögen zu, sofern sie sich im Rahmen von bestimmten menschlichen Verhaltensweisen und sprachlichen Äußerungen bewegen.

In den letzten Jahren hat jedoch die Aufklärung der Hirnprozesse, die mit geistigen oder »mentalen« Leistungen des Menschen zu tun haben, große Fortschritte gemacht. Darauf werde
ich näher im Kapitel 10 eingehen, dem ich nicht vorgreifen will.
Immerhin kann soviel gesagt werden: Es erscheint plausibel anzunehmen, daß nicht nur wir Menschen, sondern auch Affen,
Hunde, Katzen usw. denken können, daß sie Geist und Bewußtsein besitzen. Diese Tiere zeigen nicht nur bestimmte Verhaltensweisen, die wir bei Menschen als intelligent oder geistig
ansehen, sondern bei diesen Verhaltensweisen sind entsprechende Gehirngebiete in etwa derselben Weise aktiv wie beim Menschen. Die Annahme, daß beim Menschen noch irgendetwas
»völlig Neues« hinzukommt, das dann den Geist erzeugt, ist
nicht gerechtfertigt, auch wenn diese Annahme das Bedürfnis
des Menschen nach Einzigartigkeit befriedigen mag.

Fazit: Die These, die häufig betonte Sonderstellung des Menschen ließe sich anhand von Merkmalen seines Gehirns unter-
mauern, ist nicht richtig. Am menschlichen Gehirn kann im Vergleich zu den ihm stammesgeschichtlich nahestehenden Tieren
nichts grundlegend Neues und Anderes festgestellt werden.
Vielmehr resultiert die unbezweifelbar hohe Leistungsfähigkeit
des menschlichen Gehirns aus einer *Kombination* von Merkmalen, die sich einzeln auch bei Tieren finden, nämlich ein auf-

rechter Gang, durch den die Hände freigesetzt werden, ein sehr hohes absolutes und relatives Hirngewicht, eine hohe morphologische und funktionale Differenzierung des Gehirns, ein relativ großer Neocortex, hochentwickelte neuronale Steuerungsmechanismen der Hände und der Mundwerkzeuge und eine Vergrößerung und Weiterentwicklung von Zentren für innerartliche Kommunikation (»Sprachzentren«). Auch wenn sich Sprache in einfacherer Form schon bei anderen Primaten findet, so ist kaum zu bezweifeln, daß die Ausbildung der menschlichen Sprache geistige Leistungen des Menschen wie Vorstellen, Erinnern und begriffliches Denken außerordentlich effektiver gemacht hat. Insbesondere hat die Erfindung einer grammatischen Sprache zusammen mit dem stark vergrößerten präfrontalen Cortex es dem Menschen ermöglicht, mehr als andere Tiere Handlungs- und Zukunftsplanung zu treiben. Darin scheint sich der Mensch am meisten von den Tieren zu unterscheiden.

4 Was ist Wahrnehmung?

Wahrnehmung ist eine Grundleistung von Lebewesen. Wir nehmen – so scheint es – wahr, um Dinge und Vorgänge so zu erkennen, *wie sie tatsächlich sind*, im Gegensatz zu Vorstellungen, Vermutungen und Wünschen. Wenn wir über die Straße gehen, dann ist es wichtig, daß wir genau feststellen, ob ein Auto kommt, und falls ja, aus welcher Richtung und mit welcher Geschwindigkeit. Falsche Wahrnehmung könnte hierbei schlimme Folgen haben.

Viele Philosophen, Psychologen und Biologen haben aus derartigen Überlegungen den Schluß gezogen, daß Lebewesen um so besser überleben können, je *genauer* sie die tatsächlichen Verhältnisse in ihrer Umwelt erfassen, etwa je schneller und präziser sie Beute und Feind erkennen können. Die Betrachtung der Gehirne und ihrer Wahrnehmungsleistungen bei Tieren und beim Menschen scheint dieser Auffassung recht zu geben. Wir Menschen haben sehr leistungsfähige Sinnesorgane und – wie im vorigen Kapitel dargestellt – ein außerordentlich großes und kompliziertes Gehirn. Unsere Überlegenheit gegenüber den Tieren liegt nach verbreiteter Meinung darin begründet, daß wir die Welt »objektiver« erkennen können. Tiere – so heißt es – sind in ihre enge Umwelt eingebunden, können nicht über deren Grenzen hinausschauen. Wir bemitleiden ein dummes Huhn, das gegen den Maschendraht rennt und nicht das Schlupfloch ganz in der Nähe wahrnimmt, und wir wundern uns über den hungrigen Frosch, der sich von einer regungslos verharrenden Grille abwendet, so als existiere sie plötzlich nicht mehr. Der kundige Verstand und insbesondere der wissenschaftlich erkennende Blick des Menschen – so scheint es – reichen hingegen weit über die ursprüngliche biologische Welt des Menschen, seinen Mesokosmos, hinaus. Die Evolution der Sinnesorgane und der Nervensysteme ist unter dem Überlebensdruck zu immer komplexeren und damit leistungsfähigeren Organisationsformen vorangeschritten, und wir Menschen bilden den End- und Gipfelpunkt dieser Entwicklung. Dies ist – etwas vereinfacht –

der Standpunkt der Evolutionären Erkenntnistheorie, wie sie zum Beispiel von G. Vollmer vertreten wird (Vollmer, 1975).

Ein Blick auf die Vielfalt der Lebensformen und Lebensbedingungen mahnt uns aber zur Vorsicht. Viele Lebewesen, wie Einzeller, Pilze und Pflanzen, haben zwar die Fähigkeit, auf Umweltreize zu reagieren, aber sie verfügen über kein Nervensystem (wenn auch über verschiedene Arten von Reizleitungssystemen, die allesamt von unserem Nervensystem sehr verschieden sind). Die allermeisten übrigen Lebewesen auf dieser Welt besitzen keine komplizierten Sinnesorgane und kein kompliziertes Gehirn und sind dennoch sehr erfolgreich. Ein kleines Stück Erde wimmelt von Fadenwürmern, Nematoden, die Nervensysteme haben, welche zu den einfachsten gehören, die wir kennen. Solche Tiere haben lange vor *Homo sapiens* existiert und werden wohl noch lange nach seinem Verschwinden da sein. Ein Spaziergang am mediterranen oder tropischen Meeresstrand offenbart uns einen kleinen Einblick in die Vielfalt der Muscheln, die weltweit in 20000 Arten vorkommen. Sie besitzen stark vereinfachte Nervensysteme und in den meisten Fällen sehr einfache Sinnesorgane, sehen wir einmal von den rätselhaften Linsenaugen der Jakobsmuschel ab. Ähnliches gilt für die vielen Gruppen festsitzender (sessiler) Tiere, die mit ihren Fangarmen »fischen« oder – noch einfacher – das Wasser nach Nahrung durchseihen. Bei der Mehrzahl aller Lebewesen scheint eher die Losung zu gelten: Einfachheit ist erfolgreich, nicht Kompliziertheit!

Wie paßt das zusammen? Ist Wahrnehmung nicht darauf aus, die Welt, »so, wie sie ist«, zu repräsentieren? Nehmen Bakterien, Nematoden und Muscheln etwa die Welt »objektiver« wahr als wir Menschen? Zur Beantwortung dieser Fragen müssen wir zunächst zu klären versuchen, was überhaupt »objektiv« meint. Ein Philosoph mag uns antworten, daß »objektiv« auf das zielt, was Dinge oder Prozesse *ihrem Wesen nach* sind, unabhängig von irgendwelchen Betrachtern, die alle nur eine subjektive Sicht haben. Man mag an eine vollständige Liste aller Eigenschaften der Dinge oder Prozesse denken, im Gegensatz zu einer Liste, die nur einige der Eigenschaften enthält.

So etwas kann aber im Zusammenhang mit Wahrnehmung nicht gemeint sein, denn Wahrnehmung kann grundsätzlich nur diejenigen Merkmale von Dingen oder Prozessen erfassen, die aufgrund physikalischer Eigenschaften bestimmte Sinneszellen erregen. Wahrnehmung ist immer aspekthaft und ausschnitthaft; die Aspekte mögen dabei wenige oder viele sein, der Ausschnitt eng oder weit. Es ist aber unmöglich, alle Aspekte zu erfassen und auch völlig unnütz, sondern nur diejenigen müssen erfaßt werden, die für den wahrnehmenden Organismus überlebensrelevant sind.

Stellen wir uns zunächst einmal ganz naiv die Frage: Warum müssen Lebewesen überhaupt wahrnehmen? Um diese Frage zu beantworten, müssen wir uns kurz mit der Organisation von Lebewesen befassen.

Lebewesen kann man als *selbstherstellende* und *selbsterhaltende Systeme* definieren (an der Heiden et al., 1985, Roth, 1986). Dabei ist Selbsterhaltung offenbar schwieriger als Selbstherstellung. So gibt es in der unbelebten Natur eine ganze Reihe von Prozessen oder Systemen, die man »selbstorganisierend« oder »selbstherstellend« nennt. Hierzu gehören alle Gebilde und Prozesse, die aufgrund interner Vorgänge einen Ordnungszustand einnehmen, der ihnen nicht von außen aufgezwungen ist. Wenn ich eine Wasserschicht gleichmäßig erwärme, dann bildet sich spontan ein regelmäßiges Muster von hexagonalen Zellen auf- und abwärts bewegter Wasserteilchen, die sog. Bénard-Zellen. Mische ich bestimmte chemische Substanzen (z. B. Natriumbromat, Natriumbromid, Malonsäure und Phenanthrolineisensulfat) in einem bestimmten Verhältnis, so entsteht »von selbst« ein zwischen roter und blauer Farbe oszillierendes System, das als Winfree-Oszillator oder (in etwas anderer Form) als Belusov-Zhabotinski-Reaktion bekannt ist. Zünde ich eine Kerze an, so baut sich ein komplizierter physikalischer Prozeß auf, der lebendig erscheint. Nicht umsonst gilt die Flamme als Symbol des Lebens. Selbstorganisation und Selbstherstellung komplexer Prozesse und Systeme sind in der unbelebten Natur also nichts Seltenes, sondern vielleicht sogar die Regel, nur haben die häufig auf Einfachheit und Beschreibbarkeit ausgerichteten Naturwissenschaften dieses Faktum zu lange übersehen.

Während es also eine ganze Reihe von selbstherstellenden Ordnungszuständen gibt, kennen wir nur einen Typus von selbsterhaltenden Systemen: Lebewesen. Ein aus Bénard-Zellen bestehendes Ordnungssystem wird von uns nicht als selbsterhaltend angesehen; es bricht sofort zusammen, wenn die Wärmezufuhr abgestellt wird. Dieses System ist von einer ständigen Wärmezufuhr vollkommen abhängig. Auch eine Flamme brennt nur solange, bis die Kerze mit Docht und Wachs abgebrannt ist. Der Winfree-Oszillator zeigt die Farboszillation nur, bis Natriumbromat und Malonsäure aufgebraucht sind. Diese Systeme sind also alle von ihrer Umgebung abhängig, sie sind *heteronom*. (Bei den Bénard-Zellen und dem Winfree-Oszillator kommt hinzu, daß sie an die Existenz eines Gefäßes gebunden sind, welches nicht Teil von ihnen selbst ist und nicht von ihnen hergestellt wurde.)

Lebewesen hingegen regulieren ihren Stoff- und Energieaustausch mit der Umwelt selbst, sie sind *autonome* Systeme. Anstatt von außen begrenzt zu sein, bilden sie aktiv Ränder und Hüllen, zum Beispiel in Form von Membranen, in denen die lebenserhaltenden Prozesse ablaufen. Nun könnte man einwenden, daß auch die Autonomie der Lebewesen begrenzt ist; auch sie können nur unter ständiger Stoff- und Energiezufuhr existieren. Sollte die Sonne für einige Zeit nicht mehr die Erde bescheinen, so würde das allermeiste Leben auf der Erde, d. h. alle vom Sonnenlicht abhängigen (photoautotrophen) Einzeller und alle Pflanzen und – als Folge davon – schließlich auch alle Tiere aussterben, weil diese sich von Pflanzen oder pflanzenfressenden Tieren ernähren. Der wichtige Unterschied zwischen Lebewesen und den oben genannten physikalischen und chemischen selbstorganisierenden bzw. selbstherstellenden Systemen besteht aber darin, daß Lebewesen *aktiv* für die Aufrechterhaltung ihres Ordnungszustandes sorgen, indem sie zwecks Energie- und Stoffzufuhr mit der Umwelt wechselwirken. Im Gegensatz dazu haben die Bénard-Zellen keinen Einfluß auf die Wärmezufuhr, der Winfree-Oszillator besorgt sich nicht aktiv neues Natriumbromat und neue Malonsäure, und auch die Flamme kann sich nicht selbst mit Docht und Wachs versorgen. Wären diese Systeme hierzu in der Lage, dann kämen sie der oben gegebenen Definition von Lebewesen sehr nahe.

Leben ist der erfolgreichste und beständigste Prozeß auf unserer Erde. Die gesamte unbelebte Welt ist dem Zerfall ausgesetzt, nichts ist beständig. Lebewesen umgehen jedoch dieses Schicksal, indem sie sich ständig Energie und Baustoffe aus ihrer Umwelt besorgen und dadurch ihre zerfallenden Teile schnell genug ersetzen oder durch Wachstum vergrößern. Der vollständigste »Ersatz« von Strukturen ist natürlich die Fortpflanzung. Organismen bestehen aus in der Regel sehr instabilen Komponenten, den Biomolekülen, und doch sind sie als Gesamtsystem dauerhafter als alles, was auf der Erde sonst existierte. Der ununterbrochene Lebensprozeß dauert seit über drei Milliarden Jahren an.

Selbsterhaltung als charakteristische Fähigkeit der Lebewesen ist also an eine Wechselwirkung mit der Umwelt gebunden. Im günstigsten Fall findet sich das, was an Energie und Materie benötigt wird, in ausreichendem Ausmaß in der unmittelbaren Umgebung des Lebewesens. Eigentlich braucht dann ein Lebewesen die benötigten Substanzen nur über den Konzentrationsgradienten durch seine Membranen hineinzulassen. Jedoch werden sich in seiner unmittelbaren Umgebung auch Stoffe befinden, die das Lebewesen nicht benötigt oder die ihm schaden können. Seine Membranen müssen also *selektiv* sein und dürfen nur bestimmte Stoffe herein- und wiederum andere herauslassen. Dies ist die Urform einer selektiven Interaktion von Lebewesens mit ihrer Umwelt und damit die Urform von Wahrnehmung.

Zweifellos ist ein solches Leben im Schlaraffenland ein Sonderfall. Die benötigte Nahrung befindet sich selten in ausreichendem Maße in unmittelbarer Reichweite, meist muß man sie aufsuchen oder herbeischaffen. Es gibt allerdings verschiedene Lebewesen, deren Existenz dem Leben im Schlaraffenland ziemlich nahekommt. Ein Beispiel hierfür sind die Pflanzen, die der Luft Kohlendioxid und dem Boden Wasser (und einige Mineralien) entnehmen und daraus mithilfe des Sonnenlichtes im Prozeß der Photosynthese Zucker, d. h. Stoffwechselenergie produzieren. Dazu benötigen sie kein Nervensystem. Trotzdem ist es schwer, ihnen Wahrnehmung abzusprechen. Sie haben einen lichtgesteuerten Tag-Nacht-Rhythmus, sie zeigen Phototropismus und Geotropismus, d. h. sie richten sich in ihrem Verhalten eindeutig nach Umweltreizen wie Licht und Schwerkraft. Natürlich »bezahlen« Pflanzen dieses Leben im Schlaraffenland damit, daß sie sich gegen schädliche Einflüsse nicht oder kaum wehren können. Das andere Beispiel sind sogenannte Endoparasiten wie der Bandwurm, die sich in den Stoffwechsel der Wirtstiere »einklinken«. Diese Tiere zeichnen sich in aller Regel durch ein sehr reduziertes Nervensystem und sehr einfache Sinnesorgane aus, denn die Nahrung kommt sozusagen zu ihnen.

Die Steuerung des Erkennens, Aufsuchens und Herbeischaffens von Nahrung ist eine wichtige Wahrnehmungsleistung. Dies kann im einfachsten Fall, etwa beim Pantoffeltierchen, die Orientierung entlang eines chemischen Gradienten sein oder, wie beim Süßwasserpolypen, die Bewegung der Tentakel, bis es etwas zu Packen gibt. Andere Tiere filtern kontinuierlich Nahrung aus dem Meer- oder Süßwasser heraus; dies ist ein Prinzip der Nahrungsaufnahme, das weit verbreitet ist. Es findet sich bei den Schwämmen, die gar kein richtiges Nervensystem haben, bei Muscheln und auch bei hochintelligenten Tieren wie den Bartenwalen (zu denen der Blauwal gehört). Diese Tiere durchpflügen mit ihrem riesigen Maul das Meer und sammeln mit ihren reusenartigen Barten Krill heraus. Alle diese Tiere brauchen zumindest für ihre Nahrungsaufnahme keine spezifische Interaktion mit der Umwelt.

Sind derartige »unselektive« Nahrungssucher auch noch seßhaft, dann ist ihr Nervensystem in aller Regel sehr einfach gebaut, wie dies beim Süßwasserpolypen der Fall ist, oder es ist sekundär stark vereinfacht wie bei Muscheln (d. h. sie stammen von Vorfahren ab, die ein komplexeres Nervensystem besaßen). Freibewegliche Tiere benötigen durchweg eine komplexere Wahrnehmung, denn sie haben über den Nahrungserwerb hinaus mindestens zwei weitere Probleme zu lösen: das Umgehen von Hindernissen und den Schutz vor Feinden (beim Blauwal war auch dies lange Zeit kein Problem!). Beides sind Schwierigkeiten, die nicht einfach mit dem Erkennen von Gradienten gelöst werden können, denn dazu sind die Umgebung und die Feinde zu vielgestaltig. Allerdings verzichten viele kleine Tiere lieber ganz auf komplizierte Feind- und Umwelterkennung und lassen sich mehr oder weniger widerstandslos fressen (z. B.

Krill). Sie kompensieren dies sehr erfolgreich mit einer nahezu unbegrenzten Zahl von Nachkommen.

Das Gegenteil einer solchen »passiven« Überlebenstaktik ist ein Wettrüsten zwischen Beute und Feind auf verhaltensbiologischem und sinnesphysiologischem Gebiet. Hierzu zählt jede Art von Tarnung bei den potentiellen Beutetieren, zum Beispiel durch optisches Verschmelzen mit der Umgebung, wie es das Zebra tut, durch regungsloses Verharren von Beutetieren in Gegenwart von Freßfeinden, die hauptsächlich nur auf bewegte Objekte reagieren, oder durch das »Vortäuschen falscher Tatsachen« (Mimikry), wie es sich bei Insekten wie dem »wandelnden Blatt« oder der Stabheuschrecke findet. Jäger entwickeln wiederum Systeme, mit denen sie ihre Beutetiere sinnesphysiologisch überlisten, wozu Tarnung jeglicher Art gehört ebenso wie stereoskopisches Sehen, mit dem man Beutetiere erkennen kann, die sich aufgrund ihrer Oberflächenstruktur oder Färbung nicht gut vom Hintergrund abheben. Andere Tiere orientieren sich im Dunkeln durch Infrarotortung wie etwa Grubenottern, Ultraschallortung wie Fledermäuse oder durch ein extrem feines Gehör wie die Eulen. Letztlich bedeutet dies, daß alle Räuber, sofern die Nahrung nicht zu ihnen kommt, sowie alle Beutetiere, sofern sie sich nicht widerstandslos fressen lassen, mehr oder weniger komplizierte Wahrnehmungsleistungen zeigen müssen, um am Leben zu bleiben.

Natürlich betrifft Wahrnehmung nicht nur Beutefang oder Schutz vor Feinden. Vielmehr geht es auch um das Erkennen von Artgenossen, die sowohl von Beute als auch von Feinden unterschieden werden müssen (obwohl hier Irrtümer gelegentlich vorkommen, wenn Artgenossen verspeist werden und Feinde sich als Artgenossen tarnen), und zum anderen um das Erkennen der Geschlechtspartner, die innerhalb der Artgenossen unterschieden werden müssen. Beides kann entweder ganz einfach über chemische Signale geschehen oder eine komplizierte Kommunikationsleistung sein.

Es spielt keine Rolle, *wie* sich ein Lebewesen am Leben erhält und sich fortpflanzt, d. h. wie es genügend Nahrung findet, sich vor Feinden schützt, Artgenossen und Sexualpartner erkennt. Die Hauptsache ist, *daß* das Lebewesen dies schafft. Dazu braucht es im günstigsten Fall überhaupt kein Nervensystem, es kann aber auch sein, daß es nur mithilfe sehr komplizierter Sinnesorgane und eines großen Gehirns überlebt. Dazwischen gibt es alle erdenklichen Abstufungen.

Wir stellen also fest: Wahrnehmung ist *in erster Hinsicht* das Orientieren an Umweltmerkmalen zum Zweck des Lebens und Überlebens, wobei beim Menschen und vielen anderen Tieren auch das soziale Leben und Überleben eingeschlossen ist. Dabei können die Umweltmerkmale extrem einfach sein. Beim Süßwasserpolypen *Hydra* wird alles, was nicht zu groß ist, gepackt und ins Maul befördert. Bei vielen Tieren gilt: Was sich bewegt und nicht zu groß und zu klein ist, wird gefangen. Es brauchen hier keinerlei Gesetzmäßigkeit und keinerlei Detail erkannt zu werden, die Sehschärfe (wenn Augen vorhanden sind) kann minimal sein, ebenfalls die Tiefenwahrnehmung. Wenn alles, was in das Maul eines Blauwals hineinschwimmt, auch genießbar ist, dann braucht der Blauwal seine Nahrung nicht genauer zu erkennen. Die Wahrnehmung muß hingegen um so differenzierter werden, je mehr im Verhalten falsch gemacht werden kann. Wenn es in der Umwelt eines Frosches verschiedene ungenießbare oder giftige Insekten wie Bienen und Wespen gibt, dann ist es gut, ein differenziertes Wahrnehmungssystem auf der Grundlage individueller Erfahrung zu besitzen, welches harmlose Insekten als willkommene Beute von giftigen unterscheidet.

Wir sehen, daß viele Tiere erfolgreich überleben können, auch wenn sie in *unseren* Augen die Umwelt nur sehr rudimentär wahrnehmen; dasjenige, was *uns* als eine relativ genaue Abbildung (z. B. unsere eigene visuelle Wahrnehmung) vorkommt, ist stets nur ausschnitthaft. Wahrnehmung ist stets selektiv, erfaßt nie die »ganze Wahrheit« im philosophischen Sinn, weil so etwas für das Überleben völlig irrelevant ist. Die Welt wird nur in dem Maße erfaßt, in dem Merkmale und Prozesse der Welt für einen Organismus überlebensrelevant sind.

Trotzdem kann man einwenden: Auch wenn *Hydra* nichts anderes macht, als das zu packen, was in ihre Tentakeln gerät, so erkennt sie doch einen Ausschnitt der Welt *richtig*. Ebenso tut dies der Frosch, der auf alles Bewegte reagiert, das nicht zu groß und zu klein ist. Die Wahrnehmung bezieht sich auch hier doch auf tatsächliche Gegebenheiten, auch wenn diese nur einen Ausschnitt der Welt repräsentieren!

Dagegen läßt sich sagen: Wahrnehmungen sind immer nur *Hypothesen* über die Umwelt. Sie können in den Augen des menschlichen Beobachters sogar falsch sein. Betrachten wir die hohe Fluchtbereitschaft vieler Tiere: Wir wundern uns, daß Vögel oder Insekten immer wieder aufgrund eines »falschen Alarms« auffliegen und Frösche »unnötigerweise« fortspringen, anstatt sich den vermeintlichen Feind einmal genauer anzusehen. Es ist aber sicherlich überlebensfördernder, neunmal einem falschen Alarm aufgesessen zu sein, als einmal ein Objekt lange studiert und es zu spät als Feind erkannt zu haben. »Falsches« Verhalten ist in diesem Falle überlebenswirksamer als eine differenzierte Wahrnehmung. Letztere kann man sich nur leisten, wenn ein Zuwarten nicht lebensgefährlich ist. Ebenso merkwürdig sieht es für uns aus, wenn eine Kröte nach einer Pappscheibe schnappt, die wir vor ihrer Nase hin und her bewegen. Wir wundern uns über das scheinbare Unvermögen dieses Tieres, ein echtes Beutetier von einem Stückchen Pappe zu unterscheiden. Die Kröte geht aber nach der Strategie vor: Schnapp nach allem, was nicht zu groß ist und sich bewegt, *sofern* du keine negativen Erfahrungen damit gemacht hast. (Der Experimentator vermeidet es in aller Regel, daß die Kröten Attrappen aus Pappe oder Wachs ins Maul nehmen und ausprobieren können, ob es sich weiterhin lohnt, nach ihnen zu schnappen!). Eine genauere Wahrnehmung setzt erst ein, wenn das Objekt als bekannt klassifiziert wird. Dann wird zum Beispiel genau zwischen einer gefährlichen Wespe und einer schmackhaften Fliege unterschieden.

Fassen wir zusammen: Wahrnehmung ist *primär* eine Leistung im Dienste des biologischen Überlebens des Individuum und der Gruppe. Sie dient der Versorgung mit Nahrung, dem Schutz vor Feinden, dem Erkennen von Artgenossen und Sexualpartnern, dem Umgehen von Hindernissen, dem Erkennen eines geeigneten Aufenthalts- und Nistplatzes und vielem anderen. Diese Anforderungen an das Wahrnehmungssystem können je nach der Komplexität der Umweltbedingungen mit einfachen oder nur mit sehr komplizierten Nervensystemen erfüllbar sein; das

Wesentliche ist, *daß* sie erfüllt werden. Die Geschehnisse in der Umwelt müssen nicht »richtig« (in den Augen der menschlichen Beobachter) erkannt, sondern nur *angemessen* erfaßt werden, d. h. in dem Maße, in dem sie das Überleben einschließlich des sozialen Überlebens sichern. Dies schließt nicht aus, daß Wahrnehmung in den Dienst anderer Zwecke (zum Beispiel des »reinen« Wissenserwerbs) treten kann, *sofern* und *nachdem* die primäre Funktion erfüllt ist.

5 Wozu sind Sinnesorgane da?

Die Frage, wie Wahrnehmung entsteht und welche Rolle sie bei dem Erlangen von Erkenntnis und Wissen spielt, hat Philosophen und Wissenschaftler seit zweieinhalbtausend Jahren beschäftigt, seit die Griechen damit begannen, sich die Frage zu stellen, wie verläßlich unsere Wahrnehmung und wie gesichert unser Wissen ist und in welchem Maße Wissen und Erkenntnis von Wahrnehmung abhängen. Daß das *Gehirn* etwas mit Wahrnehmung und Denken zu tun hat, war dabei lange Zeit keineswegs selbstverständlich. Der griechische Philosoph und Naturforscher Aristoteles (384-322 v. Chr.) sah im Gehirn ein Kühlsystem und lokalisierte Wahrnehmung und Geist im Herzen bzw. im Blut; er ist daher ein Vertreter des »Cardiozentrismus«. In seinem Werk »De partibus animalium« führt er aus, das Gehirn stehe erwiesenermaßen nicht in Verbindung mit den Sinnesorganen und könne deshalb nichts mit Wahrnehmen zu tun haben. Sein Lehrer Platon (427-347 v. Chr.) hingegen war zusammen mit seinem Zeitgenossen Hippokrates (um 460-377 v. Chr.) und dem spätantiken Arzt Galenos (130-200) ein »Cerebrozentrist« und siedelte Wahrnehmen und Geist im Gehirn an.

Immerhin waren schon im Altertum ägyptische und griechische Ärzte aufgrund von Hirnverletzungen und ihren Auswirkungen auf geistige Leistungen dazu gekommen, das Gehirn als »Sitz« des Geistes anzusehen. Allerdings nahm man in der Antike bis in die Neuzeit an, daß der Ort von bewußter Wahrnehmung, Denken und Geist nicht die Nervenzellmasse (die graue und die weiße Substanz) sei, sondern die flüssigkeitsgefüllten Hohlräume des Gehirns, die Ventrikel. Von diesen Hohlräumen gibt es vier, nämlich je einen in der linken und der rechten Großhirnhälfte (die sogenannten Seitenventrikel), einen dritten im Zwischenhirn und einen vierten im verlängerten Mark (sie alle stehen durch »Kanälchen« miteinander in Verbindung). In späteren Abhandlungen verschmolzen die ersten beiden Ventrikel zu einem Ventrikel, und das ganze Mittelalter hindurch ging man (ohne auf die Idee einer empirischen Überprüfung zu kommen) meist von *drei* Ventrikeln aus. Diese Dreiteilung entsprach auch viel besser der Theorie Platons von der Gliederung der Seele in eine rationale, tierische und pflanzliche Seele (anima rationalis, anima animalis und anima vegetativa). Den drei bzw. vier Ventrikeln ordnete man bestimmte geistige Fähigkeiten zu, die jedoch von Autor zu Autor verschieden waren. Im vorderen Ventrikel (oder bei vier Ventrikeln in den ersten beiden) siedelte man meist den Gemeinsinn (sensus communis) an, in dem die »Informationen« von den Sinnesorganen zusammenlaufen und sich zu einer einheitlichen Wahrnehmung formen. Spätere Philosophen, zum Beispiel Albertus Magnus (1193?-1280), fügten dem Gemeinsinn noch die Vorstellungskraft (imaginatio) und das Erfassen von Bedeutung (aestimatio) hinzu. Im mittleren Ventrikel lokalisierte man das Denkvermögen (phantasia und cogitatio) und in dem hinteren Ventrikel das Erinnerungsvermögen bzw. Gedächtnis (reminiscentia und memoria). Andere Autoren siedelten das Gedächtnis im mittleren Ventrikel und die Willenskraft bzw. die Fähigkeit zu Willkürbewegungen im hinteren Ventrikel an.

All diese Fähigkeiten wurden in der Antike und auch im Mittelalter durchaus als ein »stofflicher« Prozeß angesehen, und Wahrnehmung galt als eine Art Destillationsvorgang der »spiritus« zu immer feineren Zuständen; Einsicht (intellectus) und Vernunft (ratio) hingegen, obwohl mit dem Gehirn in Wechselwirkung stehend, waren für die mittelalterlichen Philosophen immaterieller Natur. Man sah aber – im Gegensatz zum neuzeitlichen, mit Descartes (1596-1650) anhebenden Denken – in dieser Wechselwirkung keinerlei Problem (Grüsser, 1990). Diese Ventrikellehre hielt sich sehr lange, und erst im 18. und 19. Jahrhundert setzte sich die Überzeugung durch, daß es die graue Substanz des Gehirns ist, die mit Wahrnehmen und Denken zu tun hat.

Schon immer bestand kein Zweifel daran, daß die *Sinnesorgane* für die Wahrnehmung notwendig sind, denn Verletzungen der Augen führen zur Blindheit und die des Ohres zu Taubheit. Der Zusammenhang zwischen Sinnesorganen und Gehirn blieb dagegen sehr lange Zeit unklar, denn bei anatomischen Untersuchungen mit Hilfe des bloßen Auges oder der bis ins 19. Jahrhundert sehr unzulänglichen Mikroskop- und Färbetechnik war der Verlauf der Nervenfasern im Gehirn nicht eindeutig festzustellen. Lange Zeit nahm man an und mußte entsprechend der Ventrikellehre annehmen, sie endeten in den Ventrikeln. Man ging davon aus, daß in den Sinnesorganen die Einwirkung der Umweltreize (»species« genannt) in ein sinnesspezifisches Medium, den »spiritus sensibilis«, übertragen wird. Dieser spiritus sensibilis sollte dann in den als hohle Röhren angesehenen Nerven zum ersten Ventrikel (bzw. den ersten beiden Ventrikeln) wandern, wo sich der Gemeinsinn befindet. Dort – so stellte man sich vor – fand die Wahrnehmung statt, die durch Einwirkung der Seelenkräfte in den anderen Ventrikeln zu Erkenntnis und Wissen wurde. Dieses »hydraulische« Erregungsleitungskonzept wurde noch von Descartes vertreten. Durch verbesserte Untersuchungsmethoden wurde später klar, daß Nerven keine Röhren sind, sondern daß die Sinneserregungen in Form elektrischer Impulse zu den Gehirnzentren laufen. Durch Forscher wie Hermann von Helmholtz (1821-1894) und Emil Du Bois-Reymond (1818-1896) entwickelte sich in der zweiten Hälfte des 19. Jahrhunderts die Auffassung vom Gehirn als einem elektrischen Organ. Nerven wurden nun mit Telegrafendrähten und das Gehirn mit einem elektrischen Schaltpult verglichen. Wir mögen dies heute belächeln, ebenso wie uns Hirnforscher, die hundert Jahre nach uns leben, wegen der Computeranalogie belächeln werden.

Wir wollen uns nach dieser kurzen historischen Betrachtung damit beschäftigen, was die heutige Neurowissenschaft über die Umsetzung von Umweltreizen in Sinneserregungen als dem ersten Schritt im Prozeß der Wahrnehmung weiß.

Welche Sinnesorgane gibt es überhaupt? Die klassische Einteilung nennt erstens mechanische Sinne, »mechanisch«, weil die Sinneserregung durch Druck und Verbiegung bestimmter Strukturen (meist von Haaren) hervorgerufen wird. Hierzu zählt man Hören, Vibrationssinn, Strömungssinn für Wasser und Wind (bei vielen wirbellosen Tiere wie Spinnen, Krebsen und Insekten), Schweresinn, Drehsinn, Tastsinn, Muskelstellungs- und Gelenklagesinn (Propriozeption). Eine zweite

Gruppe umfaßt elektrische Sinne; dazu zählen die Elektrorezeption (unter den Wirbeltieren bei Fischen und Amphibien zu finden und auch bei anderen Wirbeltiergruppen vorhanden) und passive und aktive Elektroortung (bei elektrischen Fischen). Hierbei wird Sinneserregung durch Elektrizität hervorgerufen. Die dritte Gruppe umfaßt die chemischen Sinne, und zwar Geruchssinn und Geschmackssinn. Es gibt die Wahrnehmung elektromagnetischer Wellen, d. h. den universell verbreiteten Lichtsinn, d. h. »Sehen« in dem uns vertrauten Sinne, sowie Wahrnehmung von Infrarot- und Ultraviolettstrahlung, Feuchte- und Trockenrezeption (bei Wirbellosen), Temperatursinn und schließlich den Magnetsinn, der (so nimmt man zumindest an) bei einigen Vögeln zu finden ist.

Es können also sehr unterschiedliche Umweltereignisse zur Reizung von Sinnesrezeptoren führen: Schalldruckwellen, Wasserströmungen, Geruchsmoleküle, Lichtquanten usw. Diese Umweltereignisse stellen aber nur einen *winzigen Ausschnitt* aus der physikalischen Welt dar. Die Gründe für diese Selektivität der Sinnesrezeptoren sind vielfältig. Zum Beispiel sind wir Menschen für bestimmte Umweltereignisse völlig unempfindlich, und deshalb wissen wir über ihre Existenz nur indirekt. So können wir radioaktive Strahlung nicht wahrnehmen, obwohl sie für uns sehr gefährlich ist (gerade dies macht sie so gefährlich); auch sind wir für Magnetwellen unempfindlich, im Gegensatz zu Vögeln und einigen anderen Tieren, die offenbar das Magnetfeld der Erde zur Langstreckennavigation ausnutzen. In anderen Sinnesbereichen nehmen unsere Sinnesorgane die entsprechenden physikalischen Zustände nur innerhalb sehr kleiner »Fenster« wahr. Schallwellen werden von uns im Bereich von ca. 50 bis maximal 20 000 Hz wahrgenommen (einige Wirbeltiere und Wirbellose können bis 100 kHz und mehr hören), Lichtwellen in einem Bereich von 400 bis 750 nm (bei einer Reihe von Tieren, z. B. Bienen, auch im UV-Bereich von 350 bis 400 nm). Tast- und Druckrezeptoren sind in ihrem Übertragungsbereich besonders eingeschränkt. Zum Teil stimmen diese »Fenster« der Sinnesorgane mit dem Bereich der größten Intensität der Reize überein. So hat das sichtbare Sonnenlicht im Gesamtspektrum der die Erde erreichenden elektromagnetischen Strahlung den stärksten Anteil, oder sie fallen mit dem besten Arbeitsbereich der Sinnesrezeptoren oder Sinnessysteme zusammen (so etwa bei der Echoortung der Fledermäuse). In wieder anderen Fällen wird der Bereich überdeckt, in dem sich die wichtigsten »Informationen« über die Umwelt befinden, etwa zur Erkennung von Beute oder Feinden, wie dies bei der Infrarotortung durch Grubenottern der Fall ist, die auf die Wärmestrahlung von warmblütigen Beutetieren spezialisiert ist.

Die Funktion der Sinnesorgane

Um die Frage nach der Funktion der Sinnesorgane zu beantworten, müssen wir uns der Tatsache bewußt werden, daß das Gehirn für Umweltereignisse wie elektromagnetische Wellen, Schalldruckwellen, chemische Moleküle und mechanischen Druck unempfindlich ist. Es besteht aus Nervenzellen, die auf derartige physikalische oder chemische Ereignisse grundsätzlich nicht reagieren, sondern nur durch spezielle elektrische Signale, nämlich Nervenpotentiale, oder bestimmte chemische Moleküle, nämlich Transmitter und Neuropeptide, erregt oder in ihrer Aktivität gehemmt werden.

Diese Unerregbarkeit gilt freilich nicht für alle Nervensysteme, denn in den einfachsten Nervensystemen sind Nervenzellen zu finden, die zugleich Sinneszellen sind und sogar Effektoren, also Muskelzellen. Auch in unseren Sinnessystemen gibt es solche Sinneszellen, z. B. die Rezeptorzellen unseres Geruchssystems, die zugleich die »Reiz-Erregungs-Umsetzung« leisten und die entstehende Nervenerregung selbst weiterleiten. Ebenso finden sich bei uns »Sinnesnervenzellen«, zum Beispiel unsere Haut- und Muskelrezeptoren, die zugleich als Sinnesrezeptoren arbeiten. Der »Normalfall«, zumindest bei den Wirbeltieren, ist aber die Arbeitsteilung zwischen echten Sinneszellen (den »sekundären Sinneszellen«) in den Sinnesorganen, die für entsprechende Umweltreize empfänglich sind und deren Einwirkung in elektrische Erregung umwandeln, und Nervenzellen auf der anderen Seite, die in Kontakt mit diesen Sinneszellen stehen und die Weiterleitung der elektrischen Erregung, häufig in Form eines Aktionspotentials, übernehmen. Damit ist letztendlich jedes Zentralnervensystem von der Umwelt »isoliert«.

Aus diesen Überlegungen wird die Funktion der Sinnesrezeptoren und -organe deutlich: sie müssen die (mehr oder weniger) spezifischen Einwirkungen von physikalischen und chemischen Umweltreizen in Ereignisse umwandeln, durch die Nervenzellen in ihrem Aktivitätszustand verändert (d. h. erregt oder gehemmt) werden können. Die Sinneszellen übersetzen das, was in der Umwelt passiert, in die »Sprache des Gehirns«, nämlich die Sprache der Membran- und Aktionspotentiale, der Neurotransmitter und Neuropeptide. Diese Sprache besteht aus chemischen und elektrischen Signalen, die als solche keinerlei Spezifität haben, also *neutral* sind (Abb. 8). Dies ist das Prinzip der *Neutralität des neuronalen Codes*, und dieses Prinzip hat für das Verständnis der Funktionsweise des Gehirns die größte Bedeutung.

Der Prozeß der Umsetzung von Umweltreizen in neuronale Signale beruht universell darauf, daß die Membranen der Sinneszellen ebenso wie diejenigen der Nervenzellen elektrisch geladen sind. Sie weisen ein Ruhepotential auf, das im Innern der Zelle gegenüber dem Außenraum negativ geladen ist (häufig liegt das Ruhepotential bei minus 70 Millivolt). Dieses Potential wird durch äußere Einflüsse verändert, indem es entweder weniger negativ wird und sich (wie bei der Entstehung eines Aktionspotentials) schließlich ins Positive umkehrt (Depolarisation) oder indem es noch negativer wird (Hyperpolarisation), was die Zelle für weitere Erregungen unempfindlicher macht. Die Veränderungen des Membranpotentials beruhen auf dem selektiven Ein- und Ausströmen von geladenen Teilchen, *Ionen* (meist Natrium-, Kalium-, Calcium- und Chlorid-Ionen). Dieser Vorgang wird wiederum durch das Öffnen und Schließen von spezifischen Membran- oder Ionenkanälen gesteuert. Strömen Natrium- oder Calciumionen vermehrt ins Zellinnere, dann wird die Zelle depolarisiert, strömen hingegen Kaliumionen aus der Zelle oder Chloridionen in die Zelle, dann wird sie hyperpolarisiert.

Der Prozeß der Reizübersetzung oder *Transduktion* kann einfach oder sehr kompliziert sein, d. h., die Einwirkung des Um-

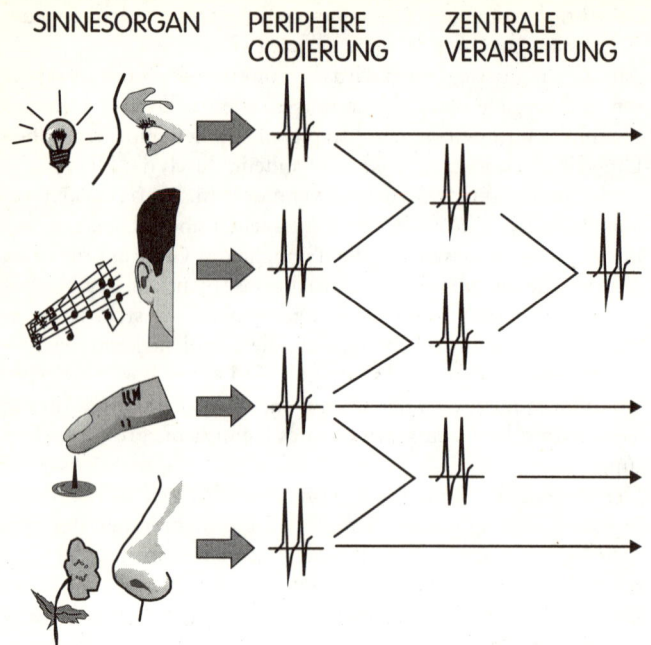

Abb. 8: Neutralität des neuronalen Codes. Die unterschiedlichen physikalischen und chemischen Umweltreize werden in den Sinnesorganen in neuroelektrische und neurochemische Signale umgewandelt (periphere Codierung). Diese werden dann im Gehirn teils getrennt weitergeleitet, teils zusammen weiterverarbeitet. Aus der Beschaffenheit der neuronalen Signale allein läßt sich nicht auf deren Herkunft und Bedeutung schließen.

weltreizes kann relativ direkt zu einer elektrischen Erregung führen oder erst über eine lange Kette von chemischen Vermittlungsschritten (Abb. 9). Ersteres ist bei den Mechanorezeptoren der Fall, zum Beispiel den Sinneszellen des Innenohrs und der Haut. Hier kommt es über den mechanischen Druck auf die Sinneszellen zu einer Deformation entweder der die Zellmembran umhüllenden Schicht (extrazelluläre Matrix) oder ihr innen anliegender Strukturen (Zytoskelett) und dadurch direkt zu einem Öffnen von Membrankanälen. Durch diese strömen Natriumionen in die Zelle und depolarisieren das Membranpotential vorübergehend. Diese Depolarisation führt zu einem Rezeptorpotential, das in nachgeschalteten Nervenzellen ein Aktionspotential auslöst, welches dann zur nächsten Umschaltstation weitergeleitet wird. Sehr verwickelt geht es hingegen in den Lichtsinneszellen (Photorezeptoren) zu. Die Absorption eines Lichtquants im Sehpurpur (Rhodopsin) der Photorezeptoren führt zu einer Veränderung der chemischen Struktur der Rhodopsinmoleküle. Dies zieht einen Zerfall des Rhodopsinmoleküls in das Retinal und das Opsin nach sich, was ein sogenanntes G-Protein (Transducin) und dann eine Phosphodiesterase aktiviert, die zyklisches Guanosinmonophosphat (cGMP) zu nicht-zyklischem GMP hydrolysiert, was letztlich zu einem Schließen der Natriumkanäle führt und damit zu einer Hyperpolarisierung der Photorezeptormembran. Dabei ist es eigenartigerweise so, daß die Photorezeptoren während der Dunkelheit aktiv sind, denn bei Abwesenheit von Licht sind die Natriumkanäle ihrer Membran geöffnet, und es findet ein sogenannter Dunkelstrom statt. Belichtung hemmt diese Aktivität. Es ist aber gleichgültig, ob im Nervensystem zur Steuerung der neuronalen Aktivität Erregung oder Hemmung eingesetzt wird, denn Hemmung der Hemmung *spontanaktiver* Zellen führt zu Erregung (im Sinne von *Enthemmung*).

Bei Chemorezeptoren findet eine Veränderung der Membranladungseigenschaften und damit der Ionenleitfähigkeit durch das »Andocken« von Geruchs- oder Geschmacksmolekülen in bestimmten »Gruben« eines Rezeptormoleküls auf der Rezeptoroberfläche statt. Dies löst wie beim Photorezeptor eine Kaskade von chemischen Prozessen aus, in die wieder ein G-Protein

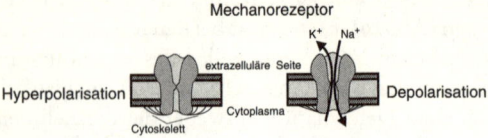

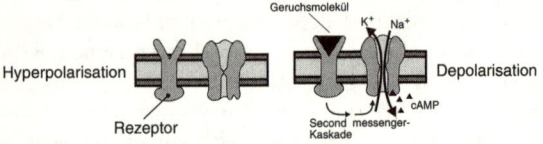

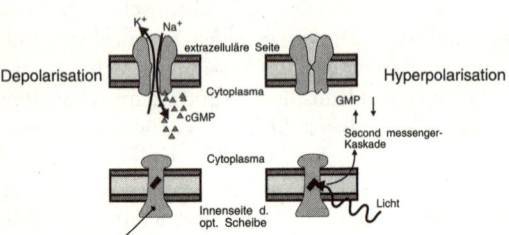

Abb. 9: Umwandlung verschiedener Reizqualitäten in neuronale Aktivität. Beim Mechanorezeptor (Hören, Tastsinn, Gleichgewichtssinn usw.) ist im Ruhezustand der Ionenkanal geschlossen und die Membran hyperpolarisiert (links). Bei mechanischer Verformung der Membran öffnet sich der Ionenkanal. Dadurch kommt es zu einer vorübergehenden Depolarisation der Membran (rechts). Beim Chemorezeptor (Geschmack, Geruch) ist dies entsprechend, jedoch »docken« hier die Geruchsmoleküle an einen Rezeptor an, der über eine Second Messenger-Kaskade zur Öffnung des Ionenkanals führt. Beim Photorezeptor hingegen ist die Membran im Ruhezustand depolarisiert (links). Absorption von Licht löst eine Second-Messenger-Kaskade aus, die zu einem Schließen des Ionenkanals führt und damit zu einer Hyperpolarisation der Photorezeptoren (rechts). (Nach Kandel et al., 1991, verändert).

und statt cGMP nunmehr das zyklische *Adenosin*monophosphat (cAMP) als »zweiter Botenstoff« (»second messenger«) einbezogen sind. Diese Prozesse enden letztlich wieder im Öffnen (oder Schließen) von Kanalproteinen und damit zum Ein- und Ausströmen von Ionen und der Veränderung des Membranpotentials. Wer sich genauer mit den zellulären und molekularen Prozessen befassen will, die dem Prozeß der Transduktion zugrunde liegen, sei auf das Lehrbuch »Neurobiologie« von G. Shepherd (1993) verwiesen.

6 Informationserzeugung und Informationsverarbeitung bei der Wahrnehmung

Eine weitverbreitete Annahme ist, Wahrnehmung sei so etwas wie Abfotografieren. Leonardo da Vinci (1452-1519), der sich als einer der ersten ausführlich mit dem Problem, wie die Welt »in den Kopf kommt«, beschäftigt hat, glaubte, beim Sehen würden die Netzhautbilder über den Sehnerv geometrisch genau auf die Wände der Ventrikel projiziert (Grüsser, 1990). Heute wissen wir, daß die Wahrnehmungsvorgänge nicht in den Ventrikeln stattfinden, sondern in der grauen Substanz des Gehirns, etwa beim Sehen in der Rinde des Hinterhauptscortex. Viele meinen aber auch heute noch, im Gehirn entstünden beim Sehen Bilder, die ein *Abbild* des Gesehenen seien. In vielen sinnesphysiologischen Lehrbüchern ist der bekannte Ochsenaugen-Versuch wiedergegeben, durch den demonstriert werden soll, daß im Auge wie bei einer Kamera auf der Netzhaut ein umgekehrtes Bild der Umwelt entsteht. Was liegt da näher zu glauben, daß dieses Bild über den Sehnerv einfach in die Hirnzentren der bewußten Wahrnehmung weitergeleitet wird! Ebenso könnten Klänge und Melodien an unser Ohr dringen und von dort über die Hörnerven als Schall-Leiter in die entsprechenden Hörzentren unseres Gehirns vermittelt werden.

Eine grundsätzliche Schwierigkeit bei dieser Annahme ergibt sich daraus, daß wir in einem solchen Fall eine Instanz annehmen müßten, welche sich die Abbildung »ansieht«. Eine Abbildung ohne eine Instanz, die sich diese Abbildung ansieht, ist widersinnig. Nehmen wir aber eine solche Instanz an, so geraten wir in einen unendlichen Regreß, wie er in Abbildung 10 dargestellt ist, denn diese Instanz benötigt wiederum einen »Abbildungsapparat«, in dem sich die Problematik wiederholt. Wir entkommen diesem infiniten Regreß nur durch den konsequenten Verzicht auf die Annahme, im Gehirn entstünden Abbilder der Außenwelt, auch wenn uns das intuitiv sehr schwerfällt. Warum es uns aber *erscheint*, als ob in unserem Gehirn die Außenwelt abgebildet wird, dies bedarf einer Erklärung, die ich in Kapitel 12 zu geben versuche. Wir könnten natürlich alterna-

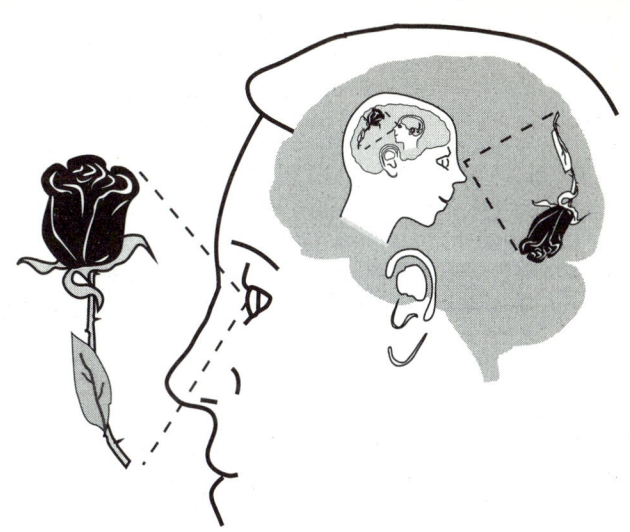

Abb. 10: Die Vorstellung, daß das Gehirn die Umwelt abbildet, führt zu einem unendlichen Regreß, weil im Gehirn wiederum eine Instanz mit einem Gehirn benötigt wird, die sich das Bild ansieht, indem sie es abbildet, und so weiter.

tiv annehmen, daß es im Gehirn eine Art geistiges Auge gibt, welches ohne irgendwelche weiteren physiologischen Mechanismen das unmittelbare Erfassen des Abgebildeten leistet. Dann haben wir aber die Ebene einer wissenschaftlichen Argumentation vorschnell verlassen.

Daß Wahrnehmung nicht Abbildung im naiven Sinne sein kann, war bereits den mittelalterlichen Philosophen klar. Sie nahmen wie die heutigen Physiologen eine Umsetzung, *Transduktion*, der Umweltreize in spezifische innere Erregungszustände an. Dabei gingen sie ganz selbstverständlich davon aus, daß dasjenige, was in den Sinneszentren des Gehirns ankommt, eine andere Beschaffenheit hat als die Umweltreize. Die *Wahrnehmung* eines Baumes ist nicht von derselben Beschaffenheit wie der Baum. Dieser Umstand ist kein grundsätzliches Problem, solange die Spezifität der Umweltreize gewahrt bleibt. Dadurch wird sichergestellt, daß das Gehirn verläßlich erfahren kann, was in der Umwelt vor sich geht. Wichtig dabei ist die *eindeutige Korrelation* zwischen bestimmten Umweltreizen und bestimmten Nervenerregungen, wie verschieden diese ihrer Natur nach (»ontologisch«) auch sind. Schwierig wird hingegen die ganze Sache, wenn eine solche eindeutige Korrelation *nicht* vorliegt. Dies ist – wie wir noch im Detail sehen werden – in der Tat der Fall: Es gibt keine eindeutige Beziehung zwischen Umweltreizen und gehirninternen Prozessen.

Der Prozeß der Transduktion der Umweltreize in Nervenerregungen hat die Väter der Neurowissenschaften stark beschäftigt, so auch den Begründer der Sinnesphysiologie Johannes Müller (1801-1858); er formulierte das bekannte »Gesetz der spezifischen Sinnesenergien«. Dies Gesetz besagt, daß es nicht der Reiz ist, der die Natur der Sinnesempfindung bestimmt, sondern die durch ihn gereizten Sinnesrezeptoren. Das bedeutet im Falle des Sehsystems: Wodurch die Photorezeptoren auch immer gereizt werden, ob durch Licht, einen Schlag aufs Auge oder durch elektrische Stimulation, stets haben wir eine visuelle Empfindung (deshalb sehen wir bei einem Faustschlag aufs Auge die bekannten »Sterne« oder können durch einen sanften Druck auf den Augapfel »bunte Bilder«, Phosphene genannt, erzeugen). Bei einem Schlag auf den Kopf »brummt« uns der Schädel wegen der gleichzeitigen Reizung des Innenohrs. Dies war eine überaus wichtige Einsicht, und als eine Konsequenz hieraus formulierte Müllers Schüler und (Mit-)Begründer der Elektrophysiologie, Emil Du Bois-Reymond, die Behauptung: wenn es jemals möglich sein würde, im Nervensystem den Hörnerven mit dem Sehnerven chirurgisch zu vertauschen, dann würden wir den Blitz hören und den Donner sehen.

Allerdings hat Johannes Müller geglaubt (und das wird beim Zitieren seines oben genannten Gesetzes meist verschwiegen), daß den verschiedenen Sinnesbahnen spezifische »Energien« zugrunde lägen, die *direkt* für die Unterschiede in den Sinnesempfindungen verantwortlich seien. Erst Hermann von Helmholtz, ebenfalls ein Schüler von Müller, Du Bois-Reymond und andere Physiologen fanden heraus, daß die verschiedenen Sinnesbahnen und -systeme *dieselbe* »Sprache« benutzen, daß also ein im auditorischen und ein im visuellen System ausgelöstes Aktionspotential gleich sind.

Dies war für Helmholtz und seine Kollegen ein Schock, denn eine direkte Abbildung der Welt durch die Nervenerregung war damit unmöglich gemacht. Heute kann dies jeder Teilnehmer an einem neurobiologischen Praktikum überprüfen und jeder Neurophysiologe aus leidvoller Erfahrung bestätigen. Wenn ich eine Ableitelektrode in ein Gehirn senke, dann registriere ich bestimmte Erregungszustände von Nervenzellen, zum Beispiel in Form von Aktionspotentialen (»Spikes«). Wie Abbildung 11 zeigt, ist es aber unmöglich, aus der Form der Aktionspotentiale, der Frequenz oder dem Entladungsmuster allein oder in Kombination auf die Zugehörigkeit des registrierten Neurons zu einem bestimmten System (visuelles, auditorisches, motorisches System usw.) zu schließen. Das kann ich erst, wenn ich genauere Kenntnis über den Gehirnort habe, in dem sich das registrierte Neuron befindet, wenn ich zum Beispiel weiß, daß es sich um ein visuelles Zentrum handelt. Aber auch dann kann ich mir nicht völlig sicher über die Bedeutung der Erregung sein, denn zum einen kann es sich bei den Entladungen um die Spontanaktivität der registrierten Nervenzelle handeln, zum anderen sind viele Hirnzentren multimodal, d. h. ihre Nervenzellen antworten auf mehr als eine Reizmodalität. Ich muß dies zum Bei-

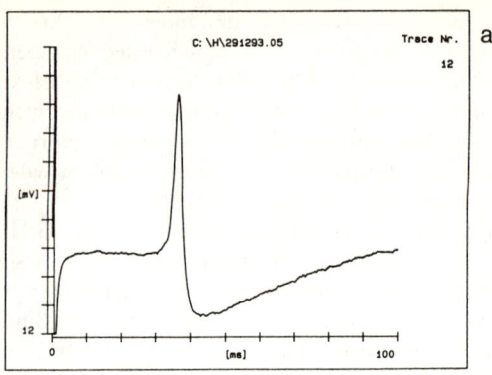

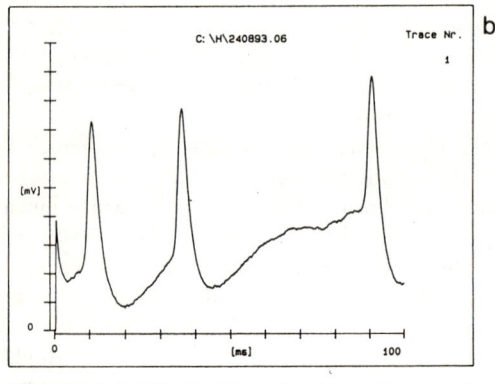

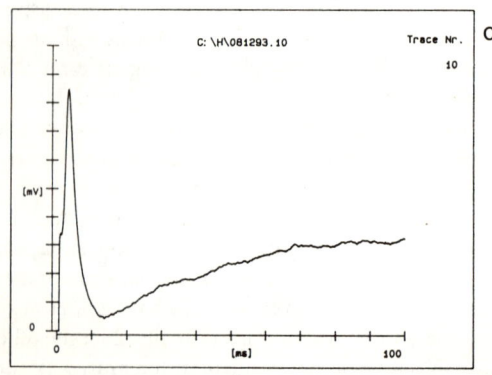

spiel durch geeignete Stimulation des Auges oder des Innenohrs testen, und je nachdem ob das Neuron nur auf Lichtreize oder akustische Reize oder auf beides antwortet, bezeichne ich es als visuelles oder auditorisches oder visuell-auditorisches Neuron.

Aber selbst wenn ich herausbekommen habe, daß es sich um ein visuelles Neuron handelt, dann kann dies Neuron mit Farbwahrnehmung, Kontrastsehen, Tiefenwahrnehmung, Bewegungsdetektion, mit Gesichtererkennung oder visueller Aufmerksamkeit zu tun haben, und es ist oft sehr mühsam, dies herauszubekommen. Gelegentlich scheitern alle Zuordnungsversuche, und es bleibt vorerst rätselhaft, was das registrierte Neuron »wirklich« tut.

Nun ist es keineswegs so, daß alle Neurone in genau derselben Weise »feuern« und daß ihre Impulse wirklich ununterscheidbar sind. Vielmehr gibt es verschiedene Typen von Nervenzellen, zum Beispiel langsam oder schnell feuernde Nervenzellen, solche die entweder phasisch oder tonisch oder kombiniert phasisch-tonisch antworten. Es gibt Nervenzellen, die auf eine Erregung mit einer Depolarisation und einer Salve von Aktionspotentialen antworten oder mit einer Hyperpolarisation; die Form der Aktionspotentiale kann aufgrund der Unterschiede im Besatz der Zellmembran mit unterschiedlichen Ionenkanälen wiederum unterschiedlich sein, und so weiter. Diese Unterschiede können sich aber in *demselben* funktionalen System finden und lassen deshalb keinen *verläßlichen* Schluß auf die funktionale Spezifität zu. Es bleibt anhand dieser Merkmale unentscheidbar, ob es sich etwa um visuelle oder auditorische Erregung handelt, um Farb-, Form- oder Bewegungserkennung innerhalb des visuellen Systems usw.

Abb. 11: Aktionspotentiale unterschiedlicher Herkunft aus dem Gehirn von Salamandern. Die Abbildung zeigt intrazellulär registrierte Aktionspotentiale (a) von einer visuell gesteuerten Tectumzelle, (b) eines Interneurons der Formatio reticularis und (c) eines Motorneurons. Die Aktionspotentiale dieser Zellen haben trotz ihrer unterschiedlichen Herkunft und Funktion in etwa dieselbe Form und Dauer.

Diese relative Gleichförmigkeit der Nervenerregungen in den verschiedenen funktionalen Systemen des Gehirns stellt bei der Beantwortung der Frage, wie unsere Wahrnehmungswelt zustande kommt, ein großes Hindernis dar. Diese Tatsache widerspricht nämlich eklatant unserer Wahrnehmungsempfindung. Subjektiv erleben wir eine außerordentlich vielfältige Welt des Sehens, Hörens, Tastens, von Farben, Formen, Klängen, Gerüchen und keineswegs Membranpotentiale, Nervenimpulse oder Transmitter. Wie kann unsere bunte Wahrnehmungswelt überhaupt daraus entstehen? Es ist ebenso schwer vorstellbar, wie unser Gehirn über die Geschehnisse in der Außenwelt hinreichend informiert wird, wenn die Signale von den Sinnesorganen und deren verschiedenen Rezeptoren völlig unspezifisch sind.

Sehr hilfreich zum Verständnis der folgenden Argumente ist es, wenn wir uns bei der Frage »Wie kann das Gehirn aus der Menge neuronaler Aktivitäten verläßliche Auskunft über die bewußtseinsunabhängige Welt erlangen?« *konsequent in die Lage des Gehirns versetzen.* Welches ist diese Lage? Als Neurophysiologe habe ich die Möglichkeit, die Prozesse in der Umwelt, die auf die Sinnesorgane einwirken, mit den gehirninternen Prozessen zu vergleichen und unter günstigen Bedingungen etwa zu dem Schluß zu kommen: diese neuronale Erregung ist eine Antwort auf einen bewegten visuellen Reiz. Diese Möglichkeit hat das Gehirn nicht; es kann sich nicht außerhalb seiner selbst begeben und die Herkunft seiner internen Erregungen überprüfen, wie dies der Neurophysiologe tut. Um dies zu tun, benötigte es wiederum Sinnesorgane, welche die Umweltereignisse wahrnehmen; diese müßten wiederum die Einwirkungen der Umweltereignisse in die Sprache des Gehirns übersetzen, und wir wären letztlich in derselben Lage wie zuvor. Dem Gehirn als einem *neuronalen System* sind nur seine eigenen Erregungen gegeben, deren Herkunft und Bedeutung es *erschließen* muß. Dies gilt natürlich auch für das Gehirn des Neurophysiologen; deshalb trifft er seine Aussagen über den Zusammenhang zwischen Umweltereignissen und neuronalen Prozessen in dem von ihm untersuchten Gehirn *ausschließlich innerhalb seiner kognitiven, phänomenalen Welt*. Auf diese wichtige Tatsache werden wir im Kapitel 13 ausführlich zu sprechen kommen.

Information und Bedeutung

Im Jahre 1949 veröffentlichten Claude Shannon und Warren Weaver ihr berühmtes Buch »The Mathematical Theory of Communication«, welches die Disziplin der »Informationswissenschaft« begründete und großen Einfluß auch auf die Bio- und Neurowissenschaften erlangte. Eine große Verwirrung bei den Bemühungen, das Gehirn und seine kognitiven Leistungen zu verstehen, wurde jedoch dadurch verursacht, daß Shannon und Weaver die darin dargelegte Theorie »Informationstheorie« nannten und nicht »Signaltheorie« oder »Zeichentheorie« (wir wollen im folgenden »Signal« oder »Zeichen« synonym verwenden). Damit gaben sie Anlaß zu der irrigen Meinung, ihre Theorie handle von der Entstehung und Übertragung von Bedeutung und nicht von Signalen. Das Wort »Information« meint umgangssprachlich »Gehalt« oder »Bedeutung« einer gelesenen oder gehörten Mitteilung und nicht »Signal« oder »Zeichen«. So sagt jemand zum Beispiel: »Diese Mitteilung ist für mich sehr informativ!«, oder der Büroleiter herrscht seinen Mitarbeiter an: »Ich wurde nicht rechtzeitig informiert!« Niemand wird in entsprechenden Zusammenhängen sagen: »Diese Mitteilung enthält für mich viele Zeichen« oder »Mir wurden nicht rechtzeitig Signale übermittelt!« Man kann aber durchaus sagen: »Dieses Zeichen hat für mich die und die Bedeutung.« Es wird also umgangssprachlich eindeutig zwischen Zeichen/Signal und Bedeutung unterschieden. *Ein und dasselbe Zeichen kann ganz unterschiedliche Bedeutungen haben, und umgekehrt kann dieselbe Bedeutung durch ganz verschiedene Zeichen repräsentiert werden.*

Die von Shannon und Weaver entwickelte nachrichtentechnische Theorie befaßte sich ausschließlich mit den Bedingungen der Übertragung, der Speicherung, dem Abruf und der Verarbeitung von Signalen, *gleichgültig, was diese Signale bedeuten.* In der Euphorie des Aufschwungs der Computerwissenschaften und der Informatik lag es aber nahe, bei der Beschreibung von Gehirnprozessen auf diese Theorie zurückzugreifen. Sensorische Gehirnprozesse wurden und werden deshalb oft als »Informationsverarbeitung« unter Verwendung der Shannon-Weaver-Theorie behandelt. Damit meint man allerdings nicht immer nur den reinen Verlauf neuronaler Erregung im Gehirn, sondern auch die Konstitution und Verarbeitung von Bedeutungen. Es wurde aber von Shannon selbst und nach ihm von vielen Theoretikern darauf hingewiesen, daß eine Gleichsetzung des technischen Begriffs der Information mit dem der Bedeutung nicht zulässig ist, und zwar aus folgenden Gründen. Damit die Bedingungen optimaler oder ausreichender Übertragung einer Zeichenfolge (Signalfolge) *quantitativ* erfaßt werden können, wird in der Shannonschen Theorie der »Informationsgehalt« eines einzelnen Zeichens oder einer Zeichenfolge als die mittlere Auftrittswahrscheinlichkeit dieses Zeichens bzw. der Zeichenfolge definiert. Zu diesem Zweck muß die Art und Anzahl aller zulässigen Zeichen, das *Zeichenrepertoire*, zwischen dem Sender und dem Empfänger fest vorgegeben oder verabredet sein. Dies ist zum Beispiel in einem Alphabet der Fall. In der geschriebenen deutschen Sprache sind nur 26 Buchstaben, die drei Umlaute und der Sonderbuchstabe ß zulässig. Ein plötzlich im Text auftauchender unbekannter Buchstabe würde zu Verwirrung führen. Natürlich könnte man sich entschließen, neue Buchstaben einzuführen, z. B. einen für das »sch«, aber das müßte verabredet oder per Erlaß vorgeschrieben werden.

Anhand des Alphabets läßt sich der Unterschied zwischen Information als Auftrittswahrscheinlichkeit eines Signals und Information als Bedeutung erläutern. Im deutschen Alphabet wie natürlich auch in anderen Alphabeten haben die Buchstaben unterschiedliche Auftrittswahrscheinlichkeiten. Bekanntlich ist im Deutschen der Buchstabe »e« der häufigste und »y« der seltenste Buchstabe, und ihre Auftrittswahrscheinlichkeit läßt sich empirisch feststellen. Entsprechend kann man den Informationsgehalt des Buchstabens »e« (niedrig) und den des Buchstabens »y« (hoch) ermitteln. Demnach müßten Texte, die nur aus »y« bestehen, viel Information, und solche, die nur aus »e« bestehen, wenig Information besitzen.

Dieses einfache Beispiel zeigt uns, wie unsinnig es ist, Informationsverarbeitung im Sinne von Bedeutung über die Auftrittswahrscheinlichkeit von Signalen zu definieren. Die Bedeutung von Signalen hängt überhaupt nicht von der Beschaffenheit der

Signale ab, sondern von den Bedingungen, unter denen sie beim Empfänger aufgenommen werden. *Es ist der Empfänger, der Bedeutung konstituiert.* Eine mathematische Formel hat für einen ganz ungebildeten Menschen überhaupt keine Bedeutung, für viele von uns ist sie der Anlaß zu unangenehmer Erinnerung und für manche die Vermittlung nützlicher oder tiefer Einsichten.

Ein wesentlicher Irrtum bei der Anwendung der Shannon-Weaverschen Informationstheorie als Theorie der Bedeutung ist die Unterstellung, das, was neu und selten ist, sei stets auch besonders bedeutungsvoll. Natürlich trifft dies nur dann zu, wenn etwas Neues zugleich als *wichtig* angesehen wird. Das allermeiste, was um uns herum passiert, ist zwar in einem trivialen Sinne neu, aber es ist nicht sonderlich interessant; unser kognitives System schützt sich geradezu vor dem Befassen mit immer neuen, aber unwichtigen Dingen. Nur ein kleiner Teil des Neuen ist auch wichtig. Umgekehrt kann Altbekanntes und Häufiges sehr wichtig sein (z. B. daß morgens die Sonne aufgeht).

Der Informationsgehalt bestimmt sich also unabhängig von seiner Auftrittswahrscheinlichkeit durch das Vorwissen, den *semantischen Kontext*, in dem es empfangen wird. Dieses Vorwissen ist in verschiedenen Empfängern von Signalen verschieden, und deshalb haben Signale für unterschiedliche Empfänger unterschiedliche Bedeutungen. Nehmen wir an, jemand sagt zu mir: »Ich gehe jetzt zu meiner Bank.« Befinde ich mich in einem Klassenraum, so ist der Sinn dieser Äußerung ein anderer, als wenn ich mich in einem Park oder dem Geschäftsviertel einer Stadt aufhalte. Jemand, der nur Klassenräume mit Stühlen, aber nicht mit Bänken kennt, wird unter Umständen den Satz nicht *verstehen*, d. h. den Signalen (in diesem Fall einer Folge von Schalldruckwellen bestimmter Frequenzen und Amplituden) nicht die vom Sprecher (Sender) *intendierte* Bedeutung zuweisen.

Der Sender von Signalen kann nicht direkt die Bedeutungszuweisung im Empfänger und damit das intendierte Verstehen kontrollieren. Verstehen in diesem Sinne kann es deshalb nur dann geben, wenn es einen festen oder fest verabredeten semantischen Kontext gibt. Der semantische Kontext mag angeboren oder durch Prägung vorgegeben sein, wie dies bei tierischen Kommunikationssystemen häufig der Fall ist, oder er ist, wie im Falle der menschlichen Sprache, durch Erziehung, kommunikative Verabredung und Einübung mehr oder weniger fixiert worden. Es gibt also strenggenommen keine Kommunikation im Sinne von *Bedeutungs*übertragung. Was zwischen Organismen übertragen wird, sind Signale, keine Bedeutungen, denn diese müssen erst im kognitiven System des Empfängers im Rahmen des jeweils vorliegenden semantischen Kontextes erzeugt werden. Nur in den Fällen, in denen die Prozesse der Bedeutungserzeugung bei Sendern und Empfängern (aufgrund der genannten Bedingungen) sehr ähnlich ablaufen, *scheint es so*, als würden Bedeutungen übertragen. Wie wir aber alle aus leidvoller Erfahrung wissen, ist das Erfassen der vom »Sender« intendierten Bedeutung von Mitteilungen oft nicht gewährleistet.

Wir müssen also streng zwischen *Signalen*, zum Beispiel den von den Sinnesorganen erzeugten neuronalen Erregungszuständen, und ihren *Bedeutungen* unterscheiden. Bedeutung wird den neuronalen Erregungen erst innerhalb eines kognitiven Systems *zugewiesen*, und zwar in Abhängigkeit vom Kontext, in dem die Erregungen auftreten. Wenn im folgenden von »Information« die Rede ist, dann ist damit »Bedeutung« gemeint.

Die Konstitution der Wahrnehmungsinhalte

Das Gehirn muß (hinreichend) Verläßliches über die Umwelt erfahren, um ein überlebensförderndes Verhalten zu erzeugen. In der Regel sind es fünf Eigenschaften der Umweltreize, die für das Gehirn grundlegend wichtig sind. Dies ist erstens die *Modalität* des Reizes, d. h., ob er visuell (Sehen), auditorisch (Hören), somatosensorisch (Tasten) usw. ist. Zweitens ist dies die *Qualität* (im Englischen oft Submodalität genannt) innerhalb einer Modalität; dies können bei der visuellen Wahrnehmung zum Beispiel Farbe oder Helligkeit sein, bei der auditorischen Wahrnehmung etwa Lautstärke oder Tonhöhe. Drittens ist es die *Intensität* eines Reizes, also ob etwas z. B. dunkel oder hell ist, laut oder leise, stark oder schwach. Viertens ist die *Zeit-struktur* eines Reizes wichtig, etwa wann ein Reiz beginnt, ob er kurz oder lang dauert, ob er periodisch oder aperiodisch ist oder irgendein anderes erkennbares Zeitmuster aufweist. Zusätzlich haben viele Reize einen *Ort*, etwa im Seh- oder Hörraum oder auf der Körperoberfläche.

Wie werden nun diese grundlegenden Eigenschaften der Umweltreize durch Veränderungen der Aktivität von Sinnesrezeptoren bzw. der nachgeschalteten Nervenzellen »codiert«?

Die *Intensität* eines Reizes wird meist in die Stärke der Depolarisierung oder Hyperpolarisierung der Rezeptormembran umgesetzt, welche dann im Rezeptor selber (falls es sich um eine primäre Sinneszelle oder eine Sinnesnervenzelle handelt) oder (im Fall einer sekundären Sinneszelle) in einer nachgeschalteten Nervenzelle in der Veränderung der Frequenz der neuronalen Entladung, d. h. die Zahl von Aktionspotentialen pro Zeiteinheit, »codiert« wird. Je stärker ein mechanischer Reiz auf einen Tast-, Hör- oder Gleichgewichtsrezeptor einwirkt, desto stärker »feuert« die erste zu Aktionspotentialen fähige Zelle, wobei es auf die Zahl der Aktionspotentiale pro Zeiteinheit, die alle dieselbe Amplitude haben, ankommt. Bei den Photorezeptoren ist es bekanntlich umgekehrt: Je mehr Lichtquanten pro Zeiteinheit von einem Photorezeptor absorbiert werden, desto stärker wird sein Membranpotential hyperpolarisiert. Da diese Hyperpolarisierung in nachgeschalteten Zellen umgekehrt wird, ergibt sich (z. B. in amakrinen Zellen oder Retinaganglienzellen) eine Erhöhung der Entladungsfrequenz bei erhöhtem Lichteinfall. Allerdings ist die Übersetzung von Reizstärke in Entladungsfrequenz nicht linear, denn erstens gibt es viele Rezeptoren bzw. nachgeschaltete Nervenzellen, die hochfrequent auf den Reizbeginn antworten und dann stark abfallen oder sogar schweigen; zweitens adaptieren viele Rezeptoren schnell auf einen gleichbleibenden Reiz, und drittens gehorcht die Umsetzung der Reizstärke in den Rezeptoren dem Weber-Fechner-Gesetz einer logarithmischen Codierung, bei der niedrige Reizstärken überdurchschnittlich, höhere Reizstärken dagegen unterdurchschnittlich beantwortet werden (von Campenhausen, 1981).

Beginn und *Ende* eines Reizes werden in aller Regel über Beginn und Ende der Entladung codiert. Allerdings zeigen viele Rezeptoren bzw. Nervenzellen ein »phasisches« Antwortverhalten, d. h. sie antworten nur bei Beginn und/oder beim Ende eines Reizes und sind deshalb keine verläßlichen Indikatoren der Dauer des Reizes. Weiterhin gibt es Zellen, die nach Ende des Reizes noch weiterfeuern und deshalb ebenfalls nicht für eine genaue Repräsentation der Zeitstruktur des Reizes geeignet sind.

Wir sehen daran: die Codierung der elementaren Reizeigenschaften »Intensität« und »Zeitstruktur« durch eine *einzige* Rezeptorzelle und die nachgeschaltete Nervenzelle ist bereits nicht unbedingt eindeutig. Eindeutigkeit erlangt das Gehirn erst durch die Auswertung der relativen Aktivität *verschiedener* phasisch und tonisch antwortender Zellen innerhalb eines Netzwerkes. Festzuhalten bleibt auch, daß durch die Entladungsfrequenz nur etwas über die Zu- oder Abnahme irgendeines Reizes gesagt wird, nicht aber darüber, um *welchen* Reiz es sich eigentlich handelt (siehe aber die Zusatzbemerkung über die Bedeutung des Zeitmusters einer neuronalen Erregung weiter unten). Entsprechendes gilt für den Beginn und die Dauer eines Reizes.

Modalität (Hören, Sehen usw.) und *Qualität* (Farbe, Form beim Sehen; Tonhöhe, Lautstärke beim Hören) eines Reizes können nicht über den »neuronalen Code« einer einzelnen Zelle repräsentiert werden. Es gibt also im strengen Sinne keine visuellen und keine auditorischen Neurone, d. h. Nervenzellen, deren Aktivität man *direkt* Informationen über Modalität und Qualität entnehmen kann, so wie dies Johannes Müller glaubte. Wie aber werden diese beiden Reizmerkmale codiert, die für unsere Wahrnehmung die wichtigsten sind?

Hierbei kommt, wie bereits Helmholtz vermutete, das Prinzip des »Verarbeitungsortes« zum Tragen: Der Ort, an dem eine bestimmte Erregung verarbeitet wird, bestimmt seine Modalität und auch seine Qualität. Dies bedeutet etwa, daß das Gehirn dasjenige als Sehen *interpretiert*, was den visuellen Cortex erregt, und dasjenige als Hören, was den auditorischen Cortex erregt, und zwar gleichgültig, ob die Erregung tatsächlich vom Auge bzw. vom Ohr kommt. Für Qualitäten wie Farbe und

Form gilt Entsprechendes. Daß dies so ist, läßt sich durch direkte elektrische Stimulation der entsprechenden Teile der Großhirnrinde nachweisen. Dies geschieht zum Beispiel, wenn einem Patienten ein Teil der Großhirnrinde entfernt werden muß (etwa weil dort ein epileptischer Herd sitzt); in diesem Fall muß der Neurochirurg feststellen, wo sich die Sprachzentren befinden, die unbeabsichtigt zusammen mit dem kranken Rindenteil entfernt werden könnten, und er tut dies mithilfe einer Stimulationselektrode. Wenn man weiß, in welchen Regionen des Cortex bestimmte Wahrnehmungsinhalte verarbeitet werden, dann kann man gezielt mithilfe (harmloser) elektrischer Stimulation zumindest einfache Wahrnehmungsinhalte hervorrufen. Ein elektrischer Stromstoß wird im Cortex je nach Ort der Stimulation Seh- oder Hörempfindungen hervorrufen, und wenn man innerhalb des visuellen Cortex unterschiedliche Areale reizt, dann kann man zum Beispiel Farb- oder Bewegungshalluzinationen auslösen (Creutzfeldt, 1983).

Hieraus folgt, daß dasjenige, was wir als die wichtigsten Wahrnehmungsinhalte erleben, nämlich Modalität und Qualität einer Wahrnehmung, ein Konstrukt unseres Gehirns sind, und zwar aufgrund der räumlichen Anordnung der verschiedenen Verarbeitungszentren, ihrer *Topologie*, im Gehirn. Es bedeutet zugleich, daß das Gehirn seinen anatomischen und funktionalen Aufbau kennen muß, wie er sich während der Hirnontogenese langsam entwickelt, und deshalb Fehlinterpretationen vornimmt, wenn dieser über viele Jahre entstandene Aufbau sich durch Erkrankungen oder Verletzungen plötzlich verändert.

Der *Ort* eines Ereignisses in der Umwelt wird zum einen durch den Reizort auf den sensorischen Oberflächen (Netzhaut, Hörmembran, Körperoberfläche) codiert, die dann in sogenannten primären Karten in den sensorischen Zentren des Gehirns abgebildet werden, zum Beispiel in den somatosensorischen Repräsentationen der Körperoberfläche im postzentralen (somatosensorischen) Cortex. Der eigentliche Ort wird dann durch Gehirnzentren unter Zuhilfenahme verschiedener Subsysteme »errechnet«. Dies ist zum Beispiel im auditorischen System hinsichtlich des Schallortes der Fall; die Errechnung geschieht primär aufgrund der Unterschiede in der Lautstärke im linken und rechten Ohr und der Unterschiede in der Zeit, die ein Laut von seinem Entstehungsort zum linken und rechten Ohr benötigt. Allerdings ist diese Abbildung aus unterschiedlichsten Gründen (z. B. Frequenzabhängigkeit) in aller Regel uneindeutig, und zwar u. a. hinsichtlich der Gleichheit von Laufzeit- und Intensitätsunterschieden bei Schallquellen, die aus genau entgegengesetzten Richtungen kommen; hier behilft sich das auditorische System aufgrund seines »Wissens« um die asymmetrischen Abschwächungen des Schalls durch unseren Kopf. In den anderen Fällen wird unter den regelmäßig vorliegenden Alternativhypothesen über den Ort der Schallquelle diejenige bevorzugt, die am stärksten repräsentiert oder aufgrund von Erfahrungen am wahrscheinlichsten ist. Diese Konstruktion des Hörraumes geschieht bei uns völlig unbewußt.

Der dreidimensionale Ort eines Objekts im Sehraum wird über die zweidimensionale Abbildung des Objekts in der linken und rechten Netzhaut und ihre Abweichungen (Disparitäten) sowie über die Augenstellung (Konvergenz) und die Linsenakkomodation »errechnet«. Bei dieser Errechnung wird die Tatsache berücksichtigt, daß die retinalen Bilder sich aufgrund der willkürlichen und unwillkürlichen Augenbewegungen ständig hin und her bewegen. Der uns umgebende visuelle und auditorische Raum, in dem die Dinge ihren »festen Platz« zu haben scheinen, ist damit genauso ein kompliziertes Konstrukt unseres Gehirns wie die Modalitäten und Qualitäten der Wahrnehmungsinhalte.

Seit längerem wird diskutiert, ob neben der neuronalen Entladungsfrequenz, die bei sensorischen Neuronen im allgemeinen die Intensität eines Reizes codiert, auch das zeitliche Muster der Aktionspotentiale eine mögliche Quelle von Information für das Gehirn darstellt. Wie wir bereits gesehen haben, unterscheiden sich viele Neurone deutlich in ihrem Antwortmuster, das z. B. phasisch oder tonisch sein kann. Bei visuellen Neuronen, die zum Beispiel auf Hell-Dunkel-Kontraste und Bewegung antworten, kann über den spezifischen Aufbau des rezeptiven Feldes eine Information über die geometrischen Eigenschaften eines Reizes im Antwortmuster enthalten sein. Nehmen wir ein visuelles Neuron, das eine konzentrische Organisation des rezeptiven Feldes besitzt, mit einem exzitatorischen Zentrum, das durch Helligkeitserhöhung erregt wird, und einem inhibitorischen Umfeld, welches durch Helligkeitserhöhung gehemmt wird. Bei den meisten dieser Neurone benötigt der Aufbau der inhibitorischen Wirkung im rezeptiven Feld eine längere Zeit als der der exzitatorischen Wirkung (die Inhibition läuft der Exzitation hinterher, wie man sagt). Visuelle Reize, z. B. strukturierte Hell-Dunkel-Muster nach Art eines Schachbrettmusters, die mit einer bestimmten Geschwindigkeit durch das rezeptive Feld bewegt werden, rufen dann eine Impulssalve hervor, die hinsichtlich ihrer mittleren Entladungsrate und ihrer Zeitstruktur charakteristisch für den Stimulus ist. Sind die Größe und die Zeitkonstanten des exzitatorischen und inhibitorischen rezeptiven Feldes bekannt und ebenso die Geschwindigkeit, Helligkeit und Größe des Reizes, dann läßt sich mit einer gewissen Wahrscheinlichkeit die geometrische Strukturierung des Reizes abschätzen, und umgekehrt bei Kenntnis der Größe, Helligkeit und Struktur die Geschwindigkeit des Reizes. In der Zeitstruktur steckt also eine *implizite Information* über verschiedene Reizzustände. Allerdings ist diese nur mithilfe des genannten Vorwissens zu verwerten. Wenn wir uns aber »konsequent« auf den Standpunkt des Gehirns stellen, dann liegt dessen Schwierigkeit darin, daß verschiedene Kombinationen von Geschwindigkeit, Größe und Helligkeit (von Farbe und Gestalt ganz abgesehen) dieselbe mittlere Entladungsrate und möglicherweise sehr ähnliche zeitliche Entladungsmuster ergeben können. Erschwerend kommt hinzu, daß einzelne Nervenzellen sich in ihrem Antwortverhalten sehr schnell entweder aufgrund einer Adaptation an den Reiz oder aus rein internen Gründen ändern können. Obwohl man also davon ausgehen kann, daß auch in der Zeitstruktur der Entladung einer Nervenzelle eine implizite Information vorhanden ist, kann diese von den nachgeschalteten Netzwerken nicht verläßlich »herausgeholt« werden. Dies ist nur durch einen Vergleich sehr vieler gleichzeitig aktiver Nervenzellen mit teilweise überlappenden Antworteigenschaften möglich. Insbesondere wird nichts Spezifisches über die Modalität und Qualität des Reizes ausgesagt.

Fassen wir zusammen: Wahrnehmung kann also aus vielen

Gründen nicht in einer direkten Abbildung der Welt durch das Gehirn bestehen. Vielmehr werden die physikalisch-chemischen Umweltereignisse in den Sinnesorganen in die »Sprache des Gehirns« übersetzt, d. h. in neuroelektrische Erregungszustände und ihre neurochemischen Äquivalente, die Transmitter. Wie wir soeben erfahren haben, interpretiert das Gehirn diese primär neutralen Ereignisse mithilfe bestimmter interner Kriterien hinsichtlich der Modalität, Qualität, Intensität, Zeitstruktur und des Ortes der Reize. Wir könnten im Sinne eines erkenntnistheoretischen Realismus dennoch versucht sein, von einer *Abbildung* der Welt im Sinn einer *verläßlichen Wiedergabe der äußeren Geschehnisse* zu reden. Auf der Netzhaut entsteht beim Sehen ein Bild mit all seinen Details wie Farbe, Form, Kontrast, Bewegung, und dieses Bild wird vom Gehirn in den verschiedenen visuellen Zentren *re*konstruiert. Ebenso dringt eine Melodie an unser Ohr, und diese wird durch die Hörmembran in ihren verschiedenen Aspekten erfaßt und zu den Hörzentren weitergeleitet.

Eine solche Sichtweise ist jedoch unangemessen, denn die Sinnesorgane können mit ihren Rezeptoren die Umweltereignisse (z. B. ein Gesicht, ein gesprochener Satz, ein Blumenduft) überhaupt nicht in ihrer natürlichen und für das Verhalten wichtigen Komplexität erfassen. Die Sinnesrezeptoren können nur auf bestimmte physikalische und chemische Ereignisse reagieren. Beim Sehen sind dies die Lichtstärke (Zahl der Lichtquanten pro Zeiteinheit) und die Wellenlänge des auf einen einzelnen Photorezeptor (oder einen Verband von Photorezeptoren) einfallenden Lichts. Nichts anderes können Photorezeptoren dem Nervensystem über die sichtbare Welt signalisieren. Was wir im Ochsenaugen-Experiment als »Netzhautbild« sehen, ist natürlich etwas, das nur in *unserer Wahrnehmung* existiert; auf der Ebene der Photorezeptoren gibt es lediglich ein Mosaik aus Millionen von unterschiedlich erregter Stäbchen und Zapfen. Beim Hören existiert keine Melodie; die physikalischen Ereignisse sind *Amplitude* und *Frequenz* der ins Innenohr an die Haarzellen gelangenden Schalldruckwellen, die als solche überhaupt nichts mit Hören zu tun haben.

Die physikalischen Reize sind nicht nur sehr verschieden von unseren komplexen visuellen und auditorischen Wahrnehmungsinhalten, sondern sie stimmen auch nicht mit dem überein, was man wahrnehmungspsychologisch als einfachste Wahrnehmungseinheiten ansieht. Beim Sehen sind dies zum Beispiel Helligkeit und Farbe, beim Hören Lautstärke und Tonhöhe. Bereits der einfachsten Helligkeitsempfindung liegen komplizierte Verrechnungsprozesse auf der Ebene nachgeschalteter neuronaler Netzwerke in der Retina und dem Gehirn zugrunde. Die Bewegung eines Lichtpunkts, der uns als eine der einfachsten sinnlichen Gegebenheiten erscheint, wird gar nicht »direkt« wahrgenommen, sondern beruht darauf, daß nachgeschaltete Nervenzellen das zeitliche Nacheinander der Veränderung der Erregungszustände benachbarter Photorezeptoren registrieren. In ähnlicher Weise werden orientierte Kanten »konstruiert« (natürlich ohne daß Bewußtsein oder auch nur Lernen hierbei eine Rolle spielt), nämlich dann, wenn benachbarte Punkte in der Netzhaut oder im visuellen Cortex zur selben Zeit aktiv sind. Umrisse werden »automatisch« dort erkannt, wo Kanten als kontinuierliche Helligkeitsgradienten sich schließen (Abb. 12).

Der Übergang von der physikalischen und chemischen Umwelt zu den Wahrnehmungszuständen des Gehirns stellt einen *radikalen Bruch* dar. Die Komplexität der Umwelt wird »vernichtet« durch ihre Zerlegung in Erregungszustände von Sinnesrezeptoren. Aus diesen muß das Gehirn wiederum durch eine Vielzahl von Mechanismen die Komplexität der Umwelt, soweit sie für das Überleben relevant ist, erschließen. Dabei werden durch Kombination auf den vielen Stufen der Sinnessysteme jeweils neue Informationen, neue Bedeutungen erzeugt.

Sehen wir uns als Beispiel für eine derartige Informationserzeugung durch Kombination das Farbensehen an. Wir können mehr als eine Million Farbabstufungen (d. h. Unterschiede hinsichtlich Farbton, Sättigung und Helligkeit) unterscheiden (von Campenhausen, 1981). Grundlage dieser erstaunlichen visuellen Fähigkeit ist das Vorhandensein von mindestens zwei Typen von Zapfen, die unterschiedlich auf Wellenlängen des Lichtes reagieren, also unterschiedliche spektrale Empfindlichkeit aufweisen. Bei uns Menschen und den anderen Säugetieren gibt es entsprechend der gut bestätigten Young-Helmholtz-Theorie drei Ty-

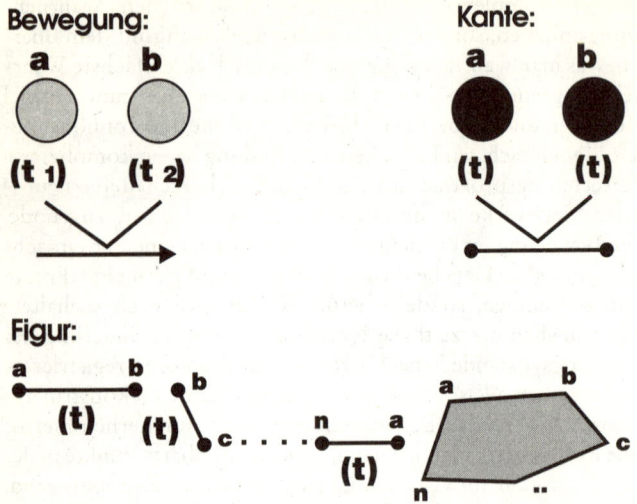

Abb. 12: Konstruktion von »einfachen« visuellen Wahrnehmungsinhalten aus Elementarereignissen. Links oben ist gezeigt, daß unser Gehirn aus der zeitlich aufeinanderfolgenden Aktivität (t1 → t2) benachbarter Photorezeptoren (a, b) *Bewegung* erschließt. Sind zwei benachbarte Photorezeptoren zur selben Zeit (t) aktiv (rechts oben), so folgert daraus das Gehirn »*Kante*«. Führen derartige Kanten ineinander zurück (unten), so schließt das Gehirn auf einen Umriß bzw. eine Figur.

pen von Zapfen. Einer der drei Zapfentypen ist im Bereich der kurzen Wellenlängen, also im Blau-Violett-Bereich, am empfindlichsten; sein Absorptionsmaximum liegt beim Menschen bei rund 420 nm. Ein zweiter Zapfentyp ist im Bereich mittlerer Wellenlängen, d. h. im Grün-Bereich, mit einem Maximum bei rund 530 nm, am empfindlichsten, und ein dritter Zapfentyp im Bereich längerer Wellenlängen, also im Gelb-Rot-Bereich, mit einem Maximum bei 560 nm. Die drei Farbrezeptoren werden aber keineswegs jeweils nur durch Licht im Kurz-, Mittel- und Langwellenbereich erregt, vielmehr haben sie sehr weit überlappende Empfindlichkeitsbereiche. Das bedeutet, daß der Blau-rezeptor durch kurzwelliges Licht am stärksten erregt wird, gleichzeitig aber, wenn auch schwächer, durch »grünes« Licht; der Grünrezeptor wird nicht nur von »grünem« Licht, sondern ebenfalls – wenn auch wiederum schwächer – durch »blaues« und durch »rotes«, d. h. langwelliges Licht erregt. Die Wellen-länge des einfallenden Lichts wird also nicht durch die Aktivität eines einzelnen Rezeptors, sondern durch die *relative Aktivität* von mindestens zwei, meist drei Rezeptoren »codiert«. Unser Farbempfinden kommt entsprechend der Young-Helmholtz-Theorie des trichromatischen Farbensehens durch Kombination der Aktivität dieser drei Farbrezeptoren zustande. Bei einigen Wirbeltieren, z. B. Fischen, gibt es einen vierten Rezeptor, der sein Absorptionsmaximum im Ultraviolett-Bereich hat, wie er auch bei Insekten zu finden ist.

Ein weiterer wichtiger Umstand unseres Farbensehens ist der *Farbkontrast* oder das *Gegenfarbenprinzip* (Abb. 13). Innerhalb unserer Farbempfindung gibt es die Gegensätze zwischen grün und rot und zwischen gelb und blau; ihre Mischung ergibt kei-ne Spektralfarbe. Wir können uns keinen gleitenden Übergang zwischen gelb und blau bzw. zwischen rot und grün vorstellen, während dies zwischen gelb und rot, grün und gelb, blau und grün usw. sehr wohl möglich ist, und alle diese Mischungen sind wiederum Spektralfarben (von Campenhausen, 1981).

Um die physiologischen Grundlagen dieses Umstandes zu ver-stehen, müssen wir den Begriff des »rezeptiven Feldes« genauer erläutern. Ein visuelles »rezeptives Feld« ist der Teil im Ge-sichtsfeld, von dem aus eine Nervenzelle durch geeignete Reize (z. B. solche mit unterschiedlicher Größe, Farbe, Bewegung) in ihrer Aktivität erregt oder gehemmt werden kann. Derartige re-zeptive Felder können sehr groß sein (z. B. 180 Grad), d. h., ein visuelles Neuron kann von weiten Bereichen des Gesichtsfeldes aus beeinflußt werden. Sie können aber auch sehr klein sein (z. B. 1 Grad); sie können unterschiedliche Formen haben oder hinsichtlich erregender oder hemmender Felder unterschiedlich zusammengesetzt sein (z. B. konzentrisch oder streifenartig); sie können monokular (d. h. nur über ein Auge) oder binokular sein, und sie können auf sehr verschiedene Reize reagieren.

Aufbau der Retina   rezeptives Feld

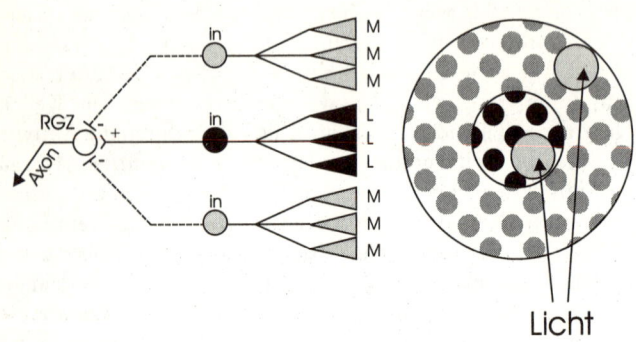

Licht

Antworten

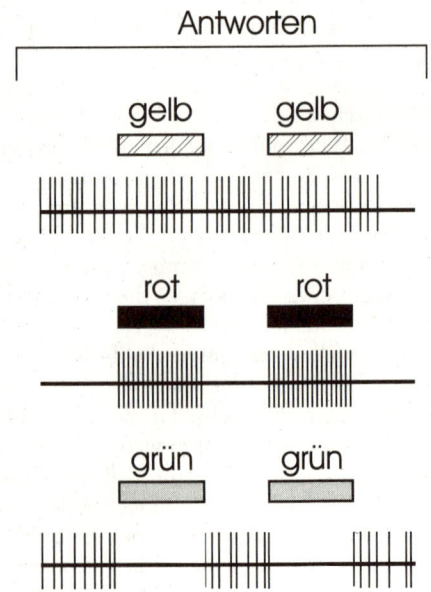

In der Netzhaut der Affen und des Menschen (aber auch in der Netzhaut vieler anderer Wirbeltiere) gibt es Retinaganglienzellen mit einem rezeptiven Feld (RF), das aus einer inneren Kreisfläche und einem umgebenden Ring (»Peripherie«) zusammengesetzt ist (sog. *konzentrische* RFs). Einige solcher Retinaganglienzellen reagieren mit ihrem Zentrum auf rotes Licht mit Erregung und auf grünes Licht mit Hemmung. Sie zeigen also einen rot-grün-Farbantagonismus. Entsprechend gibt es Retinaganglienzellen für den gelb-blau-Farbantagonismus. Dieser Antagonismus, der für die genaue Identifikation von Farben wichtig ist, kommt durch die besondere Zusammenschaltung der entsprechenden Farbrezeptoren (bzw. der nachgeschalteten Bipolarzellen) im Zentrum und der Peripherie der rezeptiven Felder der farbtüchtigen Retinaganglienzellen zustande, die ihre Fortsätze ins Gehirn zu den nächsten farbverarbeitenden Zentren schicken. Dort entsteht das, was wir Farbkonstanz nennen, d. h. die Fähigkeit, die Farbe von Gegenständen relativ unabhängig von der aktuellen spektralen Zusammensetzung des reflektierten Lichts zu erkennen. Dies beruht zum Teil auf angeborenen Mechanismen, aber es ist bekannt, daß auch unsere Erfahrung im Umgang mit Gegenständen eine wichtige Rolle bei der Farbwahrnehmung spielt.

Farbempfindung entsteht also nicht deshalb, weil etwa ein Farb-

Abb. 13: Farbantagonismus einer Retinaganglienzelle in der Wirbeltierretina. Links oben ist der Aufbau der Retina schematisch dargestellt mit (von rechts nach links) der Schicht der Photorezeptoren (M = Farbrezeptoren für Licht mittlerer, »grüner« Wellenlänge, L = Farbrezeptor für langwelliges, »rotes« Licht), der Schicht der Interneurone (in = horizontale, bipolare und amakrine Zellen), die mit ihren Fortsätzen erregend (+) oder hemmend (-) auf eine Retinaganglienzelle (RGZ) einwirken. Diese RGZ zeigt einen rot-grün-Farbantagonismus; sie hat ein *konzentrisches rezeptives Feld* (rechts) mit einem Zentrum aus L-Zapfen und einer Peripherie aus M-Zapfen. Unten: Beleuchtung des Zentrums mit rotem Licht erregt die Zelle über die Spontanaktivität hinaus, während die Beleuchtung der Peripherie mit grünem Licht die Zelle hemmt. Beleuchtung des rezeptiven Feldes mit gelbem Licht beeinflußt nicht die Spontanaktivität. (Nach Zrenner et al., 1990; verändert)

rezeptor eine bestimmte Lichtwellenlänge codiert. Vielmehr *weist* das Gehirn den relativen Aktivitäten der Farbrezeptoren und der nachgeschalteten Zellen innerhalb des gesamten Aktivitätszustandes bestimmte Farbempfindungen *zu*.

Nun mag man diese Ausdrucksweise als Haarspalterei oder als überflüssiges Herumphilosophieren ansehen, denn die Sache scheint doch ganz klar zu sein: Der Wellenlänge eines bestimmten Lichtes entspricht ein bestimmtes Aktivitätsmuster in den drei Farbrezeptoren und den nachgeschalteten Retinaganglienzellen, und diesem entspricht im Gehirn eine bestimmte Farbempfindung. Natürlich wird niemand bestreiten, daß zwischen Licht und Farbempfindung zuerst eine Umsetzung der Wellenlängen in neuronale Erregungsmuster und dann im Gehirn eine weitere Umsetzung der neuronalen Erregungsmuster in Farbempfindung vorliegt, aber sofern die Zuordnungen fest sind, kann man mit Fug und Recht von einem Farbcodierungssystem ähnlich dem des Farbfernsehens sprechen.

Dieser Einwand ist aber nicht berechtigt, denn es gibt *keine* festen Zuordnungen zwischen Lichtwellenlängen und Farbempfindungen. Vielmehr können dieselben Farbempfindungen durch unterschiedliche Erregungsmuster auf der Ebene der Farbrezeptoren hervorgerufen werden. Dies entspricht der Tatsache, daß im Verlauf eines Tages die spektrale Zusammensetzung des Tageslichtes sich stark ändert: Während mittags der kurzwellige Anteil des Lichtes überwiegt (das Licht also »blauer« ist), so verschiebt sich am Abend das Spektrum zugunsten der langwelligen (»röteren«) Anteile. Entsprechend dem Retinex-Modell von Land (Land, 1959, 1986) *interpretiert* das visuelle System unter den jeweils gerade herrschenden Lichtverhältnissen die jeweils kürzeste Wellenlänge als »blau-violett« und die jeweils längste als »rot«, und zwar (innerhalb der natürlichen Grenzen des Tageslichtwechsels) unabhängig davon, ob die gerade vorliegende kürzeste Wellenlänge tatsächlich bei etwa 400 nm liegt und die längste bei 700 nm. Diese Operation ist eine wesentliche Grundlage des Phänomens der *Farbkonstanz*, nämlich unserer Fähigkeit, Gegenstände anhand ihrer Farben auch unter stark wechselnden spektralen Lichtverhältnissen identifizieren zu können. Wie Christoph von Campenhausen argumentiert, sähe sonst morgens, mittags und abends unsere Welt dramatisch anders aus (von Campenhausen, 1981).

Wir sehen also, daß die Information über eine bestimmte Farbe keineswegs in den Zapfen der Netzhaut entsteht, sondern durch *Kombination* der Erregung von Sinnes- und Nervenzellen und Zellverbänden in einem Prozeß, der von den Photorezeptoren bis zu den assoziativen visuellen Arealen der Großhirnrinde reicht. Farbwahrnehmung ist also das Ergebnis eines komplizierten informationserzeugenden Vorgangs.

Parallele, konvergente und divergente Erregungsverarbeitung

Bei der Erzeugung neuer Bedeutungen durch Kombination ergibt sich das schwerwiegende Problem, daß dabei die Informationen über die Ausgangsverhältnisse verlorengehen, wenn nicht besondere Maßnahmen getroffen werden. Schütte ich kaltes und warmes Wasser in einem Behälter zusammen, so werde ich nicht in der Lage sein, durch bloße Kenntnis der Temperatur und der Menge des gemischten Wassers die Ausgangssituation zu rekonstruieren. Es gibt nämlich unendlich viele mögliche Mischungsverhältnisse von kaltem und warmem Wasser, welche dieselbe Temperatur ergeben. Ähnliches geschieht bei jeder Übersetzung: So kunstvoll sie sein mag, der Charakter des Originals ist unwiederbringlich verloren. Niemand kann durch die bloße Lektüre eines sehr gut übersetzten Romans erraten, welches die Originalsprache war (ist die Übersetzung schlecht, so mag der Experte Vermutungen darüber anstellen, z. B. wenn im Deutschen typische »Anglizismen« auftreten; aber das könnte genauso eine Eigenheit oder ein Trick eines deutschen Autors sein!). Schließlich kann ich bei dem beliebten Spiel »stille Post« als fünftes oder zehntes Glied in der »Informationsübertragungskette« niemals mit Sicherheit rekonstruieren, welches die Ausgangsinformation war. Jede beteiligte Person ist potentiell Quelle neuer Information.

Ist die Originalinformation notwendig, dann müssen alle einmal entstandenen Informationen bewahrt werden, d. h. es müssen eindeutige Hinweise auf die Ausgangssituationen vorhanden sein. Im Falle des Wassers muß ich mir die Ausgangstemperaturen bzw. -mengen schlicht aufschreiben. Bei der »stillen Post« müßte jeder Übermittler »seine« Wortversion ebenfalls aufschreiben und dann abliefern. Im Nervensystem ist dies aufgrund der Neutralität des neuronalen Codes nicht möglich, d. h., das Gehirn kann einem Nervenimpuls nicht ansehen, woher er stammt. Um sowohl die primäre als auch die später durch Konvergenz/Kombination entstandene Information im Nervensystem zu bewahren, gibt es nur den Weg der *räumlichen Separierung der Verarbeitungsbahnen*. Dies bedeutet, daß ein Neuron, welches der Ort der Konvergenz von Information und damit der Entstehung neuer Information ist, seine Axone aufspaltet und zum Zweck der Bewahrung dieser neuen Information mindestens eine dieser Axonkollaterale separat hält und nicht auf Neuronen münden läßt, die ebenfalls Ort von Erregungskonvergenz sind (Abb. 14); andernfalls würde die gewonnene Information durch Vermischung vernichtet. Für den Fall, daß die Information dieses Neurons bis in die corticalen Assoziationsareale gelangen soll, bedeutet dies, daß nachgeschaltete Neurone diese Information »getreu« und ungemischt weitergeben, also reine »Schaltneurone« sind.

Natürlich werden keineswegs alle primären oder auf bestimmten Verarbeitungsebenen entstandenen Informationen separat weitergeleitet; viele werden lediglich zur Schaffung neuer Information verwandt und dann »verworfen«. Andere, z. B. primäre Informationen über den Ort einer Erregung in der Sinnesperipherie, über Kantenorientierung, zeitliche Relationen zwischen Tönen usw. müssen aber exakt bewahrt werden, denn sie bilden die Grundlage der Formerkennung oder der auditorischen Raumwahrnehmung. All dies führt uns zu einer Kombination von paralleler, konvergenter und divergenter Erregungsverarbeitung. Daraus resultiert ein zentralwärts stark anwachsendes Netzwerk, denn von jedem Neuron müssen mindestens zwei (in Wirklichkeit aber viel mehr) Fortleitungen der Erregungen ausgehen, nämlich eine, welche die Originalinformation bewahrt, und eine andere, welche diese Information zur Schaffung neuer Information zu einem Konvergenzneuron weiterleitet (Abb. 14).

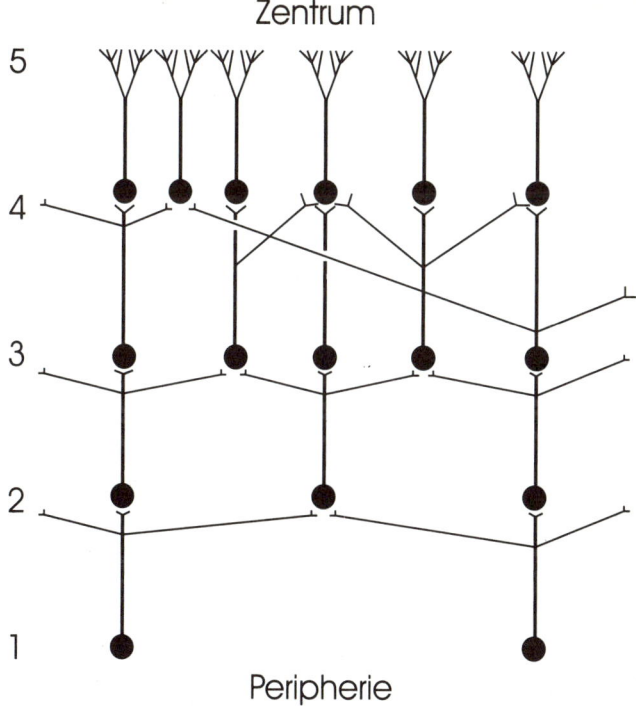

Zentrum

5

4

3

2

1

Peripherie

Abb. 14: Parallel-divergent-konvergente Informationsverarbeitung im Nervensystem. Im vorliegenden idealisierten Fall sendet jedes Neuron Fortsätze zu drei Neuronen der nächsten Verarbeitungsebene (nicht alle Verbindungen sind eingezeichnet). Durch diese Konvergenz von Information entsteht an jedem Neuron der nächsten Ebene neue Information, die durch eine »getrennte Linie« (dicke Linien) bewahrt und gleichzeitig zu Neuronen der nächsten Ebene für die Schaffung neuer Information gesandt wird (dünne Linien). Durch diese Kombination von paralleler, konvergenter und divergenter Verarbeitung entsteht insgesamt ein stark divergentes Netzwerk. In realen Systemen ist die Divergenz sehr viel höher, d. h. ein Neuron sendet Fortsätze zu Tausenden anderer Neurone.

Dieses Anwachsen ist an den Zahlen der Neurone, die in den verschiedenen sensorischen Systemen aktiv sind, gut zu beobachten. Im visuellen System des Menschen haben wir pro Auge eine Million Retinaganglienzellen, welche ihre Fasern als Sehnerven ins Gehirn zum lateralen Kniehöcker des dorsalen Thalamus, zum Tectum/Colliculus superior des Mittelhirns, zum Prätectum und einigen anderen diencephalen und mesencephalen Zentren schicken (Abb. 15 b). Im lateralen Kniehöcker (Corpus geniculatum laterale) gibt es ca. 10 Millionen Neurone, welche die von der Retina kommenden Informationen verarbeiten. Diese sogenannten geniculären Neurone schicken ihrerseits ihre Fasern hauptsächlich zur primären Sehrinde (Area 17 nach Brodmann, auch V1 genannt). Dort werten bereits einige Milliarden Nervenzellen die einlaufende Information aus. Neurone der primären Sehrinde senden nun ihrerseits Fasern zur sekundären Sehrinde (A 18 oder V2 genannt); von dort geht es zu vielen anderen visuellen corticalen Arealen, die wir noch kennenlernen werden. Letztendlich mögen es schätzungsweise 200 Milliarden Neurone sein (unter der Voraussetzung, daß das menschliche Gehirn etwa eine Billion Nervenzellen enthält), die im menschlichen Gehirn in irgendeiner Weise etwas mit Sehen zu tun haben. Das bedeutet, daß einer einzigen Retinaganglienzelle etwa hunderttausend zentrale Neurone zur Auswertung der einlaufenden visuellen Information gegenüberstehen. Beim auditorischen System ist dieses Verhältnis sogar noch dramatischer. Man nimmt an, daß im Innenohr im wesentlichen die (pro Innenohr) ungefähr dreitausend sogenannten inneren Haarzellen die primäre auditorische Information erzeugen; die dreißigtausend äußeren Haarzellen scheinen eher zur Modulation der inneren Haarzellen da zu sein (Shepherd, 1993). Sollte dies stimmen, dann stehen den zweimal dreitausend inneren Haarzellen schätzungsweise hundert Milliarden zentrale Neurone zur Verarbeitung auditorischer Information gegenüber (dabei sind viele zentrale Nervenzellen sowohl an der auditorischen als auch an der visuellen Wahrnehmung beteiligt). Das ergäbe ein Verhältnis von Peripherie zu Zentrum von eins zu sechzehn Millionen. In der Tat muß das menschliche Gehirn einen ungeheuren Aufwand treiben, um aus der extrem spärlichen Information, die vom Innenohr kommt, all die ungeheuren Details der auditorischen Wahrnehmung zu erzeugen, die etwa beim Sprachverstehen oder bei der Musikwahrnehmung vorliegen. Je »dürftiger« aber ein von der Peripherie kommendes Signal ist, desto mehr Aufwand müssen die Gehirnzentren treiben, um diesen Signalen eine eindeutige Bedeutung zuzuweisen. Diese Bedeutungszuweisung ist dann hochgradig erfahrungsabhängig.

Einschränkend muß allerdings gesagt werden, daß keineswegs alle möglicherweise zweihundert Milliarden Zellen, die mit visueller Wahrnehmung zu tun haben, immer gleichzeitig aktiv sind. Dies wäre schon aus stoffwechselphysiologischen Gründen völlig unmöglich. Vielmehr scheint es so zu sein, daß innerhalb dieser ungeheuer großen Zahl visueller Neurone und Neuronenverbände *zur selben Zeit* immer nur sehr wenige aktiv sind (im Sinne der sogenannten »spärlichen Codierung«), vielleicht in der Größenordnung von hunderttausend bis wenigen Millionen Nervenzellen, die zugleich über viele Hirnareale verteilt sind. Dieses momentane Erregungsmuster ändert sich aber sehr schnell; d. h. im nächsten Augenblick sind ganz andere Nervenzellen und Nervenzellverbände aktiv. Dies gilt natürlich entsprechend für die anderen Wahrnehmungssysteme.

Fazit: Wahrnehmung hängt zwar mit Umweltereignissen zusammen, welche die verschiedenen Sinnesorgane erregen; sie ist jedoch nicht abbildend, sondern *konstruktiv*. Dies gilt für die einfachsten Wahrnehmungsinhalte wie der Ort und die Bewegung eines Punktes, die Orientierung einer Kante, der Umriß und die Farbe einer Fläche genauso wie das Erkennen einer Person oder einer Melodie. Diese Konstruktionen sind aber nicht willkürlich, sondern vollziehen sich nach Kriterien, die teils angeboren, teils frühkindlich erworben wurden oder auf späterer Erfahrung beruhen. Insbesondere sind sie nicht unserem subjektiven Willen unterworfen. Dies macht sie in aller Regel zu *verläßlichen* Konstrukten im Umgang mit der Umwelt.

7 Von Würmern und Antiwürmern: Das Schicksal des Detektorkonzepts im visuellen System »niederer« Wirbeltiere

Ich möchte mich in den folgenden beiden Kapiteln ausführlicher mit der Entstehung komplexer visueller Wahrnehmung, besonders von Objektwahrnehmung, im Gehirn von Wirbeltieren beschäftigen. Dabei werde ich zuerst die visuelle Verarbeitung bei Amphibien besprechen, bei denen dies alles sehr einfach vor sich zu gehen scheint, und dann bei den Säugetieren, zu denen ja auch wir gehören und die nach landläufiger Meinung das komplizierteste visuelle System besitzen.

Zuerst wollen wir uns vergegenwärtigen, welche Leistungen das visuelle System vollbringen muß: Hierzu gehören (1) die Stabilisierung des Netzhautbildes aufgrund der Verrechnung der Eigenbewegungen des Auges, des Kopfes oder des Körpers; (2) die Aufgliederung (Segmentierung) des Netzhautbildes nach bedeutungshaften Objekten und Prozessen und die Abtrennung von »Hintergrund«, also die Abtrennung von im Augenblick Unwichtigem; (3) die Konstruktion dreidimensionaler Räumlichkeit und die Zentrierung des Wahrnehmungsraumes auf das wahrgenommene Objekt einerseits und auf die eigene Person andererseits; (4) die Identifikation und Klassifikation von Objekten und Prozessen; (5) die Konstruktion bedeutungsvoller Szenen; (6) die Steuerung von Blick- und Kopfwendebewegungen aufgrund externer Reize oder interner Aufmerksamkeitszustände.

Die visuelle Informationserzeugung beginnt in der Netzhaut (Retina). Wie in Abbildung 15a dargestellt, ist bei allen Wirbeltieren die Retina aus drei Zellschichten aufgebaut: aus der Schicht der Photorezeptoren (Stäbchen und Zapfen), der Interneurone (Horizontalzellen, Bipolarzellen, amakrine Zellen) und der Retinaganglienzellen. Dazwischen liegen Faserschichten, in denen sich die verschiedenen Zelltypen miteinander verknüpfen. Die Aktivität der Photorezeptoren und retinalen Interneurone vereinigen sich (»konvergieren«) auf der Ebene der Retina-

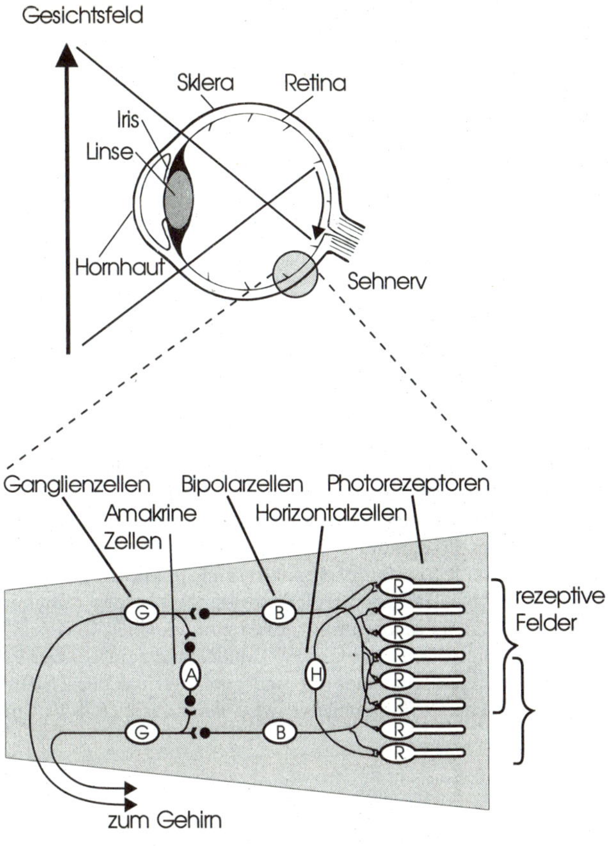

Abb. 15: Visuelles System der Säugetiere. Abb. 15a: Auge und Retina. Auf der Retina entsteht ein umgekehrtes Bild des Gegenstandes. Das einfallende Licht durchdringt dabei die Retina und reizt die dem Licht *abgewandten* Photorezeptor-Außenglieder. Horizontalzellen übernehmen die laterale Verschaltung zwischen den Rezeptoren. Die Erregung geht dann zu den Bipolarzellen, die mit den amakrinen Zellen und den Retinaganglienzellen (RGZ) synaptische Kontakte besitzen. Die einer RGZ vorgeschalteten Rezeptoren bilden deren rezeptives Feld; rezeptive Felder benachbarter RGZ überlappen einander. Die RGZ senden ihre Fortsätze als Sehnerv (Nervus opticus) zum Gehirn.

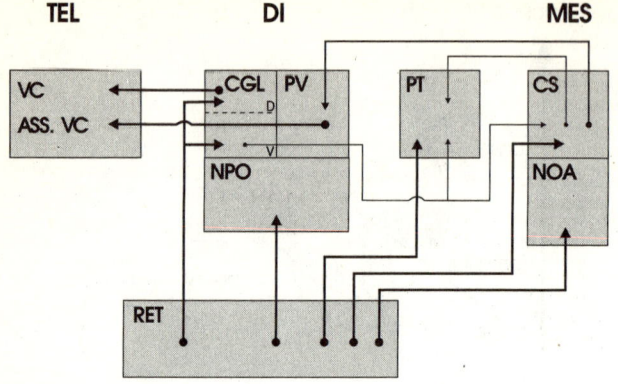

Abb. 15b: Die Retina (RET) sendet Fasern des Sehnerven parallel zum dorsalen und ventralen lateralen Kniehöcker (Corpus geniculatum laterale, CGL D,V) und zum Nucleus praeopticus (NPO) des Zwischenhirns (DI), zum Praetectum (PT), zum Colliculus superior (CS) des Mittelhirndachs (Tectum der Nichtsäuger) und zum akzessorischen optischen Kern (Nucleus opticus accessorius, NOA) des Mittelhirns (MES). Das CGL-D sendet Projektionen zum visuellen Cortex (VC) des Telencephalon (TEL), das CGL-V zum PT und zum CS. Der Colliculus superior projiziert zum PT und zum Pulvinar des Thalamus (PV), das seinerseits zum assoziativen visuellen Cortex (ASS.VC) projiziert.

ganglienzellen. Diese senden ihre Fortsätze als optischer Nerv ins Gehirn, und zwar – wie in Abbildung 15b dargestellt – zu visuellen Zentren im Thalamus des Zwischenhirns (bei Säugetieren lateraler Kniehöcker, Corpus geniculatum laterale, genannt), im Prätectum, im Tectum (bei Säugetieren Colliculus superior genannt) und zum basalen optischen Nucleus im Tegmentum (bei Säugern akzessorischer optischer Kern genannt). Das Tectum ist bei Amphibien und den meisten anderen Wirbeltieren mit Ausnahme der Primaten und einiger anderer Säugetiere das visuelle Hauptzentrum. Vom Tectum ziehen visuelle Bahnen zu vielen anderen Zentren des Gehirns, nämlich zum Prätectum, zum Thalamus und auch zu den prämotorischen und motorischen Zentren in der Formatio reticularis innerhalb des Mittelhirns und der Medulla oblongata. Von dort aus zieht die Erregung zu den Motorkernen. Es gibt keine direkte visuelle Bahn von der Retina zum Vorderhirn, sondern diese wird im Thalamus umgeschaltet und zieht dann unter anderem zum dorsalen Pallium (Neocortex). Zusätzlich gibt es eine indirekte visuelle Verbindung zwischen Retina, Tectum/Colliculus und Pallium/Cortex, die eine Umschaltung im Thalamus (bei Säugern Pulvinar genannt) hat (Abb. 15b). Bei vielen Säugetieren und allen Primaten einschließlich des Menschen ist der visuelle Cortex sehr groß und umfaßt eine Vielzahl spezialisierter Gebiete, die wir noch genauer kennenlernen werden.

Das Detektor-Konzept

Die Frage, wie die »Bilder im Kopf entstehen«, hat seit über zweitausend Jahren Philosophen und Wissenschaftler beschäftigt. In der Tat scheinen wir Bilder wahrzunehmen, die »von außen« kommen. Dies aber steht im Widerspruch zu der Auffassung der Hirnforscher, daß unsere visuellen Wahrnehmungen Konstrukte sind, die das Gehirn durch Interpretation neuronaler Erregungsmuster erschafft. Um diese erkenntnistheoretische und ontologische Schwierigkeit zu umgehen, kann man ganz auf die Idee einer direkten Abbildung der Umwelt verzichten und stattdessen visuelle (und andere) Wahrnehmung als eine Art Signalsystem auffassen. Hierbei repräsentieren Neurone mit ihrer Aktivität *stellvertretend* die Geschehnisse in der Außenwelt, ähnlich wie dies bei Lämpchen auf einem Steuerpult in einem Kontrollzentrum ist. Hier zeigt das Aufleuchten oder Ausgehen eines Lichts dem wachhabenden Ingenieur irgendein Ereignis an, etwa das Erreichen oder Überschreiten einer bestimmten Temperatur oder das Auftreten eines Motorschadens.

Dies kann man nun auf das Gehirn übertragen: Passiert in der Umwelt das Ereignis X, so wird dies durch das Feuern von Neuron 1 »signalisiert«, und geschieht Ereignis Y, so wird dies durch die Aktivität des Neurons 2 angezeigt, und so weiter. Jedem relevanten Umweltereignis entspricht also die Aktivierung eines Signal- oder *Detektorneurons*. Meldet ein bestimmtes Detektorneuron die Anwesenheit eines bestimmten Umweltereignisses, so kann der Organismus im Bedarfsfall ein entsprechendes Verhalten in Gang setzen, genauso wie dies der wachhabende Ingenieur tut. Denkt man sich nun im lebenden Organismus die Aktivität eines Detektorneurons direkt mit einem bestimmten Verhaltensprogramm verknüpft, so hat man ein ebenso einfaches wie wirkungsvolles Erklärungsmodell für Wahrnehmung und Verhaltenssteuerung zur Hand. Detektorneurone sind dann zugleich *Kommandoneurone*, indem sie verläßlich ein bestimmtes Verhalten auslösen (Kupfermann und Weiss, 1978; Young, 1989). Gleichzeitig hat man die Frage beantwortet, was »Erkennen« eines Objekts durch Nervenzellen eigentlich bedeutet. »Erkennen« ist im Rahmen dieser Modellvorstellungen die korrelierte Aktivität von Detektor-Nervenzellen mit bestimmten Umweltereignissen, die dann zu einer bestimmten Verhaltensaktivität führt. Technisch gesprochen handelt es sich um einen Zuordnungsautomaten, und dieser kann (zumindest theoretisch) beliebig komplex sein.

Dieses Detektor- und Kommandoneuronkonzept hielten manche Theoretiker und Neurobiologen für universal anwendbar, andere sahen es vor allem bei sogenannten niederen Tieren verwirklicht, zum Beispiel bei Insekten oder »niederen« Wirbeltieren wie Fischen und Amphibien. Insekten und Amphibien sind – so die weitverbreitete Meinung – durch reflexhaftes bzw. instinktgesteuertes Verhalten gekennzeichnet. Was lag näher, als hier nach der Existenz von Detektoren und Kommandoneuronen zu suchen. Bei »höheren« Wirbeltieren wie Vögeln und Säugetieren, vor allem Affen und dem Menschen, die komplizierte Gehirne und ein komplexes Verhalten aufweisen, konnte man Zweifel haben, ob die Dinge so einfach lagen.

Der erste, der sich die Frage nach der Verwirklichung derartiger neuronaler Erkennungsmechanismen bei »niederen« Wirbeltieren stellte, war Horace Barlow, der Anfang der fünfziger Jahre begann, elektrophysiologische Untersuchungen an der Netzhaut des Frosches durchzuführen. Barlow fand im Auge des Frosches einen bestimmten Typ von Retinaganglienzellen (RGZ), der im Gegensatz zu anderen Typen sowohl auf das Aufleuchten eines Lichtes als auch auf das Erlöschen antwortete. Er wurde daher als »on-off«-(»an-aus«-)Typ bezeichnet. Dieser Typ von RGZ hat ein rezeptives Feld von 2 Grad und reagiert besonders gut auf bewegte Objekte. Für Barlow war klar: »›on-off‹-Einheiten scheinen alle Unterscheidungsfähigkeiten zu besitzen, die für dieses ziemlich einfache Verhalten benötigt werden. Das rezeptive Feld einer ›on-off‹-Einheit könnte gut durch das Bild einer Fliege in einem Abstand von 5 cm ausgefüllt werden, und man kann sich nur schwer der Schlußfolgerung entziehen, daß ›on-off‹-Einheiten an dieses Beuteobjekt angepaßt sind und als ›Fliegendetektor‹ arbeiten« (Barlow, 1953, S. 86). Barlow stellte zudem fest, daß ein anderer RGZ-Typ, die »off«-Zellen, am besten für die *Lokalisation* einer Beute geeignet sind. Die Folgerung hieraus war: »Die Retina stellt ein Filter dar, das unerwünschte Information abweist und wichtige Information durchläßt« (S. 87). Man habe also – so die damalige Auffassung – hier einen ganz einfachen Mechanismus für *Lokalisation* (nämlich durch die »off«-Zellen) und *Identifikation* (durch die »on-off«-Zellen) von Beutetieren. Wofür das übrige visuelle System da war, darüber ließ sich Barlow nicht aus. Auch beantwortete sein Modell nicht die Frage, wie Frösche die Absolutgröße und nicht nur die Winkelgröße ihrer Beute erkennen können, denn Retinaganglienzellen reagieren grundsätzlich nur auf die Winkelgröße von Objekten. Ebenso unbeantwortet blieb die Frage, wie Frösche Figur-Hintergrund-Unterscheidung bewerkstelligen, selbst wenn man einmal annimmt, daß diese Tiere auf alles reagieren, was klein ist und sich bewegt.

Eine Theoretiker- und Experimentatoren-Gruppe des Massachusetts Institute of Technology (MIT), bestehend aus Warren McCulloch, Jerry Lettvin, Humberto Maturana und William Pitts, begann Mitte der fünfziger Jahre damit, das visuelle System des Frosches genauer zu untersuchen. Die Resultate dieser Arbeit wurden in einer Reihe von Veröffentlichungen zusammengefaßt, darunter in dem berühmt gewordenen Aufsatz »What the frog's eye tells the frog's brain« (Lettvin et al., 1959; Maturana et al. 1960). Die Autoren gelangten zu einer Klassifizierung der Retinaganglienzellen in »natürliche Klassen«, die – wie es hieß – die punktartige Information der Photorezeptoren über die Verteilung der Lichtintensität in »bedeutungsvolle« Information über Größe, Gestalt, Helligkeit, Kontrast, Bewegung und Position verwandelten. Eine besonders wichtige Leistung der Retinaganglienzellen war es, konstante Eigenschaften von Objekten in einer ständig sich ändernden Umwelt zu erzeugen. Die Autoren waren wie Barlow der Überzeugung, daß ein großer Teil der Beuteobjektwahrnehmung und der Feind-Beute-Unterscheidung bereits in der Retina stattfindet.

Lettvin und Maturana, die beiden Neurophysiologen der Gruppe (McCulloch und Pitts waren die Theoretiker), verwandten bei der Klassifizierung der Retinaganglienzellen des Frosches *Rana pipiens* als Kriterien die Antwort der Zellen auf Licht an/aus und auf stationäre und bewegte Objekte unterschiedlicher Größe, mithilfe derer man die Größe des exzitatorischen (ERF) und des inhibitorischen rezeptiven Feldes (IRF) messen konnte. Sie gelangten zu folgender Einteilung:

1. Klasse-1-Zellen (im folgenden R1 genannt) mit sehr kleinen ERFs von 2-3 Grad und etwas größeren IRFs von 5-6 Grad. Diese Zellen antworten nicht auf Licht an/aus, jedoch auf stationäre Kanten, wenn diese sich innerhalb des ERFs befinden.

2. Klasse-2-Zellen (R2) mit etwas größeren ERFs (2.5-4 Grad) und größeren IRFs von 6-20 Grad; d. h. die periphere Inhibition ist wesentlich stärker als bei R1. Ähnlich wie R1 zeigen sie keine on/off-Antwort und antworten auf bewegte wie auf stationäre Kanten.

3. Klasse-3-Zellen (R3) mit ERFs von 6-8 Grad und IRFs von 10-15 Grad. Sie zeigen eine on/off-Antwort und sind identisch mit den on/off-Zellen von Barlow.

4. Klasse-4-Zellen (R4) mit großen ERFs von 10-15 Grad und einem etwas größeren oder keinem IRF. Sie zeigen eine on/off-Antwort, wobei die off-Antwort lange »nachfeuert«. Verdunkelung ruft eine anhaltende Aktivierung hervor.

Lettvin und Mitarbeiter beschrieben noch einige andere Typen von RGZ, die hier aber nicht von Belang sind. Sie gingen davon aus, daß Beuteerkennung im wesentlichen die Leistung dieser vier Typen von RGZ ist, und zwar entweder von nur einem Typ oder von einer Kombination von maximal zwei Typen. So sollten R1 und R2 als »Gestaltdetektoren« gegenüber bewegten und insbesondere unbewegten Objekten fungieren, R3 kleine, R4 große bewegte Objekte, zum Beispiel Feinde signalisieren. Lokalisation und Identifikation von Objekten sollte also ebenso wie bei Barlow bereits auf retinaler Ebene stattfinden.

Durch Untersuchungen von Grüsser und Grüsser-Cornehls sowie Ewert und Mitarbeitern an verschiedenen Froscharten wurde aber klar, daß Retinaganglienzellen nur eine erste, wenn auch wichtige Station der Verarbeitung visueller Information darstellen. Eine eindeutige Repräsentation der verhaltensrelevanten Umweltereignisse wie Beute und Feind ist durch sie nicht möglich. Sie können z. B. keine genauere Gestaltwahrnehmung leisten, auch reagieren sie – wie bereits erwähnt – nur auf die Winkelgröße von Objekten, nicht auf deren Absolutgröße. Eine Tiefenwahrnehmung findet auf der Ebene der RGZ ebenfalls nicht statt, denn dafür ist die Kombination der Information aus zwei Augen nötig.

Grüsser und Grüsser-Cornehls, sowie insbesondere Ewert entwickelten die Idee, daß Beutelokalisation und Beuteerkennung im Tectum stattfinden. Die Berliner Neurophysiologen O. J. Grüsser und U. Grüsser-Cornehls beschrieben Ende der sechziger Jahre qualitativ sieben Typen von Tectumneuronen, die sich hinsichtlich der Größe ihres rezeptiven Feldes, der optimalen Stimulusgröße, der bevorzugten Lage ihres RFs im monokularen oder binokularen Gesichtsfeld und der bevorzugten Bewegungsrichtung des spezifischen Stimulus unterscheiden (Übersicht bei Grüsser und Grüsser-Cornehls, 1976) (Abb. 16). In diesem Zusammenhang entwickelten sie ein »sequentielles« Modell der Beuteerkennung. In diesem Modell gibt es T_5 und T_7 genannte Tectumneurone, die spezifisch auf kleine bewegte Objekte im monokularen visuellen Feld antworten und als »Beuteobjekt-Detektor« fungieren. Anschließend treten T_2-Zellen in Funktion, die besonders gut auf Objekte reagieren, die sich in temporo-nasaler Richtung, d. h. aus dem seitlichen in das zentrale bzw. frontale Gesichtsfeld, bewegen. Diese Zellen lösen daher eine Zuwendebewegung des Kopfes zu einem seitlichen Objekt aus, bis dieses sich im frontalen Gesichtsfeld befindet. Dies wird durch T_1-Zellen signalisiert, die nur auf Objekte in diesem binokularen Teil des Gesichtsfeldes reagieren. Schließlich sind T_3-Zellen aktiv, die besonders gut auf Objekte reagieren, die sich dem Tier von vorn annähern; diese können also eine Annäherung des Frosches an das Beuteobjekt auslösen.

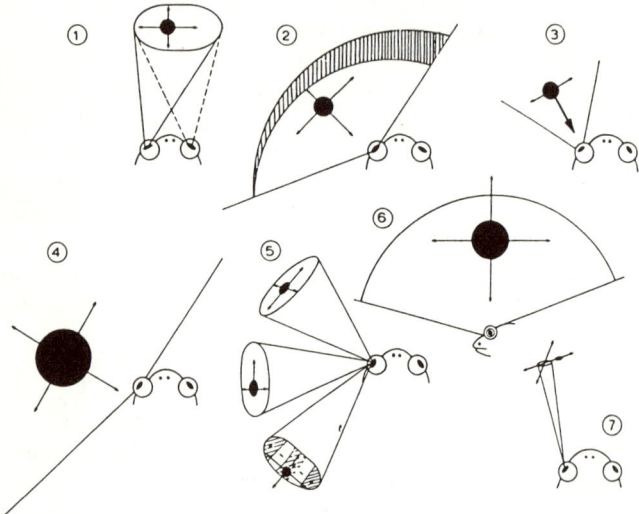

Abb. 16: Typen von visuellen Neuronen ($T_1 - T_7$) im Tectum opticum des Frosches *Rana temporaria* nach Grüsser und Grüsser-Cornehls (1976). Weitere Erklärungen im Text.

Beuteobjekterkennung beim Frosch ist also für Grüsser und Grüsser-Cornehls die Sequenz der Aktivität unterschiedlicher Tectumneurone.

Dieses Modell ist jedoch über die Existenz der beschriebenen qualitativen Tectumtypen hinaus recht spekulativ. Es sagt nichts Genaueres über die Objekterkennungsmechanismen, über Tiefenwahrnehmung und das Erkennen der Absolutgröße. Ebenso wird im Rahmen dieses Modells nichts darüber gesagt, in welcher Weise die Information von den Tectumneuronen in prämotorische Zentren und schließlich zu den Motorkernen gelangt und dort die spezifischen Reaktionen (Hinwenden, Annähern, Schnappen usw.) auslöst.

Der Kasseler Neuroethologe Jörg-Peter Ewert versuchte seit Anfang der siebziger Jahre als erster, ein von der Retina bis zum Beutefangapparat durchgängiges Modell der Beute- und Feinderkennung bei Amphibien zu entwickeln, wobei sich die Arbeiten von Ewert und seinen Mitarbeitern vornehmlich, wenn auch nicht ausschließlich, auf die Neurophysiologie und das Verhalten der Erdkröte *Bufo bufo* beziehen (Übersicht bei Ewert 1974, 1989). Ausgangspunkt der experimentellen und theoretischen Arbeiten von Ewert war die Beobachtung, daß Erdkröten in ihrem Beutefangverhalten »wurmförmige« vor kompakten und insbesondere vor »antiwurmförmigen« Attrappen bevorzugen, wie dies in Abbildung 17 dargestellt ist. »Wurmförmig« bedeutet bei Ewert, daß ein länglicher Reiz sich in Richtung seiner Längsachse bewegt, während ein »antiwurmförmiger« Reiz sich quer dazu bewegt. Ewert hat wiederholt darauf hingewiesen, daß die meisten Beutetiere der Kröte eine längliche Ausdehnung in Bewegungsrichtung haben, selbst wenn sie nicht genau wie Regen- oder Mehlwürmer aussehen. Er beobachtete einen kontinuierlichen Abfall der Beutefangbereitschaft einer Erdkröte gegenüber einer deutlich wurmförmigen Attrappe, die schrittweise zu einer kleinen quadratischen Attrappe verkürzt wird. Ein Umschlag in Flucht- oder Abwehrverhalten findet statt, wenn die kleine quadratische Attrappe in »antiwurmförmiger« Weise weiter in die Länge gezogen wird. (Die »wurmförmige« Attrappe sei im folgenden »W« genannt, die »antiwurmförmige« »A« und quadratische Attrappen »S« (von »square«).)

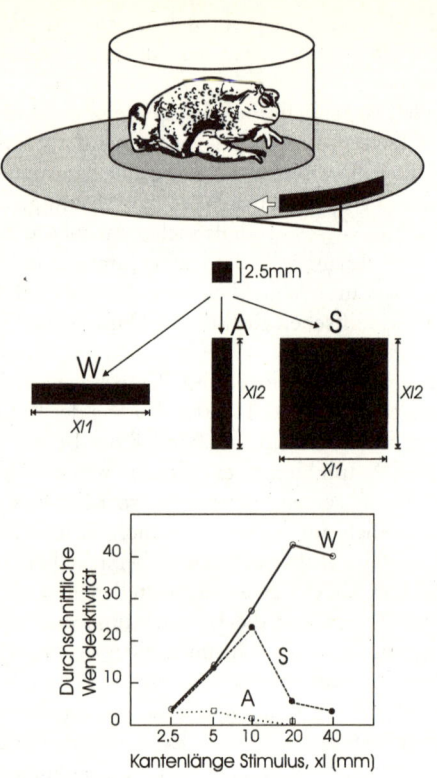

Abb. 17: Beutepräferenzen der Erdkröte. Die Kröte sitzt in einem Glas-zylinder, um den Beuteattrappen mit einer Geschwindigkeit von 10°/s herumbewegt werden. Attrappen sind horizontale, »wurmförmige« Reize (W) von 2.5 mm Höhe und 5, 10, 20 und 40 mm Länge (Xl1), ver-tikale, »antiwurmförmige« Reize (A) von 2.5 mm Breite und 5, 10, 20 und 40 mm Höhe (Xl2) und Quadrate (S) mit Kantenlängen (Xl1, Xl2) von 2.5, 5, 10, 20 und 40 mm. Gemessen wird die Wendeaktivität der Kröte pro Minute. Das untere Diagramm zeigt, daß eine deutliche Be-vorzugung von W vor S sich erst bei einer Länge von 20 mm ergibt. (Nach Ewert, 1989; verändert).

Ewert entwickelte ein »Fenster-Diskriminator-Modell«, mit Hilfe dessen die Prozesse beschrieben werden sollten, wie sie in der Netzhaut und den visuellen Zentren des Gehirns, d. h. dem Tectum, dem Prätectum und dem dorsalen Thalamus bei der Beuteerkennung stattfinden (Ewert, 1974, 1989). Wie in Abbildung 18 dargestellt, läuft nach diesem Modell die erste Stufe der Beuteobjekterkennung auf der Ebene der Retinaganglienzellen ab. Hieran sind zwei Typen von RGZ beteiligt, nämlich die bereits beschriebenen Retinaganglienzellen R2 und R3 (R1-artige Zellen wurden bei der Kröte nicht gefunden). Beide Klassen unterscheiden sich bei der Kröte darin, daß sie unterschiedlich große exzitatorische rezeptive Felder haben, nämlich 4 Grad für R2 und 8 Grad für R3; zudem zeigt R2 eine »on«-Antwort und R3 eine »on-off«-Antwort. Sowohl bei R2 als auch bei R3 unterscheiden sich die Antworten auf die Attrappen S und A nicht voneinander; die Antworten sind am stärksten, wenn die Ausdehnung der vertikalen Kante 4 Grad bzw. 8 Grad beträgt, d. h. mit dem Durchmesser des ERF übereinstimmt. Diese RGZ sind also nicht in der Lage, zwischen S und A zu unterscheiden. W-Attrappen mit einer vertikalen Kante von 2 Grad rufen eine deutlich geringere Antwort hervor, und zwar unabhängig von ihrer Länge. Retinaganglienzellen können nach diesem Modell *keine* eindeutige Gestaltunterscheidungen vornehmen; dies wird erst von Tectumneuronen geleistet.

Im Tectum gibt es nun nach Auffassung von Ewert drei Typen von Neuronen, die mit der Gestalterkennung von Beuteobjekten befaßt sind. Diese werden als T5.1, T5.2 und T5.3 bezeichnet und sind als Untertypen des von Grüsser und Grüsser-Cornehls zuerst beschriebenen tectalen Typ T5 zu verstehen. Von diesen Neuronen bevorzugt T5.1 den Stimulus S vor W und vor A, während T5.3 den Stimulus S vor A und W bevorzugt. Typ T5.2 spielt eine besondere Rolle, denn diese Zellen reagieren am besten auf W vor S und A (Abb. 19, 20), und dieses Antwortverhalten stimmt nach Ewert gut mit der Attrappenpräferenz der Kröte überein (Abb. 17). Damit – so die Grundidee des Modells – kann T5.2 die Rolle eines Beutedetektors oder genauer gesagt: eines »Wurmförmigkeits«-Detektors spielen. T5.2 feuert um so mehr, je wurmförmiger ein Stimulus ist. Seine Aktivität gibt nach Ewert die Wahrscheinlichkeit an, mit der die Kröte Beutefang ausführen wird.

Die Antworteigenschaft des $T_{5.2}$ Neurons ist das Resultat des in Abbildung 18 dargestellten Netzwerkes: R_2-Zellen der Retina schicken ihre Erregung zum Tectum-Neuron $T_{5.1}$, während R_3-Zellen ihre Erregung zu $T_{5.1}$, $T_{5.3}$ und zu prätectalen T_p-Zellen senden. Dieser Zelltyp reagiert besonders auf große kompakte Objekte und kann nach Ewert als »Feind-Detektor« wirken. Innerhalb des Gehirns projizieren $T_{5.1}$-Zellen exzitatorisch und $T_{5.3}$ und T_p-Zellen inhibitorisch auf $T_{5.2}$-Zellen, die dementsprechend rein nachgeschaltete Zellen sind und keine direkten Eingänge von der Retina erhalten. Wenn nun ein wurmförmiger Stimulus im monokularen Gesichtsfeld einer Kröte auftaucht, dann aktiviert er mäßig stark R_2- und R_3-Retinaganglienzellen. Diese aktivieren nun ihrerseits $T_{5.1}$ stark, $T_{5.3}$ und T_p jedoch schwach. $T_{5.1}$-Zellen aktivieren nun die nachgeschalteten $T_{5.2}$-Zellen stark, während die Inhibition von $T_{5.2}$ durch $T_{5.3}$ und T_p schwach ausfällt. Das bedeutet, daß $T_{5.2}$ seinerseits stark feuert und dem Gehirn die Anwesenheit eines »wurmförmigen« Gegenstandes signalisiert. Taucht hingegen ein »antiwurmförmiger« Stimulus auf, so aktiviert dieser R_2 und R_3-Zellen und über sie $T_{5.3}$ und T_p stark, aber $T_{5.1}$ nur schwach. Daher kann dieser Zelltyp die nachgeschalteten $T_{5.2}$-Zellen nur schwach erregen, während $T_{5.3}$ und T_p die $T_{5.2}$-Zellen stark hemmen. Das bedeutet: $T_{5.2}$ schweigt, und T_p und $T_{5.3}$ signalisieren »Feind!«.

Den Zellen $T_{5.2}$ und T_p kommt in diesem Modell eine doppelte Funktion zu: Einerseits arbeiten sie als Gestalt- oder *Objektdetektoren* für Beute bzw. Feind; zum anderen sind sie *Kommandoneurone* für Beutefangverhalten einerseits und Flucht- bzw. Abwehrverhalten andererseits, denn sie erhöhen oder erniedrigen – wie Ewert sagt – die Wahrscheinlichkeit, daß die Kröte zuschnappt oder in Deckung geht bzw. sich in der für Kröten charakteristischen Weise »aufplustert«. Ewert nimmt an, daß beide Zelltypen ihre Fortsätze in die prämotorischen Zentren für Beutefang- bzw. Flucht- bzw. Abwehrverhalten senden. Die Frage, ob sie als echte Kommandoneurone das Verhalten direkt auslösen oder nur notwendige (aber nicht hinreichende) Bedingungen dafür erstellen und wie genau die sensorische Information in die

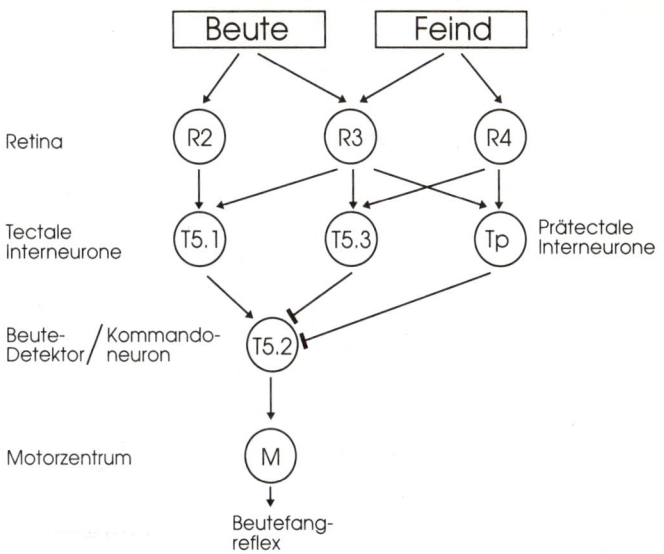

Abb. 18: Detektor-Modell für Beute-Feind-Unterscheidung. Beuteobjekte aktivieren R2- und R3-Retinaganglienzellen, Feindobjekte R3-und R4-RGZ. Diese projizieren auf tectale Interneurone T5.1 und T5.3 und prätectale Interneurone Tp. Das tectale Konvergenzneuron T5.2 wird von T5.1 erregt, von T5.3 und Tp gehemmt und feuert deshalb nur beim Anblick einer Beute. Es ist deshalb ein *Detektor* für wurmförmige Beute. Gleichzeitig löst es als *Kommandoneuron* bzw. *Kommandoelement* über ein Motorzentrum den Beutefangreflex aus. (Nach Ewert, 1989; verändert).

verschiedenen motorischen Reaktionen umgesetzt wird, beantwortet Ewert nicht.

Kann es überhaupt Detektorneurone geben?

Ich will mich nun nicht explizit mit der Kritik des Ewertschen Modells in seiner »klassischen« Ausprägung beschäftigen oder den Abwandlungen nachgehen, die es in den allerletzten Jahren erfahren hat. Vielmehr will ich mich grundsätzlich mit der Frage beschäftigen: Kann ein einzelnes Neuron verläßlich als *Objektdetektor* oder etwas bescheidener als *Merkmalsdetektor* wirken? Hinter den Detektormodellen von Barlow, Lettvin und Mitarbeitern, Ewert und vielen anderen steht die Idee, daß biologisch relevante Objekte oder Prozesse in der Umwelt eines Tieres anhand eines einzigen Merkmals eindeutig identifiziert werden können. Im Fall der Kröte und des Modells von Ewert stellen sich in diesem Zusammenhang folgende Fragen: Zeichnen sich die bevorzugten Beutetiere der Kröte durch »Wurmförmigkeit« aus? Wenn nein, dann ist natürlich das ganze Konzept hinfällig, und wir müßten für jedes Erkennungsmerkmal einen eigenen Detektor fordern; wenn ja, kann ein einzelnes Neuron eine solche »Wurmförmigkeit« verläßlich anzeigen (repräsentieren)?

Kröten fressen viele verschiedene Beutetiere, angefangen von Ameisen bis hin zu kleinen Nagetieren; die allermeisten Beutetiere haben eine eher kompakte bis leicht längliche Form, und Würmer oder »wurmförmige« Tiere sind nur gelegentlich darunter. Sehr viele der weltweit mehreren hundert Arten von Kröten sind Ameisenspezialisten, und Ameisen sind nicht wurmförmig, ebensowenig wie Käfer, die von Kröten ebenfalls häufig erbeutet werden. Die Ergebnisse aus den Attrappenversuchen, wie sie von Ewert dargestellt werden, entsprechen also nicht besonders gut dem natürlichen Beutefangverhalten.

Man kann dagegen einwenden, daß die in Attrappenversuchen festgestellten Beutegestaltpräferenzen nicht unbedingt mit dem Aussehen der in der Natur am meisten gefressenen Beute übereinstimmen muß, denn hier mag die »optimale« Beute nicht oder nicht häufig genug vorkommen, damit die Kröte satt wird. Attrappenversuche haben aber ihre Tücken, denn in ihrer scheinbaren Einfachheit tendieren sie dazu, das visuelle System der Versuchstiere zu »übersteuern«. Auch wir Menschen finden häufig vereinfachte Darstellungen attraktiver als reale Objekte, was mit der »Neigung« unseres Wahrnehmungssystems zusammenhängt, einfache Wahrnehmungszustände herzustellen.

Nehmen wir dennoch einmal an, Kröten würden wirklich am liebsten wurmförmige Beuteobjekte fressen. Dann ergibt sich das Problem, daß auch solche Beutetiere nicht immer wirklich »wurmförmig« aussehen, etwa wenn sie sich auf die Kröte zu- oder von ihr fortbewegen. Eine Kröte hat aber keine Schwierigkeiten, einen Wurm als Beutetier zu erkennen, wenn sie ihn von vorn oder von hinten stark verkürzt sieht oder wenn der Wurm sich krümmt. Wir müssen vielmehr annehmen, daß Amphibien (wie andere Wirbeltiere auch) angeborenermaßen oder durch Lernen die Fähigkeit besitzen, Objekte unter vielen verschiedenen Blickwinkeln zu identifizieren.

Wir wollen nun einmal annehmen, daß die Kröte tatsächlich bevorzugt nach »wurmförmigen« Beuteobjekten schnappt, wenn sie sich von der Seite als richtiger Wurm präsentieren. Betrachten wir unter solchen idealisierten Voraussetzungen die Diskriminationsfähigkeit der T5.2-Neurone hinsichtlich wurmförmiger und anderer Objekte noch einmal genauer. Die Antworteigenschaften eines T5.2-Neurons zeigen, daß diese Zelle *nicht* verläßlich zwischen S, W und A »unterscheiden« kann. Abbildung 20 zeigt, daß von einem 2 x 8 Grad großen »Wurm-Stimulus« bei langsamer Geschwindigkeit (2°/s), einem 8 x 8 Grad großen Stimulus bei mittlerer Geschwindigkeit (6°/s) und von einem 8 x 2 Grad großen »Antiwurm-Stimulus« bei hoher Geschwindigkeit (20°/s) dieselbe Entladungsfrequenz von ca. 12 Hz hervorgerufen wird. Das Verwechseln von W (Beute) und A (Feind) wäre ein schlimmer Irrtum! Die Entscheidung, ob W oder A vorliegt, könnte nur durch *separate Codierung* der Geschwindigkeit getroffen werden. Aber auch wenn wir bei den Attrappen nur Größe und Gestalt variieren und sie mit einer einzigen Geschwindigkeit bewegen, wird die Sache nicht eindeutiger. Wie Abbildung 19 zeigt, die auf Ewerts Daten beruht,

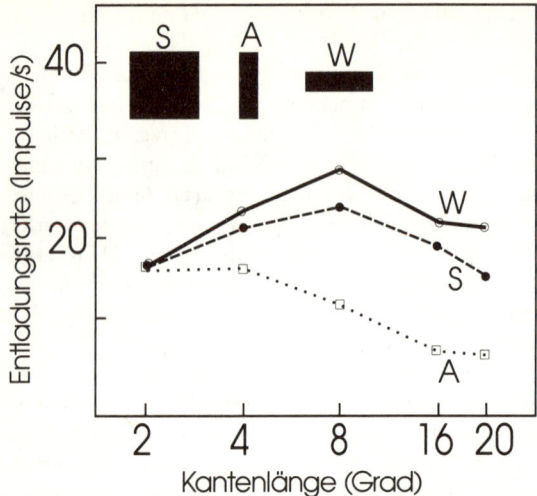

Abb. 19: Ableitungen von T5.2-Neuronen aus dem Tectum der Erdkröte. Die Zellen wurden mit Quadraten (S) mit Kantenlängen von 2, 4, 8, 16 und 20°, mit horizontalen Rechtecken (W) mit einer Höhe von 2° und Längen von 4, 8, 16 und 20° und vertikalen Rechtecken (A) mit einer Breite von 2° und Höhen von 4, 8, 16 und 20° bei einer Geschwindigkeit von 7.6°/s gereizt. Diese Neurone reagieren am besten auf W-Stimuli mit einer Länge von 8° und auf ein 8 x 8° großes Quadrat (S). Die Antwort auf A fällt mit zunehmender vertikaler Ausdehnung ab. (Nach Ewert, 1989).

beantwortet ein T5.2-Neuron ein Quadrat von 4 x 4 Grad und ca. 10 x 10 Grad Größe sowie eine »wurmförmige« Attrappe von 2 x 20 Grad Größe mit derselben Entladungsrate.

Was hier anhand der Antworteigenschaften von T5.2-Neuronen gezeigt wurde, gilt im übrigen für alle visuellen Tectumneurone bei Amphibien und darüber hinaus für die meisten visuellen Neurone bei anderen Tieren. Sie können *prinzipiell* keine verläßlichen Detektoren sein. Erstens stellen viele Antworten gegenüber einem bestimmten Merkmal (z. B. Größe) Optimumskurven dar, Kurven also, die zu einem Gipfel ansteigen und dann wieder abfallen. Das bedeutet, daß Attrappen, die kleiner oder größer sind als der optimale Stimulus, dieselbe Antwortfrequenz hervorrufen (vgl. Abb. 19). Zweitens – und dies ist noch

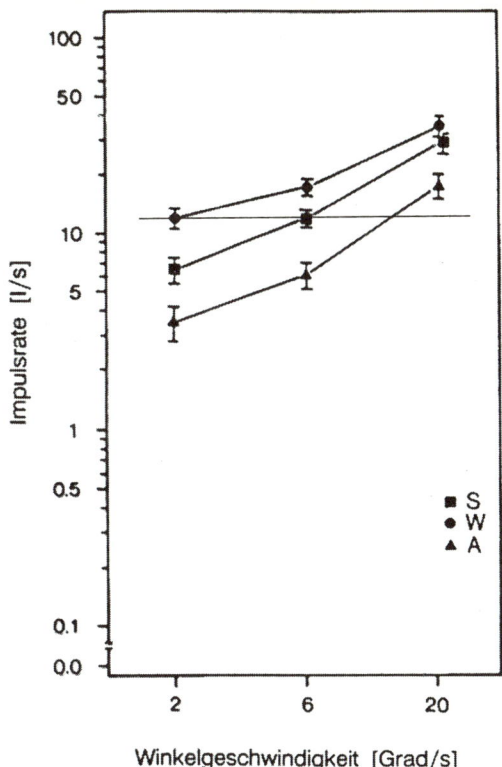

Abb. 20: Ableitungen von visuellen Neuronen aus dem Tectum der Erdkröte. Die Neurone wurden mit einem 8 x 8° großen Quadrat (S), einem 2 x 8° großen horizontalen Rechteck (W) und einem 8 x 2° großen vertikalen Rechteck (A) bei Winkelgeschwindigkeiten von 2, 6, und 20°/s gereizt. Gemessen wurde die Impulsrate der Neurone (Impulse pro Sekunde). Gezeigt ist ein Typ von Tectumneuronen, der bei allen drei Geschwindigkeiten am besten auf den »wurmförmigen« Stimulus (A) antwortet und ungefähr dem T5.2-Typ nach Ewert entspricht (vgl. Abb. 19). Die waagerechte Linie durch die Kurven deutet eine Entladungsfrequenz von 12 Impulsen pro Sekunde an (nach Roth und Jordan, 1982).

wichtiger – antworten Neurone stets auf *mehrere* Klassen von Merkmalen. Im Falle der Tectumneurone von Fröschen und Salamandern ist es so, daß diese Zellen *gleichzeitig* durch den Kontrast des Reizes zum Hintergrund, seine Größe, seine Gestalt, seine Geschwindigkeit und seine Bewegungsweise erregt werden. Die Antwortstärke ist deshalb bestimmt durch die jeweilige *Kombination* der verschiedenen Merkmale und ihrer Reizstärken. Dabei gibt es lineare (summative) wie nichtlineare Interaktionen zwischen den verschiedenen Merkmalen. So kann ein Stimulus mit einer suboptimalen Größe und einer optimalen Geschwindigkeit genauso stark ein visuelles Neuron erregen wie ein Stimulus mit einer optimalen Größe und einer suboptimalen Geschwindigkeit. Das bedeutet, daß ein visuelles Neuron nicht zwischen diesen beiden Fällen unterscheiden kann.

Dagegen kann man einwenden, daß – wie im vorigen Kapitel diskutiert – im Zeitmuster der Entladung der Neurone möglicherweise weitere Informationen enthalten sind, so daß die soeben genannten Uneindeutigkeiten auflösbar wären. Zum Beispiel könnte bei gleicher mittlerer Entladungsfrequenz je nach Geschwindigkeit und Größe das Entladungsmuster unterschiedlich ausfallen. Dazu müßte aber das nachgeschaltete visuelle System »wissen«, welche Muster was bedeuten. Zudem haben eigene statistische Analysen der Antworteigenschaften von Tectumzellen bei Kröten und Salamandern gezeigt, daß die Entladungsmuster eines Neurons auf identische Reizkombinationen stark variieren. Der Prozeß des Auftretens eines Aktionspotentials ist wohl ein teilweise zufälliger Prozeß und deshalb nicht für eine verläßliche Codierung geeignet.

Ein weiterer Einwand könnte lauten: Die Detektionsleistung eines T5.2-Neurons muß nicht besser sein als die der »ganzen« Kröte. Vielleicht verwechselt die Kröte ja im Verhalten dieselben Stimuli wie die T5.2-Neurone, sie schnappt also gleich häufig nach kleinen und größeren Quadraten oder nach verschieden langen wurmförmigen Stimuli. Allerdings ist dann für das Ewertsche Modell die »Wurmförmigkeit« als entscheidendes Gestaltmerkmal vertan. In der Tat sind Amphibien gelegentlich sehr freßgierig und schnappen nach allem und jedem. Man kann aber Amphibien dazu bringen, ihr gutes Gestaltunterscheidungsvermögen zu enthüllen. Dazu füttert man sie mit zwei verschiedenen Beutetierarten, die sich ähnlich sehen, wovon aber eine Art gut, die andere schlecht schmeckt. Wir haben dies unbeabsichtigt getan, indem wir neben »normalen« Stubenfliegen (*Musca domestica*) Schmeißfliegen der Art *Calliphora erythrocephala* verfütterten, die aus rosa eingefärbten »Anglermaden« geschlüpft waren. Letztere schmecken offenbar den Amphibien nicht und werden nach dem ersten Fangen wieder ausgespuckt und dann gemieden, während Stubenfliegen gleichzeitig weiter gerne genommen werden. Um eine Stubenfliege von einer Schmeißfliege zu unterscheiden, muß ein Frosch oder Salamander ein gutes Objektwahrnehmungssystem haben. Sie zeigen es meist nur nicht, nämlich immer dann nicht, wenn es nicht »darauf ankommt«. Wir müssen annehmen, daß das visuelle System der Kröte, falls nötig, sehr wohl in der Lage ist, genaue Unterscheidungsleistungen zu vollbringen.

Ein weiterer, bereits genannter wichtiger Einwand gegen das Detektorkonzept besteht darin, daß $T_{5.2}$-Neurone wie alle bisher untersuchten Tectum-Neurone nur auf *Winkel*größen, nicht aber auf *Absolut*größen reagieren. Das heißt, eine $T_{5.2}$-Zelle reagiert gut auf ein 8 x 8 Grad großes Objekt, das in 1 cm Entfernung ein Beutetier von 1.4 x 1.4 mm Größe sein kann, in rund 2 Meter Entfernung aber ein Feind von 30 x 30 cm Größe. Es muß also im Wahrnehmungssystem der Kröte zur Aktivität der $T_{5.2}$-Neurone noch die Information über die Entfernung hinzukommen, damit das visuelle System überhaupt die Entscheidung treffen kann, ob es sich um eine Beute oder einen Feind handelt. Sofern $T_{5.2}$-Neurone über keine Absolutgrößenkonstanz verfügen, können sie grundsätzlich keine Beutedetektoren oder auch nur -indikatoren sein.

Schließlich sei angemerkt, daß Kröten und Amphibien insgesamt ihre Beute keineswegs nur an ihrer Größe und Gestalt erkennen, wie dies im Ewertschen Modell angenommen wird. Dies ist schon deshalb der Fall, weil viele von ihnen, besonders die Erdkröte, bei Dämmerung auf Beutejagd geht; bei solchen geringen Helligkeiten von 10^{-2} bis 10^{-5} Lux sind Gestalten kaum mehr erkennbar. Was unter solchen Umständen aber immer noch deutlich erkennbar ist, sind die *Bewegungsweisen* der Beutetiere, und dies scheint ein viel wichtigeres Erkennungsmerkmal zu sein als die Gestalt.

Figur-Hintergrund-Erkennung

Wie anfangs erwähnt, ist die Stabilisierung des Objektbildes eine wichtige Leistung bei der visuellen Wahrnehmung. Dies stellt bei Tieren mit aktiven Augenbewegungen wie Fischen, Vögeln und Säugetieren, insbesondere auch bei Affen und bei uns Menschen ein großes Problem dar. Aber auch bei Amphibien, die im Erwachsenenzustand keine willkürlichen Augenbewegungen zeigen (interessanterweise haben Amphibienlarven sie), entsteht das Problem der Stabilisierung des retinalen Bildes bei Kopf- und Körperbewegungen bei der Verfolgung eines Objekts (Abb. 21). Die Retina kann grundsätzlich nur Relativbewegungen von wahrgenommenen Strukturen erfassen. Ein retinales Bild muß also danach analysiert werden, ob das, was im Gesichtsfeld an Strukturen ruht oder sich bewegt, dies aufgrund »eigener« Eigenschaften tut oder deshalb, weil das Tier sich bewegt oder ruht. Dazu müssen von jeder relativen retinalen Bewegungen die aktiven oder passiven Eigenbewegungen des Tieres »abgezogen« werden. Eine solche Leistung wird offenbar durch die Interaktion verschiedener Gehirnzentren erbracht: Das somatosensorische System meldet die vom Gehirn intendierten bzw. tatsächlich ausgeführten Körper- und Kopfbewegungen, das Gleichgewichtssystem signalisiert die Lageveränderungen des Kopfes im Raum bei aktiver und passiver Bewegung; das Prätectum enthält Neurone, die besonders gut auf langsame, großflächige Bewegungen auf der Retina (d. h. auf Hintergrundbewegung) ansprechen, und schließlich antworten Tectumneurone auf mittelgroße und kleine bewegte Objekte (Feinde, Beute, Artgenossen). Figur-Hintergrund-Abtrennung und das Erkennen eigenbewegter Objekte ist dann das Ergebnis einer Differentialdiagnose zwischen diesen vier Systemen. »Hintergrund« ist danach alles, was sich nur dann bewegt, und zwar in Gegenrichtung zur Eigenbewegung, wenn das Tier sich selber aktiv bewegt oder passiv bewegt wird. »Objekt« hingegen ist alles, was sich unabhängig von

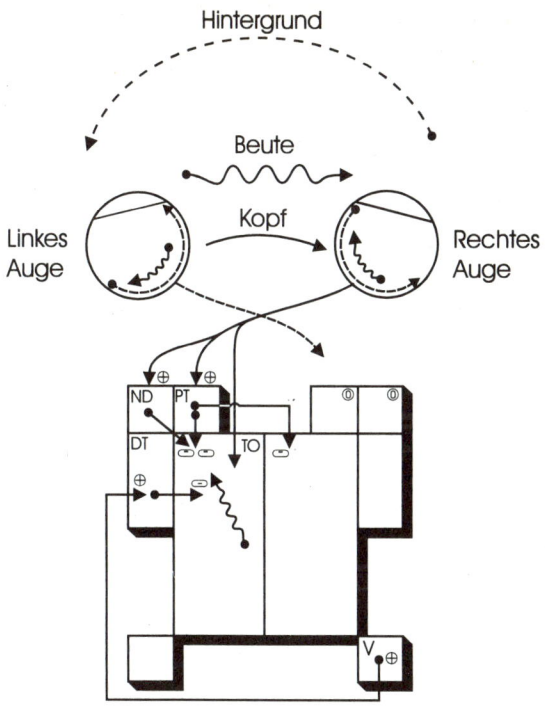

Abb. 21: Schematische Darstellung der Figur-Hintergrund-Unterscheidung bei Amphibien. Das retinale Bild einer bewegten Beute wird auf das kontralaterale Tectum (TO), Praetectum (PT) und den kontralateralen Nucleus Darkschewitsch (ND) projiziert. ND und PT reagieren auf großflächige, langsam bewegte Reize (»Hintergrund«) gegenläufig zur Kopfbewegung. Der ND hemmt das ipsilaterale, das PT das ipsi- und kontralaterale TO. Das TO wird außerdem über das dorsale Tegmentum (DT) vom kontralateralen Gleichgewichtssystem (V) gehemmt, welches aktive oder passive Kopf- oder Körperbewegungen des Frosches oder Salamanders meldet (der Einfluß der Somatosensorik ist nicht eingezeichnet). Demzufolge antworten TO-Neurone nur auf Beute- oder Feindobjekte, die sich *unabhängig* vom Hintergrund bewegen.

dem so definierten Hintergrund bewegt. Zerstört man Teile dieses komplizierten Systems, etwa Thalamus oder Prätectum, so sind Frösche und Salamander nicht mehr in der Lage, zwischen Objektbewegung und Eigenbewegung zu unterscheiden.

Wir sehen daran, daß auch für einen Frosch oder einen Salamander etwas derart Einfaches wie die Unterscheidung zwischen Objekt und Hintergrund bzw. Eigen- und Fremdbewegung ein kompliziertes Konstrukt ist. Wir können das bei uns beobachten, wenn unsere Augenmuskeln durch Pharmaka »lahmgelegt« werden. Dann ist nämlich unsere Umwelt plötzlich nicht mehr stabil, sondern bewegt sich bei jeder Kopf- und Körperbewegung, und wir verlieren unsere räumliche Orientierung.

Ensemblecodierung statt Objektdetektoren

Es sollte mit diesen Ausführungen deutlich gemacht werden, daß das Detektor- und Kommandoneuron-Konzept im visuellen System sogenannter niederer Wirbeltiere wie der Amphibien nicht funktioniert. Ob es im Nervensystem von Invertebraten, z. B. Insekten und Krebsen, realisiert ist, ist umstritten; bis auf einige ganz wenige neuronale Systeme, die zum Beispiel Fluchtreflexe auslösen, hat sich auch bei diesen Tieren alles als sehr viel komplizierter und plastischer erwiesen. Es mag natürlich Neurone geben, die auf einen dunklen bewegten Schatten über dem Kopf des Tieres mit heftiger Entladung reagieren und relativ direkt eine Fluchtreaktion auslösen; ähnliches ist für Neurone möglich, die – wie beim Seidenspinnermännchen – selektiv auf einen besonderen Sexuallockstoff (Bombykol) reagieren und Suchverhalten herbeiführen (Young, 1989). Ereignisse wie »großer Schatten« oder »Bombykol-Molekül« sind aber *Signale*, keine Objekte, und die entsprechenden Zellen – sofern es sie überhaupt gibt – sind *Signaldetektoren*, aber keine Objektdetektoren. Objekte im üblichen Sinne hingegen können nicht durch ein einziges Neuron »repräsentiert« werden. Individuelle Objekte oder auch Klassen von Objekten sind niemals durch ein einziges Merkmal gekennzeichnet; vielmehr überlappen Objekte in ihren verschiedenen Merkmalen miteinander, und es ist häufig die *quantitative* Ausprägung bestimmter Merkmale, die ein Objekt von anderen unterscheidet. Diese charakteristische qualitative und quantitative Kombination von Merkmalen kann sich zudem situativ ändern.

Wir stellen also für das visuelle System allgemein fest: 1. Visuelle Objekte sind in aller Regel durch eine *Kombination* von Merkmalen charakterisiert, die in bestimmten Grenzen schwanken kann, ohne daß hierdurch die Erkennbarkeit beeinträchtigt wird. Diese *dynamische* Kombination von Merkmalen kann nur durch eine *Population* von Neuronen repräsentiert werden. 2. Jedes visuelle Neuron nimmt an der Repräsentation mehrerer Merkmale teil, d. h., ein Merkmal wird stets mehrere Typen von visuellen Neuronen aktivieren. Mit dieser Populations- oder Ensemblecodierung läßt sich trotzdem eine genaue Erkennungsleistung im visuellen System erreichen, wie entsprechende mathematische Modellierungen zeigen.

Ein solches Netzwerk kann im Falle der visuellen Beuteerkennung bei Amphibien zusammengesetzt sein 1. aus Nervenzellen, die in der Lage sind, die Absolutgröße und die Absolutgeschwindigkeit von Objekten aus der Winkelgröße bzw. Winkelgeschwindigkeit und der Entfernung zu ermitteln; 2. aus einer Reihe von Nervenzellen, die bevorzugt auf Kontraste und Kontrastlinien (Kanten) unterschiedlicher Orientierung reagieren (wie wir sie noch im visuellen System der Säuger kennenlernen werden) und beliebige Gestalten in Graustufen und Umrißdetails zerlegen; 3. aus Zellen, die bestimmte Bewegungsmuster der Objekte identifizieren können; und 4. aus Neuronen, die diese Menge von Details mit bestimmten drehungs- und geschwindigkeitsinvarianten Mustern im visuellen Gedächtnis vergleichen (Roth, 1987). Diese Referenzmuster mögen angeboren oder – was wahrscheinlicher ist – erlernt sein und können eine hohe Komplexität erreichen, die zum Beispiel notwendig ist, um verschiedene Fliegenarten zu unterscheiden. Die verschiedenen Typen von visuellen Neuronen bzw. Teilmengen davon werden von einem Objekt *gleichzeitig* aktiviert, und ihre gemeinsame, gleichzeitige Aktivität ist eine (zumindest partielle) Repräsentation des Objekts.

Dabei ist es auch nicht erforderlich, daß zur Identifikation eines Objekts stets dieselben Typen von Neuronen aktiviert werden.

Vielmehr geht das visuelle System bei Amphibien wie bei allen Wirbeltieren (und wohl auch den meisten Wirbellosen) bei der Objekterkennung opportunistisch vor: es benutzt diejenige Objekterkennungsmethode, die *unter den gegebenen Umständen* die schnellste und/oder verläßlichste ist, und das mag bei Tag anders aussehen als bei Dämmerung.

Neuere Untersuchungen in unserem Labor haben ergeben, daß im Gegensatz zum Kommandoneuron-Konzept die Aktivität dieser Neurone bzw. Neuronengruppen *nicht* im Tectum auf ein Kommandoneuron zusammenläuft und dann als Einzelinformation an die Motorik mitgeteilt wird (Dicke und Roth, 1994; Roth et al., 1996). Vielmehr projizieren bei Salamandern wie Fröschen mindestens drei verschiedene Klassen von Retinaganglienzellen, R1, R2 und R3, getrennt in unterschiedliche Schichten des Tectum (Abb. 22). Sie enthalten Informationen über lokale Kontraste und Kanten (R1), Bewegungen (R2) und großflächige Helligkeitsschwankungen (R3). Im Tectum greifen drei morphologisch unterschiedliche Typen von Tectumneuronen, bei Salamandern T1, T2 und T3 genannt, diese einlaufenden Informationen ab, kombinieren sie unter Mithilfe von zahlreichen Interneuronen, T4

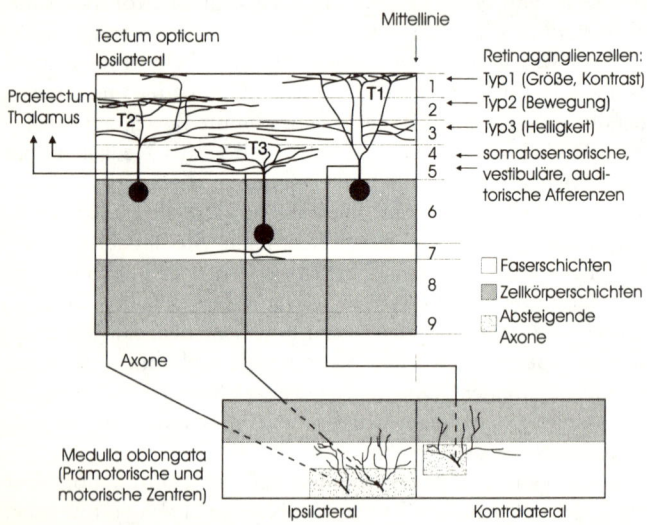

genannt, und schicken diese neuen Informationen auf räumlich getrennten Bahnen teils »aufsteigend« zu visuellen Zentren im Prätectum und Thalamus (T2 und T3) teils »absteigend« zu prämotorischen und motorischen Zentren im verlängerten Mark und rostralen Rückenmark (T1, T2, T3). Wir nehmen an, daß diese auf- und absteigenden Bahnen Information über Größe und Gestalt von Objekten, besonders Beuteobjekten (T1-System), über Bewegung, Geschwindigkeit und Bewegungsweise von Objekten (T2-System) und über Helligkeitsschwankungen weiterleiten, wie sie von großen, sich annähernden Objekten (z. B. Freßfeinden) erzeugt werden (T3-System). Natürlich wird all dies in Wirklichkeit erheblich komplizierter sein.

Klar ist aber schon jetzt eines: Das Nervensystem besitzt *grundsätzlich* kein »oberstes« Wahrnehmungs- oder Verhaltenssteuerungszentrum. Und es deutet sich an, daß auch bei Amphibien wie auch bei allen anderen Tieren letztendlich das Verhalten diejenige Instanz ist, welche die unterschiedlichen Teilinformationen über Gestalt, Bewegungsweise, Figur-Hintergrund-Unterscheidung, Tiefenwahrnehmung usw. integriert. Dabei können wir annehmen, daß bei einigen, vielleicht bei den meisten Tieren dieses integrierende Verhalten im Gedächtnis als interne Repräsentation der Einheit der Wahrnehmung niedergelegt wird und »mental« abgerufen werden kann. Diese Fragestellung werden wir im elften Kapitel dieses Buches wieder aufgreifen.

Abb. 22: Modell für Parallelverarbeitung bei der Objektwahrnehmung von Salamandern. Visuelle Objekte werden durch verschiedene RGZ-Klassen (Typ 1, 2, 3) nach visuellen Elementarmerkmalen wie Größe/Kontrast, Bewegung und Umgebungshelligkeit »zerlegt«. Diese Informationen sowie nichtvisuelle sensorische Informationen werden im Tectum an unterschiedliche tectale Projektionsneurone (T1, T2, T3) weitergegeben. T2- und T3-Neurone senden »aufsteigende« Bahnen zu thalamischen und prätectalen visuellen Zentren und *ipsilateral* absteigende Bahnen zu prämotorischen und motorischen Zentren in der Medulla oblongata; T1-Neurone besitzen keine aufsteigenden Projektionen und bilden mit ihren Axonen *kontralateral* absteigende Bahnen zur Prämotorik und Motorik. Nicht eingezeichnet sind die tectalen Interneurone, die 90-95 % aller Tectumneurone bilden. Es gibt in diesem Modell weder Detektor- noch Kommandoneurone (nach Dicke und Roth, 1996).

8 Von Blobs und Gesichterneuronen:
Das visuelle System der Säugetiere

Nachdem wir uns ausführlich mit dem einfachsten visuellen System innerhalb der Wirbeltiere, dem der Amphibien, befaßt haben, wollen wir uns nun zum Vergleich dem visuellen System der Säugetiere zuwenden, das als außerordentlich komplex gilt. Die beiden am besten untersuchten visuellen Systeme sind die der Katze und der Affen, vor allem des Makakenaffen. Über das visuelle System des Menschen wissen wir wenig, und diese Kenntnisse stammen meist aus klinisch-neurologischen Untersuchungen, bei denen Verfahren angewandt wurden, die in aller Regel einen Eingriff in das Gehirn vermeiden. Derartige »nichtinvasive« Methoden werden wir im übernächsten Kapitel genauer kennenlernen. Wir können aber davon ausgehen, daß das visuelle System des Menschen dem der Affen sehr ähnlich ist.

Entsprechend dem bei Amphibien ausführlich diskutierten Detektorkonzept nahm man lange Zeit auch bei Säugetieren den Vorgang der Wahrnehmung als einen hierarchisch-konvergenten Prozeß an, der sich von der Ebene der Sinnesorgane aus immer weiter verengt und schließlich auf »obersten Wahrnehmungszentren« endet, deren Aktivität dann die »Repräsentation« der bewußten Wahrnehmung bildet. Bereits im vorigen Jahrhundert hatten Wahrnehmungspsychologen Hinweise auf das, was man später »Parallelverarbeitung« nannte, zum Beispiel die Beobachtung, daß die Wahrnehmung kleinster Details »unbunt« erscheint. Dies deutete auf eine separate Verarbeitung von Farbe und Detailsehen hin. Jedoch schienen die meisten neurobiologischen Daten zugunsten einer hierarchisch-konvergenten Verarbeitung zu sprechen. Dies galt insbesondere für die bahnbrechenden neurophysiologischen Arbeiten von David Hubel und Torsten Wiesel. Hubel und Wiesel beschrieben in ihren Untersuchungen eine Reihe von neuronalen Antworttypen im lateralen Kniehöcker und im primären (A17/V1), sekundären (A18/V2) und tertiären visuellen Cortex (A19/V3) der Katze und des Affen (Hubel und Wiesel, 1959, 1962, 1965, 1968, 1978). Diese

Antworttypen umfaßten Zellen mit »konzentrischen« rezeptiven Feldern, Zellen mit »einfachen«, »komplexen« und »hyperkomplexen« RF-Eigenschaften, wobei die »hyperkomplexen« Zellen wieder in solche niederer und höherer Stufe eingeteilt werden konnten. Es schien sich bei den Untersuchungen eine präzise anatomische Verteilung dieser Zelltypen zu ergeben, denn im lateralen Kniehöcker (Corpus geniculatum laterale, CGL) wie auch in der Retina wurden nur konzentrische Typen gefunden, in A17 hauptsächlich einfache Zellen und einige komplexe Zellen, in A18 hauptsächlich komplexe Zellen, und in A19 komplexe und hyperkomplexe Zellen.

Hubel und Wiesel leiteten daraus das Modell einer hierarchischen Organisation dieser Antworttypen ab (Abb. 23): Die Eigenschaften der einfachen Zellen kommen durch Integration konzentrischer Zellen zustande, die Eigenschaften der komplexen Zellen durch Integration einfacher Zellen und die Eigenschaften hyperkomplexer Zellen durch Integration komplexer Zellen. Während die konzentrischen Zellen nur auf elementare visuelle Ereignisse wie Helligkeit, Kontrast, Farbe, Bewegung antworten, zeigen »einfache« Zellen Orientierungsspezifität für Kontrastkanten an einem bestimmten Ort im rezeptiven Feld. »Komplexe« Zellen reagieren ebenfalls auf orientierte Kontrastkanten, aber diese können eine beliebige Position im rezeptiven Feld einnehmen. Dadurch kann zum Beispiel ortsinvariante Erkennung von Objekten erreicht werden. »Hyperkomplexe« Zellen reagieren auf Kontrastkanten nur dann, wenn sie die Länge des zentralen rezeptiven Feldes dieser Zellen nicht überschreiten (»end-stopped«-Charakteristik). Dies wurde als Grundlage der Wahrnehmung von Umrissen angesehen.

Gleichzeitig wußte man aufgrund von Gelegenheitsbefunden, daß es in bestimmten Teilen des visuellen Cortex von Affen (z. B. im temporalen Cortex) Zellen gab, die auf komplexe Gestalten wie Hände reagieren (Groṣs, 1973). Man glaubte deshalb, daß sich die Integration von Antworteigenschaften im visuellen Cortex über die »hyperkomplexen« Zellen hinaus weiter fortsetzt und schließlich zu sogenannten »gnostischen« Zellen führt, die auf sehr komplexe Objekte, Gestalten oder

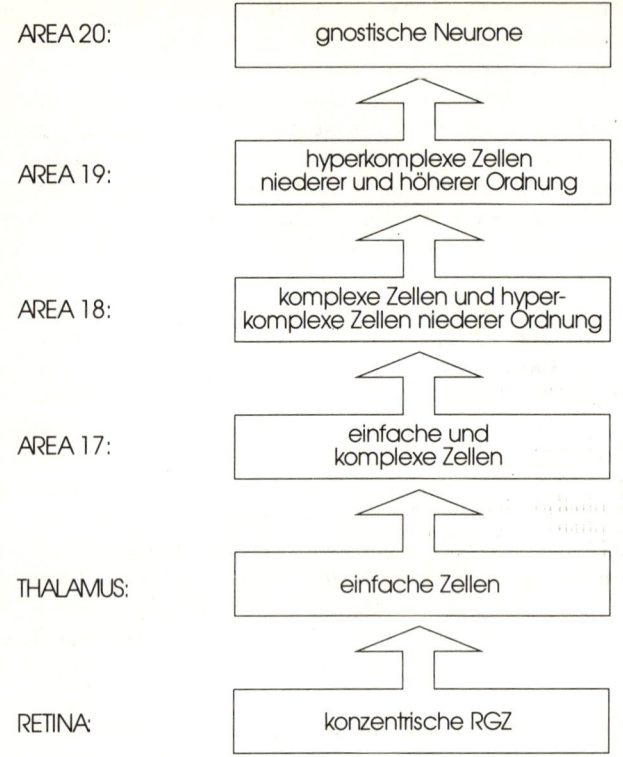

AREA 20:	gnostische Neurone
AREA 19:	hyperkomplexe Zellen niederer und höherer Ordnung
AREA 18:	komplexe Zellen und hyper-komplexe Zellen niederer Ordnung
AREA 17:	einfache und komplexe Zellen
THALAMUS:	einfache Zellen
RETINA:	konzentrische RGZ

Abb. 23: Hierarchie-Modell der Informationsverarbeitung im visuellen System der Säuger. Die *Komplexität* und *Spezifität* visueller Zellen nimmt von der Peripherie (Retina) zu den »höchsten« visuellen Zentren im Cortex zu. Während Retinaganglienzellen mit konzentrischen rezeptiven Feldern auf einfachste visuelle Merkmale reagieren, antworten »gnostische Neurone« im unteren Temporallappen des Cortex (Area 20) auf komplexe Gestalten (z. B. Gesichter, Hände). Die Antworteigenschaften von Zellen jeweils höherer Ordnung entstehen durch Integration der Antworteigenschaften von Zellen niederer Ordnung.

sogar Szenen spezifisch reagieren und diese in ihrer Aktivität »repräsentieren«. Dieses Konzept wurde vom polnischen Neurophysiologen und -theoretiker Konorski in den sechziger Jahren entwickelt (Konorski, 1967) und gewann in der Theoretischen Neurobiologie großen Einfluß. Es entsprach dem klassischen Detektor-Modell, wie es im vorigen Kapitel dargestellt wurde, denn es implizierte, daß es für jedes wahrgenommene komplexe visuelle Objekt eine Repräsentationszelle gibt. Eine »gnostische« Zelle – so wurde angenommen – stünde an der Spitze einer funktionalen Hierarchie, die auf den verschiedenen Ebenen Zellen enthielten, deren Antworteigenschaften durch Zusammenschaltung immer komplizierter werden. So wurde schließlich eine Zelle postuliert, die genau dann feuerte, wenn die eigene Großmutter ins Gesichtsfeld trat; scherzhaft wurden daher solche Zellen »Großmutterzellen« genannt.

Hubel und Wiesel gingen davon aus, daß entsprechend der Hierarchie der neuronalen Antworteigenschaften der Zelltypen auch die visuellen corticalen Felder *hierarchisch* miteinander verknüpft sind: visuelle Erregung wird zuerst in A17/V1 in einfacher Weise verarbeitet, fließt dann zu A18/V2, wird dort komplexer verarbeitet und fließt dann weiter zu A19/V3 und von dort zu noch komplexeren Zentren. Es wurden entsprechend im Gehirn »höchste sensorische Integrationszentren« als Sitz der gnostischen Neurone postuliert, wie sie auch von vielen Wahrnehmungstheoretikern und Philosophen gefordert wurden. In der Tat sprachen viele experimentelle und klinische Befunde dafür, daß einige Cortexareale wie der temporale, parietale und frontale Cortex der »Sitz« besonders komplexer kognitiver Leistungen waren.

Es wurde aber bald klar, daß dieses Hierarchie-Modell in seiner strengen Version empirisch wie theoretisch nicht haltbar war (Stone und Dreher, 1979; Stone et al., 1979). Auch für den visuellen Cortex der Säugetiere stellte sich heraus, daß einzelne Nervenzellen nicht als Detektoren für komplexe Objekte arbeiten können. Diejenigen Zellen zum Beispiel, die auf Kantenorientierungen antworten, sind nicht im strikten Sinn selektiv, indem sie zum Beispiel *ausschließlich* auf eine Kante antworten, die genau 15 Grad zur Senkrechten orientiert ist. Statt dessen zeigen sie eine Reaktionsbandbreite, die mehrere Winkelgrad umfaßt. Daher kann die Antwort einer *einzelnen* »orientierungsspezifischen« Zelle nicht die Grundlage unserer sehr genauen Wahrnehmung von Kantenorientierungen sein (allerdings kann dies leicht durch eine »Ensemble-Codierung« erreicht werden, von der noch die Rede sein wird). Orientierungsspezifische Zellen antworten auch auf Bewegung und zumindest zum Teil auf Farbe. Sie sind also keineswegs bloße »Orientierungsdetektoren«.

An die Stelle der Idee einer Verarbeitungshierarchie trat deshalb langsam die Vorstellung einer weitgehend *parallel-verteilten Verarbeitung* visueller Information von der Retina bis hin zu den assoziativen corticalen Arealen. Dieses Konzept ist heute allgemein akzeptiert und soll im folgenden genauer dargestellt werden.

Parallelverarbeitung im visuellen System der Säuger

Ähnlich wie bei Amphibien unterscheiden wir bei der Katze und den Affen mehrere Grundtypen von Retinaganglienzellen, die sich in ihrer Morphologie, ihren Antworteigenschaften und den Projektionszielen ihrer Fortsätze unterscheiden. Bei der Katze sind dies X-, Y- und W-Zellen (Shapley und Perry, 1986; Peichl, 1992). X-Zellen, anatomisch β-Zellen genannt, besitzen kleine Zellkörper und kleine dendritische Felder. Sie entsprechen funktionell den R1- und R2-Zellen des Frosches. Ihre rezeptiven Felder sind entsprechend klein und zeigen eine lineare Verrechnung zwischen Zentrum und Peripherie des rezeptiven Feldes, d. h., die Wirkung einer gleichzeitigen Lichtreizung im Zentrum und in der Peripherie kann sich gegenseitig aufheben. X-Zellen haben eine hohe *räumliche Auflösung*, können also gut visuelle Details erkennen, antworten aber schlechter als Y-Zellen auf schnell bewegte Objekte und auf schwache Helligkeitskontraste. Ihre Axone haben relativ langsame Leitungsgeschwindigkeiten (15-27 m/s). X-Zellen repräsentieren knapp die Hälfte aller Retinaganglienzellen der Katze.

Y-Zellen, anatomisch α-Zellen genannt, besitzen große Zellkörper, große dendritische Felder und entsprechend große rezeptive Felder; diese sind ungefähr dreimal so groß wie die von X-Zellen des gleichen Retinagebiets. Sie zeigen eine »on-off«-Antwort wie die R3-Zellen des Frosches und haben offenbar dieselbe Funktion. Ihr rezeptives Feld zeigt nicht-lineare Eigenschaften bei der Verrechnung zwischen Zentrum und Peripherie des rezeptiven Feldes. Dies ergibt sich aus einer Interaktion zwischen vorgeschalteten amakrinen und bipolaren Zellen. Y-Zellen haben eine geringere räumliche Auflösung als X-Zellen, antworten aber besser auf schnell bewegte Objekte und auf geringe Helligkeitskontraste. Y-Zellen besitzen schnell-leitende Axone (30-55 m/s). Sie repräsentieren nur 3-5 % der Retinaganglienzellen der Katze.

W-Zellen (anatomisch γ-Zellen genannt) sind eine physiologisch inhomogene Gruppe von schätzungsweise 12 verschiedenen Typen. Sie haben alle mittelgroße dendritische Felder, kleine Somata und sehr dünne Axone, die langsam leitend sind (weniger als 15 m/s). Sie bilden etwa die Hälfte aller RGZ. Einige W-Zellen sind farbtüchtig und zeigen Gegenfarben-Antworten. Derartige Antworten finden sich nicht bei den X- und Y-Zellen.

Bei Affen (Makaken) und wohl auch beim Menschen gibt es ebenfalls zwei morphologisch und physiologisch deutlich unterschiedene Typen von Retinaganglienzellen und eine Reihe »sonstiger« Zellen (Perry et al., 1984; Lennie et al., 1990) (Abb. 24). Am zahlreichsten sind die P-Zellen (von parvozellulär = kleinzellig); sie repräsentieren etwa 80 % aller RGZ des Makakenaffen. Sie haben kleine Zellkörper und kleine dendritische und rezeptive Felder. Sie sind meist farbtüchtig, und ihre rezeptiven Felder zeigen einen rot-grün- bzw. blau-gelb-Farbantagonismus. P-Zellen zeigen eine sehr hohe räumliche Auflösung, antworten aber schlecht auf geringe Kontraste und auf schnell bewegte Objekte. Sie besitzen langsam leitende Axone.

M-Zellen (von magnozellulär = großzellig) stellen etwa 10 % der Retinaganglienzellen der Affenretina dar. Sie besitzen große Zellkörper und große dendritische bzw. rezeptive Felder, die zwei- bis dreimal so groß sind wie die der P-Zellen. M-Zellen

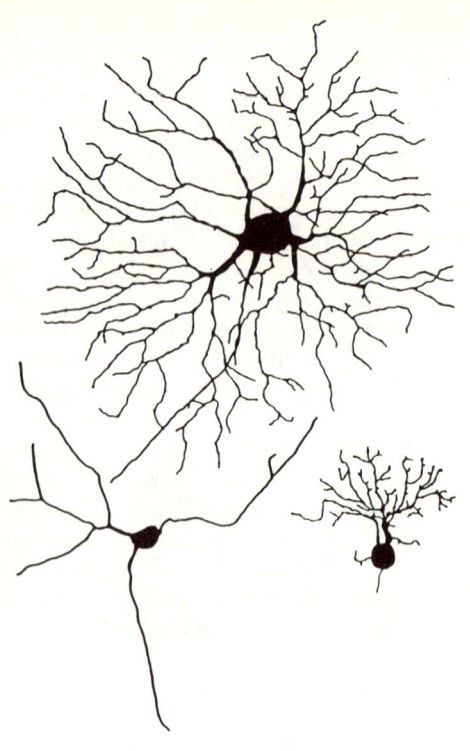

Abb. 24: Typen von Retinaganglienzellen beim Makakenaffen. Oben: M (bzw. P-α)-Zelle, rechts unten: P (bzw. P-β)-Zelle, links unten P-γ-Zelle (letztere gehört zu den »sonstigen« Zellen). Weitere Erklärungen im Text. (Nach Lennie et al., 1990; verändert).

sind nicht farbtüchtig, haben eine schlechtere räumliche Auflösung, sind dafür aber empfindlicher für geringe Helligkeitskontraste und antworten sehr gut auf schnell bewegte Objekte. Einige M-Zellen zeigen nichtlineare RF-Eigenschaften wie die Y-Zellen der Katze. Die meisten M-Zellen besitzen hingegen lineare RF-Eigenschaften wie die X-Zellen der Katzen. M-Zellen besitzen, wie die Y-Zellen der Katzen, schnell leitende Axone.

Die P-Zellen der Affen und die X-Zellen der Katze sind funktional miteinander vergleichbar. Dasselbe gilt für die M-Zellen der Affen und die Y-Zellen der Katze, mit dem Unterschied, daß die räumliche Auflösung der P-Zellen der Affen wesentlich höher ist als die der X-Zellen der Katze (weshalb Affen und Menschen auch schärfer sehen können) und das P-System der Affen farbtüchtig ist, nicht aber das X-System der Katze. X-und P-Zellen (ebenso wie R1 und R2 bei Amphibien) auf der einen Seite und Y- und M-Zellen (ebenso wie R3-Zellen bei Amphibien) auf der anderen Seite konstituieren zwei voneinander unterscheidbare Wahrnehmungssysteme, nämlich ein System für Detail- und Formsehen (X-/P-Zellen) und eines für Bewegungssehen (Y-/M-Zellen). Bei Primaten einschließlich des Menschen kommt noch ein drittes Wahrnehmungssystem für Farbensehen hinzu (Lennie et al., 1990; Zrenner et al., 1990).

In der Netzhaut der Säugetiere ist dem P/M- bzw. X/Y-System der Retinaganglienzellen ein anderes System überlagert, nämlich das on/off-System. Die P- bzw. X-Zellen und die M- bzw. Y-Zellen liegen jeweils in zwei Varianten vor: einem Typ, bei dem das ERF durch Licht aktiviert und das umgebende IRF durch Licht gehemmt wird, und einem zweiten Typ, bei dem dies genau umgekehrt ist. Dieser Antagonismus dient ebenso wie der Farbantagonismus der Kontrastverschärfung beim Formsehen und beim Bewegungssehen.

Bei Säugetieren (wie bei allen anderen Wirbeltieren) ist der laterale Kniehöcker (das Corpus geniculatum laterale, CGL) die nächste visuelle Verarbeitungsstation für die von der Netzhaut kommenden visuellen Erregungen auf dem Weg zum visuellen Cortex. Bei Katzen besteht das dorsale CGL aus drei, bei Affen aus sechs Schichten, die unterschiedliche Eingänge von der Retina erhalten (Abb. 25). Bei Affen enden beim linken CGL in

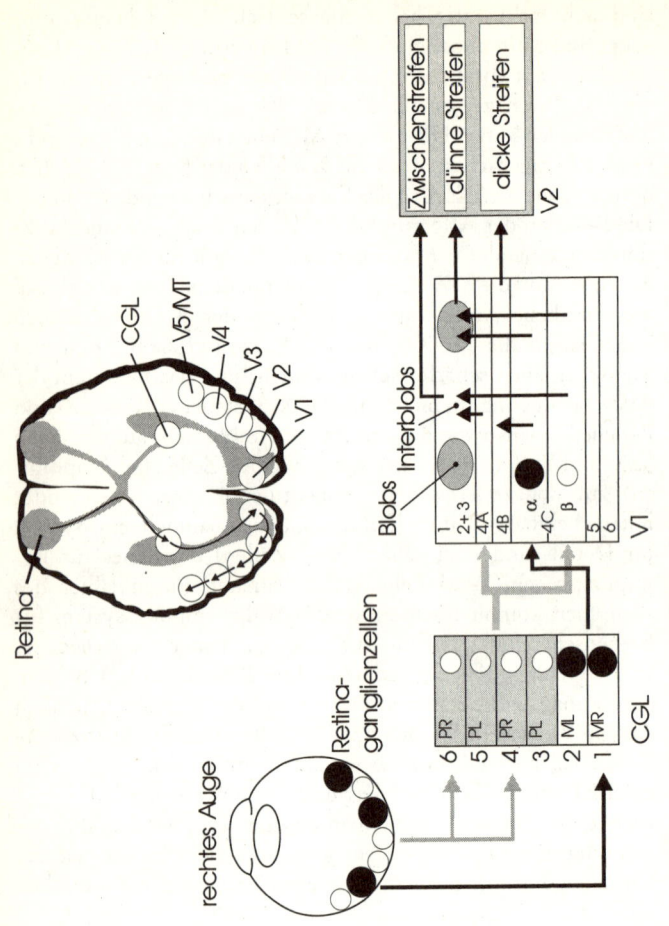

160

den Schichten 1 und 2 Afferenzen von den M-Retinaganglien-zellen des rechten bzw. des linken Auges, wobei die Empfängerzellen im CGL selbst wieder vom M-Typ sind. Die Schichten 3 bis 6 dagegen empfangen Eingänge von den P-Zellen (Schichten 3 und 5 vom linken, 4 und 6 vom rechten Auge), wobei die Empfängerzellen wiederum dem P-Typ entsprechen. Dies bedeutet, daß das M- und P-System der Retina im CGL jeweils für das linke und rechte Auge getrennt verarbeitet wird.

Das CGL erhält weit mehr »absteigende« Afferenzen vom Cortex als aufsteigende Afferenzen von der Retina (schätzungsweise zehnmal mehr). Das CGL ist also keineswegs eine reine retino-corticale Umschaltstation, sondern hier findet bereits eine Verarbeitung der von der Retina ankommenden Erregung mit rücklaufender corticaler Information statt; allerdings geschieht diese Vermischung retinaler und corticaler Afferenzen getrennt für das P- und M-System bzw. das linke und rechte Auge. Die starke »Rückprojektion« des visuellen Cortex auf das CGL dient offensichtlich dem Cortex dazu, seine eigenen Eingänge zu modulieren.

Das dorsale CGL projiziert bei der Katze zu einer Reihe von corticalen Arealen, wobei allerdings die meisten Fasern zur primären Sehrinde A17 ziehen. Beim Affen dagegen senden CGL-Zellen ihre Fortsätze ausschließlich zur primären Sehrinde (V1/A17). Das ventrale CGL projiziert zum Prätectum und zum Colliculus superior (vgl. Abb. 15 b).

Zur Zeit sind beim Makakenaffen 32 corticale Felder bekannt

Abb. 25: Parallelverarbeitung im visuellen System der Primaten: P- und M-Retinaganglienzellen (vgl. Abb. 24) schicken ihre Axone, getrennt nach linkem und rechtem Auge (PR/PL bzw. MR/ML), zu unterschiedlichen Schichten des lateralen Kniehöckers (CGL). Von dort projizieren P- und M-Zellen zum primären visuellen Cortex (V1), wo ihre Fortsätze in unterschiedlichen Unterschichten von Schicht 4 enden. P-Zellen in Schicht 4Cβ projizieren dann zu den Blobs und Interblobs in Schicht 1-3 und von dort aus zu den dünnen Streifen bzw. Zwischenstreifen im sekundären visuellen Cortex (V2). M-Zellen in Schicht 4Cα von V1 projizieren zu Schicht 4B und von dort aus zu den dicken Streifen in V2. Weiterer Verlauf der visuellen Projektionen siehe Abb. 28.

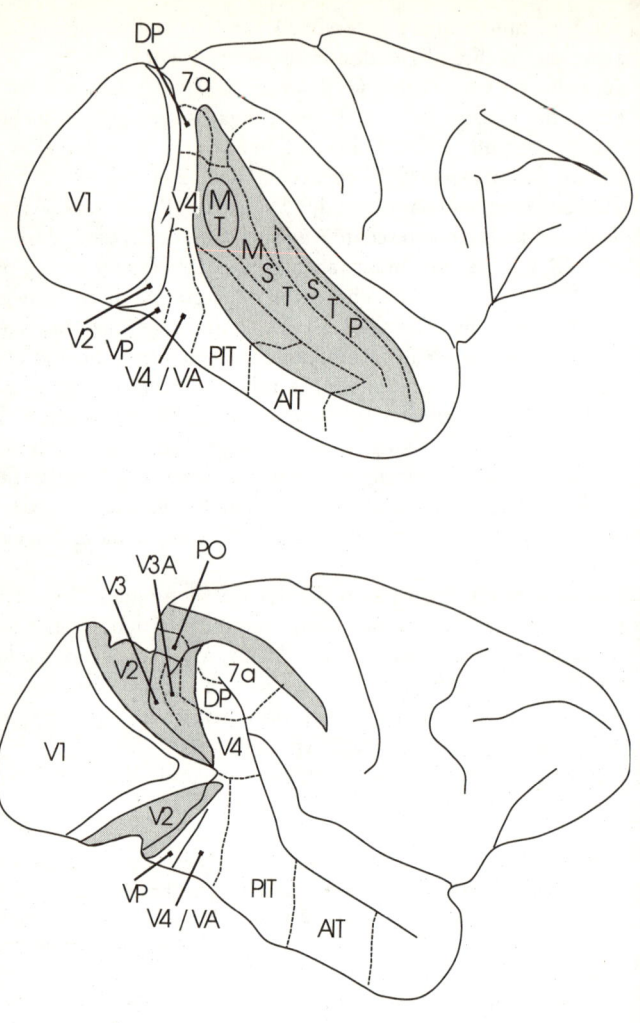

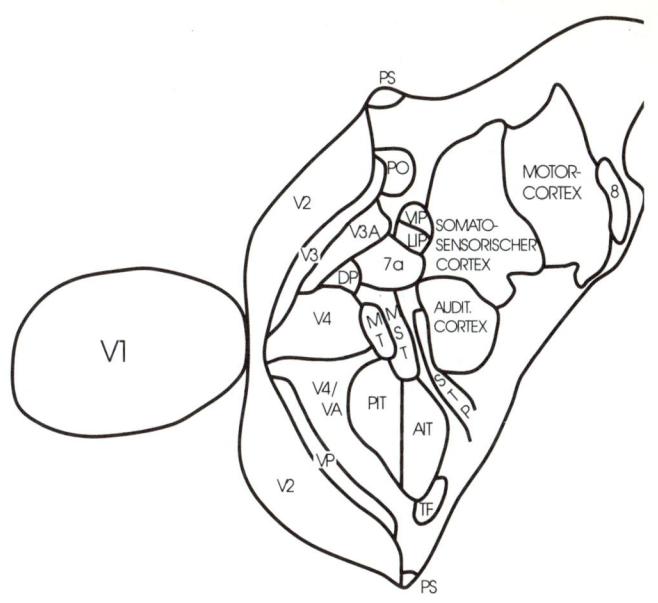

Abb. 26: Visuelle Areale beim Makakenaffen. Abb. 26a (links): die Seitenansicht des Gehirns; oben und unten sind zusätzlich in den Windungen des Cortex liegende Areale »aufgeklappt« (oben: MT, MST, STP; unten: V2, V3/V3A, PO). Abb. 26b (oben) zeigt die visuellen Felder (und andere corticale Areale) in einer Ebene flächig und in ihrer relativen Größe. Abkürzungen: V1, V2, V3/V3A, V4/V4A: primärer, sekundärer, tertiärer und quarternärer visueller Cortex; VP: ventralposteriores Areal; DP: dorsal-prälunares Areal; LIP: laterales intraparietales Areal; MT: medial-temporales Areal; MST: medial-superiortemporales Areal; PO: parieto-occipitales Areal; PIT: posteriores infero-temporales Areal; AIT: anteriores infero-temporales Areal; PS: parietales superiores Areal; STP: superiores temporales polysensorisches Areal; TF: parahippocampales Areal; VIP: ventrales intraparietales Areal. (Nach Maunsell und Newsome, 1987; verändert).

(van Essen et al., 1992), die mit visueller Verarbeitung zu tun haben, davon 25 Felder, die ausschließlich oder nahezu ausschließlich visuell sind, die anderen sind multimodal mit Einschluß visueller Funktionen (Abb. 26). Der visuelle Cortex umfaßt beim Makakenaffen ca. 50% des gesamten Neocortex.

Die *primäre Sehrinde* (A 17 bzw. V1) befindet sich bei Katze und Affe im hinteren Teil des Cortex; große Teile davon befinden sich auf der Innenseite der Großhirnhemisphären. Sie ist das größte visuelle Areal des Gehirns und beinhaltet eine vollständige Punkt-für-Punkt-Abbildung der Retina, eine sogenannte *retinotope* Abbildung. In ihr ist allerdings der zentrale Sehbereich der Retina (Fovea centralis) überrepräsentiert; dies ermöglicht eine höhere räumliche Auflösung. Wie alle Gebiete des Neocortex besteht die primäre Sehrinde aus sechs horizontalen Schichten. Bei Affen und beim Menschen enden innerhalb der Projektionsbahn vom CGL zu V1 die Fasern von den M- und P-Zellen des lateralen Kniehöckers in Schicht 4 (wie alle sensorischen Afferenzen), jedoch weitgehend getrennt in unterschiedlichen Teilschichten der Schicht 4 (Lennie et al., 1990): P-Zellen projizieren hauptsächlich in die Schichten 4A und 4Cβ; allerdings ziehen einige Fasern auch zu den Cortexschichten 1 und 6. M-Zellen dagegen projizieren fast ausschließlich in die Schicht C α (Abb. 25).

Schicht 4 des Primatencortex ist durch eine anatomisch-funktionale Aufgliederung, die sog. *Okularitätskolumnen*, gekennzeichnet, in denen die Erregungen vom linken und rechten Auge getrennt verarbeitet werden. Unmittelbar benachbarte Kolumnen enthalten jeweils Zellen, die Afferenzen aus einem kleinen Bereich der Retina des linken oder des rechten Auges bzw. der entsprechenden CGL-Schichten erhalten. Zellen oberhalb und unterhalb der Schicht 4 erhalten Eingänge von beiden Augen und sind deshalb binokular. Innerhalb dieser Okularitätskolumnen sind schmalere Kolumnen zu finden, in denen Neurone mit maximaler Aktivität auf gleiche Orientierung einer Kante antworten. Diese werden deshalb als *Orientierungskolumnen* bezeichnet. Zwischen zwei benachbarten Orientierungskolumnen ändert sich die bevorzugte Kantenorientierung systematisch um einen Betrag von 15 Grad (Wilson et al., 1990).

Eine sog. *Hyperkolumne* umfaßt damit je eine Okularitätskolumne für das linke und das rechte Auge mit je 12 Orientierungskolumnen (Wilson et al., 1990) (Abb. 27). Oberhalb und unterhalb der Schicht 4 sind *disparitätsspezifische* Zellen zu finden. Diese Zellen reagieren am stärksten auf Abweichungen (Disparitäten) zwischen rezeptiven Feldern von Retinaganglienzellen aus dem linken und dem rechten Auge, die mit derselben Gesichtsfeldposition korrespondieren. Sie spielen bei der stereoskopischen Tiefenwahrnehmung eine wichtige Rolle.

Ein weiteres anatomisch-funktionales Subsystem von V1 ist in den Schichten 2 und 3 zu finden, das aus sogenannten »blobs« und »interblobs« besteht (Abb. 25 u. 27). Dies sind mit dem Enzym Cytochrom-Oxidase anfärbbare (weil mitochondrienreiche) »Kleckse« und dazwischenliegende, nicht angefärbte Areale (Livingstone und Hubel, 1984, 1987, 1988). In jeder der oben genannten Hyperkolumnen sind mehrere solcher »blobs« und »in-

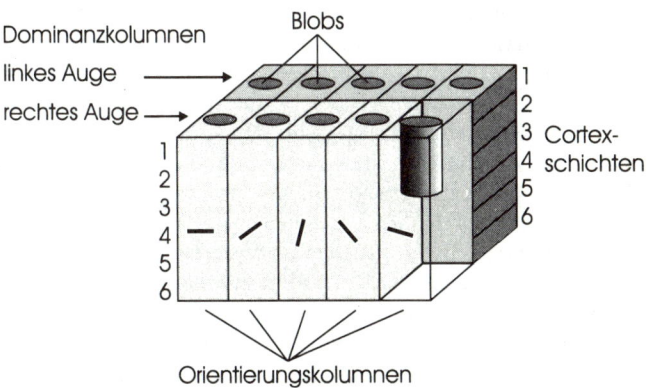

Abb. 27: Aufbau einer Hyperkolumne im primären visuellen Cortex (V1) des Affen. Die Afferenzen von Schichten des CGL, die vom linken und dem rechten Auge versorgt werden, enden in benachbarten »okularen Dominanzkolumnen«. Dabei reagieren Zellen innerhalb okularer Dominanzkolumnen bevorzugt auf eine bestimmte Kantenorientierung und bilden somit unterschiedliche, benachbarte »Orientierungskolumnen«. Okularitätskolumnen und Orientierungskolumnen, die zusammen 180° abdecken, bilden eine »Hyperkolumne«.

terblobs« zu finden. In den »blobs« sind Untertypen der bereits genannten »einfachen Zellen« (simple cells) zu finden, die eine hohe Empfindlichkeit für Farbkontraste und Helligkeitskontraste zeigen, jedoch keine hohe räumliche Auflösung, und nicht oder nur breitbandig auf Kanten unterschiedlicher Orientierung (Umrisse) reagieren. Diese Zellen erhalten ihre Eingänge offenbar von P-Zellen in Schicht $4C\beta$ sowie von M-Zellen in Schicht $4C\alpha$. In den »interblobs« dagegen sind andere Typen von »einfachen« Zellen zu finden, die nur wenig oder überhaupt nicht auf Farbkontraste oder auf Bewegung reagieren, dafür aber gut auf Kanten einer spezifischen Orientierung. Sie erhalten Eingänge von P-Zellen in $4C\beta$ und von P-Zellen aus $4A$ (Abb. 25).

An den primären visuellen Cortex schließt sich nach vorn der *sekundäre* visuelle Cortex ($A18$ oder $V2$) als ein schmaler Streifen an, der von einigen Autoren noch in einen dorsalen und einen ventralen Teil unterteilt wird (van Essen et al., 1992) (Abb. 26). Auch $V2$ enthält eine vollständige retinotope, wenn auch stark verzerrte Abbildung der Retina. In ihm lassen sich mit Cytochrom-Oxidase dicke und dünne Streifen (»thick stripes« und »thin stripes«) anfärben, die von ungefärbten Bändern (»Zwischenstreifen«, »interstripes« oder »pale stripes«) getrennt sind (Livingstone und Hubel, 1984) (Abb. 25). In den dicken Streifen sind hauptsächlich »komplexe« Zellen zu finden, die selektiv auf binokulare Disparität antworten. Es wird angenommen, daß diese Zellen hauptsächlich Erregungen von M-Zellen aus der Schicht $4B$ des primären visuellen Cortex erhalten. In den dünnen Streifen finden sich Zellen, die auf Farbkontraste reagieren, aber keine Orientierungsselektivität zeigen. Sie scheinen gleichzeitig Eingänge von P- und von M-Zellen in den Blobs von $V1$ zu erhalten. In den Zwischenstreifen finden sich hingegen orientierungsspezifische Zellen. Sie erhalten Eingänge hauptsächlich von P-Zellen in den Interblobs von $V1$. Diese Zellen besitzen rezeptive Felder mit »end-stopped«-Charakteristik.

$V2$-Neurone haben etwa dreimal so große rezeptive Felder wie $V1$-Neurone, und ihre Empfindlichkeit für Reizbewegungen liegt bei höheren Geschwindigkeiten. In $V2$ werden auch Zellen gefunden, die auf virtuelle Konturen komplexer Objekte antworten (Peterhans und von der Heydt, 1991).

Der *tertiäre* visuelle Cortex, A19 beim Menschen, beim Affen Areal V3/V3a plus Areal VP (= ventral posterior), schließt sich als schmaler Streifen nach vorn an den sekundären visuellen Cortex an (Creutzfeldt, 1983; Lennie et al., 1990) (Abb. 26). V3 repräsentiert das untere, VP das obere Gesichtsfeld, wobei die Repräsentationen allerdings stark verzerrt sind. Zellen in V3 erhalten Afferenzen von Schicht 4B in V1 und von den dicken Streifen in V2 (Abb. 28). Die meisten Zellen dieses Areals sind stark orientierungsselektiv und antworten auf binokulare Disparitäten; nur wenige Zellen antworten auf Farbreize. V3 verarbeitet offenbar »Form« und »Tiefe«.

Das Areal V4 (z. T. weiter unterteilt in V4/VA (= ventral anterior) oder einen dorsalen Teil V4d und einen ventralen Teil V4v) schließt sich beim Affen nach vorn an V3 und VP an (Abb. 26). Zellen in V4 erhalten viele Afferenzen von den dünnen Streifen und den Zwischenstreifen in V2 und von V3 und geringere Afferenzen von V1 (Abb. 25, 28). V4 zeigt eine grobe Retinotopie; viele Zellen sind farbspezifisch. Bei einigen Zellen wurde das Phänomen der Farbkonstanz beschrieben, d. h. sie antworten mit gleichen Entladungsraten auf Farben, die durch Farbreize mit unterschiedlichen Wellenlängen erzeugt wurden, aber unter bestimmten Bedingungen vom Betrachter als gleich empfunden werden. Trotz ihrer großen rezeptiven Felder zeigen diese Zellen eine gute räumliche Auflösung und sind orientierungsspezifisch. Areal V4 ist nach Auffassung vieler Autoren mit Farbwahrnehmung und räumlichem Sehen befaßt (vgl. Zeki, 1992). Andere Autoren unterstreichen, daß es in V4 auch Verarbeitung von Gestalt- und Bewegungsinformation gibt und daß die Antwortstärken von V4-Neuronen von der Aufmerksamkeit des Versuchstieres und der Bedeutung des dargebotenen Reizes abhängen (Schiller und Lee, 1991), so daß V4 als hochassoziatives Areal anzusehen ist. V4 sendet Fasern hauptsächlich zum posterioren inferotemporalen Cortex.

Beim Affen erhält das inferiore temporale Areal IT (beim Menschen A20/A21) Eingänge von V4 und von V3/VP (A19), eventuell über V4, und vom subcortical gelegenen Pulvinar, das seinerseits Afferenzen vom Colliculus superior und vom Prätectum erhält (vgl. Abb. 28). IT wird beim Affen eingeteilt in einen hinteren (occipitalen) Teil, TEO oder PIT, und einen vorderen Teil, TE oder AIT (Abb. 26); manche Autoren unterscheiden einen vorderen, zentralen und hinteren Teil, die dann jeweils noch in dorsale und ventrale Anteile gegliedert sind (van Essen et al., 1992). TEO/PIT erhält massive Eingänge von Area V4 und projiziert seinerseits massiv zu TE/AIT. Der inferotemporale Cortex projiziert insgesamt vor allem zum perirhinalen Cortex (A 35/36) im inneren mittleren Teil des Temporallappens, zum präfrontalen Cortex, zur Amygdala und zum Striatum. Er wird als ein Zentrum für die hochintegrative Verarbeitung corticaler wie auch subcorticaler Erregungen angesehen. Er ist am Erkennen komplexer visueller Reize und Situationen beteiligt (siehe Kapitel 9).

Das Gebiet V5 oder MT (medial temporal) ist verhältnismäßig klein und liegt zwischen dem Parietal- und dem Temporallappen des Cortex verborgen im Sulcus temporalis superior (STS/STP) (Abb. 26). Es zeigt eine nur ungenaue Retinotopie; seine Eingänge erhält es hauptsächlich von den Schichten 4B und 6 in V1 und von den dicken Streifen in V2 (Abb. 28). MT-Zellen sind dadurch vorzugsweise mit M-Zellen in V1 und V2 verbunden; sie reagieren vornehmlich auf bewegte Reize und sind richtungsspezifisch, aber nicht farbempfindlich. Einige Zellen antworten auf Bewegungsrichtung unabhängig vom Ort oder von der Geschwindigkeit eines Reizes, andere Zellen reagieren unterschiedlich auf Eigen- und Fremdbewegung. Dementsprechend wird MT als ein Zentrum für komplexe Bewegungswahrnehmung angesehen, insbesondere in Hinblick auf Invarianzleistungen. Eine Zerstörung von MT führt zumindest vorübergehend zum Verlust der Fähigkeit, bewegte Ziele zu verfolgen.

Das Gebiet MST (medial superior temporal, zuweilen weiter eingeteilt in einen dorsalen und einen ventralen Teil) schließt sich im Sulcus temporalis superior unmittelbar an MT an (Abb. 26). Es erhält Eingänge von MT. Zellen in MST haben sehr große rezeptive Felder und reagieren ausschließlich auf komplexe Objektbewegungen, insbesondere auf Expansion, Kontraktion und Rotation, nicht jedoch auf Bewegung starrer Körper (Sekuler et al., 1990). Es wird angenommen, daß MST mit der Wahrnehmung und Auswertung der bei Körperbewegung und bei langsa-

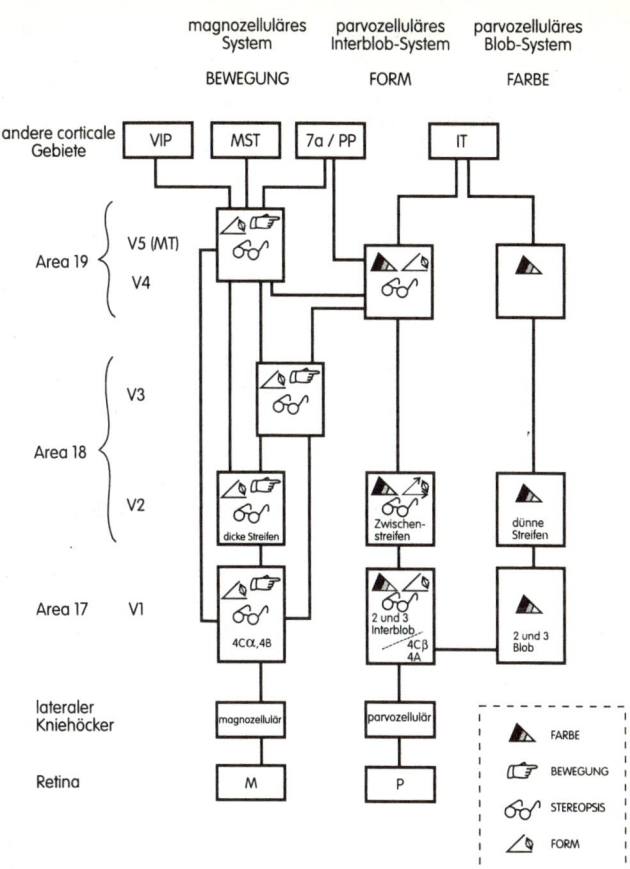

Abb. 28: Das P- und M-System (vgl. Abb. 25) setzt sich über V1 und V2 hinaus fort. Das magnozelluläre System umfaßt im weiteren die Areale V3, V5/MT, VIP, MST und 7a (PP) und bildet die Grundlage der Bewegungs- und Raumwahrnehmung. Das parvozelluläre System spaltet sich in V1 auf und bildet in Area V4 und im inferotemporalen Cortex (IT) als P-Interblob-System einerseits die Grundlage des Form- und Gestaltsehens und andererseits als P-Blob-System die Grundlage der Farbwahrnehmung. (Nach Livingstone und Hubel, 1988; verändert).

men Augenfolgebewegungen vorbeigleitenden visuellen Wahrnehmungen (»visueller Fluß«, engl. visual flow) befaßt ist.

Das posteriore parietale Feld (PP, Area 7a, vgl. Abb. 26) leistet offenbar die Integration sensorischer Erregung im Zusammenhang mit Raumorientierung und motorischem Verhalten. Es erhält Eingänge von MT und V4. Die Zellen haben große rezeptive Felder, in denen visuelle und somatosensorische Information integriert wird. Verletzungen in Feld 7a führen zum Unvermögen, nach Objekten zu greifen oder Hindernisse zu umgehen, Instrumente zu gebrauchen, sich anzuziehen, emotionale Gebärden oder Bewegungen auszuführen, sich räumlich zu orientieren (bei Verletzung der nicht sprachbegabten, d. h. nicht-dominanten Hemisphäre) oder eine Beziehung zwischen Objekten und dem eigenen Körper herzustellen (dies gilt für Verletzungen der dominanten Hemisphäre) (Creutzfeldt, 1983).

Studiert man die Verbindung der genannten corticalen Areale untereinander, wie in Abbildung 28 gezeigt, so zeigt sich in der Tat, daß von einer strikten Hierarchie von visuellen Verarbeitungsregionen im ursprünglichen Sinne von Hubel und Wiesel nicht gesprochen werden kann. Bei Affen (und offenbar beim Menschen) projiziert das dorsale CGL ausschließlich zu A17/V1, das damit den »Haupteingang« zum corticalen visuellen System bildet. Die 30 oder mehr verschiedenen visuellen corticalen Areale empfangen von V1 parallel Erregungen und sind meist reziprok miteinander verknüpft. Eine Reihe von diesen Feldern erhalten zudem subcorticale Eingänge, z. B. vom Colliculus superior und vom Pulvinar. Schließlich haben alle corticalen Felder ihre eigenen Ausgänge zu subcorticalen (meist thalamischen) Kernen und Regionen (Creutzfeldt, 1983).

Andererseits zeigt der Vergleich der Antworteigenschaften der visuellen Neurone in den verschiedenen corticalen Gebieten, daß die Verarbeitungsmechanismen in bestimmten Arealen durchaus komplexer sind als in anderen. Vergleichen wir Areale V1 und V2 einerseits und MT und MST andererseits, so zeigt sich, daß die in V1 und V2 befindlichen Neurone einfache Antworteigenschaften haben: sie reagieren auf Kantenorientierung, Farbe, Bewegung und Bewegungsrichtung, Disparität;

Neurone in MT und MST haben dagegen komplexe bis sehr komplexe Eigenschaften, etwa indem sie auf Kontraktions-, Expansions- und Rotationsbewegungen unabhängig vom sich bewegenden Gegenstand antworten. Solche Bewegungen treten im »visual flow« während der Augen-, Kopf- oder Körperbewegungen auf (Sekuler et al., 1990).

Gibt es doch »Großmutterneurone«?

Eine besondere Rolle in der Diskussion um die funktionale Organisation der Objektwahrnehmung und um die Existenz »gnostischer« Neurone im Sinne Konorskis spielen bis heute die bereits erwähnten Gesichter-Neurone, die neben anderen von Rolls, Perrett und Desimone und ihren Mitarbeitern (Perrett et al., 1984; Rolls, 1984; Desimone et al., 1984) genauer untersucht wurden. Diese gesichterspezifischen Neurone wurden von den genannten Autoren bei Affen im Gebiet um den superioren temporalen Sulcus (Area STS) des Temporallappens und in der Amygdala abgeleitet, sind inzwischen aber auch von anderen Autoren im vorderen IT und im präfrontalen Cortex gefunden worden (Young und Yamane, 1993; Wilson et al., 1993). Beim Menschen wurden mithilfe ereigniskorrelierter EEG-Potentialableitungen ebenfalls gesichterspezifische Cortexareale nachgewiesen; diese liegen im Vergleich zu den Affen weiter hinten im temporo-occipitalen Bereich (Grüsser et al., 1990). Die meisten der gefundenen Neurone antworten bei Affen generell auf Gesichter, gleichgültig ob von Menschen oder von Affen, aber nicht auf andere komplexe Darstellungen oder einfache geometrische Formen. Ebenso sind sie relativ »unempfindlich« gegen Veränderungen in der Größe, dem Ort, der Gestalt, der Ansicht, der Farbe und der Beleuchtungsart von Gesichtern, zeigen also eine »Gesichterinvarianz« (Perrett et al., 1987). Einige STS-Neurone antworten hingegen bevorzugt auf spezifischere Gesichtermerkmale wie Augen oder Mund, oder sie antworten bevorzugt auf Gesichter im Profil oder auf den spezifischen Gesichtsausdruck. Etwa zehn Prozent aller in die Gesichtererkennung involvierten Neurone antworten präferentiell auf *individuelle* Gesichter.

Die seither immer wieder gestellte Frage lautet: Sind dies »gnostische« Neurone im Sinne Konorskis bzw. »Großmutter-zellen«? Oder entstehen ihre Antworten aufgrund einer Paral-lelverarbeitung bzw. einer *Populationscodierung*? Populations-codierung heißt, daß die Repräsentation einer bestimmten Information auf die Aktivität einzelner Neurone innerhalb einer Population *verteilt* ist; das einzelne Neuron trägt zu dieser Re-präsentation »arbeitsteilig« bei und repräsentiert nur Teilaspek-te der Information. Die Antworteigenschaften der beteiligten Neurone sind dabei *stark überlappend*. Eine solche Popula-tionscodierung wurde von Georgopoulos und Mitarbeitern (1982) für das Bewegungssteuerungssystem im motorischen Cortex vorgeschlagen. Dort gibt es für die Bewegungsrichtung des Armes nicht jeweils spezifische Kommandoneurone für ei-ne bestimmte Richtung, sondern viele Neurone sind an der Steuerung der Armbewegung in einer ganz bestimmten Rich-tung beteiligt, die alle etwas verschiedene »Vorzugsrichtungen« haben. Der Arm bewegt sich dann genau in diejenige Richtung, die dem *Mittel* der einzelnen Vorzugsrichtungen der beteiligten Neurone entspricht. Für jede Armbewegungsrichtung ist dann eine unterschiedlich zusammengesetzte Population von cortica-len motorischen Neuronen »zuständig«, die jeweils verschiede-ne Gesamtvektoren haben.

Fest steht zunächst, daß es sich bei den Gesichterneuronen um relativ wenige Neurone handelt – Rolls und Perrett sprechen von wenigen Hundert – zumindest nicht um Hunderttausende oder Millionen oder gar Hunderte von Millionen; und ferner, daß die Antworten in der Tat spezifisch für Gesichter sind oder gar präferentiell auf Teile von Gesichtern antworten. Allerdings werden viele Neurone mit identischen Antworttypen gefunden, was gegen ein striktes Großmutterneuronenkonzept spricht; für Perrett ist dies ein Hinweis darauf, daß auch bei »gnostischen« Neuronen eine Sicherheitsspanne eingebaut sein könnte. Perrett sieht allerdings zwischen dem Konzept einer hierarchischen Or-ganisation der Gesichtererkennung mit »gnostischen« Neuro-nen an der Spitze einer bestimmten Hierarchie und dem Kon-zept einer Parallelverarbeitung keinen Widerspruch. So kann es zum einen sein, daß »gnostische« Neurone selbst wieder Mitglieder einer parallelverarbeitenden Population von Erkennungsneuronen sind. Zum anderen sieht er eine mögliche Funktion der Gesichterneurone darin, festzustellen, ob etwas ein Gesicht ist oder nicht, d. h., das Übereinstimmen mit einem kognitiven Schema zu melden.

Kürzlich haben Young und Yamane (1993) diese Frage experimentell und theoretisch weiterverfolgt. Sie leiteten bei japanischen Makakenaffen Gesichterneurone im vorderen IT (AIT, auch TE genannt) und in STS ab. Sie fanden eine gewisse Arbeitsteilung: Neurone in AIT/TE reagierten bevorzugt auf die physikalischen Eigenschaften von Gesichtern, Neurone in STS auf semantische Kategorien wie Vertrautheit und Gesichtsausdruck. Gleichzeitig fanden sie, daß innerhalb dieser zwei Populationen die Antworteigenschaften nicht diskret sind, sondern stark überlappen, und daß sich die auftretenden Änderungen in den Antworteigenschaften systematisch mit dem Ableitort ändern. Dies spricht nach Meinung der Autoren eindeutig für einen Populationscode im oben genannten Sinn. Entsprechend gilt für die Gesichtererkennung, daß jeweils eine Reihe von Neuronen mit unterschiedlichen Antworteigenschaften an der Erkennung von Gesichtern oder eines bestimmten Gesichts beteiligt sind. Allerdings sehen Young und Yamane bei den Gesichterneuronen das Prinzip des »sparsamen« Populationscodes (*sparse coding*) verwirklicht: nur sehr wenige Gesichterneurone sind nötig, um ein Gesicht eindeutig zu erkennen, denn die Präferenzen der beteiligten Neurone liegen sehr eng beieinander.

Im vorderen IT (AIT/TE) hat Tanaka (1993) eine kolumnäre Organisation von Zellen gefunden, die – wie zu erwarten – auf komplexe Objekte reagieren. Diese Objekte konnten sich hinsichtlich der Kombination visueller Merkmale wie Farbe, Form, Gestalt, Textur und Kontrast voneinander unterscheiden. Zellen mit gleicher oder sehr ähnlicher Antwort auf eine spezifische Merkmalskombination sind in Kolumnen senkrecht zur Oberfläche angeordnet, die einen Querschnitt von 0.5 x 0.5 Millimetern haben. Davon scheint es bei Makakenaffen in TE ca. 1300 zu geben. Benachbarte Kolumnen zeigen zum Teil abrupte Änderungen in der von ihnen »bevorzugten« Objektmerkmalskombination. Dies liegt nach Tanaka daran, daß eine derart hochdimensionale Merkmalskombination nicht zweidimensional in einer kontinuierlichen Weise repräsentiert werden kann.

Tanaka kommt aufgrund seiner Befunde – wie viele vor ihm – zu dem Fazit, daß im visuellen System Objekte nicht durch eine Detektorzelle, sondern durch ein *Ensemble* von Zellen repräsentiert werden. Dies ermöglicht zum einen Bildung von Invarianzen und zum anderen eine höhere Erkennungsgenauigkeit durch Mittelwertbildung oder sonstige »Verrechnungen«. Gleichzeitig ist aber klar, daß die von TE-Neuronen gezeigte Komplexität der Antworten noch keineswegs ausreicht, um das Erkennen von natürlichen komplexen Gestalten und Szenen zu erklären. Hier muß eine Interaktion zwischen vielen TE-Kolumnen und anderen corticalen und subcorticalen Netzwerken angenommen werden. Dies bedeutet, daß trotz der hochgradigen Modularität komplexe Objekte und Geschehnisse *verteilt* repräsentiert sind.

Hinsichtlich der Diskussion um parallel-distributive vs. hierarchische Verarbeitung visueller Information muß kritisch angemerkt werden, daß heute von vielen Fachleuten das Konzept der Parallelverarbeitung ebenso dogmatisch vertreten wird wie das frühere Hierarchiemodell, und zu diesen »Dogmatikern« gehört interessanterweise auch David Hubel, der seinerzeit das Hierarchiemodell vertreten hatte. Eine genauere Würdigung der empirischen Daten zeigt, daß von einer strengen Trennung der Verarbeitungsbahnen nicht gesprochen werden kann, sondern eher von einer *Durchdringung* paralleler und konvergent-hierarchischer Verarbeitung, wobei parallele Verarbeitung insbesondere die frühen Stufen der Wahrnehmung betrifft. Auch sind die verschiedenen Verarbeitungsbahnen nicht stets genau einem Cortexareal zuzuordnen, vielmehr zeigt sich, daß in ein und demselben Areal Farbe, Form, Bewegung usw. verarbeitet werden kann, wenn auch meist mit unterschiedlicher Gewichtung.

Wie wir gesehen haben, liegen auf der ersten Stufe des Wahrnehmungsprozesses, d. h. auf der Ebene der Sinnesrezeptoren, Elementarereignisse vor, die als solche keinerlei Bedeutung haben. Sie werden durch *unbewußt* ablaufende Prozesse zu einfachen und schließlich komplexeren Wahrnehmungsinhalten zusammengefügt.

Der Übergang von »einfach« zu »komplex« ist dabei fließend, läßt sich aber in einer Reihe von Fällen anatomisch und physiologisch nachvollziehen. Ein Beispiel hierfür ist Farbkonstanz, von der schon die Rede war, nämlich die Fähigkeit, an Objekten eine bestimmte charakteristische Farbe zu erkennen, und zwar unabhängig von dem tatsächlichen Wellenlängenspektrum des reflektierten Lichtes. Während Neurone in der Retina und der primären Sehrinde V1 ihr Antwortverhalten mit den Wellenlängen ändern, stimmen einige V4-Neurone beim wachen Affen mit der menschlichen subjektiven Farbwahrnehmung überein (Zeki, 1992). Dies bedeutet: Eine bestimmte V4-Zelle feuert, solange das rezeptive Feld dem menschlichen Beobachter rot erscheint, gleichgültig, wie die Wellenlängenverteilung des Reizes aussieht.

Ein anderes Beispiel sind Scheinbewegungen, die durch sukzessives Aufleuchten räumlich getrennter stationärer Lichtpunkte oder -kanten hervorgerufen werden (z. B. bei Leuchtreklamen). Während visuelle Neurone in der Retina und in V1 nur auf tatsächliche Bewegung von einzelnen Punkten oder Kanten reagieren, werden Neurone in MT durch derartige Scheinbewegungen aktiviert. Sie »unterliegen« also genauso wie unsere erlebte Wahrnehmung der Bewegungsillusion (Sekuler et al., 1990). Ein weiteres Beispiel ist die Unterscheidung von Eigen- und Fremdbewegung von Objekten. Zellen in V1 und V2 reagieren auf jede Art von Bewegungen von retinalen Bildern, gleichgültig ob sie durch Eigenbewegung der Objekte oder durch Augenbewegungen zustande kommen. Viele Zellen in V3A und im posterioren parietalen Cortex (7a) (»real motion cells«) hingegen reagieren auf die Eigenbewegung der Objekte, d. h., sie schweigen, wenn das retinale Bild sich nur aufgrund der

Augenbewegung bewegt. Auf der Ebene von V3A ist also die vom Gehirn selbst induzierte Augenbewegung bereits »in Rechnung« gestellt.

Ein besonders interessantes Beispiel in diesem Zusammenhang ist die Wahrnehmung virtueller Konturen, wie sie bei der sogenannten Kanizsa-Täuschung auftreten (Abb. 29). Hierbei geht es um das Erkennen von physikalisch nicht vorhandenen Objektumrissen, die aus der Gestaltwahrnehmung nach einfachen »Gesetzen des Sehens« (Metzger, 1975) gefolgert werden. Interessanterweise werden dabei nicht nur gerade, sondern auch gebogene virtuelle Kanten »gesehen«. Beim wachen Affen konnten in V2 und neuerdings auch in V1 Zellen gefunden werden, die auf derartige virtuelle Konturen antworten. Die Deutung ist, daß hier ein Mechanismus zur *Konturschließung* bei Verdeckungen in einer komplexen Szene vorliegt. Es wird angenommen, daß dieses Phänomen auf einer Kombination der Aktivität »einfacher« und »komplexer« Zellen plus der Aktivität von »end-stopped«-Feldern quer zum Kantenverlauf beruht (Peterhans und von der Heydt, 1991). Dieser Mechanismus

Abb. 29: Kanizsa-Täuschung. Erläuterung im Text.

würde bei abbrechenden, scharf endenden Linien einsetzen, die in der Regel eine *Verdeckung* signalisieren.

So komplex Farb- und Formkonstanz oder die Wahrnehmung von Scheinbewegung und von virtuellen Konturen in der Vergangenheit angesehen wurden, es handelt sich dabei um automatisierte, präkognitive Prozesse, die durch Erfahrung (zumindest im Jugend- und Erwachsenenalter) nicht mehr in größerem Umfang veränderbar sind. Sie lassen sich auch bei anderen Säugetieren und anderen Wirbeltieren wie Fischen und Vögeln nachweisen und gehören offenbar zur »Grundausrüstung« des visuellen Systems der Wirbeltiere (und vermutlich wirbelloser Tiere mit hochentwickeltem visuellen System wie Insekten und Tintenfische).

9 Kognition und Emotion:
Die unauflösliche Einheit zwischen Großhirnrinde und limbischem System

Das abendländische Denken ist ein zutiefst dualistisches Denken: Geist gegen Körper, Verstand gegen Gefühle, Willensfreiheit gegen Trieb. Das erste ist jeweils edel und stellt den Menschen in die Nähe des Göttlichen, das zweite ist unedel und bildet das tierische Erbe im Menschen. Der Mensch ist das denkende Wesen, das *animal rationale*; es sind die Gefühle und Triebe, die uns niederziehen.

Dieses dualistische Denken hat auch in der Hirnforschung seinen Niederschlag gefunden. Wie selbstverständlich werden die logisch-rationalen Fähigkeiten unseres Gehirns als die »höchsten Hirnfunktionen« angesehen, und nichts paßt besser hierzu als die – vermeintliche – Tatsache, daß die Großhirnrinde als der »Sitz« dieser Funktionen das »stammesgeschichtlich« jüngste Produkt der zum Menschen hinlaufenden Hirnevolution ist. Entsprechend diesem pseudoevolutionären Weltbild sind alle Zentren, die sich mit dem Hervorbringen bzw. der Steuerung von Gefühlen und Affekten befassen und zum limbischen System gehören, »stammesgeschichtlich älter«. Ich habe bereits auf die Unhaltbarkeit dieses Weltbildes hingewiesen. Wir werden im folgenden sehen, daß Großhirnrinde und limbisches System eine unauflösliche Einheit bilden, und daß Kognition nicht möglich ist ohne Emotion, dem erlebnismäßigen Ausdruck des Prozesses der *Selbstbewertung* des Gehirns. Ich will mich im folgenden zuerst mit dem Aufbau des assoziativen Cortex befassen, dann mit dem limbischen System und zeigen, wie und warum beide eine unauflösliche Einheit bilden. Dies soll dann zur Behandlung des Phänomens »Bewußtsein« im nächsten Kapitel überleiten.

Aufbau und Funktion des assoziativen Cortex

Komplexe kognitive Leistungen, die auch im Erwachsenenalter erfahrungsabhängig sind und zumindest beim Menschen potentiell von Bewußtsein begleitet werden, sind immer mit der Aktivität von Nervenzellen in den assoziativen Cortexarealen verbunden (Abb. 1b, 5). Diese Areale gelten als die eigentlichen Integrationszentren der Wahrnehmung. Wie wir aber sehen werden, erbringen sie ihre Leistungen nur in »Zusammenarbeit« mit subcorticalen Zentren.

Der *parietale* Cortex umfaßt zum einen Verarbeitungsareale der Körpersensorik (A1, 2, 3, 43, Teile von A5), und zum anderen assoziative Areale, und zwar Teile von A5, A7, A7a und A7b und den inferioren parietalen Cortex (A39 = Gyrus angularis; A40 = Gyrus supramarginalis). Der parietale Cortex erhält Eingänge von anderen corticalen Regionen und vom Pulvinar des Thalamus und projiziert zum temporalen und frontalen Cortex, zum Hippocampus, zum Pulvinar, zum Striatum und zu vielen anderen subcorticalen Strukturen. Er hat mit Raumwahrnehmung im allgemeinsten Sinn zu tun (Creutzfeldt, 1983; Kolb und Wishaw, 1993). Die Funktionen des PP umfassen die Konstruktion einer dreidimensionalen Welt und die *Lokalisation* der Sinnesreize, des eigenen Körpers und seiner Bewegungen in dieser Welt. Weiterhin betreffen die Leistungen des posterioren Parietallappens das Wissen über den eigenen Aufenthaltsort (d. h. die Lokalisation innerhalb »geographischer« Karten), das Erfassen räumlicher Perspektive sowie das Umgehen mit abstrakten Raumkonzepten einschließlich des Erkennens, Deutens und Benutzens von Karten und Zeichnungen. Andere Funktionen des PP umfassen Lesen (auch das »Lesen« der Uhr), Rechnen und allgemein das Erkennen und den Umgang mit *Symbolen*. Verletzungen des PP führen zur Beeinträchtigung des abstrakten Denkens.

Der PP zeigt eine deutliche funktionale Hemisphären-Asymmetrie. Im linken PP (einschließlich des Gyrus angularis und des Gyrus supramarginalis) wird vorn'ehmlich *symbolisch-analytische* Information verarbeitet, etwa Arithmetik und Sprache, die Bedeutung von Abbildungen und von Symbolen. Verletzungen des linken PP, besonders des Gyrus angularis (A 39), führen zu Störungen beim Lesen und Schreiben und entsprechenden Gedächtnisfunktionen. Im rechten PP dominiert die *räumliche Lokalisation*, die konkrete oder mentale Konstruktion des Raumes mit der Möglichkeit des Perspektivwechsels. Nach Verletzungen des rechten PP können Patienten ihre verschiedenen Aufenthaltsorte nicht mehr räumlich und zeitlich auseinanderhalten und behaupten zum Beispiel, an verschiedenen Orten gleichzeitig zu sein; sie sehen selbst darin jedoch nichts Eigenartiges. Dies ist eine Form von *Anosognosie*, einer Erkrankung, die im nächsten Kapitel noch ausführlicher behandelt wird. Solche Patienten nehmen generell einen stark egozentrierten Standpunkt ein; sie sind unfähig, die Sichtweise anderer zu akzeptieren.

Eine besondere Rolle besitzt der PP in der Steuerung der Aufmerksamkeit. PP ermöglicht das Umlenken der Aufmerksamkeit (»shift of attention«) im Zusammenhang mit räumlicher Orientierung und in Hinblick auf Erwartungshaltungen (Posner und Dehaene, 1994; Corbetta et al., 1995; Maunsell, 1995). Hierbei interagiert der PP mit dem Pulvinar des Zwischenhirns und dem Colliculus superior des Mittelhirns. Posner und Dehaene nennen dies das »hintere Aufmerksamkeitssystem«. Bei Affen wurden im visuellen Areal MST, das sich im PP befindet, viele Neurone gefunden, die nur dann aktiv sind, wenn bestimmte Objekte (z. B. Nahrung) ergriffen werden sollen. Diese Neurone werden durch den Aufmerksamkeitszustand des Tieres moduliert. Im PP finden sich Neurone, die an einer »Umkartierung« (remapping) der räumlichen visuellen Welt beteiligt sind, wie sie bei jeder willkürlichen Augenbewegung nötig ist. Augenbewegungen haben zur Folge, daß das retinale Bild und damit subjektiv die gesamte visuelle Welt sich schlagartig verschieben. Um die visuelle Welt wieder zu stabilisieren, müssen Augen- und Kopfbewegungen abgezogen werden. Einen derartigen Prozeß des Abrechnens der Konsequenzen willkürlicher Augenbewegungen auf den Anblick der Umwelt hat bereits Helmholtz in seinen Abhandlungen zur physiologischen Optik gefordert. Duhamel und Mitarbeiter fanden PP-Neurone mit großen rezeptiven Feldern, die feuerten, *bevor* eine Augenbewegung zu einem neuen Ziel ausgeführt wurde. Voraussetzung war, daß sich das neue Ziel noch innerhalb des rezeptiven Feldes befand, das auf das gegenwärtige Blickziel zentriert war. Diese Neurone feuerten nicht, wenn keine willkürliche Augensakkade folgte, vielmehr melden sie dem Gehirn die zu erwartende retinale Verschiebung.

Der *temporale* Cortex umfaßt drei funktional unterschiedliche Bereiche: primäre und sekundäre auditorische (A 41, 42) und gustatorische Areale (Insula), neocortical-assoziative Areale (A20-23, 37, 38) und medial-temporale, »limbische« Areale (entorhinaler, parahippocampaler und perirhinaler Cortex; gelegentlich wird auch die Amygdala hierzu gerechnet). Der temporale assoziative Cortex ist für die Integration und Bewertung *nichträumlicher* auditorischer und visueller Aspekte von Objekten und Prozessen zuständig. Im oberen Bereich (A22) wird komplexe auditorische und im unteren, inferotemporalen Bereich (IT; A20, A21) komplexe visuelle Information verarbeitet.

Der inferiore temporale Bereich (IT) ist am Erkennen komplexer visueller Reize und Situationen, z. B. von Körperteilen (Hand), insbesondere von Gesichtern (Perrett et al., 1984; Rolls, 1984) beteiligt, wovon im vorigen Kapitel ausführlich die Rede war, aber auch am Erkennen anderer bedeutungsvoller Gegenstände, z. B. Nahrungsmittel. Bei elektrischer Reizung von IT, die chirurgischen Eingriffen vorhergehen, kommt es bei Epileptikern zu den von Penfield und Roberts (1959) beschriebenen Erlebnishalluzinationen. Patienten haben bei Reizungen von IT-Cortexarealen polysensorische »Rückblenden« meist visueller und auditorischer Art. Sie fühlen sich in frühere Aufenthaltsorte und Geschehnisse zurückversetzt und können dieses detailliert beschreiben, wobei sie allerdings sich ihrer gegenwärtigen Situation im Operationssaal bewußt sind. Bei nichtepileptischen Personen konnten derartige »flashbacks« nicht ausgelöst werden (vgl. Kolb und Wishaw, 1993); auch ist ihre Entstehung und Bedeutung unklar. IT-Neurone sind auch wesentlich bei der Erzeugung von visuellen Objektvorstellungen beteiligt.

Der IT liegt nahe zum medial (d. h. nach innen) gelegenen Teil des Temporallappens, der mit dem Hippocampus, dem entorhinalen, perirhinalen und parahippocampalen Cortex das bedeutendste »Koordinationszentrum« des deklarativen Gedächtnisses bildet (s. u.). IT ist selbst Speicherort des figürlichen und szenischen Gedächtnisses und beherbergt auch Teile des Sitzes des visuellen »Arbeitgedächtnisses« (working memory). Im Arbeitsgedächtnis wird dasjenige, was soeben wahrgenommen wurde, kurzzeitig im Gedächtnis behalten (Goldman-Rakic, 1992). Dies tun wir zum Beispiel, wenn wir eine nachgeschlagene Telefonnummer auf dem Weg vom Platz, wo sich das Telefonbuch befindet, zum Telefon behalten müssen; werden wir dabei abgelenkt, dann ist (den meisten von) uns die Nummer entfallen. Das Arbeitsgedächtnis ist auch nötig, um einen Vergleich mit den nächstfolgenden Wahrnehmungsinhalten zu ermöglichen, wobei sich der Vergleich durchaus über mehrere der folgenden Wahrnehmungsszenen erstrecken kann. Dieser Vergleich ist notwendig, um festzustellen, ob und inwieweit sich Veränderungen im Inhalt des neu und des zuvor Wahrgenommenen ergeben haben. Von Miller et al. (1991) wurden IT-Neurone beschrieben, die offenbar eine zentrale Rolle beim Arbeitsgedächtnis spielen. Die von den Autoren beschriebenen Neurone feuern am stärksten, wenn die Unterschiede zwischen vorhergehender und nachfolgender visueller Wahrnehmung groß sind. Bei gleichen oder sehr ähnlichen Situationen sind sie dagegen gar nicht oder sehr gering aktiv.

Interessanterweise ist bei der Arbeit des Arbeitsgedächtnisses der Hippocampus nicht beteiligt; vielmehr tritt er erst in Aktion, wenn bestimmte Informationen mittel- oder langfristig im Gedächtnis verankert werden sollen (Posner und Dehaene, 1994). Dies stimmt mit klinischen Befunden an Patienten mit schwerer anterograder Amnesie überein, die Dinge behalten können, solange sie ihre Aufmerksamkeit darauf richten.

Läsionen des assoziativen temporalen Cortex führen zu visuellen und auditorischen Defiziten im Bereich bedeutungsvoller und kategorialer Wahrnehmung (Agnosien). Visuelle Agnosien aufgrund von Verletzungen im IT betreffen etwa die Unfähigkeit, Objekte zu benennen oder zu erkennen (*Objektagnosie*), Gesichter zu erkennen (*Prosopagnosie*), sowie Farbe zu erkennen (*Farbagnosie*) oder zu benennen (*Farbanomie*). Auditorische Agnosien betreffen die Unfähigkeit, Töne, Melodien, Rhythmus, Takt und Tempo von Musik zu erkennen (*Amusie*).

Asymmetrisch verteilte Funktionen des Temporallappens betreffen vor allem die Sprache und damit zusammenhängende kognitive Leistungen. Bei Läsionen des linken Temporallappens im oberen und mittleren Bereich (Wernickes Areal, entspricht etwa A22) treten Wort- und Sprachverständnisstörungen auf (*Aphasien*), Störungen der Kategorisierung von Wort- und Bildmaterial, des Gebrauchs von Kontextinformation sowie eine Störung der Fähigkeit zur Interpretation der Mimik. Die rechte Hemisphäre hat auch Wortverständnisfähigkeiten, verfügt aber über keine Sprachproduktion.

Der *frontale* Cortex ist funktional sehr inhomogen und umfaßt zum einen den primären motorischen und den prämotorischen Cortex (A4, A6), den supplementären motorischen Cortex (MSA), das frontale Augenfeld (FEF, A8), das sog. Brocasche Areal als frontales Sprachzentrum (A44) sowie den präfrontalen Cortex. Der präfrontale Cortex wird wiederum unterteilt in den *dorsolateralen* (A9, 10, 45, 46) und den *orbitofrontalen* Cortex (A11-14, 47). Der präfrontale Cortex hat rückläufige Verbindungen zum anterioren und posterioren temporalen Cortex, zum posterioren parietalen Cortex, zum Pulvinar, zum anterioren und dorsomedialen Kern des Thalamus und zur Amygdala. Ebenso bestehen nicht-rückläufige Verbindungen zum Nucleus caudatus des Striatum.

Der *präfrontale* Cortex (PF) spielt seit langem die Rolle des »höchsten« kognitiven Zentrums des Gehirns. Beeinträchtigungen liegen im Bereich der Willkürmotorik und des planvollen Handelns, des kontextabhängigen Verhaltens, besonders in Hinblick auf den sozial-kommunikativen Kontext (z. B. die Fähigkeit, die Bedeutung von Szenendarstellungen zu erfassen). Läsionen im PF führen zum Verlust der Fähigkeit, Probleme zu lösen und den Inhalt von Denken und Tun umzulenken. Bei Patienten mit präfrontalen Läsionen zeigt sich der Hang zur »Perseveration«, also zum hartnäckigen Verbleiben bei einer Sache, ein Verlust der Verhaltensspontaneität und Kreativität, sowie Einschränkungen des adaptiven Verhaltens, besonders im Sozialbereich. Allgemein verflacht die Persönlichkeit (»Frontalhirn-Syndrom«; Creutzfeldt, 1983; von Cramon, 1988; Damasio, 1995).

Der PF spielt neben dem parietalen Cortex auch bei der Aufmerksamkeitssteuerung eine große Rolle. In diesem Zusammenhang wird im präfrontalen Cortex ein »vorderes Aufmerksamkeitssystem« angesiedelt, das sich im Gegensatz zum
parietalen »hinteren Aufmerksamkeitssystem« mit Aspekten
der Form und der Farbe befaßt (Posner und Dehaene, 1994).
Dieses System steht in enger Verbindung mit dem vorderen cingulären Cortex und den Basalganglien. Von einigen Autoren
wird der präfrontale Cortex generell als »Überwachendes Aufmerksamkeitssystem« angesehen (Shallice, 1988; Frith, 1992).
Dennoch ist die Annahme, der präfrontale Cortex sei das »höchste Hirnzentrum«, nicht gerechtfertigt. Vielmehr arbeitet er arbeitsteilig mit den anderen sensorischen, motorischen und assoziativen Arealen zusammen; seine besondere Leistung liegt in
der Verhaltensplanung und der Einbindung des geplanten Verhaltens in den Handlungskontext. Wichtig ist in diesem Zusammenhang die enge Verbindung des PF mit dem cingulären
Cortex, der Amygdala und dem Striatum, was uns bei der Behandlung des limbischen Systems noch genauer beschäftigen
wird.

Das Ungerleider-Mishkin-Modell
und seine Berechtigung

Ein in der kognitiven Neurobiologie und Neuropsychologie
weithin akzeptiertes, auf Ungerleider und Mishkin zurückge-
hendes Konzept komplexer visueller Wahrnehmung (Ungerleider und Mishkin, 1982; Ungerleider, 1995) geht von der Existenz
zweier großer visueller Verarbeitungssysteme im Primatencortex aus, dem »Wo?«- bzw. »Wohin?«-System und dem »Was?«-
System. Das »Wo?«-Systen leistet komplexe visuelle Raumwahrnehmung und Visuomotorik (unter Beteiligung anderer
Sinnessysteme). Nach Meinung der Autoren ist es identisch mit
dem im voraufgegangenen Kapitel ausführlich behandelten
M-System, das – wie dargestellt – magnozelluläre Teile von V_1,
V_2, V_3 sowie MT und MST umfaßt und in den parietalen Cortex mündet (vgl. Abb. 26, 28). Das »Was?«-System hingegen ist

für komplexe Gestaltwahrnehmung zuständig und mit dem P-System identisch, das andere (parvozelluläre) Teile von V1 und V2 sowie V4 umfaßt und im inferotemporalen Cortex endet.

Von der Gruppe um Patricia Goldman-Rakic (Wilson et al., 1993) wurde kürzlich nachgewiesen, daß sich die Aufteilung des visuellen Systems in ein »Was?«- und ein »Wo?«-Subsystem in den präfrontalen Cortex hinein fortsetzt. Im dorsalen und medialen PF (Sulcus principalis und arcuatus) fanden die Autoren Neurone, die räumliche Wahrnehmung verarbeiteten; diese Region ist verbunden mit dem posterioren parietalen Cortex. Im orbitalen bzw. inferioren PF hingegen stießen sie auf Zellen, die mit nichträumlicher visueller (hauptsächlich fovealer) Wahrnehmung komplexer Objekte und Szenen zu tun haben, unter anderem mit Gesichtererkennung (10 % der untersuchten Zellen). Der orbitale PF ist mit dem IT verbunden. Im Unterschied zu den IT-Neuronen adaptieren die PF-Neurone nicht auf zuvor dargebotene, also bekannte Objekte oder Szenen.

Evidenzen für die Aufteilung des visuellen Systems in zwei funktionale Subsysteme, die den ganzen assoziativen Cortex durchziehen, sind vornehmlich klinischer Natur. Patienten mit visueller Agnosie nach Läsionen im posterioren IT und im inferioren PF sind häufig unfähig, alltägliche Objekte wie Gesichter, Bilder oder Zeichnungen zu erkennen oder zu beschreiben. Sie haben jedoch keine Schwierigkeiten, sich in ihrer vertrauten Umwelt räumlich zurechtzufinden. Umgekehrt haben Patienten nach einer Verletzung von PP Schwierigkeiten, präzise nach visuellen Zielen zu greifen; sie können diese jedoch ohne weiteres identifizieren. Dies scheint die Auffassung zu bestätigen, daß der hintere untere temporale Cortex für Objektwahrnehmung, aber nicht für Raumwahrnehmung zuständig ist.

Jüngere klinische Befunde schränken jedoch dieses Modell ein (Goodale and Milner, 1992). Eine bilaterale Schädigung des Parietalcortex kann die Fähigkeit beeinträchtigen, Information über die Größe, Gestalt und Orientierung eines Objektes für die Kontrolle von Hand und Fingern während einer Greifbewegung zu nutzen, obwohl von denselben Patienten diese Information für Objektidentifikation und -beschreibung verwendet werden kann. Umgekehrt ist die Situation bei Schädigung in IT und intakter Area 17. Hier kann der Patient zwar keine Größe, Gestalt oder Orientierung von Objekten mehr erkennen, ist aber in der Lage, präzise Greifbewegungen zu bestimmten Objekten auszuführen, deren visuelle Merkmale vorher mitgeteilt worden waren.

Dies bedeutet, daß der parietale Cortex auch handlungsrelevante Information über visuelle Merkmale von Objekten auswerten kann, und nicht nur ihre Anordung im Raum. Seine Funktion geht also über reine Raumwahrnehmung hinaus. Umgekehrt besitzt auch der temporale Cortex Kenntnis über den visuellen Raum. Die beiden »Wo?«- und »Was?«-Ströme sind also im menschlichen Gehirn keineswegs völlig voneinander räumlich getrennt. DeYoe und Van Essen (1988) gehen davon aus, daß sowohl PP als auch IT mit Formanalyse befaßt sind, dies jedoch mit verschiedenen Verarbeitungsstrategien tun. Der gestalt-orientierte IT hat nach Meinung der Autoren mit objekt-zentrierter Wahrnehmung zu tun, der handlungsorientierte PP mit beobachter-zentrierter Wahrnehmung.

In PP finden sich häufig Zellen, die mit räumlicher visueller Aufmerksamkeit zu tun haben. Die Unfähigkeit von Patienten, sich anhand von Landmarken zurechtzufinden (»landmark disorder«) wird als ein Versagen bei der Ausrichtung von Aufmerksamkeit und nicht als Lokalisationsdefizit angesehen. Allerdings gibt es in V4 und in IT ebenfalls Modulation visueller Zellen durch Aufmerksamkeitsveränderung, und dieselbe Beeinträchtigung hinsichtlich des Gebrauchs von Landmarken wie in PP tritt auch bei Verletzungen in V4 und IT auf. DeYoe und Van Essen sprechen von einem aufmerksamkeitsgesteuerten »Aktionsraum der Hand«, der sowohl von IT als auch von PP kontrolliert wird. Damit wird auch das merkwürdige Phänomen der »einseitigen Vernachlässigung« (*Hemineglect*) erklärt, bei der eine Seite der Wahrnehmungswelt für den Patienten nicht zu existieren scheint und offenbar nicht mit der visuellen Wahrnehmung selbst, sondern mit Störungen der Aufmerksamkeit zu tun hat. Dieses Phänomen – das uns noch beschäftigen wird – tritt nach Läsionen auf, die IT *und* PP umgreifen. Räumliche Aufmerksamkeit wird also nicht durch ein einziges Zentrum vermittelt, sondern hat sowohl mit dem dorsalen (parietalen) wie mit dem ventralen (temporalen) System zu tun.

PP und IT projizieren beide zum supratemporalen Sulcus (STS). Dort liegen Zellen, die hochgradig formselektiv sind (z. B. für Gesichter), eng benachbart mit Zellen, die bewegungsspezifisch sind; STS repräsentiert also ein Vermittlungszentrum zwischen IT und PP.

Trotz dieser Einschränkungen ist eine gewisse Aufgabenverteilung zwischen dem hinteren parietalen und dem temporalen Cortex nicht zu leugnen. Neurone in PP erhalten Informationen aus V3A und MT. Sie sind nicht nur räumlich selektiv, sondern haben mit visueller Fixation, mit Augenfolgebewegungen, Auge-Hand-Koordination und visuell gesteuerten Greif- und Körperbewegungen zu tun. Viele Zellen in PP haben mit Blickbewegung zu tun. Dabei wird die Antwortamplitude davon bestimmt, *wohin* das Tier sieht, und zwar unabhängig vom retinalen Ort des Objektes; d. h., sie kodieren den *Zielort*, nicht die Bewegung als solche. Allgemein wird die Aktivität parietaler Zellen durch die visuellen Eigenschaften eines Objektes bestimmt, die für Hand- und Fingerbewegungen relevant sind.

Dies ist nicht für Zellen im inferotemporalen Cortex der Fall. IT-Zellen haben eine wesentlich höhere räumliche Auflösung als PP-Zellen und sind hochgradig selektiv für Formen, Muster und Farbe. Sie sind maßgeblich an Objektkonstanzleistungen beteiligt, d. h., ihre Antworten bleiben trotz starker Schwankungen in den momentanen visuellen Eigenschaften von Objekten konstant.

Das dorsale (PP) und ventrale (IT) System haben auch verschiedene Verbindungen zum Bewußtsein. So gibt es Patienten mit massiven Schäden in IT, die keine bewußte Wahrnehmung von Form und Orientierung von Objekten haben, diese aber gut greifen können. Dies mag bedeuten, daß im dorsalen System Information für Greifbewegungen ohne Bewußtsein verarbeitet wird. Dagegen scheinen Konstanzleistungen des ventralen Systems bei der Objektwahrnehmung mit Bewußtsein verbunden zu sein.

Kategoriale Wahrnehmung
und kognitive Dissoziationen

Eine wichtige Leistung der assoziativen Cortexareale ist *kategoriale Wahrnehmung*. Dabei geht es im wesentlichen um das Zuordnen von Wahrnehmungsinhalten zu Klassen von Entitäten, die eine bestimmte Anzahl von Merkmalen besitzen, seien dies physikalische Eigenschaften, Funktionen oder Werte, und in einem *Begriff* zusammengefaßt sind (Stuhl, Melodie, schreiben). Kategoriale Wahrnehmung ist eines der wesentlichen Hilfsmittel des kognitiven Systems bei der Herstellung einer geordneten, stabilen Wahrnehmung. Das Eingruppieren von Wahrnehmungsinhalten in Objekt- oder Prozeßklassen aufgrund des Gedächtnisses vereinfacht die Wahrnehmung und führt zur Möglichkeit der *Interpretation* des Wahrgenommenen (Damasio, 1990).

Kategoriale Wahrnehmungsprozesse können nach bestimmten Hirnschäden hochgradig selektiv, d. h. unabhängig voneinander ausfallen. Man spricht hier von einer *Dissoziation* kognitiver Leistungen. So sind Patienten mit Sprachstörungen (*Aphasie*) unfähig, die Bedeutung von Worten, z. T. sogar ihre akustische oder visuelle Struktur, zu erfassen. Gleichzeitig haben sie aber in der Regel keine Schwierigkeiten, Objekte, Aktionen usw. zu erkennen, auf die sich die Wörter beziehen. Die Bedeutung von gehörten oder gelesenen Worten wird also getrennt von der Bedeutung der direkt wahrgenommenen Objekte usw. verarbeitet.

Eine Dissoziierbarkeit besteht auch bei verschiedenen linguistischen Kategorien. So ist das Benennen von natürlichen Dingen schlechter als das von künstlichen, während das bildliche Erkennen solcher Dinge unbeeinträchtigt ist. Dies deutet auf die bereits erwähnte Trennung der neuronalen Prozesse hin, die einerseits dem *Erkennen* und andererseits der *Benennung* von Dingen zugrunde liegen. Beobachtet wird auch eine Dissoziation zwischen dem Lesen und Schreiben von *Wörtern* und dem von *Zahlen*. Eine Patientin konnte kaum Wörter schreiben, dafür aber Zahlen und auch komplizierte Rechnungen durchführen. Ojemann (1991) berichtet bei Patienten, die mehrere Sprachen beherrschen, von selektiven Ausfällen bestimmter

Sprachen. Falls nur noch eine Sprache beherrscht wird, so muß dies nicht die Muttersprache sein. Offenbar werden die verschiedenen Sprachen räumlich unterschiedlich »gespeichert« und verarbeitet.

Läsionen im linken vorderen temporalen Bereich stören allgemein das *Benennen*, nicht aber das *Erkennen* von Objekten. Ebenso können diese Objekte beschrieben werden, auch wenn ihr Name nicht erinnert wird.

Das Wernickesche, das Brocasche und das supplementäre Sprachzentrum sind »essentielle« Sprachzentren, zu denen jedoch nach Ojemann viele Orte im Cortex außerhalb dieser Zentren sowie im Thalamus, Striatum und Cerebellum hinzukommen, die sprachrelevant sind. Dies erklärt die seit langem bekannte hohe Variabilität von Sprachbeeinträchtigung bei Hirnverletzungen und die Schwierigkeiten, »Sprachzentren« zu lokalisieren.

Andere Dissoziationen betreffen zum Beispiel das Gesichtererkennen, – eine Leistung, die im Primaten- und besonders Menschengehirn hervorragend ausgebildet ist. Ein Verlust der Gesichtererkennung (*Prosopagnosie*) tritt normalerweise nach bilateraler Zerstörung des hinteren temporalen Assoziationscortex auf (Grüsser, 1990). Derartige Patienten haben aber oft weiterhin die Fähigkeit, den Gesichtsausdruck von Mitmenschen zu *interpretieren* oder sie an ihrer Bewegung oder ihrer Stimme zu erkennen.

Formsehen und Bewegungssehen können unabhängig voneinander ausfallen. Zihl et al. (1983) berichten von einem Patienten, der unter Störungen des Bewegungssehens, aber nicht des Formsehens leidet, d. h., dieser Patient konnte Objekte nur dann erkennen, wenn diese sich nicht bewegten. Der entgegengesetzte Fall wird ebenfalls berichtet (Damasio, 1990): Ein Patient konnte nur Objekte sehen, wenn sie sich bewegten. Weiterhin gibt es Patienten, die eine Dissoziation zwischen dem Erkennen von *künstlichen*, d. h. von Menschenhand hergestellten Gegenständen und von *natürlichen* Gegenständen und Ereignissen zeigen. Dabei ist meist das Erkennen der natürlichen Gegenstände und Ereignisse beeinträchtigt. Interessanterweise bezieht sich dieses Defizit nicht auf Körperteile, denn diese können gut erkannt werden. Umgekehrt werden einige künstliche Gegenstände wie Musikinstrumente visuell nur schwer erkannt, diese können jedoch ohne weiteres *akustisch* identifiziert werden.

Dissoziationen der geschilderten Art sind häufig nicht »logisch durchgängig«. Wie wir gehört haben, versagen manche Patienten, die von Menschen hergestellte Dingen gut benennen können, bei Musikinstrumenten; Patienten können mit »natürlichen« oder »lebenden« Entitäten große Schwierigkeiten haben, bei ganz bestimmten natürlichen Dingen aber gute Leistungen vollbringen. Jedoch sind Ausfälle in Hinblick auf *individuelle* Objekte immer dramatischer als in Hinblick auf allgemeine Dinge oder Kategorien, offenbar weil Individualität kognitiv schwieriger zu erfassen ist als die Zuordnung zu Klassen.

Einen besonders interessanten Fall in Hinblick auf gemeinsames Auftreten und Dissoziation verschiedener kognitiver Defekte hat kürzlich J. Ogden dargestellt (Ogden, 1993). Es handelt sich hierbei um einen Patienten (M. H.), der infolge eines Motorradunfalls Schädigungen im mittleren occipitalen Cortex aufwies, mit einer stärkeren Beeinträchtigung auf der rechten Seite. Auch waren die Verbindungswege zwischen occipitalem und temporalem Cortex auf beiden Hirnseiten und occipitalem und parietalem Cortex auf der rechten Seite betroffen. Ansonsten ergaben sich im Kernspintomogramm keinerlei Hirnschädigungen. Dieser Patient zeigt keinerlei Beeinträchtigung seiner allgemeinen Intelligenz oder seines Sprachvermögens, ebensowenig seiner allgemeinen auditorischen Wahrnehmung. Lese- und Schreibvermögen sind aber leicht beeinträchtigt. Er zeigt hingegen eine schwere *Objektagnosie*: Er kann Objekte, Tiere oder Personen visuell nur schwer oder gar nicht erkennen, außer er hat diese viele Male gesehen. Bildhafte Darstellungen oder Photos sind für ihn besonders schwierig zu identifizieren. Wenn er aufgefordert wird, Gegenstände zu beschreiben, so tut er dies entweder anhand von Einzelaspekten, oder er nennt statt dessen ihm sehr geläufige Objekte. Er ist weitestgehend unfähig, Objekte in eine Kategorie einzuordnen. Wird ihm jedoch Information über ein Objekt gegeben (z. B. »etwas, das miau macht«), so kann er diese Objekte identifizieren und beschreiben, ist aber meist unfähig, die Form der Objekte oder Lebewesen anzugeben. Das taktile und das auditorische Wiedererkennen sind dabei völlig unbeeinträchtigt.

M. H. ist in der Lage, einfache geometrische Figuren aus dem Gedächtnis zu zeichnen, nicht jedoch komplexere Objekte. Er ist unfähig zu komplexen visuellen Vorstellungen, etwa sich das Haus zu vergegenwärtigen, in dem er aufgewachsen ist. Er berichtet auch, keine Träume zu haben. Weiterhin ist er völlig unfähig, Gesichter zu erkennen, selbst solche, die ihm sehr vertraut waren. Ebenso kann er nicht Gesichtsausdrücke interpretieren oder Alter oder Geschlecht eines Gesichts abschätzen. Schließlich ist er nicht in der Lage, Farben zu erkennen oder sie Objekten zuzuordnen, außer die Zuordnung ist sehr stereotyp wie »der Himmel ist blau«, »der Schnee ist weiß«, »das Gras ist grün«.

Dem Patienten fällt es schwer, neue Wörter zu lernen, er hat aber gleichzeitig ein gutes Wortgedächtnis für Konversation. Sein autobiographisches Gedächtnis ist gleich null; er kann sich selbst an herausragende Ereignisse aus seinem Leben vor dem Unfall nicht mehr erinnern. Dagegen kann er Geschehnisse nach seinem Unfall besser behalten, besonders wenn diese sehr angenehm, auffällig oder von starken Gefühlen begleitet sind.

Insgesamt finden wir also beim Patienten M. H. eine Kombination von *visueller Objektagnosie*, *Prosopagnosie*, *Farbagnosie*, starker *retrograder Amnesie* und schwächerer *anterograder Amnesie*. Er zeigt eine *Dyslexie*, d. h. eine leichte Lese- und Schreibstörung. Seine Störungen betreffen nicht visuelle Wahrnehmung per se, sondern das Erfassen der *Bedeutung* der gesehenen Objekte und Geschehnisse sowie die visuelle Vorstellung und Erinnerung, und zwar für Dinge vor dem Unfall. Interessant ist, daß Dinge und Geschehnisse, die sehr vertraut sind oder stereotype Bedeutungsverbindungen repräsentieren, erkannt bzw. reproduziert werden können. Dies legt den Schluß nahe, daß derartige Fähigkeiten sich aus dem rein deklarativen Gedächtnissystem herausgelöst haben und Teil des prozeduralen Gedächtnisses wurden, also all dessen, was man »ohne nachzudenken« weiß oder kann. Besonders beeindruckend ist, daß diese Defizite ausschließlich das visuelle System betreffen und andere sensorische Systeme einschließlich der entsprechenden Gedächtnisleistungen ebensowenig beeinträchtigen wie die allgemeine Intelligenz.

Insgesamt läßt sich feststellen, daß die Funktion des parietalen, temporalen und präfrontalen assoziativen Cortex durchweg in dem Erfassen und Verarbeiten der *Bedeutung* komplexer Sachverhalte und Prozesse liegt, nicht im bloßen Identifizieren und Lokalisieren. Hierzu gehören die Bildung von Wahrnehmungsinvarianzen und von Kategorien und die Einordnung des Wahrgenommenen in diese Kategorien; die Konstruktion des personalen und extrapersonalen Raumes, die Schaffung einer räumlich und kognitiv stabilen Umwelt und natürlich symbolische Interaktion mit Hilfe der Sprache. Insbesondere aber gehören hierzu Handlungsplanung und die Schaffung eines Ich als Subjekt dieser Handlungen. Allerdings werden, wie wir gleich sehen, diese hochkomplexen Leistungen keineswegs vom assoziativen Cortex allein vollbracht.

Kognitive Modularität des assoziativen Cortex

Beeindruckend ist die starke funktionale Aufteilung oder *Modularisierung* des assoziativen Cortex, wie sie sich in den genannten kognitiven Dissoziationen zeigt. Dahinter verbirgt sich eine zum Teil schwer verständliche arbeitsteilige Vorgehensweise des Gehirns, die teilweise an die Konzepte der sogenannten Phrenologen des 18. und frühen 19. Jahrhunderts, vor allem Franz Gall (1758-1828) und Johann Caspar Spurzheim (1776-1832), erinnert. Für die Phrenologen hatte jedes menschliche Vermögen seinen eigenen Ort im Gehirn. Ihre ursprüngliche Liste umfaßte neben Vermögen wie »Fortpflanzungstrieb«, »Gottesfurcht« und »Sinn für Humor und Sarkasmus« auch überraschend modern anmutende Unterscheidungen in »Module« für »Gedächtnis für Dinge und Fakten«, »Wortgedächtnis« und »Räumliches Vorstellungsvermögen« (vgl. Pogliano, 1991).
Der Gedanke eines modularen Aufbaus des Gehirns bei kognitiven Leistungen wurde und wird stark vom amerikanischen Linguisten J. Fodor vertreten (Fodor, 1983), bezeichnenderweise unter direktem Bezug auf Franz Gall, den Fodor »my hero« nennt. Nach Fodor sind »kognitive Module« (1) domänenspezifisch, d. h. spezialisiert auf bestimmte Gegenstandsbereiche

bzw. Aspekte von Gegenstandsbereichen wie Farbwahrnehmung oder Raumorientierung; (2) angeboren, d. h. »genetisch programmiert« und nicht aufgrund von Umwelterfahrung erworben; (3) fest verdrahtet, d. h., die spezifischen kognitiven Leistungen werden durch spezialisierte neuronale Mechanismen erbracht; (4) autonom, d. h., sie sind unabhängig von anderen Modulen oder anderen zentralnervösen Systemen; und (5) unzerlegbar, d. h., sie lassen sich nicht weiter in Unterprozesse zerlegen (Fodor, 1983; vgl. hierzu auch Müller, 1991).

Dieses Konzept des modularen Aufbaus des kognitiven Systems hat in der Linguistik und den anderen nicht-neurobiologischen Kognitionswissenschaften einen großen Einfluß ausgeübt und tut dies immer noch. Im Lichte der in diesem Buch dargestellten Ergebnisse der modernen Hirnforschung ist es jedoch mit Vorsicht zu betrachten. Annahmen (2), (3) und (5) sind mit Sicherheit falsch: Die mehr oder weniger modular organisierten kognitiven Leistungen des Gehirns, gleich ob im assoziativen Cortex oder anderswo angesiedelt, sind keineswegs »genetisch programmiert«, sondern sind – wenn auch in unterschiedlichem Maße – das Ergebnis interner selbstorganisierender Prozesse oder der Interaktion des Organismus mit der Umwelt. Ebensowenig sind die zugrundeliegenden neuronalen Netzwerke fest verdrahtet, sondern während der Ontogenese sehr plastisch und selbst im Erwachsenenalter noch veränderbar, wenn auch in bestimmten, systemabhängig sehr unterschiedlichen Grenzen. Schließlich lassen sich die kognitiven Module in einfachere Bausteine zerlegen, entsprechend dem grundsätzlichen parallel-verteilten Aufbau des Gehirns. Eine modulare Organisation findet sich im übrigen auch in präkognitiven Prozessen des Gehirns. Wie wir weiter oben gehört haben, können in der Tat bestimmte kognitive Fähigkeiten zum Teil relativ unabhängig von funktional verwandten Fähigkeiten ausfallen; trotzdem bilden sie mit ihnen eine *funktionale Einheit*. So beruht visuelle Wahrnehmung sowohl auf Gestalt- wie auf Bewegungs- und Raumsehen, und der Verlust einer der beiden Funktionen bedeutet für den Patienten eine schwere Beeinträchtigung. Wir müssen deshalb die modulare Organisation des präkognitiven und kognitiven Systems als nur *ein* Prinzip neben anderen ansehen.

Das limbische System
als zentrales Bewertungssystem des Gehirns

Spätestens seit Ende des 18. Jahrhunderts werden von den Anatomen die geistigen Leistungen des Menschen im Cortex angesiedelt, und der englische Neurologe John Hughlings Jackson (1835-1911), von vielen als Begründer der modernen Neurologie angesehen, entwickelte die Lehre vom *assoziativen* Cortex als dem Sitz der höchsten Hirnzentren, dem »highest level«, dem der motorische Cortex als »mittlere Ebene« und Hirnstamm und Rückenmark als reine Ausführungsorgane und »niedrigste Ebene« unterstellt wurden. Jackson war es auch, der unter dem Einfluß des Philosophen Herbert Spencer die Idee entwickelte, die dem rationalen Denken und dem Bewußtsein gewidmeten höchsten corticalen Gebiete seien die stammesgeschichtlich am spätesten entwickelten Teile des Gehirns, die dann die Kontrolle über die früheren und primitiveren Hirnteile gewonnen hätten. Jackson sah psychische Erkrankungen als den Verlust der Kontrolle des Verhaltens durch die höchsten Hirnzentren und die »Machtübernahme« durch die älteren und primitiveren Zentren an. Wie eng dieses neurologische Konzept mit einem bestimmten politischen Weltbild verbunden war, zeigt der Vergleich, den Jackson zwischen Hirnerkrankungen und politischen Umstürzungen zog: »Wenn der Regierungsapparat dieses Landes – des Gehirns – plötzlich zerstört wäre, dann wären zwei Dinge zu beklagen: 1. der Verlust des Dienstes hervorragender Personen; 2. die Anarchie des nunmehr unkontrollierten Volkes« (Jackson, 1887; zit. nach Harrington, 1991). Hirnerkrankungen beruhen demnach auf der Machtübernahme durch den »Pöbel« der subcorticalen Strukturen gegen den rationalen Cortex.

Bestimmte subcorticale Anteile wurden bereits 1878 von dem französischen Neurologen Paul Broca als limbischer Lappen (von »limbus« = Saum«) bezeichnet. Diese umfassen Strukturen wie den cingulären Cortex, Amygdala, Septum, Nucleus accumbens, Mammillarkörper, thalamische Kerne (Nucleus anterior und medialis) und den Hippocampus. Die anatomischen Unterschiede dieser Strukturen zum Neocortex, ihre innere Lage und ihre starke Verknüpfung mit dem Riechhirn schienen nahezulegen, daß es sich um ein »stammesgeschichtlich altes« System des Gehirns handelt. Im Jahre 1937 postulierte der amerikanische Neurologe James Papez diese Strukturen als den Sitz der Emotionen (Papez, 1937). Er entwickelte hieraus das auch heute noch gängige Konzept des *Papez-Kreises*, einer in sich rücklaufenden Struktur, in der – abgekoppelt vom rationalen Neocortex – Triebe und Gefühle ihr Wesen bzw. Unwesen treiben (Abb. 30).

Zur Perfektion und zu großer Popularität wurde dieses Konzept schließlich durch den Neurologen Paul MacLean gebracht (MacLean, 1990). MacLean übernahm die Ideen der »niederen« und »höheren« Zentren und entwickelte daraus sein Konzept des »triune brain«, des »dreieinigen Gehirns« (eine Bezeichnung, die übrigens auf die Schrift »De Trinitate« des heiligen Augustinus zurückgeht). In diesem Modell wurde und wird behauptet, das Gehirn des Menschen gliedere sich entsprechend der unterstellten stammesgeschichtlichen Entwicklung in drei Bereiche: 1. ein Reptiliengehirn, das im wesentlichen den Hirnstamm umfaßt und für Reflexe und Instinkte zuständig ist; 2. ein primitives Säugergehirn, welches im wesentlichen das limbische Gehirn umfaßt, dem Gefühle und Triebe zugeordnet werden; und 3. das für den Menschen typische fortgeschrittene Säugergehirn, das den Neocortex hinzufügt und für »Lesen, Schreiben und Arithmetik« zuständig ist, für rationales, problemlösendes Verhalten. Eine zentrale Aussage dieses Modells lautet, es gebe nur wenig anatomische Verbindungen zwischen dem primitiven und dem entwickelten Säugergehirn, also zwischen limbischem System und Neocortex, und dies sei der Grund dafür, daß es uns so schwerfällt, Affekte und Emotionen rational zu steuern.

Gestützt zu werden schien dieses Konzept durch – im nachhinein gesehen – ziemlich grobe neurochirurgische Experimente, in denen etwa der Hypothalamus elektrisch gereizt oder die Amygdala chirurgisch entfernt wurde. Man beobachtete als Folge dieser Eingriffe starke und zum Teil bizarre Veränderungen des Verhaltens der Patienten bzw. Versuchstiere, die z. B. entweder völlige Furchtlosigkeit oder Hyperaggressivität und Hypersexualität beinhalteten (das sogenannte Klüver-Bucy-Syndrom; vgl. Kolb and Wishaw, 1993). Das Konzept des »drei-

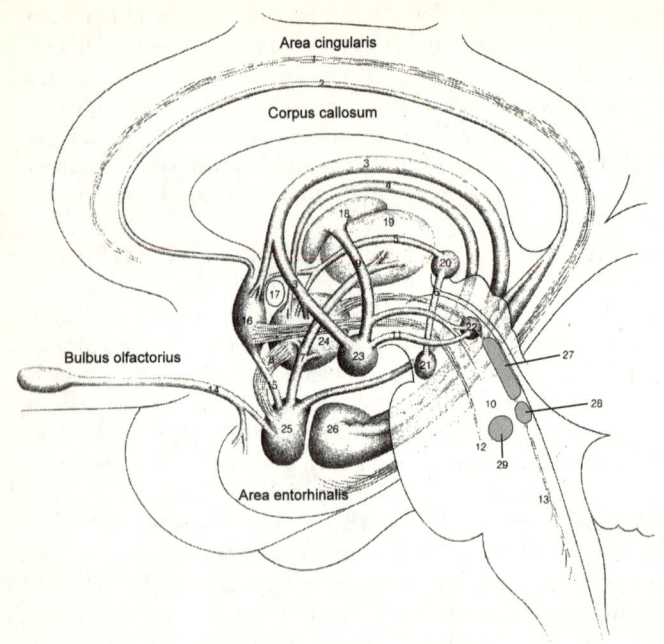

Abb. 30: Limbisches System, allgemeiner Aufbau (»Papez«-Kreis) und Verbindungen. 1 Cingulum; 2 Striae longitudinales; 3 Fornix; 4 Stria terminalis; 5 Stria medullaris; 6 Tractus habenulo-interpeduncularis; 7 Pedunculus thalami inferior; 8 Basale Mandelkernstrahlung; 9 Tractus mamillo-thalamicus; 10 Tractus mamillo-tegmentalis; 11 Pedunculus mamillaris; 12 Fasciculus telencephalicus medialis (mediales Vorderhirnbündel); 13 Fasciculus longitudinalis dorsalis; 14 Tractus olfactorius – Stria olfactoria lateralis; 15 Diagonales Band von Broca; 16 Area septalis; 17 Commissura anterior; 18 Nucleus anterior thalami; 19 Nucleus medialis dorsalis thalami; 20 Habenula; 21 Nucleus interpeduncularis; 22 Nucleus tegmentalis dorsalis; 23 Mamillarkörper (Corpus mamillare); 24 Area praeoptica/Hypothalamus; 25 Amygdalakomplex; 26 Hippocampus-Formation; 27 Dorsaler Raphe-Kern (Nucleus raphes dorsalis); 28 Parabrachial-Kerne (Nuclei parabrachiales); 29 Locus coeruleus. Nach Nieuwenhuys et al. 1991, verändert.

einigen Gehirns« von MacLean, das auch heute noch ziemlich kritiklos in modernen neurobiologischen und neuropsychologischen Lehrbüchern wiedergegeben wird, ist aber falsch, und zwar aus folgenden Gründen:

(1) Alle wesentlichen Teile des Wirbeltiergehirns sind in der Evolution *gleichzeitig* entstanden. Wie ich bereits dargestellt habe, gibt es keine »stammesgeschichtlich ursprünglichen« oder »stammesgeschichtlich neuen« Hirnregionen. Dies gilt auch für das Pallium bzw. den Cortex des Telencephalon: alle Wirbeltiere haben ein Palaeopallium (Palaeocortex, Riechhirn), ein Archipallium (Archicortex, Hippocampus) und ein Neopallium (Neocortex). Die grundlegenden Funktionen dieser Strukturen sind gleich. Allerdings haben die verschiedenen Hirnteile, so auch die Hirnrinde, in verschiedenen Wirbeltiergruppen ein sehr unterschiedliches anatomisches Schicksal erfahren, sind etwa groß oder klein geworden, komplex oder vereinfacht.

(2) Neuere neuroanatomische und physiologische Untersuchungen zeigen, daß Hirnstamm, limbisches System und Neocortex anatomisch und funktional aufs engste miteinander verbunden sind (Nieuwenhuys et al., 1991; Aggleton, 1992, 1993). Das Papez-MacLean-Modell ist also nicht nur in seinen stammesgeschichtlichen Begründungen, sondern auch in seinen anatomischen Grundannahmen falsch. Sein Erfolg bis in die neuesten Lehrbücher und Schulbücher hinein erklärt sich aus seiner Sinnfälligkeit. Dieses Modell suggeriert uns zu verstehen, warum es uns so schwerfällt, unsere Gefühle und Triebe zu beherrschen!

Dieses sinnfällige, aber falsche Modell verstellt den Blick auf die Tatsache, daß es sich beim limbischen System um ein System von zentraler Bedeutung handelt, nämlich um das *Verhaltensbewertungssystem* des Gehirns. Gehirne sind keine »datenverarbeitende« Systeme; sie müssen ein Verhalten erzeugen, das den Organismus in die Lage versetzt zu überleben, oder, weniger dramatisch ausgedrückt, die Frage zu beantworten: »Was tue ich jetzt?« Wie der Organismus es konkret schafft zu überleben, hängt in einer komplexen Umwelt von sehr vielen und wechselnden Dingen ab, die eben meist *nicht* genau berechnet werden können. Deshalb spielt Erfahrung als Ergebnis von Lernen eine große Rolle. Jedes Lebewesen, auch ein einfaches, benötigt in seinem Nervensystem dafür eine Instanz, welche dasjenige, was der Organismus tut, nach seinen Konsequenzen für den Organismus bewertet. Das Resultat dieser Bewertung wird dann im Gedächtnissystem festgehalten und für das weitere Verhalten genutzt.

Bewertungs- und Gedächtnissystem hängen untrennbar zusammen, denn Gedächtnis ist nicht ohne Bewertung möglich, und jede Bewertung geschieht aufgrund des Gedächtnisses, d. h. früherer Erfahrungen und Bewertungen.

Es gibt massive auf- und absteigende Verbindungen zwischen Neocortex und limbischem System, und es ist ein Rätsel, wie diese Verbindungen von Papez und MacLean übersehen werden konnten. Bemerkenswerterweise zeigt gerade der weiter oben besprochene assoziative Cortex besonders massive Verbindungen mit dem limbischen System.

Zum limbischen System gehören nach derzeit herrschender Meinung (1) Anteile der Hirnrinde, nämlich Hippocampus, Gyrus parahippocampalis und Gyrus cinguli, (2) zahlreiche subcorticale Gebiete, vor allem Amygdala, Septum, ventrales Striatum einschließlich des Ncl. accumbens und des basalen Vorderhirns; (3) diencephale Kerngebiete, nämlich Mamillarkörper, Habenula, anteriore, mediale und intralaminare thalamische Kerne, Ncl. praeopticus und Hypothalamus; (4) Kerne des zentralen Höhlengrau im Mittelhirntegmentum; (5) Kerne der Formatio reticularis, die durch die neuromodulatorischen Transmitter Noradrenalin, Serotonin und Dopamin gekennzeichnet sind, nämlich Locus coeruleus, Raphe-Kerne, und parabrachiale Kerne (Abb. 30-35). Das limbische System ist also ein sehr ausgedehntes, das ganze Gehirn durchziehendes System. Eingänge aus der Großhirnrinde bekommt das limbische System direkt vom präfrontalen Cortex sowie von den meisten neocorticalen Regionen über den Gyrus cinguli und den Gyrus parahippocampalis als Schaltstationen. Hauptempfänger dieser Eingänge sind Amygdala, Septum und Hippocampus. Vom Hirnstamm projizieren retikuläre Kerne, d. h. die Raphe-Kerne, der Locus coeruleus und die parabrachialen Kerne, sowie die Substantia nigra in den rostralen Teil des limbischen Systems.

Der *Gyrus cinguli* stellt – wie geschildert – den neocorticalen Teil des limbischen Systems dar. Er besteht aus einem vorderen (Gyrus cinguli anterior, A24) und einem hinteren Anteil (Gyrus cinguli posterior, A23). Beide Teile stehen in enger rückläufiger Verbindung mit dem präfrontalen und dem parahippocampalen Cortex. Der vordere Teil erhält zusätzliche Eingänge vornehmlich von anderen limbischen Zentren, nämlich Hippocampus, Amygdala, Septum und den limbischen Thalamuskernen; seine Ausgänge gehen zum motorischen und prämotorischen Cortex, zu den Basalganglien, zum Colliculus superior und zum Kleinhirn (über die Brücke). Über diese Verbindungen greift das limbische System in das pyramidale und extrapyramidale motorische System ein, zum Beispiel im Zusammenhang mit emotionalen Gebärden und Lautäußerungen. Verletzungen im Bereich des vorderen Gyrus cinguli führen deshalb auch zu schwerwiegenden Bewegungsstörungen (akinetischer Mutismus). Der hintere Teil des cingulären Cortex ist eher sensorisch dominiert und erhält Eingänge vom somatosensorischen, auditorischen und visuellen Assoziationscortex und aus visuellen Thalamuskernen (CGL, Pulvinar).

Aus diesen Verbindungen ergibt sich für den cingulären Cortex eine wichtige Vermittlerfunktion zwischen cortical-kognitiven und limbisch-emotionalen Funktionen, gepaart mit einem massiven Einfluß auf die Motorik. Erwähnenswert ist auch die Rolle des cingulären Cortex bei der Schmerzwahrnehmung. Hierbei steht der cinguläre Cortex in enger Beziehung mit zwei anderen Schmerzzentren, den medialen Thalamuskernen und dem zentralen tegmentalen Grau. Nach Zerstörung der cingulären Rinde »vergessen« Versuchstiere die zuvor gelernten schmerzbedingten Abwehr- und Vermeidungsreaktionen.

Die *Amygdala* besteht aus einer corticomedialen und einer basolateralen Kerngruppe, die entwicklungsmäßig, anatomisch und funktional sehr verschieden sind und ihrerseits in viele Unterkerne zerfallen. Die Amygdala unterhält rückläufige Verbindungen mit dem Isocortex, und zwar vornehmlich mit dem (limbischen) orbitofrontalen Teil des präfrontalen Cortex (Areae A11-14), dem visuellen (A20, 21) und auditorischen temporalen Assoziationscortex (A22) sowie mit der »Insel«, d. h. dem gu-

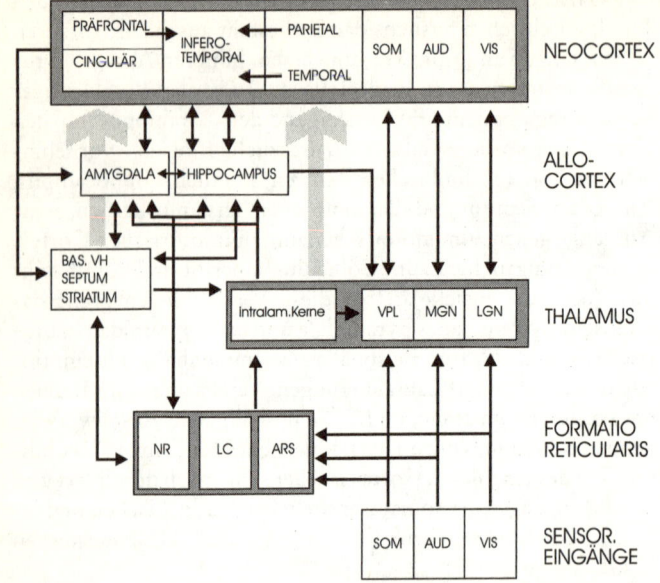

Abb. 31: Schematische Darstellung des limbischen Systems und seiner
Verbindungen untereinander und zur Großhirnrinde. Schwarze Pfeile
deuten präzise Verbindungen, gerasterte Pfeile diffuse Verbindungen
an. Abkürzungen: ARS = aufsteigendes retikuläres System; AUD =
auditorische Bahn/Hirnrinde; BAS.VH = basales Vorderhirn; LC =
Locus coeruleus; LGN = lateraler Kniehöcker; MGN = medialer Kniehöcker; NR = Raphe-Kerne; SOM = somatosensorische Bahn/Hirnrin-
de; VIS = visuelle Bahn/Hirnrinde; VPL = ventraler posterolateraler
Kern des Thalamus.

statorischen Cortex (Abb. 32). Enge rückläufige Verbindungen
bestehen auch mit dem Hippocampus. Die Amygdala (vor allem
die corticomediale Kerngruppe) erhält Eingänge vom olfaktorischen System, von den medialen Kernen, den intralaminären
Kernen und den Mittellinien-Kernen des Thalamus und dem auditorischen Corpus geniculatum mediale. Subcorticale Projektionen der Amygdala gehen zurück zum medialen Thalamus,

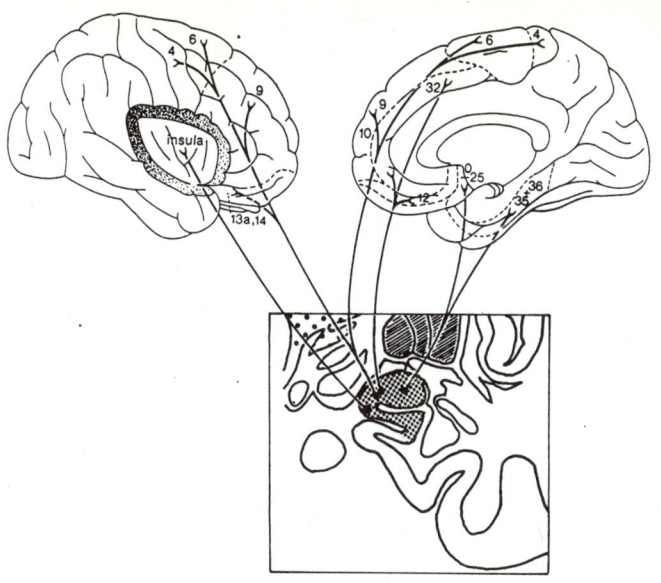

Abb. 32: Projektionen des Neocortex zur Amygdala (vgl. Abb. 1c). »Insula« (Insel) ist ein in der Tiefe des seitlichen Cortex liegendes Gebiet, das hier aufgeklappt gezeichnet ist. Zahlen = Brodmann-Areale (vgl. Abb. 5). (Nach Nieuwenhuys et al., 1991; verändert).

zum Septum, zum Hypothalamus, zum zentralen Höhlengrau des Mittelhirns und zum Locus coeruleus der retikulären Formation.

Der *Hippocampus* (»Seepferdchen« genannt wegen seines eigentümlich gewundenen Querschnitts) besteht aus drei Teilen, dem Gyrus dentatus, dem *Ammonshorn* (Cornu ammonis) und dem Subiculum (Abb. 30, 33). Das Ammonshorn besitzt eine auffällig regelmäßige grob- und feinanatomische Organisation. Es ist in vier Längszonen eingeteilt, die man CA 1 – CA 4 (CA = Cornu ammonis) nennt. Den Haupteingang erhält der Hippocampus über den entorhinalen Cortex (Brodmann-Areal A 28). Dieser sendet Axone über die *perforante Bahn* (Tractus

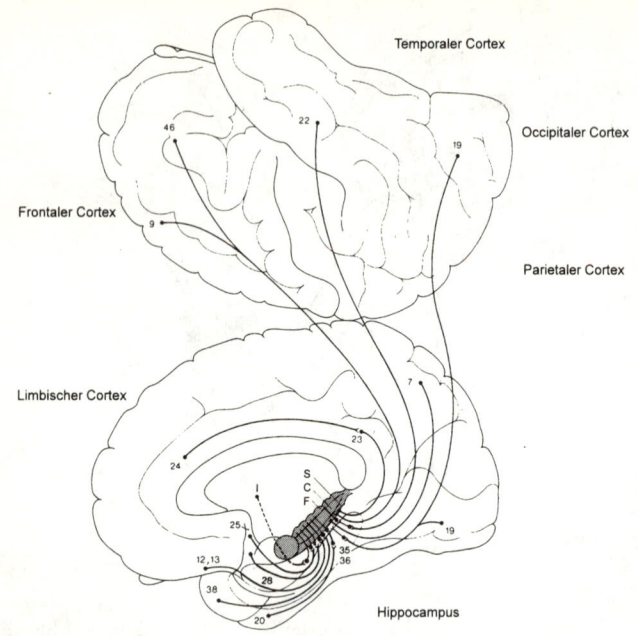

Abb. 33: Projektionen des Neocortex zum Hippocampus (vgl. Abb. 1c). S = Subiculum, C = Cornu ammonis (»Ammonshorn«), F = Fascia dentata/Gyrus dentatus, I: Insula. Zahlen = Brodmann-Areale. (Nach Nieuwenhuys et al., 1991; verändert).

perforans) in der Molekularschicht parallel zum Gyrus dentatus, Subiculum, zu CA1 und CA3. Vom Gyrus dentatus laufen *Moosfasern* zu CA3, von dort Axone der Pyramidenzellen als *Schaffer-Kollaterale* nach CA1 und von dort zum Subiculum. Axone der Pyramidenzellen des Ammonshorns sammeln sich im Alveus und ziehen als Faserband, *Fimbria hippocampi* und später *Fornix*, nach caudal und dorsal, dann unterhalb des Balkens (Corpus callosum) nach vorn und bogenförmig wieder nach unten bis zu den Mamillarkörpern des Hypothalamus. Corticale Eingänge über die entorhinale Rinde erhält der Hip-

CHOLINERGES SYSTEM

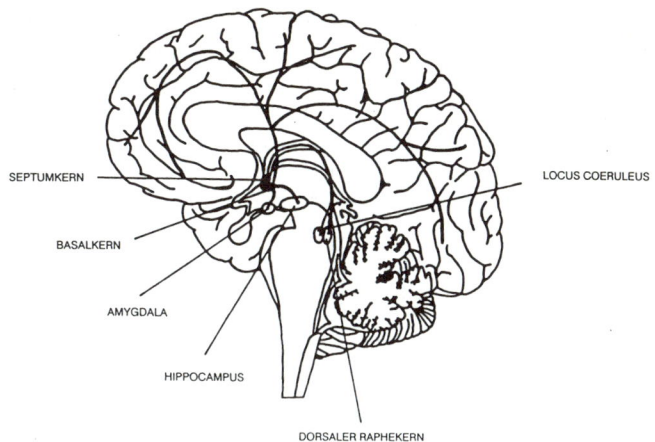

SEPTUMKERN

LOCUS COERULEUS

BASALKERN

AMYGDALA

HIPPOCAMPUS

DORSALER RAPHEKERN

Abb. 34: Projektionen des basalen Vorderhirns (Basalkern, Nucleus basalis) als Teil des cholinergen Systems. Man beachte die Projektionen zum gesamten Neocortex und die Verbindungen zur Amygdala, zum Hippocampus, zum Locus coeruleus und zum dorsalen Raphekern.

pocampus aus dem assoziativen Cortex sowie aus dem gustatorischen (Insel) und olfaktorischen Cortex. Subcorticale Afferenzen kommen vom Septum und dem übrigen basalen Vorderhirn, der Amygdala, dem Hypothalamus, den limbischen Thalamuskernen, den Raphe-Kernen und dem Locus coeruleus der Formatio reticularis und dem zentralen Höhlengrau des Tegmentum (um nur die wichtigsten zu nennen). Ausgänge ziehen über den entorhinalen Cortex wieder zu neocorticalen Zielgebieten sowie zurück zu Amygdala, Septum, Hypothalamus, Mamillarkörper.

Eine weitere limbisch-kognitive Struktur ist das *basale Vorderhirn*, vor allem der Nucleus basalis Meynert (Abb. 34). Das basale Vorderhirn ist der wichtigste Teil des cholinergen Vorderhirnsystems und hat Verbindungen zu den assoziativen Hirnrindenanteilen, zur Amygdala, zum Hippocampus und zum ventralen Tegmentum und erhält zusätzlich Eingänge von der Substantia nigra im Mittelhirntegmentum, den Raphekernen, dem Locus coeruleus und den parabrachialen Kernen der Formatio reticularis. Das basale Vorderhirn wird daher als Schaltstelle zwischen dem übrigen limbischen System und Isocortex angesehen. Es wird angenommen, daß seine cholinergen Afferenzen den Grad der Aktivierung neocorticaler Nervennetze durch sensorische Afferenzen und die Verarbeitung dieser Informationen im Kontext früherer Erfahrungen beeinflussen.

Die Alzheimersche Altersdemenz ist eng mit der Degeneration von Acetylcholin-produzierenden Zellen im basalen Vorderhirn, Hippocampus und Neocortex gekoppelt. Beim Fortschreiten der Alzheimerschen Erkrankung werden das basale Vorderhirnsystem, das limbische System und der Hippocampus zuerst befallen und zerstört, dann greift die Krankheit auf den Neocortex über und »durchlöchert« diesen wortwörtlich. Dies äußert sich in einem zunehmenden Gedächtnisverlust, der schließlich im völligen Niedergang des Bewußtseins der eigenen Identität und des Sprachvermögens endet. Neben einer starken Reduktion von Acetylcholin werden bei Alzheimer-Patienten auch Absenkungen des Dopamin-, Serotonin- und Noradrenalinspiegels beobachtet. Die Alzheimersche Erkrankung stellt eine Beeinträchtigung des gesamten Bewertungs-, Gedächtnis- und Handlungssystems dar.

Schließlich müssen wir noch zwei subcorticale Systeme nennen, die durch den Transmitter *Dopamin* charakterisiert sind. Zum einen ist dies die Verbindung zwischen der Substantia nigra im Mittelhirntegmentum und dem Corpus striatum. Eine starke Verminderung des Dopamingehalts im Corpus striatum, die von einer verminderten Aktivität dopaminproduzierender Neurone in der Substantia nigra verursacht wird, löst die Parkinsonsche Schüttellähmung aus, die auch von starken kognitiven Beeinträchtigungen begleitet ist (Prosiegel, 1991). Das zweite dopaminerge System wird von Neuronen im ventralen Tegmentum (Area tegmentalis ventralis) des Mittelhirns repräsentiert, die zum Nucleus accumbens im limbischen System (in Nähe des Septum und des Ncl. basalis Meynert) und zum medialen präfrontalen Cortex projizieren und dort Dopamin ausschütten.

Dieses System wird das *mesocorticolimbische System* genannt. Gesteigerte Dopaminproduktion in den Zielorten der tegmentalen dopaminergen Neurone (und gleichzeitige Hemmung des Serotoninspiegels) führt zu ausgeprägtem Wohlbefinden, wie dies beim Genuß von Opiaten, Kokain und Alkohol der Fall ist (die ebenfalls Dopamin-stimulierend wirken). Daher wird das mesocorticolimbische System auch »Belohnungs-System« genannt.

Eine Fehlfunktion des mesocorticolimbischen Systems wird bei Schizophrenen angenommen (Prosiegel, 1991). Bei vielen Schizophrenen finden sich anatomische Veränderungen in limbischen Gehirngebieten, zum Beispiel im Septum und im präfrontalen Cortex. Man nimmt eine Störung des Dopamin-Stoffwechsels (bzw. der Empfindlichkeit von Dopaminrezeptoren) als eine der Ursachen für Schizophrenie an. Dabei ist aber zu beachten, daß diese Störung keineswegs der eigentliche Grund für Schizophrenie sein muß, sondern eine Begleit- oder gar Folgeerscheinung sein kann (Frith, 1992). Bei Schizophrenen scheint das Bewertungssystem nicht mehr richtig zu arbeiten, insbesondere das präfrontale »Überwachungssystem«, wie es von Shallice konzipiert wurde (Shallice 1988; vgl. Frith, 1992; Posner und Dehaene, 1994). In der Tat fallen Schizophreniepatienten dadurch auf, daß sie Ereignissen in ihrem Leben einschließlich ihrer eigenen Person eine in unseren Augen falsche, d. h. übersteigerte oder zu geringe Bedeutung zumessen, was sich in Größenwahn, Verfolgungswahn oder Hypochondrie äußert und in Mißachtung von Dingen, die uns »Normalen« wichtig erscheinen. Ebenso scheint bei den Schizophreniepatienten mit Halluzinationen die Fähigkeit, Eigen- von Fremdaktivitäten zu unterscheiden, verlorengegangen zu sein. So gibt es inzwischen Hinweise darauf, daß derartige Patienten ihr eigenes Sprechen als »fremde Stimmen« ansehen und ihre eigenen Gedanken und Handlungen als »von außen aufgezwungen« (Frith, 1992).

Zum limbischen System im weiteren Sinne gehört die retikuläre Formation, die überdies mit den anderen limbischen Zentren aufs engste verbunden ist. Diese vom verlängerten Mark über die Brücke bis zum Mittelhirn ziehende Struktur gliedert sich in

SEROTONERGES SYSTEM

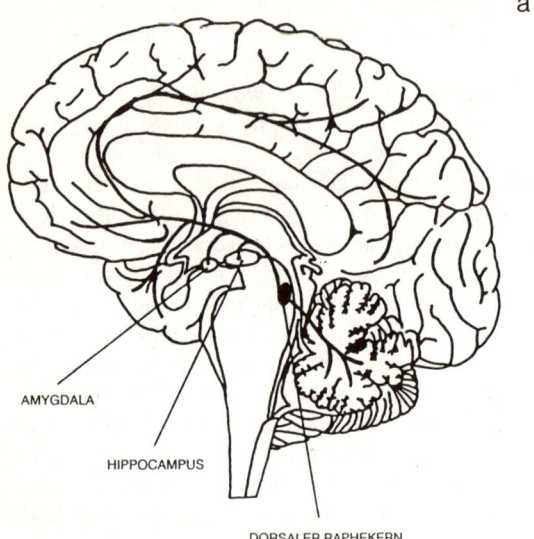

a

AMYGDALA

HIPPOCAMPUS

DORSALER RAPHEKERN

drei Längsreihen von kompakten Zellgruppen (*Kerne* genannt).
Entlang der Mittellinie liegt die *mediane Kerngruppe*, welche die
Raphe-Kerne umfaßt (Abb. 30, 35a). Für die limbisch-kogniti-
ven Funktionen ist vor allem der dorsale Raphe-Kern wichtig.
Die Nervenzellen dieses Kerns schicken Fortsätze zum Hypothalamus, zu »limbischen« Kernen des Thalamus (d. h. den
medialen, intralaminären und Mittellinien-Kernen) und zum
Septum, zur Amygdala und Hippocampus des Endhirns sowie
zu den assoziativen Bereichen der Großhirnrinde. Diese Bahnen
sind durch den Transmitter Serotonin charakterisiert.
Seitlich von der medianen liegt die *mediale Kerngruppe*, welche
die Brücke und das Mittelhirn durchzieht. Deren Nervenzellen
schicken ebenfalls Fortsätze zu den intralaminären und Mittellinienkernen des Thalamus und von dort zum Cortex. Diese
Bahnen enthalten den modulatorischen Transmitter Acetylcholin. Außen in der retikulären Formation liegt die *laterale Kern-*

NORADRENERGES SYSTEM

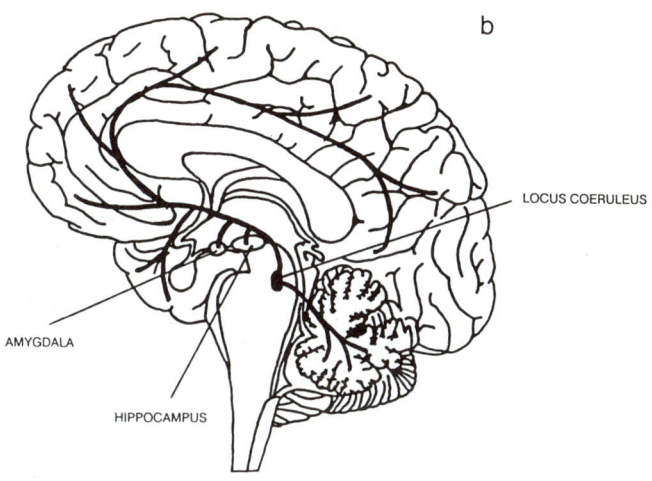

b

LOCUS COERULEUS

AMYGDALA

HIPPOCAMPUS

Abb. 35: Projektionen der Formatio reticularis. (a, links): Projektionsbahnen des serotonergen Systems (Raphe-Kerne). (b, oben): Projektionsbahnen des noradrenergen Systems (Locus coeruleus). Man beachte die Verbindungen dieser Systeme zum Cerebellum, zur Amygdala,
zum Hippocampus und zum gesamten Neocortex.

gruppe. Hierzu gehört unter anderem der »blaue« Kern, lateinisch *Locus coeruleus* (Abb. 30, 35b). Er weist dieselben Verbindungen mit Bereichen des Zwischenhirns und des Endhirns auf
wie der dorsale Raphekern, ist aber durch den modulatorischen
Transmitter Noradrenalin gekennzeichnet.
Die Kerne der medialen Kerngruppe bilden das *aufsteigende ak-
tivierende System* (vgl. Abb. 31). Sie erhalten von allen Sinnessystemen ständig Meldungen, und sobald sich hierbei irgend
etwas verändert, erhöhen sie den generellen Erregungszustand
der Großhirnrinde und damit unseren Wachheitszustand. Die
mediane und die laterale Kerngruppe und hier besonders der
dorsale Raphekern und der Locus coeruleus arbeiten spezifischer und »zügeln« die generelle Aktivierungstätigkeit der me-

dialen Kerngruppe. Es wird angenommen, daß die Bahnen des aufsteigenden aktivierenden Systems über den Transmitter Acetylcholin die Zellen des Thalamus und des Cortex allgemein *erregen*, und daß die Raphekerne und der Locus coeruleus über die Transmitter Serotonin und Noradrenalin diese Erregung wieder *herunterdrücken* (inhibieren) und damit so *einengen*, daß nur an ganz bestimmten Stellen der Großhirnrinde starke Aktivität herrscht, nämlich dort, wo lokal eine bestimmte Schwelle überschritten wird.

Amygdala, Hippocampus, Septum, Hypothalamus und zentrales Höhlengrau sind wesentlich an der Kontrolle der Emotionen beteiligt und in diesem Zusammenhang an der Steuerung des Kampf-, Verteidigungs- und Fluchtverhaltens. Die bilaterale Zerstörung unterschiedlicher Teile der Amygdala ruft bei der Katze einerseits Hyperaggressivität und andererseits extreme Zahmheit hervor. Entfernung der Amygdala bei Affen stört nachhaltig das Sozialleben und insbesondere die Beachtung der Rangfolge. Das zentrale Höhlengrau ist an der Schmerzempfindung und deren Regulation beteiligt.

Diese vegetativ-emotionalen Funktionen verleiteten in der Vergangenheit Autoren wie MacLean dazu, das limbische System als ein »primitives Säugetiergehirn« anzusehen und es dem Isocortex als dem »höchsten kognitiven Zentrum« gegenüberzustellen. MacLean betonte, daß Isocortex und limbisches System sehr wenige anatomische Verbindungen zueinander hätten; dies sei der Grund für die bedauernswerte Tatsache, daß Verstand und Vernunft als Leistungen des Isocortex so geringen Einfluß auf unsere Triebe und Gefühle hätten.

Anatomisch und funktional ist diese Sicht aber falsch. Mit dem Isocortex sind – wie dargestellt – Teile des limbischen Systems massiv verbunden. Dies gilt etwa für die Verbindung zwischen präfrontalem Cortex und Amygdala und für die Verbindung zwischen inferotemporalem und entorhinalem Cortex und Hippocampus. Überdies besteht nahezu der gesamte Isocortex über den Gyrus cinguli mit dem limbischen System in Verbindung. In den letzten Jahren wurde entsprechend deutlich, daß neben den vegetativen und antriebhaften Funktionen das limbische System bei kognitiven Leistungen eine wichtige Rolle spielt, die bisher fälschlicherweise als ausschließliche Funktion des Isocortex angesehen wurden.

Die allgemeine Funktion des limbischen Systems besteht in der Bewertung dessen, was das Gehirn tut. Dies geschieht einerseits nach den Grundkriterien »Lust« und »Unlust« und nach Kriterien, die davon abgeleitet sind. Das Resultat dieser Bewertung wird im Gedächtnissystem festgehalten. Bewertungs- und Gedächtnissystem hängen damit untrennbar zusammen, denn jede Bewertung geschieht aufgrund des Gedächtnisses. Umgekehrt ist Gedächtnis nicht ohne Bewertung möglich, denn das »Abspeichern« von Gedächtnisinhalten geschieht aufgrund früherer Erfahrungen und Bewertungen und des gerade anliegenden emotionalen Zustandes.

Die Interaktion von Hippocampus und Amygdala spielt eine zentrale Rolle bei diesen Vorgängen. Der Hippocampus ist der Organisator von Lernen und Gedächtnis, zumindest was das sog. deklarative Gedächtnis betrifft, welches all das Wissen umfaßt, das wir bewußt reproduzieren können (Squire, 1987; Kolb und Wishaw, 1993; Menzel und Roth, 1996). Dies umfaßt alles, was wir als bewußtes Wissen verfügbar haben und äußern können. Deklaratives Wissen ist in aller Regel von Bewußtsein begleitet. Zerstörung des Hippocampus führt zu schweren Beeinträchtigungen des Erinnerungsvermögens (retrograde Amnesie) und der Fähigkeit, neues Wissen zu erwerben und auch nur für eine kurze Zeitspanne zu behalten (anterograde Amnesie). Die Inhalte des deklarativen Gedächtnisses sind nicht im Hippocampus, sondern im Cortex »lokalisiert«, und zwar entsprechend in denjenigen Cortexarealen, die mit der Wahrnehmung derselben Inhalte zu tun haben; das visuelle Gedächtnis ist also im Hinterhauptscortex, das auditorische Gedächtnis im oberen temporalen Gedächtnis »gespeichert« und so weiter. Der Hippocampus kontrolliert nur das Niederlegen und Abrufen von Gedächtnisinhalten, es sei denn, diese Inhalte sind in absolutes »Routinewissen« übergegangen, denn dann sind sie auch bei zerstörtem Hippocampus noch verfügbar (Squire und Zola-Morgan, 1991). Das bedeutet, daß sie dann rein intracortical abgerufen werden können.

Eine andere Gedächtnisart ist das *prozedurale* oder *implizite*

Gedächtnis; es umfaßt alle Fertigkeiten, die charakteristischerweise eingeübt werden müssen, dann aber beherrscht werden, ohne daß man genau weiß oder wissen muß, »wie es geht«. Das prozedurale Gedächtnis ist auch nicht notwendigerweise von Bewußtsein begleitet. Seine Inhalte sind, wenn sie einmal beherrscht werden, nicht mehr im Cortex angesiedelt; sie werden nicht durch eine Zerstörung des Hippocampus beeinträchtigt. Man nimmt an daß die Inhalte des prozeduralen Gedächtnisses in der Brücke (Pons), im Striatum und im Kleinhirn angesiedelt sind (Squire, 1987).

Kürzlich berichteten Knowlton und Squire (1993), daß bei Patienten mit Zerstörung des Hippocampus und entsprechenden Störungen des deklarativen Gedächtnisses (und intaktem implizitem Gedächtnis) die Fähigkeit erhalten war, bei der Darbietung verschiedener Objekte das Gemeinsame herauszufinden, sie also zu klassifizieren oder kategorisieren, und weitere Objekte solchen Kategorien zuzuordnen. Bisher ging man davon aus, daß eine solche Leistung sich auf der Basis expliziten, deklarativen Wissens entwickelt. Die Befunde der genannten Autoren legen jedoch nahe, daß es sich beim Erwerb kategorialen Wissens um eine eigene Gedächtnisart handelt. Hierfür spricht, daß das Kategorisieren von Ereignissen auch »unbewußt« vor sich gehen kann.

Die Art und Tiefe der Einspeicherung und damit die Leichtigkeit des Erinnerns (bzw. die Resistenz gegen das Vergessen) wird ganz wesentlich vom emotionalen Begleitzustand bestimmt, insbesondere davon, ob das, was zum Einspeichern ansteht, positive oder negative Konsequenzen hatte oder haben wird (im Lichte der vergangenen Erfahrung). Diese Bewertung durch den emotionalen Begleitzustand, insbesondere in Hinblick auf negative Erfahrungen, wird von der Amygdala geleistet. Die Beteiligung der Amygdala beim Angstgedächtnis ist im Tiermodell gut nachgewiesen. Jüngste Befunde deuten auf eine Fehlfunktion der Amygdala (im Verein mit dem präfrontalen Cortex und dem thalamischen Ncl. dorsalis medialis) bei depressiven Patienten hin. Solche Personen leiden in unseren Augen an einer zu negativen Bewertung vergangener oder laufender Ereignisse, was zu einer völligen Handlungsunfähigkeit führen kann.

Im Rahmen einer klassischen Konditionierung können Patienten mit einer bilateralen Schädigung der *Amygdala* genau angeben, welcher sensorische Stimulus mit einem Schreckreiz gepaart worden war, sie zeigten aber keine vegetative Angstreaktion, gemessen über die Erhöhung des Hautwiderstands. Sie entwickeln also keine Angst- oder Schreckempfindungen und nehmen die Ereignisse »emotionslos« hin. Umgekehrt haben Patienten mit bilateraler Schädigung des *Hippocampus* keine bewußte Information über die Paarung von sensorischem Reiz und Schreckreiz, zeigen aber eine deutliche vegetative Angstreaktion. Während also ihr emotionales Gedächtnis funktioniert, versagt ihr deklaratives Gedächtnis, was nach der Hippocampus-Läsion auch zu erwarten war (anterograde Amnesie). Die Patienten mit Amygdala und ohne Hippocampus erleben also Angst und Schrecken, ohne zu wissen, warum.

Kognition ist nicht ohne Emotion möglich

In seinem 1995 in deutscher Übersetzung erschienenen Buch »Descartes' Irrtum« schildert der amerikanische Neurologe Antonio Damasio sehr anschaulich den Fall des amerikanischen Ingenieurs Phineas Gage. Ein Arbeitsunfall führte bei Gage zu einer Zerstörung des orbitofrontalen präfrontalen Cortex. Infolge dieser Hirnverletzung kam es zu einer tiefgreifenden und verhängnisvollen Trennung (Dissoziation) zwischen Rationalität und Gefühlen. Während Gage in Motorik, Wahrnehmung und Intelligenz völlig unbeeinträchtigt war, hatte er die Fähigkeit verloren, seine Zukunft zu planen, sich nach den sozialen Regeln zu richten, die er einst gelernt hatte, und die Handlungsabläufe zu wählen, die für sein Überleben am günstigsten waren. Die Folge war eine völlige Lebensunfähigkeit. Ein anderer von Damasio ausführlich diskutierter Fall ist der des Managers Elliot. Dieser Patient hat denselben Schaden im ventromedialen Stirnhirn wie Gage, und ist ebenso wie dieser trotz seiner hohen Intelligenz unfähig, aus Fehlern zu lernen und Risiken seines Verhaltens abzuschätzen, was ihn schnell in den Ruin trieb. Elliot ist vollkommen emotionslos.

Die Erklärung für diese tiefgreifenden Defekte liegen nach Meinung von Damasio darin, daß der orbitofrontale präfrontale Cortex das wichtigste Bindeglied darstellt zwischen dem übrigen Neocortex und dem limbischen System, das – wie ich gerade dargestellt habe – für Emotionen und die Bewertung des eigenen Tuns und das entsprechende Gedächtnis zuständig ist. Das Zusammenfließen dieser beiden Aktivitäten im Stirnhirn erst ermöglicht es, das eigene Handeln an der Erfahrung auszurichten, d. h. dasjenige zu meiden, das sich als schädlich erwiesen hat, und das zu tun, was angenehme Konsequenzen hatte (wobei »schädlich« und »angenehm« von primärer Unlust und Lust bis hin zu subtilem Ärger und Vergnügen reichen können). Das Wirken des limbischen Systems erleben wir als begleitende Gefühle, die uns entweder vor bestimmten Handlungen warnen oder unsere Handlungsplanung in bestimme Richtungen lenken. Gefühle sind somit »konzentrierte Erfahrungen«; ohne sie – dies zeigen die Beispiele von Gage und Elliot – ist vernünftiges Handeln unmöglich. Wer nicht fühlt, kann auch nicht vernünftig entscheiden und handeln.

Leider ist noch wenig darüber bekannt, wie im Detail die Interaktion zwischen Kognition und Emotion im Gehirn stattfindet. Allerdings haben sich einige Labors in Deutschland und anderswo entschlossen, diese Frage mit den unterschiedlichsten Methoden und auf den verschiedensten strukturellen und funktionalen Ebenen des Gehirns anzugehen. Die Beantwortung dieser Frage wird zweifellos den größten Schritt zum Verständnis des Gehirns darstellen, denn wenn es überhaupt höchste Hirnzentren gibt, dann sind es die Konvergenzzonen zwischen Neocortex und limbischem System.

10 Gehirn und Bewußtsein

Was ist Bewußtsein?

Bewußtsein gilt als ein geistiger oder »mentaler« Zustand, und deshalb entzieht sich für viele dieses Phänomen *grundsätzlich* einer naturwissenschaftlich-neurobiologischen Erklärung. Wir müssen uns deshalb fragen, ob die Hirnforschung sagen kann, was Bewußtsein ist, wie es im Gehirn zustande kommt und welche Rolle Bewußtsein bei der Kognition spielt.

Philosophen, Psychologen, Psychiater und Neurologen verwenden den Begriff »Bewußtsein« oft verschieden. Ich will mich im Einklang mit den meisten Autoren auf Bewußtsein als einen Zustand, den ein *Individuum* haben kann, beschränken und alle Formen eines möglichen überindividuellen Bewußtseins außer acht lassen. Dieses individuelle Bewußtsein wird von uns als Zustand bzw. Begleitzustand von Wahrnehmen, Erkennen, Vorstellen, Erinnern und Handeln empfunden.

Eine charakteristische Form des Bewußtseins betrifft meine Ich-Identität: Bei dem, was ich tue und erlebe, habe ich in aller Regel das Gefühl, daß *ich* es bin, der etwas tut und erlebt, und daß ich wach und »bei Bewußtsein« bin. Ich fühle mich eins mit meinem Körper, ich empfinde mich als ein Wesen, das eine Vergangenheit, eine historische Identität hat. Dieses Bewußtsein ist mir unmittelbar gegeben; wir wollen es *Ich-Bewußtsein* nennen.

Allerdings kann dieses Ich-Bewußtsein nachhaltig gestört sein. Manche schizophrene Patienten haben den Eindruck, daß nicht sie es sind, die wahrnehmen oder handeln, sondern daß sie »gehandelt werden«, daß ihre Gedanken »eingegeben« werden (Frith, 1992). Auch neurologische Schäden können dazu führen, daß Teile des eigenen Körpers als fremd betrachtet werden, etwa wenn die Körperempfindung gestört ist, wie dies anschaulich von Oliver Sacks im vierten Kapitel seines Buches »Der Mann, der seine Frau mit einem Hut verwechselte« geschildert wird (Sacks, 1987). Eine besonders dramatische Schilderung des Verlustes der Ich-Identität findet sich in A. Lurijas Buch »Der

Mann, dessen Welt in Scherben ging« (Lurija 1991), in dem der Kampf eines Patienten mit einem Hirnschaden im posterioren parietalen Cortex um seine Identität dargestellt wird.

Neben dem Bewußtsein der eigenen Person und Identität und der willentlichen Kontrolle der eigenen Handlungen gibt es eine weitere Form des Bewußtseins, das sich auf bestimmte innere oder äußere Geschehnisse richtet wie Wahrnehmen, Denken, Fühlen, Erinnern oder Vorstellen. In diesem Zusammenhang ist Bewußtsein eng mit *Aufmerksamkeit* verbunden oder gar identisch mit ihm: je stärker die Aufmerksamkeit auf ein bestimmtes Geschehen gerichtet ist, desto bewußter ist es. Wir wollen diesen Zustand das *Aufmerksamkeits-Bewußtsein* nennen. Das Bewußtsein des eigenen Ich und der personalen Identität bildet hierzu einen ständig vorhandenen Hintergrund.

Vom Ich-Bewußtsein und dem Aufmerksamkeits-Bewußtsein müssen wir noch den Zustand der Wachheit bzw. Bewußtheit unterscheiden. Beim gesunden Menschen gibt es viele verschiedene Zustände von Bewußtheit, z. B. ein hellwaches, ein normales Bewußtsein, einen Zustand des Dösens bis hin zum Dahindämmern oder einen Bewußtseinszustand beim Träumen, der von uns als sehr eigenartig empfunden wird. Weiterhin unterscheidet die Medizin eine ganze Reihe von Wachheit und Bewußtseinszuständen bei schweren psychischen Erkrankungen und eine Reihe von Zuständen der Bewußtlosigkeit nach Unfällen oder in der Narkose.

Bewußtsein kann global oder scharf umgrenzt (fokal) ausfallen. Beidseitige Schädigungen des Gehirns im Bereich der Formatio reticularis führen in aller Regel zur globalen Bewußtlosigkeit, zum Koma. Läsionen im Bereich der assoziativen corticalen Areale können hingegen zu fokalen Bewußtseinsausfällen führen. So kann die Fähigkeit zu bewußtem Sehen oder Hören selektiv beeinträchtigt sein. Trotzdem ist der Patient wach und sich ansonsten seiner Tätigkeiten und Erlebnisse voll bewußt.

Ein kognitives Defizit im Zusammenhang mit dem Phänomen Bewußtsein, das Forscher seit langem fasziniert, ist »Seelenblindheit« (engl. »blindsight«; Pöppel et al., 1973; Weiskrantz, 1986; Cowey und Stoerig, 1991). Patienten mit einer Zerstörung des primären visuellen Cortex besitzen kein bewußtes Sehen, verfügen jedoch noch über eine unbewußte Sehfähigkeit, die sich anhand der Pupillenreaktion auf Helligkeits- und Kontrastwechsel, Reaktionen auf flackernde Stimuli, auf Orientierung und Farbe visueller Reize zeigt. Ebenso sind diese Patienten fähig, unbewußt Objekte zu erkennen und nach ihnen zu greifen. Dies tun sie in aller Regel erst nach energischer Aufforderung, denn für sie ist es nichts anderes als »ins Leere« zu greifen. Sie erfassen unbewußt auch die Bedeutung von Aufforderungen, die im »blinden« Gesichtsfeld gezeigt wurden, denn sie können – wiederum ohne daß sie wissen, warum – den Aufforderungen entsprechend handeln.

Die Ursachen von Seelenblindheit werden kontrovers diskutiert. Während einige Autoren annehmen, daß Reste des primären visuellen Cortex vorhanden sein müssen, damit die Patienten gerichtete Handlungen, wenn auch unbewußt, ausführen können (Fendrich et al., 1992), weisen Cowey und Stoerig (1991) in Übereinstimmung mit den meisten anderen Kollegen darauf hin, daß es neben der retino-thalamo-corticalen Sehbahn (über den lateralen Kniehöcker, CGL) zur primären Sehrinde A17/V1 eine Sehbahn über den Colliculus superior zum Pulvinar und zu sekundären und assoziativen Cortexgebieten (V2, V3, V4, MT) gibt (vgl. Abb. 15 b). Ebenso projiziert ein Teil von CGL-Zellen direkt zu visuellen Cortexarealen (V2, V4) unter Umgehung von V1. Allerdings fällt bei Zerstörung der primären Sehrinde A17/V1 auch der sekundäre visuelle Cortex V2 aus, ebenso IT; MT hingegen arbeitet zu 50 % weiter. MT fällt aber aus, wenn der Colliculus superior, mit dem er in enger Verbindung steht, zerstört oder inaktiviert ist. Nimmt man an, daß der hintere parietale Cortex außer über V1 auch über das Pulvinar und MT visuelle Information bekommt, so müßten die »seelenblinden« Patienten zumindest noch bewegte Reize bewußt wahrnehmen können. Dies scheint zum Teil auch der Fall zu sein. Es sieht aber insgesamt so aus, daß zur bewußten visuellen Wahrnehmung in den assoziativen Arealen die Informationen vom primären (und sekundären) visuellen Cortex nötig sind. Die »seelenblinden« Patienten sehen offenbar unbewußt mithilfe subcorticaler Zentren, vor allem des Colliculus superior. Dabei müssen wir bedenken, daß auch bei den meisten Säugetieren (ebenso wie bei allen anderen Wirbeltieren) der Colliculus superior bzw. das Tectum das visuelle Hauptzentrum ist.

Wie auch immer die neurologischen Grundlagen der »Seelenblindheit« aussehen mögen, es bestätigt sich, daß Bewußtsein an die Unversehrtheit und Aktivität corticaler Felder gebunden ist.

Ein anderes merkwürdiges Phänomen im Zusammenhang mit bewußter Wahrnehmung ist die Unfähigkeit von bestimmten Patienten, krankhafte neurologische Ausfälle an sich selbst zu erkennen oder zur Kenntnis zu nehmen. Diese Erkrankung wird *Anosognosie* genannt. Schäden und Erkrankungen, die nicht beachtet oder geleugnet werden, können z. B. im Verlust der motorischen Kontrolle (Hemiplegie) oder im Ausfall der Empfindung einer Körperhälfte (Hemiparese, Hemianästhesie), die etwa nach einem Schlaganfall auftreten, oder im Ausfall des Sehvermögens im ganzen Gesichtsfeld oder in Teilen davon (Hemianopie) bestehen (Bisiach und Geminiani, 1991; Heilman, 1991; Stuss, 1991; Kolb und Wishaw, 1993). Solche Schäden werden natürlich nicht von allen Patienten geleugnet, sondern in der Regel von solchen, die eine zusätzliche Schädigung des Parietallappens (meist des rechten) und/oder Schäden in den frontalen Arealen 8, 9 und 46 und im vorderen cingulären Gyrus aufweisen (Prosiegel, 1991).

Anosognosie-Patienten versuchen entweder so zu tun, als sei alles in Ordnung, oder sie schreiben den Defekt oder deren Folgen Ursachen außerhalb ihrer selbst zu. So erklärt im ältesten bekannten Anosognosiefall, der durch den römischen Philosophen Seneca überliefert ist, die Patientin den Ausfall ihres Sehvermögens damit, daß es bei ihr zu Hause so dunkel sei. Fordert man Anosognosie-Patienten, die eine Lähmung der linken Körperseite haben, auf, die linke Hand zu reichen, so ignorieren sie entweder die Aufforderung, versuchen abzulenken oder geben Pseudoerklärungen wie »Ich kann den Arm nicht heben, weil ich so müde bin«. In einem Fall gab ein Patient statt der linken die rechte Hand, behauptete aber gleichzeitig, die linke zu geben. Als er darauf aufmerksam gemacht wurde, daß er die linke gar nicht bewegt habe, ging er soweit zu behaupten, er hätte drei Hände (eine – die linke, die er tatsächlich nicht bewegt hat, eine zweite – die rechte, die er seiner Meinung nach nicht bewegt habe, und eine imaginäre dritte, die vorhanden sein *muß*, da gleichzeitig das Gehirn meldet, daß tatsächlich eine Hand bewegt wurde) (Weiskrantz, 1988). Oft werden Gliedmaßen auch als fremd angesehen; Patienten behaupten dann etwa, man habe ihnen über Nacht ein fremdes Bein angenäht oder ins Bett gelegt, wie dies in dem bereits genannten vierten Kapitel des Buchs von Oliver Sacks anschaulich geschildert ist.

Visueller Hemineglect ist der Verlust bewußten Sehens in einer Gesichtsfeldhälfte und ein Spezialfall von Anosognosie. Hemineglect-Patienten vernachlässigen das, was in einer Gesichts- oder Körperhälfte, meist der linken, vor sich geht. Ihre Augenbewegungen überschreiten selten oder gar nicht die Mittellinie zwischen beiden Hälften (Prosiegel, 1991). So kann es vorkommen, daß Hemineglect-Patienten nur den Teil der Speisen auf dem Teller aufessen, der der bewußten Gesichtsfeldhälfte entspricht. Dreht man den Teller um 180 Grad, dann essen sie wieder eine Hälfte der Hälfte auf. Dasselbe geschieht bei der Orientierung auf der Straße: Hemineglect-Patienten nehmen in aller Regel nur eine Straßenhälfte bewußt wahr. Erst wenn sie kehrtmachen, entdecken sie die andere Straßenseite, während die vorher wahrgenommene verschwindet. Es wird also nicht der Sehraum in zwei Hälften geteilt, sondern die Dinge werden (wenn auch nicht völlig konsistent) in eine »linke« und »rechte« Hälfte eingeteilt.

Ein besonders merkwürdiges Phänomen von Bewußtseinsstörung tritt bei Patienten mit durchtrenntem Balken (sog. »split-brain-Patienten«) auf und hat seinerzeit großes Aufsehen erregt (Sperry, 1974, Popper und Eccles, 1982). Bei diesen Patienten ist der Informationsaustausch zwischen der linken und rechten Großhirnhemisphäre, der normalerweise über die vielen

Millionen Fasern des Balkens verläuft, unterbunden. Da die subcorticalen Hirnanteile nach wie vor ungetrennt sind, ist das nichtbewußte, prozedurale und automatisierte Wissen davon nicht betroffen. Als Folge der Kommissurotomie weiß die linke Hemisphäre bewußtseinsmäßig nicht, was die rechte tut. Man kann diese Patienten daher mit der linken und der rechten Hemisphäre unterschiedliche Dinge wahrnehmen, lernen und tun lassen. So kann man einem Patienten den Befehl geben, mit der linken Hand durch Tasten und ohne Sichtkontakt einen bestimmten Gegenstand aus einer Kollektion von Gegenständen herauszufinden, und er wird dies korrekt tun, wenn man der *rechten* Hemisphäre (welche die linke Hand steuert) die Bezeichnung des gesuchten Gegenstandes auf einem Schirm schriftlich mitteilt. Dabei muß man dafür sorgen, daß nur die rechte Hemisphäre das Wort lesen kann. Dies erreicht man, indem man es in der linken Gesichtsfeldseite, die in der rechten Hemisphäre abgebildet wird, kurzzeitig darbietet, ohne daß die Versuchsperson es binokular fixiert (sonst würde es auch die linke, sprachbegabte Hemisphäre lesen können). Tut man dies, dann weiß die linke Hemisphäre nicht, was vor sich geht. Hat man der rechten Hemisphäre das Wort »Schlüssel« dargeboten und der linken das Wort »Ring«, so wird der Patient mit der linken Hand (korrekt) den Schlüssel heraussuchen, aber auf die Frage, was er herausgesucht habe, die Antwort »Ring« geben. Die Split-Brain-Patienten können nur über das berichten, was in derjenigen Hirnhälfte verarbeitet wird, in der die Sprachzentren lokalisiert sind (der »dominanten« Hemisphäre), und dies ist bei den meisten Menschen die linke. Die abgetrennte rechte, nichtdominante Hemisphäre hat wegen der Kommissurotomie keinen Zugriff auf die Sprachzentren mehr.

Einige Autoren, so J. Eccles (in Popper und Eccles, 1982), haben diese Befunde so gedeutet, daß nur die sprachbegabte, dominante Hirnhälfte Bewußtsein bzw. Geist besitzt, während die andere ein bewußtseinsloses, »sehr gehobenes tierisches Gehirn« darstellt und nicht weiß, was sie tut. Demnach wären Geist und Bewußtsein an die Existenz von Sprache gebunden, was aber von den meisten Forschern bezweifelt wird. Die Deutung von Eccles ist allein schon deshalb unbefriedigend, da auch die nichtdominante (meist rechte) Hemisphäre erwiesenermaßen ein rudimentäres Wortverständnis besitzt, denn sonst könnte sie ja nicht das Wort »Schlüssel« lesen und diese Instruktion korrekt befolgen. Sie kann aber nicht über dasjenige, was in ihr vorgeht, sprachlich berichten. Wäre diese Sprachlosigkeit der einzige Grund für die Unfähigkeit des Patienten, etwas über den Gegenstand in seiner linken Hand auszusagen, so könnte er zumindest die Frage, ob er das richtige Objekt ausgewählt habe, per Kopfnicken bejahen, denn die nichtdominante Hemisphäre kann ja rudimentär Sprache verstehen. Dies wird aber nicht berichtet. Es mag sein, daß die rechte Hemisphäre zwar Worte lesen, aber komplexere Fragen nicht verstehen kann.

Was ist notwendig von Bewußtsein begleitet und was nicht?

Nicht nur bei Patienten mit neurologischen oder psychischen Schäden, sondern auch beim gesunden Menschen ist ein großer Teil der Körper- und Gehirnfunktionen und unserer Handlungen *grundsätzlich* nicht von Bewußtsein begleitet. Wir haben keinerlei Bewußtsein davon, wie unsere Netzhaut visuelle Erregung verarbeitet oder was der Hirnstamm oder das Kleinhirn gerade tun. Nur dasjenige, was von diesen Prozessen eine Repräsentation im assoziativen Cortex besitzt, kann überhaupt bewußt erlebt werden. Insofern ist der assoziative Cortex also der *Ort* des Bewußtseins, wenn auch nicht – wie wir sehen werden – der alleinige *Produzent*.

Neben den Prozessen, die niemals bewußt werden, gibt es Prozesse, die von Bewußtsein begleitet sein *können*, ohne daß dies notwendig ist. Das gilt etwa für die Kontrolle unserer Körperhaltung, für Gehen, Sprechen, Schreiben, d. h. Fertigkeiten, die weitgehend automatisiert ablaufen, auch wenn sie früher einmal bewußt erlernt werden mußten. Besondere Aufmerksamkeit kann hier unter Umständen stören, z. B. dann, wenn wir versuchen, uns darauf zu konzentrieren, wie wir gehen oder sprechen. Schließlich gibt es bestimmte Leistungen, die wir *nicht ohne* volle Aufmerksamkeit vollbringen können. Dazu gehören immer die ersten Schritte beim Erlernen komplizierter motorischer Fertigkeiten, etwa das Erlernen des Klavierspiels oder der Bedienung der Computertastatur. Diese motorischen Fähigkeiten schleichen sich aber um so mehr aus unserer Aufmerksamkeit und unserer Bewußtheit heraus, je besser sie gelernt werden, bis sie schließlich »automatisch«, also ohne sonderliche Aufmerksamkeit, ablaufen. Lernen aufgrund gesprochener oder geschriebener sprachlicher Information, also das Aneignen von Inhalten des deklarativen Gedächtnisses, ist ohne Bewußtsein und Aufmerksamkeit ebensowenig möglich wie Nachahmungslernen. Wir können den Sinn von Gesprochenem (oder Geschriebenem) nicht erfassen, ohne daß wir dieses bewußt wahrnehmen. Ebenso ist Problemlösen ohne bewußte Aufmerksamkeit unmöglich (allerdings gibt es das Phänomen, daß uns nach langem und vergeblichem konzentrierten Nachdenken die Lösung »plötzlich« einfällt).

Die Gerichtetheit und Enge
von Bewußtsein

In vielen Abhandlungen werden Aufmerksamkeit und Bewußtsein als ein »Scheinwerfer« (»searchlight«) beschrieben, der selektiv etwas beleuchtet oder hervorhebt (z. B. Jung, 1978). Wir *richten* unsere Aufmerksamkeit und das Bewußtsein auf etwas Bestimmtes. Unsere visuelle Aufmerksamkeit ist eng mit unseren willkürlichen Blickbewegungen verbunden, bei der wir die Stelle schärfsten Sehens (Sehgrube, Fovea centralis) auf einen Gegenstand oder Vorgang richten, der uns besonders interessiert; es erfordert Mühe und Training, einen Vorgang aufmerksam »aus den Augenwinkeln«, d. h. extrafoveal, zu verfolgen. Nicht umsonst sagen wir, wenn wir von Aufmerksamkeit sprechen, daß wir das »Augenmerk auf etwas richten«.

Der Scheinwerfercharakter von Aufmerksamkeit und Bewußtsein geht einher mit ihrer Begrenztheit und Enge. Diese Begrenztheit ändert sich allerdings situationsbedingt. Wir können um so mehr Geschehnisse gleichzeitig bewußt verfolgen, je weniger Aufmerksamkeit wir auf sie verwenden; umgekehrt ist die Menge der erfaßten Geschehnisse um so kleiner, je aufmerksamer wir sind, d. h. je mehr wir uns auf sie »konzentrieren«. Dieser Zusammenhang ist jedem von uns geläufig. Wenn ich zum Beispiel im Auto durch die Stadt fahre, so mag es sein, daß ich während des Fahrens meinen Gedanken nachhänge und gleichzeitig Musik im Radio höre. Die vier Tätigkeiten, nämlich Autofahren, auf den Verkehr achten, den Gedanken nachhängen und Musik hören, kann ich durchaus parallel ausüben, sofern keine dieser Tätigkeiten meine *besondere* Aufmerksamkeit erfordert. Das Bedienen der verschiedenen Hebel und Pedale und des Lenkrades geschieht dabei mehr oder weniger automatisiert; falls der Weg mir bekannt ist und die Verkehrslage ruhig, werde ich nur wenig Mühe haben, mich dem Verkehrsfluß anzupassen. Die Musik aus dem Radio ist belanglos, meine Gedanken sind intellektuell oder emotional anspruchslos.

Das ändert sich schlagartig, wenn irgend etwas das automatische Bedienen des Autos behindert (wenn etwa der Gang »hakt«) oder wenn die Verkehrssituation komplizierter wird und mehr Aufmerksamkeit erfordert. Dann werde ich meine Gedanken »zügeln« und der Musik keine Beachtung mehr schenken bzw. das Radio ausstellen. Es kann aber auch sein, daß das Musikstück und seine Interpretation mich plötzlich interessieren; dieses erhöhte Interesse lenkt meine Aufmerksamkeit in gefährlicher Weise von der Beobachtung der Verkehrssituation ab und hindert mich daran, über etwas nachzudenken. Es mag auch sein, daß mir etwas einfällt, mit dem ich mich auf der Stelle gedanklich beschäftigen muß. In diesem Fall werde ich mein Auto irgendwo anhalten, um mich ganz auf das zu konzentrieren, was mir gerade siedendheiß eingefallen ist.

Bewußtsein und Hirnstoffwechsel

Dieser jedem von uns geläufige Zusammenhang legt die Vermutung nahe, daß die Gesamtmenge an Aufmerksamkeit, die mir pro Zeiteinheit zur Verfügung steht, konstant ist: je mehr Aufmerksamkeit ich auf bestimmte Geschehnisse konzentriere, desto geringer ist die Menge der gleichzeitig konzentriert verfolgbaren Geschehnisse, und umgekehrt. Warum ist das so? Warum können wir nicht viele verschiedene Dinge mit derselben hohen Aufmerksamkeit verfolgen? Dies wäre eigentlich sehr praktisch. Warum »versinkt« die Welt um uns, wenn wir uns in eine einzige Sache »vertiefen«?

Dies liegt zumindest zum Teil in der Tatsache begründet, daß Aufmerksamkeit und Bewußtsein die Stoffwechselaktivität des Gehirns in besonderer Weise beanspruchen und dadurch das Gehirn gewissermaßen in eine physiologische Notlage bringen. Um dies zu verstehen, muß man wissen, daß das Gehirn einen weit überdurchschnittlichen Verbrauch an Sauerstoff und Stoffwechselenergie (Glukose-Zucker) aufweist. Während es nur zwei Prozent der Körpermasse ausmacht, verbraucht es im Durchschnitt 20 Prozent der gesamten Energie, d. h. zehnmal mehr, als ihm eigentlich zukommt (Creutzfeldt, 1983). Es ist also aus dem Blickwinkel des restlichen Körpers (immerhin 98 %) ein gefräßiger Parasit. Gleichzeitig lebt das Gehirn »von der Hand in den Mund«, d. h., es hat keinerlei Sauerstoff- und Zuckerreserven. Es wird nach Ausfall der Sauerstoffversorgung für nur wenige Minuten bereits irreversibel geschädigt. Zuerst fallen die Prozesse der Hirnrinde (Neocortex) aus (corticaler Tod, Teilhirntod), dann diejenigen des Hirnstamms (Ganzhirntod). Hingegen können Organe wie Leber, Niere und Muskulatur einen Ausfall der Sauerstoffversorgung (Anoxie) viele Minuten bis zu Stunden tolerieren.

Der Stoffwechsel des Gehirns ist eng mit seiner kognitiven Tätigkeit verbunden (Collins, 1991). Wenn wir hungrig sind und der Glukosespiegel in unserem Blut ist niedrig, dann können wir uns schlecht konzentrieren und keine komplizierten Gedanken fassen. Dasselbe ist bei Sauerstoffmangel der Fall. Umgekehrt erhöht sich der Stoffwechsel in den Gebieten, die durch Wahrnehmungen aktiviert werden, oder in denen interne kognitive Prozesse wie Nachdenken, Erinnern und Vorstellen ablaufen. Mit einer kurzen zeitlichen Verzögerung verstärkt sich an diesen Stellen die Hirndurchblutung, und dies erklärt sich aus dem lokalen Bedarf an Sauerstoff und Glukose, den das Blut herantransportiert. Die lokale Erhöhung der Hirndurchblutung und des damit zusammenhängenden Stoffwechsels läßt sich mit verschiedenen bildgebenden Verfahren sichtbar machen.

Hierzu gehören im wesentlichen die Positronen-Emissions-Tomographie (PET, Abb. 36) und die Kernresonanz-Spektroskopie (NMR, englisch MRI, Abb. 37). Diese Methoden messen nicht direkt die elektrische Aktivität des Gehirns wie die Mikroelektroden oder das Elektroenzephalogramm (EEG), sondern beruhen auf der soeben geschilderten Tatsache, daß neuronale Erregungen von einer lokalen Erhöhung der Hirndurchblutung und des Hirnstoffwechsels (vornehmlich hinsichtlich des Sauerstoff- und Zuckerverbrauchs) begleitet sind. Beim PET wird dem Blut ein Positronen-aussendendes Isotop (z. B. das Sauerstoff-Isotop ^{15}O) in Verbindung mit einer am Stoffwechsel beteiligten Substanz (z. B. Zucker oder Wasser) zugeführt. Dieser Stoff wird dann in besonders hoher Konzentration dort im Gehirn »verstoffwechselt«, wo die Hirnaktivität besonders hoch ist. Die beim Zerfall des Isotops freiwerdende Gammastrahlung wird durch Detektoren registriert, die ringförmig um den Kopf des Patienten angebracht sind. Mithilfe eines Computers lassen sich der Zerfallsort und die Zerfallsmenge genau berechnen und in ein dreidimensionales Aktivitätsbild umsetzen. Die räumliche Auflösung liegt im Millimeterbereich, jedoch benötigt das Erstellen eines aussagekräftigen PET-Bildes 45-90 Sekunden. Hiermit können schnellere neuronale bzw. kognitive Prozesse nicht erfaßt werden. Zur Verbesserung der Nachweisgrenze wird in der Regel über mehrere Versuchsdurchgänge bei unterschiedlichen Versuchspersonen gemittelt, wobei die individuellen Unterschiede in der Gehirngröße verrechnet werden müssen. Dies wird aber bald überflüssig sein. PET-Bilder liefern keine anatomischen Details und werden deshalb oft mit röntgentomographischen 3-D-Darstellungen kombiniert.

NMR beruht auf einem anderen Prinzip als PET und nutzt die Tatsache aus, daß sich in einem starken Magnetfeld viele Atomkerne mit ihren Magnetachsen parallel zu den Feldlinien ausrichten. Sie senden nach Störung mit einem Radiowellensignal Hochfrequenzsignale aus, die Aufschluß über die Art und Position des Kerns sowie die physikalische und chemische Beschaffenheit seiner Umgebung liefern. Hiermit lassen sich z. B. mit

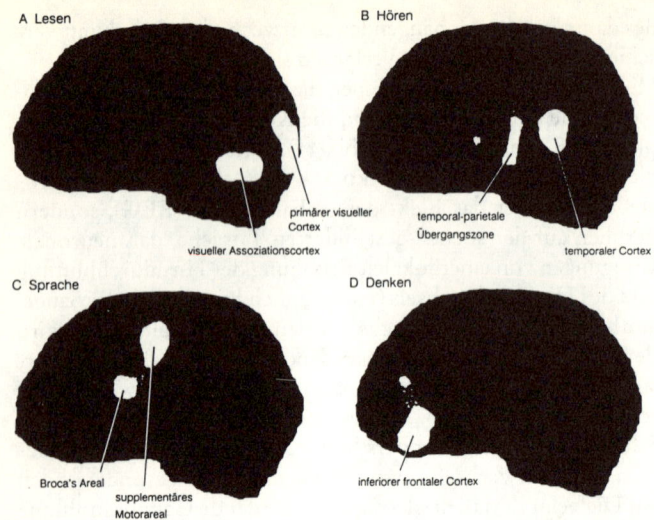

A Lesen

B Hören

primärer visueller
Cortex

temporal-parietale
Übergangszone

visueller Assoziationscortex

temporaler Cortex

C Sprache

D Denken

Broca's Areal

supplementäres
Motorareal

inferiorer frontaler Cortex

Abb. 36: Hirnaktivität, sichtbar gemacht mit Hilfe der Positronen-Emissions-Tomographie (PET). (A) zeigt die Hirnaktivität während des Lesens einzelner Wörter. Es tritt eine deutliche Aktivitätserhöhung im primären visuellen Cortex und im visuellen Assoziationscortex auf. (B) zeigt die Hirnaktivität während des Hörens derselben Wörter wie in (A). Nun sind Teile des Schläfenlappens in Höhe des sensorischen Sprachzentrums (Wernicke) und ein Areal zwischen Schläfen- und Scheitellappen aktiv. (C) zeigt die Aktivitätserhöhung beim Sprechen einzelner Wörter, und zwar im motorischen Sprachzentrum (Broca) und im supplementären Motorareal im oberen Frontallappen. (D) zeigt eine erhöhte Aktivität im unteren präfrontalen Cortex während des Nachdenkens über die Bedeutung eines Wortes. (Nach Kandel et al., 1991; verändert).

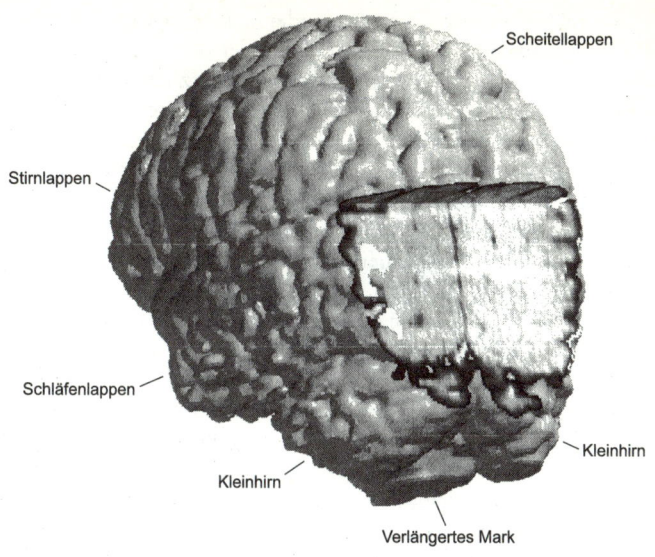

Scheitellappen

Stirnlappen

Schläfenlappen

Kleinhirn

Kleinhirn

Verlängertes Mark

Abb. 37: Darstellung kognitiver Leistungen im menschlichen Gehirn mit Hilfe der funktionellen Kernspintomographie (fNMR). Die Abbildung zeigt die dreidimensionale Rekonstruktion des Gehirns einer Versuchsperson von schräg unten und hinten. Die Versuchsperson wurde aufgefordert, einen zentralen Fixationspunkt im Gesichtsfeld genau zu fixieren und gleichzeitig ihre Aufmerksamkeit auf andere Geschehnisse im Gesichtsfeld zu konzentrieren. In der kernspintomographischen Aufnahme zeigt sich dabei eine deutliche Aktivitätsänderung (*weiße Gebiete* in den computergraphisch erzeugten Schnittflächen) im Übergangsbereich zwischen Schläfenlappen und Hinterhauptslappen. Die Versuche wurden an der Universität Magdeburg unter Leitung der Professoren H. J. Heinze, S. A. Hillyard und H. Scheich durchgeführt. Ihnen danke ich herzlich für die Überlassung der Aufnahme.

Hilfe von Wasserstoffkernen – anders als beim EEG oder bei PET – genaue anatomische Darstellungen von Gehirnen erreichen. Beim *funktionellen* NMR werden zusätzlich Schwankungen im Sauerstoffgehalt des Blutes in Abhängigkeit von der leistungsabhängigen Stoffwechselaktivität des Gehirns erfaßt und bildlich dargestellt. Während der Aktivierung corticaler Neurone steigt der lokale Blutfluß schneller an als der lokale Sauerstoffverbrauch, und dies führt zu einer relativen Zunahme des sauerstoffreichen (oxygenierten, diamagnetischen) Blutes, was dann Grundlage der Veränderung der NMR-Signale ist (das sauerstoffarme Blut ist paramagnetisch, das sauerstoffreiche diamagnetisch). Damit läßt sich anzeigen, wo im Gehirn die neuronale Aktivität lokal erhöht ist. Die räumliche Auflösung des fNMR ist in etwa gleich gut wie die von PET, die zeitliche Auflösung ist wesentlich besser als die von PET; mithilfe bestimmter Techniken, z. B. der sog. *echoplanaren Bildgebung*, läßt sich die Geschwindigkeit, mit der sich der lokale Sauerstoffgehalt des Blutes ändert, in weniger als einer Sekunde darstellen. Dies ist allerdings immer noch um drei Größenordnungen schlechter als die des EEG und auch nicht wesentlich steigerbar, da Hirndurchblutungsprozesse gegenüber den neuro-elektrischen Geschehnissen sehr viel langsamer ablaufen.

Bei den Versuchen, kognitive Prozesse mithilfe von PET oder NMR zu lokalisieren, wird heute allgemein die *Subtraktionsmethode* angewandt, um spezifische von unspezifischen Stoffwechselerhöhungen infolge erhöhter Hirnaktivität unterscheiden zu können (Raichle, 1994). So wird eine Versuchsperson aufgefordert, im ersten Durchgang bestimmte Worte rein mechanisch zu lesen, während sie im zweiten Durchgang gleichzeitig über die Bedeutung der Worte nachdenken soll. Indem man die räumlichen Aktivitätsmuster und deren Intensitäten voneinander abzieht, erhält man eine »reine« Darstellung der neuronalen Prozesse, die dem Erfassen des Wortsinns zugrunde liegen. Die Zusammenhänge zwischen lokaler Hirndurchblutung, lokalem Hirnstoffwechsel, lokaler neuronaler Aktivität und spezifischen kognitiven Leistungen sind keineswegs linear. Dies führt zu immer wieder auftretenden Inkonsistenzen zwischen den verschiedenen Meßmethoden als auch zwischen Versuchsergebnissen bei Anwendung derselben Methode. An der Bedeutung dieser Verfahren für die Aufklärung der neuronalen Grundlagen kognitiver und mentaler Leistungen, insbesondere wenn sie in Kombination angewandt werden, ist jedoch nicht zu zweifeln.

Eine hohe zeitliche Auflösung und gute räumliche Auflösung von derzeit 5-8 Millimetern liefert die Magnetenzephalographie (MEG), die aber ebenfalls (noch) sehr teuer ist. Ein vergleichsweise billiges Verfahren, welches eine sehr hohe zeitliche Auflösung der laufenden Hirnaktivität bietet, ist das Elektroencephalogramm (EEG). Durch Verwendung vieler Registrierelektroden (hundert oder mehr) und einer aufwendigen Auswerttechnik kann man die räumliche Auflösung erheblich steigern. Aus den multiplen Ableitungen können mit der entsprechenden Software Hirnaktivitätskarten mit einer zeitlichen Auflösung im Millisekundenbereich hergestellt werden. Die räumliche Auflösung bleibt aber immer noch weit hinter derjenigen von PET und NMR zurück. Der Nachteil des EEG ist nach wie vor die Tatsache, daß im wesentlichen nur corticale Prozesse erfaßt werden können.

Man geht aus all diesen Gründen deshalb vermehrt dazu über, die schnellen, aber räumlich schlecht auflösenden Verfahren, d. h. EEG und MEG, mit den »langsamen«, aber räumlich hochauflösenden Verfahren, insbesondere fNMR, zu kombinieren. Man hofft, daß es damit sogar gelingen wird, einzelnen Positivitäten und Negativitäten, die im ereigniskorrelierten Potential auftreten (vgl. weiter unten und Abbildung 40) genaue Entstehungsorte im Gehirn zuweisen zu können.

Mit diesen Methoden läßt sich feststellen, *wann* und *wo* im Gehirn besondere neuronale Aktivitäten stattfinden, und diese lassen sich dann mit der Art und dem Ablauf bestimmter kognitiver Prozesse in Verbindung setzen, z. B. beim Lesen, Hören und Nachdenken (Abb. 36). Es zeigt sich bei solchen Untersuchungen, daß diejenigen Prozesse im Gehirn, die kognitiv besonders anspruchsvoll und von Bewußtsein begleitet sind, stets besondere Hirndurchblutungsstärken, Stoffwechselaktivität bzw. elektrische Aktivität aufweisen, und man kann damit kognitive Leistungen und Bewußtsein innerhalb der Auflösungsgrenzen der jeweiligen Methoden lokalisieren. Gleichzeitig hat man natürlich alle Information hinsichtlich der Lokalisation von perzeptiven und kognitiven Prozessen zur Verfügung, die man aus anatomischen Untersuchungen und aus Einzel- und Multizellableitungen (meist natürlich bei Tieren) besitzt. Man kann alle diese Informationen mit aus den geschilderten bildgebenden Verfahren gewonnenen Informationen vergleichen, was in den letzten Jahren mit großem Erfolg getan wurde.

So stellte sich bei PET- und fNMR-Untersuchungen heraus, daß in der Tat bei visuellen Leistungen wie Farbwahrnehmung oder Bewegungswahrnehmung die Hirnaktivität in denjenigen corticalen Arealen erhöht ist, von denen man dies aufgrund der anatomischen und physiologischen Befunde erwartet, zum Beispiel in V4 und in MT (Martin et al., 1995). Ebenso ließ sich nachweisen, daß bei visuellen oder auditorischen Vorstellungen und Erinnerungen dieselben Areale aktiv sind, die mit den entsprechenden Wahrnehmungen befaßt sind (Corbetta et al., 1990; Posner, 1994).

Wo und wann entsteht Bewußtsein?

Wie wir gehört haben, sind Bewußtseinszustände an einen intakten Neocortex gebunden, und dies gilt vor allem oder gar ausschließlich für den assoziativen Cortex. Sind spezifische assoziative Cortexareale zerstört, dann können in der Regel subcorticale Zentren zwar bestimmte perzeptive oder motorische Leistungen ausführen, aber diese sind dem Patienten nicht bewußt, wie wir dies bei dem Phänomen der »Seelenblindheit« diskutiert haben. Allerdings ist der Cortex keineswegs der alleinige »Produzent« von Bewußtsein. Vielmehr sind die Formatio reticularis des Hirnstamms und ihre verschiedenen Subsysteme wesentlich am Entstehen von Bewußtsein beteiligt; Verletzungen der Formatio reticularis führen in aller Regel zur Bewußtlosigkeit.

Den Aufbau des retikulären Systems und seine anatomischen Beziehungen zum Cortex sowie dem (übrigen) limbischen System habe ich im voraufgegangenen Kapitel dargestellt (vgl.

Abb. 30-35). Wir können uns die Interaktion der drei Systeme der Formatio reticularis mit dem Neocortex, dem limbischen System und dem Hippocampus folgendermaßen vorstellen: Durch das aufsteigende retikuläre System der medialen Formatio reticularis wird der Neocortex »wach« gehalten, sofern im Innern des Körpers sowie in der Umwelt genügend passiert; ist alles ruhig in und um uns, so haben wir oft Mühe, die Augen aufzuhalten. Geschieht aber etwas, dann wird dies im ersten, völlig unbewußt ablaufenden, *präattentiven* Abschnitt der Wahrnehmung von den Sinnesorganen erfaßt und vom Raphe-System und vom Locus-coeruleus-System nach zwei Kriterienpaaren vorsortiert, nämlich »bekannt-unbekannt« und »wichtig-unwichtig«. Hierzu muß alles, was die Sinnesorgane erfassen, mit den Gedächtnisinhalten und deren Bewertungskomponenten verglichen werden. Wird etwas präattentiv als »bekannt« *und* »unwichtig« eingestuft, so dringt es überhaupt nicht oder nur sehr wenig in unser Bewußtsein ein. Bestimmte Ereignisse, die sich ständig wiederholen oder die ständig gegenwärtig sind, erleben wir in der Regel nicht mit vollem Bewußtsein. Dies können Hintergrundgeräusche sein, die wir bekanntlich dann erst »wahrnehmen«, wenn sie plötzlich aufhören, unser Körpergefühl oder auch der »Druck« unserer Kleidung. Diese Ereignisse haben irgendwann einmal unsere Aufmerksamkeit erregt; nachdem wir uns aber an sie *gewöhnt* haben, verschwinden sie zunehmend aus unserem Bewußtsein.

Dasjenige, was als *unbekannt und unwichtig* eingestuft wird, gelangt überhaupt nicht in unser Bewußtsein. Unsere Sinnessysteme nehmen ständig Ereignisse wahr, die in einem trivialen Sinne neu und gleichzeitig völlig irrelevant sind. Wenn wir etwa durch eine uns unbekannte belebte Straße spazieren, ohne daß wir ein bestimmtes Interesse verfolgen, dann ist nahezu alles an Gehörtem und Gesehenem neu (die Schaufenster, die Menschen, die Gesprächsfetzen, die Verkehrsgeräusche), wir nehmen aber nur wenig davon wahr (nämlich dasjenige, was doch irgendwie von Interesse ist), und noch weniger bleibt in unserem Gedächtnis hängen. Unser Gehirn schützt sich offenbar davor, sich mit all dem befassen zu müssen.

Was *bekannt und wichtig* ist, wird in aller Regel mit einer bestimmten, wenn auch niedrigen Bewußtseinsstufe bedacht. So bin ich mir im Augenblick bewußt, daß ich Ich bin und in meinem Arbeitszimmer sitze; ich nehme in meinem Hintergrundbewußtsein die Wände des Zimmers, Gegenstände auf meinem Schreibtisch, das Surren des Computers, den Schreibtischsessel und wenige andere Dinge wahr, die mir signalisieren: alles ist in Ordnung. Dies zu wissen ist eine wichtige Sache, denn es erlaubt mir, meine Aufmerksamkeit ohne Angst auf eine bestimmte Sache zu konzentrieren, zum Beispiel auf das, was ich gerade schreibe.

Am stärksten ist dasjenige von Bewußtsein und Aufmerksamkeit begleitet, was *neu und wichtig* ist. Als wichtig wird natürlich zuallererst dasjenige eingestuft, was sich in der Vergangenheit als bedeutsam im positiven und insbesondere im negativen Sinn erwiesen hat. Dadurch wird die Empfindlichkeit unserer Sinnessysteme für bestimmte Ereignisse »geschärft«. So sind wir in der Lage, schwächste Reize, die anderen völlig entgehen, deutlich wahrzunehmen, sofern sie für uns wichtig sind (das Läuten des eigenen Telefons im Stimmen- und Musikgewirr einer Party; das Schreien des Säuglings durch die Mutter, die im Nebenzimmer vor dem Fernsehgerät sitzt; der Patzer des Violinisten am dritten Pult, den der strenge Dirigent »heraushört«). Noch deutlicher fällt dies aus, wenn wir eine starke Erwartungshaltung haben: wir zucken geradezu beim Läuten des Telefons zusammen, auf das wir ängstlich gewartet haben. Reize oberhalb einer bestimmten Stärke sind aus einfachen biologischen Gründen »wichtig«: ein lauter Knall wird schwerlich unserer Aufmerksamkeit entgehen, denn er verheißt in aller Regel nichts Gutes. Knallt es jedoch mit schöner Regelmäßigkeit in unserer näheren Umgebung, ohne daß etwas Schlimmes passiert ist, so verschwindet selbst ein so lautes Geräusch zunehmend aus unserem Bewußtsein. Bestimmte Umweltreize aktivieren in besonderer Weise unsere bewußte Wahrnehmung und verhindern über längere Zeit eine Adaptation. Dies sind zum Beispiel diskontinuierliche Reize wie Töne mit wechselnder Lautstärke (an- und abschwellend) oder Tonhöhe (etwa Polizeisirenen) oder blinkende Lichter. Entsprechend gibt es Farben, die eher auffallen als andere. Derartige Signalreize lösen nahezu zwanghaft unsere Aufmerksamkeitszuwendung aus, und deshalb werden sie ja auch verwendet.

Andererseits kann auch etwas unser Bewußtsein oder unsere Aufmerksamkeit voll beanspruchen, das äußerlich gesehen wenig dramatisch ist. So kann ich den Worten eines Vortragenden mit höchster Aufmerksamkeit folgen, sofern sie mir etwas sagen, was mein Bewertungssystem als »neu« und »wichtig« eingestuft hat. Ist das, was der Redner sagt, für mich ein alter Hut, so werden meine Gedanken abschweifen, oder ich muß gegen meine Schläfrigkeit ankämpfen. »Wichtig« ist also immer relativ und muß zudem keineswegs »lebenswichtig« sein. Ebenso wichtig ist das Erreichen einer stabilen und sinnvollen Wahrnehmung oder das Erleben von etwas »Interessantem«.

Bewußtsein entsteht also nur dann, wenn das ARS-System den Cortex hinreichend »wachgemacht« hat und wenn das Raphe-System und das Locus-coeruleus-System das unbewußt Wahrgenommene – aus welchen Gründen auch immer – als *hinreichend* neu und/oder wichtig bewertet und dies über die aufsteigenden Fasern dem Cortex mitgeteilt haben (vgl. Kinomura et al., 1996; Munk et al., 1996). Der Cortex kann nicht von sich aus, ohne diese Systeme, Bewußtsein erzeugen.

Freilich wissen die Reticularis-Systeme ebenfalls nicht »von sich aus«, was wichtig und/oder neu ist. Vielmehr benötigen sie für ihre Funktion die Leistungen des Gedächtnissystems, des limbischen Systems (als Bewertungssystem) und verschiedener Vermittlungssysteme, zu denen das bereits genannte cholinerge System des basalen Vorderhirns und verschiedene thalamische Kerne gehören. Bewußtsein entsteht also unter Beteiligung der verschiedensten, das gesamte Gehirn durchziehenden Systeme und ist keineswegs ein rein »corticales« Phänomen.

Die Funktion des Bewußtseins

Warum aber dringt dasjenige, was als »wichtig« und »neu« vom Reticularissystem eingestuft wurde, so stark in unser Bewußtsein, während alles andere unser Bewußtsein kaum oder gar nicht erreicht? Was ist die Funktion von Bewußtsein?

Wir müssen uns zur Beantwortung dieser Frage noch einmal vergegenwärtigen, was wir tun können, ohne daß es notwendig von Bewußtsein begleitet ist. Dies sind Wahrnehmungsakte und Handlungen, die wir *routinemäßig* tun, nachdem wir sie immer und immer wieder ausgeführt haben: wir können sie »wie im Schlaf«. Der Grund hierfür ist, daß im Gehirn für diese Handlungen »fertige« Nervennetze vorliegen, die aktiviert werden. Dabei muß es keineswegs reflexartig und starr vor sich gehen; vielmehr sind die notwendigen Anpassungen an kleinere Veränderungen der vorliegenden Situation in den Netzen mit berücksichtigt. Wir geraten aber »aus dem Takt«, wenn die Veränderungen zu groß werden. Derartige Netzwerke werden von unserem Gedächtnis durch *Übung* angelegt. Das Bewußtsein und damit der Cortex sind nur zu Beginn, wenn die Aufgabe *neu* ist, voll beteiligt und »schleichen« sich in dem Maße (als notwendige Komponente) aus, in dem die Aufgabe beherrscht wird. Zu einem bestimmten Zeitpunkt wird Aufmerksamkeit möglicherweise sogar als hinderlich empfunden.

Wird aber vom retikulären Überwachungs- und Bewertungssystem etwas als wichtig im Lichte vergangener Erfahrung angesehen, so wird geprüft (natürlich noch in der unbewußten, präattentiven Phase der Wahrnehmung), welche corticalen Areale für dieses Problem »zuständig« sind. Es kann sich um den visuellen oder auditorischen assoziativen Cortex, den prämotorischen Cortex, den präfrontalen Cortex, das Wernickesche (für Wortbedeutung zuständige) Sprachzentrum handeln und so weiter. Es wird vom retikulären System nun »untersucht«, ob dort ein Neuronennetzwerk vorhanden ist, das die Aufgabe »routinemäßig« bewältigen kann. Wenn dies nicht der Fall ist, dann muß ein Netzwerk neu angelegt bzw. ein vorhandenes »umverdrahtet« werden. Die entsprechenden Areale erhalten nun die Aufgabe, sich mit dem Problem zu befassen. Dabei kann es sich um das Erkennen eines unbekannten Objekts, das Verstehen einer neuartigen Aussage, das Erlernen einer ungewohnten Bewegung, das Lösen eines Problems oder das Vorstellen eines neuartigen Sachverhalts handeln. Letztlich müssen immer neue Neuronenverknüpfungen angelegt werden, die in der Lage sind, ein Verhalten zu steuern oder einen internen Zustand zu erzeugen, welcher vom Gehirn als Lösung des Problems angesehen wird. Das geschieht mit allen Mitteln, die dem Gehirn zur Verfügung stehen, und dies sind neben den aktuellen Sinnesdaten auch die Gedächtnisinhalte, die auf ihre mögliche Relevanz für die Problembewältigung hin geprüft werden müssen.

Aus diesem Vorgang resultiert schnell oder langsam, d. h. innerhalb eines Bruchteils einer Sekunde oder mit deutlich mehr als einer Sekunde, ein neu angelegtes Nervennetz. Wir glauben manchmal deutlich mitzuerleben, wie unser kognitives System »langsam« arbeitet, wenn es zum Beispiel darum geht, den Sinn eines gehörten Satzes zu erfassen, den wir akustisch schlecht verstanden haben. Hierbei werden, ohne daß wir dabei die Details bewußt verfolgen können, anhand des Sprachgedächtnisses sehr viele mögliche Deutungen geprüft, ehe sich unser kognitives System für eine bestimmte Deutung entscheidet (manchmal mit einem deutlichen »Gefühl der Unsicherheit«). Dieses neue Nervennetz wird nun beim Vorliegen gleicher oder vergleichbarer Situationen überprüft, verändert und schließlich in einer Form verfestigt, die sich bei der Überprüfung bewährt hat. Entsprechend benötigen wir immer weniger Zeit, um ein bestimmtes Problem zu bewältigen, und wir tun Dinge mit immer weniger Aufwand (bzw. immer »eleganter«). Im selben Maße zieht sich das Bewußtsein zurück, bis schließlich von uns die anstehenden Aufgaben mehr oder weniger automatisiert erledigt werden können.

Ich behaupte also, daß das Auftreten von Bewußtsein wesentlich mit dem Zustand der Neuverknüpfung von Nervennetzen verbunden ist. Je mehr Verknüpfungsaufwand getrieben wird, desto bewußter wird ein Vorgang, und je mehr »vorgefertigte« Netzwerke für eine bestimmte kognitive oder motorische Aufgabe vorliegen, desto automatisierter und unbewußter erledigen wir diese Aufgabe. Bewußtsein ist das *Eigensignal* des Gehirns für die Bewältigung eines neuen Problems (ob sensorisch, motorisch oder intern-kognitiv) und des Anlegens entsprechender neuer Nervennetze; es ist das *charakteristische Merkmal*, um diese Zustände von anderen unterscheiden zu können.

Welche Hinweise oder Beweise lassen sich nun für die Hypothese anführen, daß Bewußtsein mit dem Vorgang des Anlegens

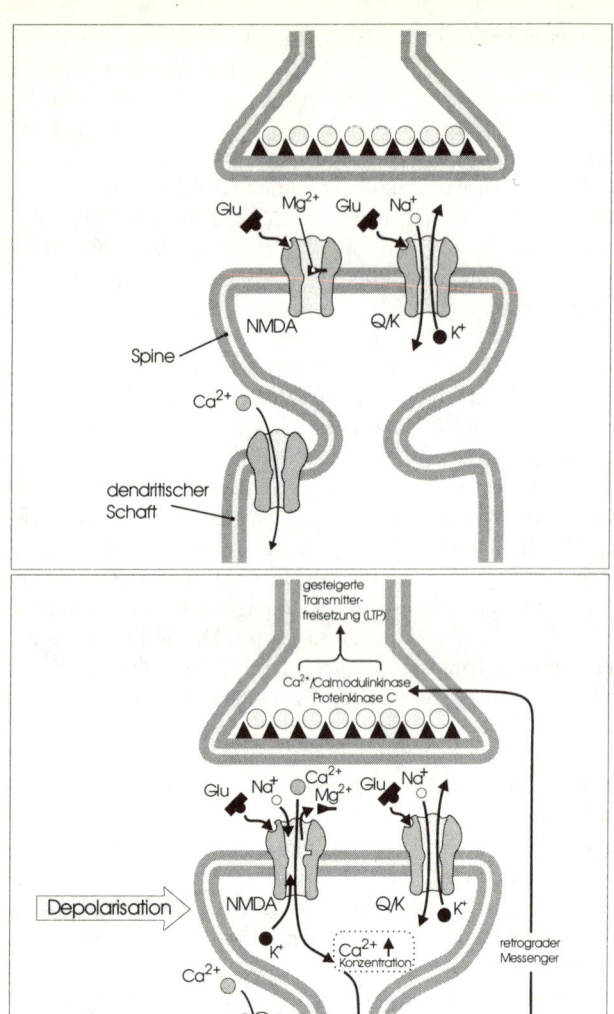

neuer Nervennetze zur Bewältigung neuer und wichtiger Probleme notwendig verbunden ist? Einen deutlichen Hinweis liefern die auf Hirndurchblutung- und Hirnstoffwechselmessung beruhenden bildgebenden Verfahren. Die Bildung von synaptischen Neuverknüpfungen bzw. die längerfristige Verstärkung oder Abschwächung bestehender synaptischer Kontakte erfordert einen erhöhten Stoffwechselaufwand, der vor allem durch die Synthese und Umbildung von Proteinen verursacht wird. Diese wird etwa für vermehrte Bildung von Transmitter- und Neuropeptidrezeptoren und entsprechenden Ionenkanälen benötigt. Der erhöhte Stoffwechselaufwand läßt sich, wie dargestellt, mithilfe des PET oder des funktionellen NMR messen. Hiermit läßt sich demonstrieren, daß Prozesse, die mit Aufmerksamkeit und Bewußtsein verbunden sind, in der Tat eine besonders hohe Stoffwechsel- und Hirndurchblutungsrate haben.

In solchen Untersuchungen wurden etwa die Versuchspersonen aufgefordert, die Bedeutung von Worten zu erfassen, was eine gewisse Aufmerksamkeitsleistung erforderte. Es zeigte sich, daß hierbei der anteriore Gyrus cinguli besonders aktiv ist, – eine Struktur, die einen Übergang zwischen präfrontalem Cortex und limbischem System darstellt und mit allgemeiner Aufmerksamkeit in Verbindung gebracht wird. Nach einiger Vertrautheit mit den Worten verschwand diese lokalisierte Aktivität, kehrte aber zurück, wenn der Sinn neuer Worte erfaßt werden sollte. Gleichzeitig mit dem präfrontalen Areal waren – wie zu erwar-

Abb. 38: Wirkungsmechanismus der NMDA-Synapse. *Oben* ist der Quisqualat-Kainat(Q/K)-Kanal geöffnet, so daß Natrium-Ionen ein- und Kalium-Ionen austreten können; der NMDA-Kanal hingegen ist durch ein Magnesium-Ion blockiert. Durch zusätzliche Depolarisation der Postsynapse (*unten*) öffnet sich der NMDA-Kanal durch Herausschleudern des Magnesium-Ions. Aufgrund erhöhten Calcium-Einstroms wird über Zwischenschritte ein auf die Präsynapse rückwirkender »second messenger«, Stickoxid, freigesetzt, der die Transmitterfreisetzung in der Präsynapse steigert und dadurch die Effektivität der Synapse längerfristig erhöht. (Nach Kandel et al., 1991; verändert).

ten – die spezifischen sprachspezifischen Areale in der linken Hemisphäre (Broca und Wernicke) aktiv (Corbetta et al., 1991).

Mein Bremer Kollege und Neurobiologe Hans Flohr hat im Zusammenhang mit der hier dargestellten Hypothese spezifische Vorstellungen über die neuronalen Prozesse entwickelt, die dem Bewußtsein zugrundeliegen (Flohr, 1991, 1995a). Er bringt Bewußtsein mit der Tätigkeit eines besonderen Typs von Synapsen, NMDA-Synapsen genannt, in ursächliche Verbindung. Die postsynaptische Membran dieser Synapsen trägt Rezeptoren, die durch den Transmitter Glutamat aktiviert werden (Abb. 38). Diese Aktivierung ist auch durch den Stoff N-Methyl-D-Aspartat, abgekürzt NMDA möglich (es gibt weitere Glutamat-Rezeptoren, z. B. solche, die auch auf die Stoffe Quisqualat oder Kainat reagieren), und dieser Umstand dient der Charakterisierung der Rezeptoren. Die NMDA-Rezeptoren sind mit einem Calcium-Kanal verbunden. Beim NMDA-Glutamat-Rezeptor ist der Calciumkanal im Ruhezustand wie auch im »normalen« Erregungszustand der Membran, bei dem andere Rezeptoren und Ionenkanäle arbeiten, durch ein Magnesium-Ion blockiert. Dieser Kanal öffnet sich nur dann durch Herausschleudern des Magnesium-Ions, wenn erstens Glutamat freigesetzt ist und zweitens die postsynaptische Membran über das übliche Maß hinaus erregt ist. Calcium kann nun in die Zelle eindringen und wie bei anderen Membranprozessen eine »Second-messenger«-Kaskade freisetzen, die auf verschiedenen Wegen die Übertragungseigenschaften der Synapse kurzfristig und langfristig verändert und somit die Effektivität der synaptischen Übertragung erhöht. Zur Zeit nimmt man an, daß bei diesem Vorgang postsynaptisch der Stoff Stickoxid (NO) als »second messenger« freigesetzt wird. Stickoxid diffundiert und wirkt auf die Präsynapse derart ein, daß dort mehr Transmitter pro Erregung freigesetzt werden, was die Signalübertragung erhöht.

Dieser NMDA-Mechanismus stellt damit eine Möglichkeit dar, die Verknüpfungsstruktur eines Nervennetzes zu verändern, und zwar dadurch, daß Ort, Zeitpunkt und Stärke der Aktivierung der NMDA-gesteuerten Calcium-Kanäle kontrolliert werden. Dies geschieht über die Vorerregung derjenigen Zelle, auf der sich die postsynaptische Membran befindet. Diese Vorerregung kann durch eine weitere Nervenzelle bewirkt werden, die über erregende Synapsen auf die postsynaptische Zelle einwirkt. Zur Veränderung der Kopplungsstärke zwischen zwei Nervenzellen ist also das Zusammentreffen, die *Koinzidenz*, zweier Erregungsströme in einer Zelle, dem postsynaptischen Neuron, nötig, und zwar innerhalb eines Zeitfensters von wenigen Millisekunden bis zu einer Sekunde.

Ein solcher Prozeß wird seit längerem für längerfristige Veränderungen in der synaptischen Kopplung zwischen Nervenzellen im Hippocampus (und neuerdings auch im Cortex und im Kleinhirn) im Zusammenhang mit Gedächtnisbildung angenommen. Auch bei der Ontogenese des Gehirns und der »Feinverdrahtung« der Kontakte zwischen Nervenzellen (z. B. bei der Entstehung von sensorischen Karten) wird solchen Prozessen eine wichtige Rolle zugeschrieben. Derartige synaptische Veränderungen, Langzeitpotenzierungen (LTP) und Langzeitunterdrückung (LTD) genannt, nehmen einige Sekunden in Anspruch und können Stunden bis Tage andauern. Man kann NMDA-Rezeptoren durch geeignete Pharmaka blockieren und nachweisen, daß dann LTP nicht mehr auftritt.

So unumstritten die Existenz von LTP und ihre Lokalisation in den genannten Hirngebieten ist, so umstritten ist ihre Bedeutung für Gedächtnis und Lernen. Viele Kritiker halten diesen Mechanismus für zu unspezifisch; auch sind zum Hervorrufen des Effekts Stimulationsstärken notwendig, die weit über natürliche neuronale Prozesse hinausgehen. Ebenso wird die Gleichsetzung von Vorgängen wie LTP mit *dem* Gedächtnisbildungsvorgang zu Recht kritisiert (Florey, 1993). Die Idee, daß LTP mit Lernen und Gedächtnisbildung zu tun haben, entstammt der Tatsache, daß diese Prozesse stark dem Modell eines assoziativen Lernmechanismus ähneln, den der kanadische Psychologe Donald Hebb in seinem Buch »The Organization of Behavior« bereits im Jahre 1949 vorgeschlagen hat (Hebb, 1949) und der sich seit einigen Jahren in der Theorie neuronaler Netzwerke und der Simulation von Lern- und Gedächtnisprozessen großer Beliebtheit erfreut.

Hebb ging davon aus, daß neue Informationen, zum Beispiel über das zeitliche Zusammentreffen von Ereignissen, durch die

Verstärkung oder Abschwächung synaptischer Kontakte zwischen Nervenzellen in einem Zellverband, »cell assembly« genannt, entsteht. Die Verstärkung der synaptischen Kopplung vollzieht sich genau dann, wenn prä- und postsynaptische Membranen *gleichzeitig* aktiv sind. Flohr und andere Vertreter der Hebbschen Assembly-Theorie gehen davon aus, daß in der Umwelt gleichzeitig auftretende Ereignisse, zum Beispiel solche, die kausal miteinander verknüpft sind, über den Hebb/NMDA-Mechanismus zur Bildung von Verbänden gleichzeitig aktiver Neurone führen. Diese Neurone sind dann gehirninterne *Repräsentanten* der Umweltgeschehnisse und bilden kausales Geschehen und damit Ordnung in der Umwelt ab.

Nehmen wir einmal an, es gebe in der Umwelt eines Gehirns ein Ereignis A (etwa »Blitz« oder »Nadel«) und ein Ereignis B (etwa »Donner« oder »Schmerz«). Im Gehirn gibt es nun neuronale Zellverbände, die diese verschiedenen Ereignisse repräsentieren. Folgt nun stets dem Ereignis A das Ereignis B, so stellt sich zwischen den »Assemblies« für A und B über den Hebbschen Mechanismus eine Verknüpfung her, so daß schließlich die beiden Assemblies eine funktionale Einheit bilden, die ihrerseits den zeitlichen (und daraus abgeleitet kausalen) Zusammenhang zwischen A und B »repräsentiert«. Hat sich eine solche Verbindung zwischen zwei Repräsentationen, also eine Repräsentation zweiter Ordnung gebildet, so ist der Weg frei für weitere Repräsentationen beliebiger Komplexität und hierarchischer Organisationsebene.

Wir haben gehört, daß LTP ein relativ langsamer Prozeß ist, der sich in Zeiträumen von Minuten abspielt. Der Bochumer Neurotheoretiker Christoph von der Malsburg brachte einen ganz neuen Aspekt in die Diskussion, indem er forderte, es müsse synaptische Modifikationen geben, die innerhalb weniger Millisekunden ablaufen (von der Malsburg, 1983). Dieser Gedanke repräsentiert für Flohr den Durchbruch zum Verständnis des Phänomens Bewußtsein, denn er geht davon aus, daß Bewußtsein mit der Aktivität von corticalen NMDA-Synapsen zu tun hat. Flohrs spezifische These ist, daß Bewußtsein das Auftreten von Repräsentationen ist, die nach dem Hebb-Prinzip durch corticale Assemblies entstehen. Entscheidend ist dabei die Bildungsrate, d. h. die Menge an repräsentationaler Struktur, die pro Zeit entsteht. Ist diese Bildungsrate hoch, so wird das Gehirn nicht nur äußere Objekte und Ereignisse repräsentieren, sondern darüber hinaus seinen eigenen, internen Zustand. Derartige *Metarepräsentationen* können Aussagen über den eigenen inneren Zustand des Gehirns erzeugen. Nach Flohr sind derartige selbstreferentielle Repräsentationen höherer Ordnung identisch mit dem Auftreten von Bewußtseinszuständen. Bewußtsein tritt ein, wenn das Gehirn Wissen über seinen aktuellen Zustand erzeugt. Ob ein System derartige komplexe metarepräsentationale Strukturen entwickeln kann, hängt wiederum allein vom Aktivierungsgrad seiner NMDA-Synapsen ab.

Bewußtsein – so die zentrale Aussage von Hans Flohr – tritt dann ein, wenn die Assembly-Bildung eine kritische Schwelle überschreitet: »Eine kritische Produktionsrate corticaler repräsentationaler Strukturen ist notwendige Bedingung für Bewußtsein« (Flohr, 1992). Allerdings schließt Flohr nicht aus, daß neben und anstelle von NMDA-Synapsen andere synaptische Mechanismen an der Ausbildung von corticalen Assemblies beteiligt sind.

Dies ist eine kühne Hypothese. Sie hat aber vor vielen anderen Hypothesen über die Entstehung und Rolle des Bewußtseins den großen Vorteil, daß sie empirisch testbar ist. Es sollten nämlich danach nicht nur Verletzungen oder neuropharmakologische Beeinflussungen der Formatio reticularis-Systeme im Hirnstamm zur Bewußtlosigkeit führen (was sie bekanntlich tun), sondern auch eine Blockierung der NMDA-Synapsen im Cortex sollte denselben Effekt haben. Für die NMDA-Synapsen gibt es Blocker wie die Stoffe Mk 801, Phencyclidin und Ketamin. Beide führen in der Tat in dosisabhängiger Weise zu Bewußtseinsstörungen bis hin zur Bewußtlosigkeit. Nach Flohr wird durch diese Stoffe die Bildung von corticalen Cell Assemblies verhindert und damit Bewußtsein unmöglich gemacht.

Hans Flohr hat auf dieser Grundlage kürzlich eine neue Theorie der Anästhesie entwickelt (Flohr, 1995 b). Anästhesie wird seit über 150 Jahren klinisch mit Erfolg praktiziert, und obwohl eine große Fülle von empirischen und experimentellen Daten über die Wirkung von Anästhetika auf das Nervensystem vorliegen, ist es bisher nicht gelungen, eine wissenschaftliche Erklärung hierfür zu finden. Der Grund hierfür ist nach Flohr klar: Eine Theorie der Anästhesie muß eine Hypothese über die physiologischen Bedingungen von Bewußtsein umfassen. Nur dann ist die Frage beantwortbar, *warum* bestimmte pharmakologische Eingriffe Bewußtlosigkeit verursachen.

Flohr versucht in diesem Zusammenhang zu zeigen, daß alle bekannten Anästhetika direkt oder indirekt diejenigen Prozesse der Informationsverarbeitung ausschalten, die durch NMDA-Synapsen ermöglicht werden. Anästhetika unterbinden danach die Bildung von Metarepräsentationen. Einige Anästhetika sind Stoffe, die direkt auf die NMDA-Synapse einwirken. Dazu gehören wie erwähnt Ketamin und Phencyclidin. Aber auch andere altbekannte Narkosemittel wie Äther, Halothan oder Alkohole haben wahrscheinlich eine solche Wirkung. Daneben gibt es jedoch Pharmaka wie Barbiturate, deren primärer Angriffspunkt nicht die NMDA-Synapse selber ist, sondern die inhibitorische GABA-Synapse. Flohr weist jedoch nach, daß deren Wirkung immer als eine indirekte Beeinflussung der Arbeitsbedingung der NMDA-Synapse verstanden werden kann.

So konsistent Flohrs neuronale Bewußtseinshypothese mit vielen empirischen Befunden ist, sie bedarf natürlich einer detaillierteren Überprüfung und Verfeinerung. Eine wichtige Frage ist, ob die Aktivität von NMDA-Synapsen die *spezifische* Voraussetzung für Bewußtseinszustände ist oder ob nicht andere, ähnlich spezifische synaptische Prozesse auch zur bewußtseinsbegleiteten Bildung neuer Nervennetze führen. Insbesondere ist die Frage zu beantworten, welche Instanz denn die Formation der corticalen Assemblies steuert.

Wir müssen davon ausgehen, daß die NMDA-Synapsen nicht selbst »entscheiden«, wann sie tätig werden und wann nicht, sondern daß dies die Zusammenarbeit spezifischer corticaler Regionen mit den bereits genannten subcorticalen limbischen und retikulären Zentren erfordert. Letztere – so haben wir angenommen – steuern spezifische corticale Areale an, nämlich diejenigen, die für die zu bewältigenden Aufgaben spezifisch sind. *Welche* Aufgaben aber zu einem bestimmten Zeitpunkt an-

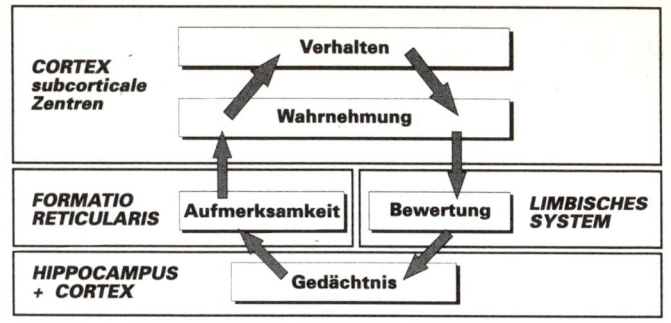

Abb. 39: Kreislauf zwischen Verhalten, Wahrnehmung, Bewertung, Gedächtnis, Aufmerksamkeit und Wahrnehmung.

zugehen sind, bestimmt wiederum das Gedächtnis-Bewertungssystem, welches über das Reticularis-System den Cortex und seine Assembly-Bildung steuert. Das Gedächtnissystem »weiß nicht von selbst«, was es tun muß, sondern »erfährt« dies vom limbischen System als dem Bewertungssystem. Dies ist schlußendlich abhängig davon, was die Sinnes- und Motorzentren tun, und insgesamt von der ganzen Vorgeschichte des Gehirns, in dem diese zyklischen Verknüpfungen zwischen Wahrnehmung, Bewertung, Gedächtnisbildung, Aufmerksamkeit, Wahrnehmen und Verhalten unzählige Male abgelaufen sind (Abb. 39).

Eine weitere empirische Bestätigung der hier vorgetragenen Bewußtseinshypothese liefert die Technik sogenannter evozierter (oder ereigniskorrelierter) Potentiale, die mithilfe des EEG registriert werden (Abb. 40). Diese treten nach Reizung eines der Sinnessysteme durch häufig wiederholte, in der Regel einfache und gleichartige Sinnesreize, etwa Klicklaute oder Lichtblitze auf (doch lassen sich auch komplizierte Reize wie ein Gesicht verwenden), wodurch größere Gruppen von Nervenzellen gleichzeitig oder hintereinander erregt werden. Die durch diese Reize ausgelösten elektrischen Hirn-Wellen stellen positive und negative Aktivitätsschwankungen im Cortex dar, die normalerweise im »Rauschen« des allgemeinen EEG-Rhythmus verbor-

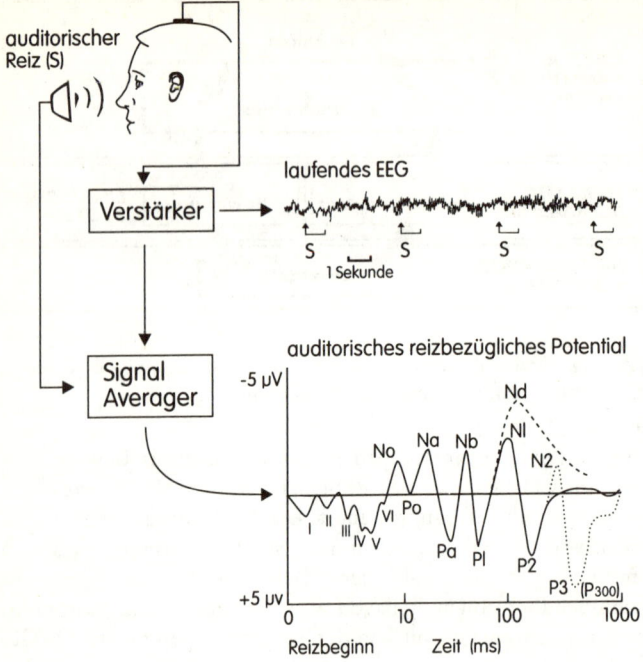

Abb. 40: Versuchsanordnung zur Messung der P300-Welle. Durch Mittelung im Signal-Averager mehrerer Darbietungen eines auditorischen Reizes (S) wird aus der Gesamtaktivität des Gehirns (»laufendes EEG«) ein auf S bezügliches »evoziertes« Potential herausgefiltert. Daraus ergeben sich unterschiedliche positive (nach unten gerichtete) und negative (nach oben gerichtete) Potentiale, so auch die unten rechts in der Abbildung gepunktet dargestellte P3 bzw. P300-Welle. Weitere Erläuterungen im Text. (Nach Adelman, 1987; verändert).

gen sind, sich aber durch besondere technische Verfahren sichtbar machen lassen (Basar et al., 1992; Basar-Eroglu et al., 1992). Dies geschieht, indem ein Computer die dem dargebotenen Reiz spezifisch entsprechenden Wellenmuster aus dem »Wellensalat« herausfiltert, was durch Mittelung zahlreicher Versuchsdurchgänge mit demselben Reiz möglich ist. Die ersten, innerhalb von 15 bis 25 Millisekunden nach Reizpräsentation auftretenden Gehirnwellen entsprechen den primären Sinneserregungen in den subcorticalen und corticalen Regionen und sind nicht von Bewußtsein begleitet. Dem Beginn der bewußten (attentiven) Wahrnehmung entspricht die P300-Welle, so genannt, weil sie ungefähr 300 Millisekunden nach Darbietung des Reizes auftritt. Sie ist mit komplexen Unterscheidungsleistungen verbunden und repräsentiert das Zusammentreffen spezifischer Sinnessignale (des dargebotenen Reizes) mit den Signalen aus der Formatio reticularis und den anderen genannten Strukturen, vermischt mit Gedächtnisinhalten und Bewertungsprozessen aus dem limbischen System. Vom genauen Zeitpunkt des Auftretens und von der Höhe (Amplitude) dieser P300-Welle kann der Beobachter Rückschlüsse auf den Aufmerksamkeits- und Bewußtseinszustand des Patienten bzw. der Versuchsperson ziehen. Zum Beispiel tritt im unbewußten und nicht von Aufmerksamkeit begleiteten Zustand die P300-Welle überhaupt nicht auf. Die Welle ist dagegen um so deutlicher ausgeprägt (und hat daher eine um so höhere Amplitude), je *bedeutungsvoller* oder unerwarteter der wahrgenommene Reiz für die Versuchsperson ist. Sie tritt um so später auf, je *komplizierter* der wahrgenommene Reiz ist und je schwieriger er dem kognitiven System erscheint. Daher wird die P300-Welle von vielen Psychologen und Hirnforschern als ein sehr brauchbares Indiz für komplexe kognitive Prozesse in unserem Gehirn angesehen (Kolb und Wishaw, 1993; Basar und Roth, 1996).

Traum
und Bewußtsein

Einer der interessantesten Bewußtseinszustände ist zweifellos der Traum. Träume treten hauptsächlich (nach einigen Autoren nur) während des sogenannten REM-Schlafs auf, der Schlafperioden also, die durch schnelle Augenbewegungen (*rapid eye movements*) und durch desynchronisierte EEG-Wellen gekennzeichnet sind, wie sie auch im Wachzustand registriert werden (daher wird der REM-Schlaf auch »paradoxer Schlaf« genannt). REM-Schlafperioden treten durchschnittlich alle 1.5 Stunden auf, ihre Länge beträgt rund 20 Minuten.

Träume sind Halluzinationen visueller, auditorischer, motorischer und emotionaler Art. Charakteristisch ist, daß wir *nachher* (mehr oder weniger) genau wissen, daß wir »nur geträumt haben«; *während* des Traums sind wir uns entweder der Traumhaftigkeit des Geschehens gar nicht bewußt, oder wir vermuten, hoffen oder befürchten inbrünstig, »daß dies alles nur ein Traum ist«; *Gewißheit* haben wir aber nicht. Weiterhin ist typisch, daß wir uns Träume sehr schlecht merken können. In der Regel erinnern wir nur Träume aus der letzten REM-Periode vor dem Aufwachen (oder Gewecktwerden), und häufig verblassen die Inhalte bereits, während wir sie erzählen wollen. Nur solche Träume, die sehr erlebnisreich, von starken Emotionen und besonders von Angstzuständen begleitet waren, können wir besser erinnern.

Der amerikanische Schlaf- und Traumforscher Hobson geht davon aus, daß unser jeweiliger Wachheit- und Bewußtseinszustand vom Antagonismus zweier Systemen geregelt wird, die wir bereits ausführlich kennengelernt haben: des monoaminergen (d. h. serotonergen plus noradrenergen) Systems der RapheKerne und des Locus coeruleus einerseits und des cholinergen Systems des basalen Vorderhirns (N. basalis Meynert und andere Kerne) sowie der parabrachialen Kerne des Tegmentum andererseits (Hobson, 1985, 1988; Hobson und Stickgold, 1993). Das monoaminerge System fungiert als Fokussierungs-System: es sorgt dafür, daß wir uns auf eine Sache oder wenige Dinge konzentrieren und bei der gedanklichen, perzeptiven und kognitiven Arbeit von unserer Erfahrung und der ihr innewohnenden Logik (was passieren kann und was unmöglich ist) leiten lassen. Es ist das *rationale System*. Das cholinerge System ist das *kreative* oder gar chaotische System. Es bringt corticale Netzwerke im Zusammenhang mit Wahrnehmung und Gedächtnis »in Bewegung«. Nach Hobson ist während des Träumens das monoaminerge System *inaktiv*, das cholinerge System hingegen *hyperaktiv*. Beide Systeme wirken auf das REM-Steuerungssystem in der Brücke ein. Hier gibt es REM-on-Neurone, die durch das cholinerge System erregt und durch das monoaminerge System gehemmt werden; sie schalten den REM-Schlaf ein. Andererseits gibt es REM-off-Neurone, bei denen das umgekehrte der Fall ist und die den REM-Schlaf beenden. Träume werden durch die REM-off-Neurone induziert, und zwar in *Abwesenheit* externer Stimuli. Der bewußtseinsfähige Cortex ist sich dann selbst überlassen und wird in »chaotischer« Weise vom cholinergen System aktiviert bzw. disinhibiert (interessanterweise treten im Zusammenhang mit epileptischer Enthemmung des Cortex auch Halluzinationen auf).

Träume sind nach Hobson derartig *induzierte Halluzinationen*: Die in den aktivierten Cortexarealen enthaltenen Gedächtnisinhalte, die normalerweise durch Wahrnehmungen erregt werden, werden nun »wahllos« hervorgeholt und ins Bewußtsein gebracht. Diese zumindest partielle Zufälligkeit äußert sich in der bekannten Bizarrheit der Träume.

Diese Bizarrheit betrifft erstens die *Inkongruenz* des Inhalts: Dinge und Erlebnisse passen irgendwie nicht oder nicht richtig zusammen. Ich weiß, daß es sich um meine Schwester handelt, aber es ist nicht ihr Gesicht und ihre Stimme; ich weiß, ich bin in meiner Wohnung, aber die sieht gar nicht wie meine Wohnung aus. Zweitens ist die *Diskontinuität* des Geschehens auffällig: Es passieren abrupte Ortswechsel oder Transformationen; zuerst bin ich bei mir zu Hause, dann ist mein Aufenthaltsort plötzlich der Bahnhof; ein Seil verwandelt sich in eine Schlange. Und drittens herrscht eine *kognitive Unschärfe* vor: Ich kann etwas nicht richtig erkennen oder verstehen; alles ist wie durch einen Schleier, eine Person spricht in einer mir unbekannten Sprache.

Hobson und seine Mitarbeiter haben herauszufinden versucht, ob Träume tatsächlich chaotisch sind oder ob sie nicht doch einer »Grammatik« folgen. Sie stellten fest, daß bei Transformationen von Menschen, Tieren und Objekten bestimmte, wenn auch schwache Regelmäßigkeiten auftreten. Zum Beispiel geschehen keine Transformationen von Tieren in etwas anderes als Tiere; auch ist der inhaltliche Zusammenhang bei Transformationen hinsichtlich Form und Bedeutung relativ hoch. Es gibt hingegen keinerlei konsistenten Zusammenhang bei Ortswechseln und zwischen Szenenabschnitten. Die Autoren vermuten, daß das monoaminerge System als das »rationale System« Sinn in das chaotische Geschehen zu bringen versucht, was aber nur in geringem Maße gelingt. Es kann aber auch sein, daß die Mischung zwischen Zusammenhang und Zusammenhanglosigkeit im Traum dadurch zustande kommt, daß das Auslese- und Aktivierungssystem ungenau arbeitet und häufiger »danebengreift«. Da – soweit wir wissen – in unserem Gedächtnis inhaltlich zusammenhängende Ereignisse benachbart abgelegt sind, sind die Sprünge zwischen den aktivierten Inhalten häufig nicht sehr groß, auch wenn sie nicht einem roten Faden folgen. Etwas Ähnliches, wenn auch in weniger dramatischer Weise, erleben wir, wenn wir unsere Gedanken »schweifen« lassen (freie Assoziation); auch dann kommt uns alles mögliche in den Sinn, und manchmal sind wir über unsere Gedankensprünge selbst überrascht.

Es scheint, daß unser Tagesbewußtsein weitgehend vom »rationalen System« hervorgebracht wird, also dem Zusammenspiel von Cortex, Raphe-Kernen und Locus coeruleus vor dem Hintergrund der Aktivität von limbischem System und Hippocampus. Es aktiviert diejenigen Netzwerke, die im Zusammenhang mit aktuellen Wahrnehmungsinhalten stehen, und bringt sie in einen Zusammenhang, der einerseits im Lichte vergangener Erfahrung und andererseits unter Berücksichtigung der einlaufenden Wahrnehmungen plausibel erscheint. Chaotische Einflüsse durch das cholinerge System werden als gelegentliche Gedankensprünge und »wilde« Assoziationen zugelassen und dienen der Kreativität des kognitiven Systems. Wird das »rationale«, monoaminerge System inaktiviert, so nimmt das cholinerge

überhand wie im Traum oder bei Drogenkonsum. Auch eine In-
aktivierung des monoaminergen Systems bei Reizentzug (sensorische Deprivation) führt manchmal zu halluzinatorischen
Zuständen.

Zusammenfassung

Bewußtsein ist ein Prozeß, der hinsichtlich des Zeitpunkts und
des Ortes mit bestimmten technischen Mitteln (PET, fNMR, er-
eigniskorrelierte Hirnpotentiale) erfaßt werden kann und somit
keineswegs ein rein privates Phänomen ist. Immer dann, wenn
eine Person Bewußtseinszustände hat, laufen in seinem Gehirn
bestimmte Prozesse der Interaktion corticaler und subcorticaler
Zentren ab, und zwar im Zusammenhang mit der Bewältigung
von Aufgaben kognitiver oder motorischer Art, für die es noch
keine fertigen neuronalen Netzwerke gibt. Die Empfindung
dieses Zustands als Bewußtsein ist das *Eigensignal* des Gehirns
für diesen Zustand.
Diese Bewußtseinshypothese kann natürlich nur etwas über die
allgemeinen Bedingungen für das Zustandekommen und über
die allgemeine Funktion von Bewußtsein aussagen. Die genau-
en *Inhalte* ergeben sich aus dem unendlichen Zusammenspiel
der geschilderten Systeme, jedoch im Rahmen der funktionalen
Organisation des Gehirns. Dieses Zusammenspiel ist nicht
durch Moleküle, Nervenzellen und NMDA-Rezeptoren gesteuert, sondern durch die *Bedeutung* der Hirnaktivität. Insofern kann meine Hypothese nicht als eine Reduktion des Phänomens Bewußtsein auf neuronale Prozesse verstanden werden.
In welchem Sinne diese Deutung mentaler Zustände nicht-reduktionistisch ist, soll im übernächsten Kapitel ausführlicher
dargestellt werden.

11 Einheit der Wahrnehmung

In diesem Kapitel möchte ich die Darstellung der Vorgänge, die zur Entstehung unserer Wahrnehmungswelt führen, zusammenfassen und insbesondere die Frage diskutieren, wie die von uns subjektiv empfundene *Einheit der Wahrnehmung* zustande kommt.

Ich bin bei der Frage, wie Wahrnehmung stattfindet, von ihrer *biologischen Rolle* ausgegangen: Organismen müssen, um am Leben zu bleiben, mit ihrer Umwelt gerichtet (selektiv) interagieren. Dies betrifft im wesentlichen den Nahrungserwerb, den Schutz vor Feinden, das Erfassen der räumlichen und zeitlichen Eigenheiten ihres Biotops und das Erkennen von Artgenossen und Fortpflanzungspartnern. Bei sozial lebenden Tieren ist die Kommunikation mit den Artgenossen und insbesondere mit den Mitgliedern der sozialen Einheit (Familie, Sippe, Rudel, Kolonie) gleichermaßen wichtig. Hierbei geht es vor allem um die Frage: Was will das Gruppenmitglied, mit dem ich gerade zu tun habe, von mir? Was hat es mit mir vor?

Das alles bedeutet: Lebewesen müssen vornehmlich dasjenige wahrnehmen, was für ihr Überleben als Individuen oder als Mitglieder einer Gruppe lebens- und überlebenswichtig ist; alles andere ist von untergeordneter Bedeutung. Was aber wichtig ist, das ist in aller Regel von Tiergruppe zu Tiergruppe und von Art zu Art verschieden und betrifft häufig entgegengesetzte Dinge (z. B. bei Beute und Feind). In (für uns menschliche Beobachter) derselben Umgebung haben verschiedene Tierarten je nach ihren Lebens- und Überlebensinteressen sehr verschiedene Umwelten, auf die sich ihre Wahrnehmung richtet.

Diese Bindung der Wahrnehmung an die Lebens- und Überlebenssituation von Individuen und Gruppen drückt sich unter anderem in *Bau und Leistung der Sinnesorgane* aus. Die verschiedenen Tierarten haben im Laufe der Evolution – zum Teil vielfach unabhängig voneinander – teils dieselben oder sehr ähnliche Sinnesorgane entwickelt, etwa den Licht-, Gleichgewichts-, Hör-, Tast- und Geruchssinn, teils auch spezialisierte Sinne wie

Infrarotsinn, Echoortung, Feuchtesinn und Magnetsinn. Aber auch dort, wo es sich um allgemein verbreitete Sinnesorgane handelt, sind die spezifische Konstruktion, ihre Leistungsfähigkeit und ihr Arbeitsbereich meist eng an die Lebensbedingungen angepaßt. Alle Sinne geben nur einen sehr kleinen Ausschnitt aus derjenigen Welt wieder, die wir Menschen als die umfassende, physikalische Welt bezeichnen. Das bedeutet, daß allein schon durch den Bau und die Funktion der Sinnesorgane sehr viele Geschehnisse dieser umfassenden Welt ausgeblendet werden.

Das Zentralnervensystem bzw. das Gehirn ist dasjenige Organ, welches Information über die Umwelt gewinnen und in ein den aktuellen Verhältnissen und den allgemeinen Überlebensbedingungen angepaßtes *Verhalten* umsetzen muß. Das Gehirn ist aus Nervenzellen aufgebaut, die über spezifische elektrische Impulse, in der Regel Aktionspotentiale, miteinander kommunizieren. Deshalb kann es nicht direkt in Kontakt mit der Umwelt treten, sondern nur über Sinnesrezeptoren. Diese wandeln im Prozeß der *Transduktion* die spezifischen Einwirkungen von physikalischen und chemischen Umweltereignissen in Nervenimpulse um, also in die »Sprache des Gehirns«. Hierbei verlieren aber die Einwirkungen der Umweltereignisse ihre Spezifität, denn Nervenimpulse, die in den verschiedenen Sinnesorganen entstehen, sind nicht modalitätsspezifisch voneinander zu unterscheiden. Dies ist das Prinzip der *Neutralität des neuronalen Codes*. Diese Neutralität ist nötig, damit verschiedene Sinnessysteme und Verarbeitungsbahnen innerhalb eines Sinnessystems überhaupt miteinander kommunizieren und die Ergebnisse dieser Verarbeitung letztendlich in Erregung des Motorsystems und damit in Verhalten umsetzen können.

Das Gehirn steht vor der Aufgabe, die von den Sinnesorganen kommenden Erregungen zu *interpretieren*. Dies geschieht nach sehr unterschiedlichen Prinzipien. Das wichtigste davon ist das *Ortsprinzip*. Dieses Prinzip bedeutet, daß die Modalität (Sehen, Hören usw.) und die Qualitäten (Farbe, Bewegung; Tonhöhe, Klang usw.) eines Reizes durch den *Ort* des Auftretens einer Erregung im Gehirn festgelegt werden: Als Sehen werden vom Gehirn alle Erregungen interpretiert, die direkt oder indirekt mit der Aktivität in der Netzhaut und dem Sehnerven zusammenhängen. Für das Hören, das Fühlen, das Riechen usw. gilt das Entsprechende. Dieser *topologische* Zusammenhang bildet sich teils nach phylogenetischen und teils nach ontogenetischen Ordnungsprinzipien aus. Im jugendlichen und erwachsenen Gehirn sind diese räumlichen Ordnungsprinzipien hinsichtlich der Bedeutung eines Reizes nach Modalität und Qualitäten derart verfestigt, daß die modalitäts- und qualitätsspezifische Interpretation *automatisch* vor sich geht. Es ist dann gleichgültig, ob eine Erregung »wirklich« vom Auge kam oder nicht; wenn sie zum Beispiel im lateralen Kniehöcker oder in Area V4 auftritt, wird sie als »Sehen« bzw. als Farbwahrnehmung interpretiert. Dies hat zur Konsequenz, daß wir Seh- bzw. Farbempfindungen auch dann haben können, wenn die Netzhaut gar nicht gereizt wurde. So können visuelle Areale zum Beispiel durch Gedächtnisinhalte genauso aktiviert werden wie durch »tatsächliche« visuelle Sinnesreize; dasselbe gilt beim Träumen oder bei der Einnahme von Drogen.

Intensität und *Zeitdauer* eines Reizes werden in aller Regel über das *zeitliche Aktivitätsmuster* von Nervenzellen repräsentiert; vielleicht werden auch bestimmte weitere Merkmale des Reizes (seine Strukturiertheit) darin codiert. Dabei gilt aber, daß derartige Reizmerkmale nicht verläßlich durch eine einzelne Nervenzelle repräsentiert sein können. Dies folgt einerseits aus der individuellen »Unzuverlässigkeit« einer Nervenzelle (den statistischen Schwankungen ihrer Aktivität) und andererseits aus der oft hochgradigen Überlappung der Antworteigenschaften mit denen anderer Nervenzelltypen. Die Repräsentation dieser Merkmale geschieht stets durch kleinere oder größere *Zellverbände*. Dies nennt man Ensemble-Codierung.

Die erste Stufe des Wahrnehmungsprozesses besteht auf der Ebene der Sinnesrezeptoren in einer Zerlegung der physikalisch-chemischen Umweltgeschehnisse in *Elementarereignisse*. Diese sind im visuellen System Wellenlänge und Intensität des einfallenden Lichts, im auditorischen System Frequenz und Stärke der Schallwellen. Diese Elementarereignisse sind das einzige, was für die weitere Verarbeitung zur Verfügung steht; alle anderen Wahrnehmungsinhalte müssen hieraus vom Nervensystem erschlossen oder *konstruiert* werden. Dies gilt nicht nur für das Wahrnehmen komplexer Gestalten und Szenen, sondern auch für uns elementar erscheinende Wahrnehmungsinhalte wie der Ort, die Farbe oder der Kontrast von visuellen Objekten.

Diese Konstruktion der Wahrnehmungswelt geschieht, wie wir in Kapitel 6 gesehen haben, innerhalb der automatisiert und unbewußt ablaufenden präkognitiven Phase der Wahrnehmung durch *Vergleich* und *Kombination* von Elementarereignissen. Dies bedeutet die Schaffung neuer Information im Sinne von *Bedeutung*. Dieser Prozeß der Bedeutungserzeugung geschieht in konvergenter, divergenter und paralleler Weise: Bereits bestehende Informationen werden zusammengefügt (*Konvergenz*); dabei entsteht eine neue Information, die dann auf weitere informationsverarbeitende und -erzeugende Zentren verteilt wird (*Divergenz*). Jede einmal erzeugte Information muß jedoch, wenn sie nicht wieder durch Konvergenz vernichtet werden soll, gesondert weitergeführt werden. Dies erfordert *Parallelverarbeitung* und *separate Verarbeitungsbahnen*. Daraus resultiert ein von der sensorischen Peripherie zu den corticalen Zentren hinsichtlich der Zahl der beteiligten Nervenzellen stark anwachsendes Netzwerk.

Auf corticaler und zum Teil bereits auf subcorticaler Ebene kommen vermehrt Informationen aus dem Gedächtnis hinzu, welche das Ergebnis früherer Erfahrungen mit der Umwelt und der Bewertung des eigenen Handelns umfassen. *Dadurch nehmen wir alles im Lichte vergangener Erfahrung wahr.* Dies gilt insbesondere für unsere Aufmerksamkeit und unsere bewußte Wahrnehmung, die mit Aufmerksamkeit eng verbunden ist. Bewußtsein – so lautete meine im vorigen Kapitel aufgestellte These – ist der Zustand, in dem das Gehirn im Kontext neuer und wichtiger Wahrnehmungsinhalte und Verhaltensaufgaben neue Nervennetze anlegt. Sobald sich diese Nervennetze verfestigen und die Bewältigung der »Probleme« routinemäßig wird, schleicht sich das Bewußtsein als notwendige Bedingung heraus. Dies ist unabhängig von der Komplexität der Wahrnehmung oder der motorischen Aktion. Meist gilt gerade das Umgekehrte: Je komplexer eine Wahrnehmungsleistung oder motorische Handlung, desto besser geht sie unbewußt vonstatten. Bewußtsein als *notwendige* Begleiterscheinung betrifft immer nur die mühsame Trainingsphase.

Ausführlich habe ich die Frage diskutiert, ob und inwieweit Wahrnehmung auf der Aktivität von Detektorneuronen oder »gnostischen Neuronen« beruhen kann. Die Analyse des visuellen Systems der Amphibien und der Säuger zeigte dabei, daß die Aktivität einzelner Nervenzellen auch bei relativ einfachen Gehirnen wie denen der Amphibien keine Repräsentation von verhaltensrelevanten Objekten und Ereignissen sein kann. Selbst einzelne Merkmale dieser Objekte und Ereignisse werden durch die Aktivität von Neuronen-Ensembles codiert (wobei häufig das Prinzip des »sparsamen Codierens« befolgt wird). Fähigkeiten des Gehirns wie Kategorisieren, Abstrahieren, Generalisieren und Konstanzleistungen erfordern immer die Aktivität vieler parallel arbeitender Netzwerke.

Wenn wir in diesem Zusammenhang von der *Konstruktivität* des Wahrnehmungssystems und von der Wahrnehmung als *Konstrukt* sprechen, so müssen wir dabei zwei Aspekte sorgsam auseinanderhalten: (1) In einem trivialen Sinne sind alle unsere Wahrnehmungen schon deshalb *konstruiert*, weil die Prozesse und Inhalte der Wahrnehmung ihrer Natur und Beschaffenheit nach nichts mit dem Geschehen zu tun haben, das wahrgenommen wird. Die Wahrnehmung eines Baumes hat von ihrer Beschaffenheit nichts mit dem »realen« Baum gemeinsam. Wir haben *drei* Welten vor uns, die alle in ihrer Beschaffenheit verschieden sind: die Außenwelt, die allgemein als die »physikalische Welt« bezeichnet wird, die Welt der neuronalen Ereignisse im Gehirn und die subjektive Erlebniswelt. Diese Tatsache der unterschiedlichen Beschaffenheit der drei Welten stellt als solche kein besonderes erkenntnistheoretisches Problem dar, denn wir könnten der Überzeugung sein, daß diese drei Welten in einer eins-zu-eins-Abbildung zueinander stehen.

(2) In einem *nicht-trivialen* Sinn ist die Wahrnehmungswelt *konstruiert*, weil die Geschehnisse in der Umwelt in Elementarereignisse zerlegt und dann nach teils stammesgeschichtlich erworbenen und teils erfahrungsbedingten Regeln zu bedeutungshaften Wahrnehmungsinhalten neu zusammengesetzt werden. Die Regeln, nach denen dieses Zusammensetzen oder Konstru-

ieren geschieht, sind nicht der Umwelt entnommen, auch wenn sie an ihr überprüft werden.

Während unsere Sinnessysteme vieles ausblenden, was in der Außenwelt passiert, enthält umgekehrt unsere Wahrnehmungswelt auch ihrem Inhalt nach sehr vieles, was keinerlei Entsprechung in der Außenwelt hat. Dazu gehören scheinbar einfache Wahrnehmungsinhalte wie Farben und räumliches Sehen (Objekte in unserer Umwelt sind nicht farbig; unsere Umwelt ist nicht perspektivisch aufgebaut, d. h. entfernte Objekte sind nicht klein). Insbesondere aber gehören hierzu alle Kategorien und Begriffe, mit denen wir die Welt (unbewußt oder bewußt) ordnen, alles Bedeutungshafte in unserer Wahrnehmung (die Ereignisse in der Umwelt sind an sich bedeutungslos), Aufmerksamkeit, Bewußtsein, Ich-Identität, Vorstellungen, Denken und Sprache. Wir wenden diese hochkomplexen Konstrukte auf die Welt an, sie sind ihr aber nicht entnommen.

Das Problem der Einheit der Wahrnehmung und die Rolle der Erfahrung

Wir wollen uns den Prozeß der konvergent-divergent-parallelen Informationserzeugung bei der Wahrnehmung noch einmal genauer betrachten.

Das Erkennen eines Gegenstandes und erst recht einer komplexen Szene besteht zum einen aus dem Erfassen einer großen Anzahl von elementaren Merkmalen und zum anderen aus der Zusammenfassung solcher Elementarmerkmale zu bedeutungsvollen Einheiten und schließlich zu Gegenständen und Szenen. Ein Gegenstand muß als Element einer bestimmten Klasse von Gegenständen, d. h. *kategorial*, erkannt werden, aber ebenso müssen die individuellen *Details* festgestellt werden. Wir wollen wissen, wie ein Gegenstand *genauer* aussieht, und wir müssen wissen, *um was* es sich dabei handelt.

Wenn wir einen Gegenstand anblicken, dann wird sein retinales Bild normalerweise in unsere Fovea als Ort schärfsten Sehens gebracht und dort innerhalb des retinalen Netzwerkes in verschiedene Aspekte wie Helligkeit, Wellenlänge, Kontrast, Bewegung usw. aufgetrennt. Diese Informationen werden dann einer weiteren separaten Verarbeitung zugeleitet. Daher wird eine Kombination von Merkmalen in einem »Elementarausschnitt« eines Gegenstandes von 0.5 Winkelgrad (bei üblichem fovealen Sehen) stets von einer Vielzahl gleichzeitig aktiver Zellen z. B. innerhalb einer corticalen Hyperkolumne oder den Blobs und Interblobs in V1 repräsentiert, und die entsprechenden Erregungen werden dann zu den Arealen V2, V3 usw. weitergeleitet, die sich im wesentlichen noch mit *präkognitiven* Aspekten der visuellen Wahrnehmung wie Größe, Konturen, Bewegungsrichtungen, einfache Gestalten und räumliche Tiefe befassen. Gleichzeitig sind viele Neurone in den assoziativen Cortexarealen aktiv, die sich mit globaleren und kategorialen Aspekten befassen. Dies betrifft die Aspekte der *Raumwahrnehmung*, mit denen sich der hintere parietale Cortex und dorsale Teile des präfrontalen Cortex befassen, und Aspekte der *Gestaltwahrnehmung*, die im unteren Temporallappen und unteren präfrontalen Cortex verarbeitet werden.

Detailwahrnehmung und *Erfassen von Bedeutung* (z. B. Kategorisierung, Abstrahieren, Generalisieren, Identifizierung und Interpretation) sind gleichermaßen wichtig; keine Hirnregion kann beides gleichzeitig tun. Es gibt kein Neuron oder Neuronenverband, die ein Objekt wie einen Stuhl in all seinen Details *und* in seinen verschiedenen Bedeutungen repräsentieren können. Die Wahrnehmung eines konkreten Objektes erfordert die *simultane* Aktivität vieler Zellverbände, die jeweils nur sehr begrenzte Aspekte kodieren, seien es Detailaspekte oder Kategorienaspekte (Abb. 41), und diese Zellverbände sind weit über das Gehirn verstreut. Nirgendwo gibt es ein einziges Zentrum, in welchem all diese Informationen zusammenlaufen.

Dies widerspricht nun eklatant unserer subjektiven Empfindung. Wir nehmen *nicht* die Umrisse eines Stuhls getrennt von seiner Farbe wahr, die Farbe getrennt von der Helligkeitsverteilung und – wenn wir ihn bewegen – getrennt von seiner Bewegung. Erst recht nehmen wir nicht die Bedeutung »Stuhl« getrennt von den anderen Aspekten wahr. Diese Komponenten des Wahrnehmungsakts bilden vielmehr eine *Wahrnehmungs- und Bewußtseinseinheit*.

Getrennt verarbeitete Aspekte   **Wahrnehmungsinhalt**

- Ort (V1)
- Kantenorientierung (V1/V2)
- Umrisse (V2/V4/IT)
- Farbe (V4)
- räumliche Tiefe (V2/V4/V5)
- Kontrast (V1)
- Bewegung (MT/MST)
- Relation zu anderen Objekten
  und zum eigenen Körper (7a)
- "Lehne" (IT)
- "Sitzfläche" (IT)
- "Beine" (IT)
- "Stuhl" (IT)

STUHL

Abb. 41: Integration der Wahrnehmung am Beispiel eines Stuhls. Links sind die unterschiedlichen corticalen Areale angegeben, die an der Verarbeitung der visuellen Details bzw. an der Identifizierung (Kategorisierung) der Teile des Gegenstandes und schließlich der Identifizierung des ganzen Gegenstandes als Stuhl beteiligt sind.

Allerdings haben wir in Kapitel 9 zur Unterstützung der These von der vielfachen gleichzeitigen Repräsentation eines Objekts oder Geschehnisses gehört, daß die verschiedenen Aspekte einer Gestalt oder Szene bei bestimmten Hirnläsionen selektiv ausfallen können. So gibt es Patienten mit Objektagnosie, die einen Stuhl in all seinen Details sehen und akkurat nachzeichnen können, aber nicht sagen können, um *was* es sich handelt; andere Patienten können die Bewegung eines Objekts, aber nicht seine Form wahrnehmen, und umgekehrt. Aufgrund von PET-Studien sind wir – wie im vorigen Kapitel geschildert – in der Lage, die gleichzeitige Aktivierung mehrerer oder gar vieler räumlich getrennter corticaler und subcorticaler Hirngebiete nachzuweisen.

Wie aber wird die im »Normalzustand« subjektiv empfundene *Einheit der Wahrnehmung* im Gehirn hergestellt? Diese Frage ist identisch mit der Frage nach der Konstitution von Objekten und Szenen überhaupt. Die Regeln, nach denen dies geschieht, können nicht aus den Nervenzellen oder gar Synapsen selber stammen, denn Neurone und Synapsen wissen nichts; was sie tun, ist neutral gegenüber der Bedeutung ihrer Aktivität.

Die bedeutungskonstituierenden Regeln der Wahrnehmung ergeben sich aus der *Vorerfahrung* des kognitiven Systems. Zu dieser Vorerfahrung gehört natürlich zu allererst die Grundorganisation des Gehirns, wie sie sich in der Stammesgeschichte herausgebildet hat, also die Tatsache, daß unser Gehirn ein typisches Wirbeltier-, Säugetier- und Primatengehirn ist. Weiterhin gehört dazu, daß sich Sinnesorgane im Normalfall bei allen Angehörigen der Art, Gattung usw. in gleicher Weise mit bestimmten Hirngebieten *geordnet* verknüpfen und daß dann diese Hirngebiete sich untereinander in ebenso geordneter Weise untereinander verbinden. All dies geschieht teilweise erfahrungsunabhängig, freilich nicht in der Weise, daß es Gene gäbe, die dies alles exakt vorschreiben. Vielmehr bestehen während der Individualentwicklung des Gehirns bestimmte genetische Rahmenbedingungen, unter denen sich die strukturelle Ordnung des Gehirns und damit das System der Erzeugung primärer Bedeutungen in selbstorganisierender, *epigenetischer* Weise ausbildet.

So findet der optische Nerv seine Zielgebiete im Zwischenhirn und Mittelhirn auch dann, wenn man ihn »umzuleiten« versucht oder wenn man ihn durchschneidet und wieder auswachsen läßt. Wie dies auf zellulärer und molekularer Ebene geschieht, ist nur zum Teil bereits bekannt. Wir können hierbei solche Gehirnstrukturen unterscheiden, die ihren Ordnungszustand völlig unabhängig von Umwelteinflüssen erreichen, und zwar durch die Interaktion verschiedener Teile von Sinnesorganen und Gehirn, die durch rein intern erzeugte Aktivität gesteuert ist. Dies betrifft meist die frühesten Strukturbildungen im Gehirn, zum Beispiel die Ausformung der sechs Schichten im lateralen Kniehöcker und der Okularitätskolumnen im primären visuellen Cortex, in denen die Afferenzen vom linken und rechten Auge »fein säuberlich« auseinandergehalten werden. Anfangs überlappen sich diese Afferenzen weitgehend, im Laufe der Entwicklung des visuellen Systems trennen sie sich zunehmend auf. Notwendig dafür ist nur die rein intern erzeugte Spontanaktivität der Netzhäute, die normalerweise im linken und rechten Auge hinreichend unterschiedlich sind. Unterdrückt man diese Spontanaktivität oder zwingt den beiden Netzhäuten dasselbe Aktivitätsmuster auf, so unterbleibt die Segregation der Afferenzen vom linken und rechten Auge (Purves und Lichtman, 1985; Singer, 1990).

Allerdings ist bei vielen ordnungs- und strukturbildenden Gehirnprozessen, und zwar auch bei solchen, die sich frühontogenetisch vollziehen, *Umweltinteraktion* notwendig, zum Beispiel beim Abgleich zwischen visuellen Karten im Gehirn (im Tectum oder im Cortex) und der Steuerung der Augenstellung, wie sie zum Beispiel für die Raumwahrnehmung wichtig ist (Singer, 1990). Die Ergebnisse dieser teils intrinsischen, teils umweltabhängigen frühen selbstorganisierenden Prozesse verfestigen sich schnell und »erstarren« weitgehend zu einer mehr oder weniger festen Verdrahtung, die der Wahrnehmung im späteren Alter als Basis dienen.

Was im jugendlichen und erwachsenen Alter wahrgenommen wird, vollzieht sich im Rahmen dieser teils genetisch vorgegebenen, teils frühontogenetisch erworbenen Grundausrüstung. Diese Grundausrüstung bestimmt weitgehend die perzeptive und präkognitiven Phase der Wahrnehmung, zum Beispiel die Art, wie im visuellen System Helligkeit, Kontrast, Farbe, Bewegung verarbeitet werden und wie Raum- und Tiefenwahrnehmung sich entwickeln. Die meisten dieser unbewußten und automatisierten Prozesse sind durch spätere individuelle Erfahrung nicht mehr modifizierbar. Wir teilen diese Prozesse mit anderen Säugetieren und zum Teil mit anderen Wirbeltieren. Dies können wir daran feststellen, daß nicht nur Affen, sondern auch Ratten, Vögel und Karpfen zum Teil denselben optischen Täuschungen zum Opfer fallen wie wir (z. B. der Schienentäuschung oder der Pfeiltäuschung).

Gestaltgesetze der Wahrnehmung

Die Frage, wie diese präkognitive und automatisierte Gestaltung der Wahrnehmung vor sich geht, wurde von Gestaltpsychologen wie Max Wertheimer, Wolfgang Köhler und Wolfgang Metzger (um nur einige zu nennen) schon vor vielen Jahren behandelt, und es wurden Prinzipien aufgestellt, nach denen sich insbesondere die visuelle Wahrnehmung vollzieht (Metzger, 1975). Diese Erkenntnisse haben in den letzten Jahren innerhalb der neurobiologischen Kognitionsforschung wieder besondere Aktualität gewonnen.

Bei der Wahrnehmung von Gestalten und Szenen ist es die vornehmliche Aufgabe des visuellen Systems, zu entscheiden, welche lokalen Details sich in welcher Weise zu einem *sinnvollen Ganzen* zusammensetzen lassen. Dafür müßte eigentlich jedes Merkmale eines jeden Bildpunktes mit jedem Merkmal eines anderen verglichen und auf seine eventuelle Zugehörigkeit zu einheitlichen Gestalten und Prozessen überprüft werden. Dies aber wäre sehr langwierig (und ist es beim »Computer-Sehen«, das meist nach dieser Methode vorgeht, tatsächlich auch). Unser natürliches visuelles System wendet jedoch Faustregeln an, um das wahrgenommene Bild schnell und einfach zu ordnen und zu gestalten.

Die erste Faustregel lautet, daß in der »realen Welt« Objekte sich in einer charakteristischen Weise so bewegen, daß daraus auf ihre Natur und Anordnung geschlossen werden kann. Wir haben gehört, daß Amphibien (aber natürlich auch viele andere Tiere) im wesentlichen nach dieser Regel ihre Beute erkennen. Drei weitere und spezifischere Annahmen sind: 1. Bewegte Objekte tendieren dazu, ihre bisherige Bewegungsrichtung und Geschwindigkeit (mit kleinen Abweichungen) beizubehalten; dies ist das *Gesetz der guten Fortsetzung* der Gestaltpsychologie. 2. Ausgedehnte Oberflächen tendieren dazu, sich kohärent zu bewegen und nur begrenzte Änderungen der Geschwindigkeit und Raumtiefe einzelner Teile zueinander zu zeigen; dies ist das *Gesetz des gemeinsamen Schicksals*. 3. Bewegte Objekte tendieren dahin, Teile des Hintergrunds in voraussagbarer Weise zu verdecken und wieder sichtbar werden zu lassen.

Gibt es im Gesichtsfeld Bildpunkte, die diese Bedingungen erfüllen, so werden sie zu *Objekten* vereint, sofern nicht andere, höherstufige Wahrnehmungskriterien dagegen sprechen. Wie schon aus einfachen Wahrnehmungsexperimenten deutlich wird, sind diese »Gesetze des Sehens« außerordentlich wirkungsvoll und willensmäßig schwer oder gar nicht außer Kraft zu setzen.

Besonders wichtig sind diese Prozesse, um Figur-Hintergrund-Unterscheidungen zu treffen. Wie wir bereits bei den Amphibien gesehen haben, wird alles vom visuellen System als ruhender Hintergrund definiert, was sich in kohärenter Weise relativ zur Netzhaut so bewegt, daß seine Bewegungsrichtung und Geschwindigkeit über die Kenntnis der Augen-, Kopf- oder Körperbewegungen *vorausgesagt* werden kann. Vor diesem Hintergrund werden andere Objekte, deren Bewegungen *nicht* aus den Augenbewegungen erschließbar sind, als selbstbewegende Objekte wahrgenommen. Gleichzeitig wird aus der Unterschiedlichkeit der Bewegung und Bewegungsrichtung von einzelnen Objekten auf eine räumliche Anordnung ruhender Objekte geschlossen. Das visuelle System nimmt dabei in erster Näherung an, daß Gruppen von Bildpunkten, die sich bei Augen- und Kopfbewegungen unterschiedlich schnell, jedoch in einem charakteristischen Verhältnis der Geschwindigkeiten und Bewegungsrichtungen zueinander bewegen, nicht zusammengehören, sondern in unterschiedlicher Entfernung vom Auge angeordnet sind (Bewegungsparallaxe). Der Grund hierfür ist, daß sich bei gleicher absoluter Geschwindigkeit nahe Gegenstände auf unserer Netzhaut schneller bewegen als entfernte (aufgrund der höheren Winkelgeschwindigkeit). Dies können wir beobachten, wenn wir aus dem fahrenden Zug in eine Landschaft blicken und dabei Gegenstände in mittlerer Entferung fixieren: Der Vordergrund »rast« an uns vorbei, während weit entfernte Objekte sich vorwärts zu bewegen scheinen (in Wirklichkeit haben sie nur eine viel langsamere Winkelgeschwindigkeit). In der Mitte der Landschaft scheint es einen Punkt zu geben, um den sich das gesamte Bild dreht. Viele Tiere, besonders diejenigen, die kein Stereosehen haben, nutzen die Bewegungsparallaxe zum räumlichen Sehen aus, indem sie den Kopf hin und her bewegen.

Aufgrund unseres Umgangs mit bewegten Objekten werden aber gewisse Ausnahmen von derartigen Regeln zugelassen. So bewegen sich Bildpunkte, welche die Oberfläche eines Tieres repräsentieren, aufgrund der Körperdynamik keineswegs alle mit der gleichen Geschwindigkeit und in der gleichen Richtung. Sie haben auch nicht alle dieselbe Tiefenanordnung. Dennoch vereint unser visuelles System derartige Bildpunkte zu einem *selbstbewegenden* Objekt, weil die Abweichungen von der mittleren Geschwindigkeit, Bewegungsrichtung und Tiefe bestimmten Gesetzmäßigkeiten (zum Beispiel Sinusschwingungen oder Pendelbewegungen) folgen.

Die Gestaltpsychologie kennt eine Reihe anderer »Gesetze des Sehens«. Diese Gesetze beruhen auf dem Prinzip der maximalen Einfachheit, der Kohärenz und Konsistenz, der größten Eindeutigkeit und entsprechend der minimalen Komplexität von Gestaltmustern. Dabei verfügt das Wahrnehmungssystem des Menschen wie auch das der Tiere über verschiedene Mechanismen, um bestimmte Leistungen wie Figur-Hintergrund-Unterscheidung, räumliche Tiefe und Objektwahrnehmung zu vollbringen, und benutzt gerade diejenigen Mechanismen, die unter den gegebenen Bedingungen verfügbar und am schnellsten zu einer *verläßlichen* und *stabilen Wahrnehmung* führen. Das visuelle System des Menschen und der anderen Primaten besitzt dabei eine ganze Reihe von Mechanismen zur Objekterkennung, die etwa

Helligkeits- oder Farbkontraste, Bewegung, räumliche Tiefe, Beleuchtungsweise oder Oberflächentextur ausnutzen. Es bedient sich dieser Möglichkeiten in wechselnder Weise, ohne daß uns dies bewußt wird; es ist in der Wahl seiner Mittel *opportunistisch*.

Das Gedächtnis
ist unser wichtigstes Sinnesorgan

Die Ordnungsbildung in unserem Wahrnehmungssystem wird aber nicht nur durch angeborene oder frühontogenetisch verfestigte Prozesse bestimmt, sondern in gleicher Weise durch unsere ständig neu erworbene Erfahrung im Umgang mit der Welt und mit uns selber. Diese neuen Informationen werden dann im Gedächtnis niedergelegt und stehen neuer Wahrnehmung zur Verfügung.

Dies läßt sich anhand von Darstellungen erläutern, die ohne ein spezifisches Vorwissen völlig ungestaltet erscheinen, wie etwa das Bild in Abbildung 42. Ich habe dieses Bild bei vielen Gelegenheiten einer kleineren oder größeren Anzahl von Personen gezeigt, und niemand war in der Lage, auf Anhieb das Abgebildete zu identifizieren. Innerhalb einer Gruppe von Studenten der Studienstiftung des Deutschen Volkes (die als »hochbegabt« gelten) gelang dies einer Person nach ca. 10 Minuten, alle anderen waren auch nach insgesamt 20 Minuten nicht dazu in der Lage. Wenn ich aber begann, die Details der gezeigten Figur genau aufzuzeigen, vollzog sich der Erkennensprozeß ganz langsam, d. h. innerhalb von Minuten.

Was ich dabei tat, war nichts anderes, als bekannte »Versatzstücke« im visuellen Gedächtnis der Zuschauer zu aktivieren und das Gehirn dazu zu bringen, sie »richtig« zusammenzusetzen. Ungefähr zehn Prozent der Zuschauer waren jedoch auch danach nicht in der Lage, das von mir Behauptete nachzuvollziehen. Bemerkenswert ist, daß bei einigen Personen eine inhaltlich scheinbar nur lose mit der Darstellung verbundene Äußerung zum Erkennen half, wie »Franziska van Almsick«. Die Erinnerung an das gemeinsame Auftreten einer jungen Sportlerin und eines bestimmten Lebewesens in einem Fernseh-

Abb. 42: Was ist das? (Auflösung im Text).

Werbespot genügte, um dem heftig arbeitenden Bindungs-System einen wertvollen Tip zu geben.

Ist der Prozeß des Zusammenbindens zunächst scheinbar völlig unzusammenhängender Details zu einem stabilen, sinnvollen Ganzen erst einmal vollbracht, so wird dieses Resultat neu im Gedächtnis verankert. Wenn das Bild wieder auftaucht, so vollzieht sich die Identifikation spürbar schneller. Etwa nach der vierten Darbietung ist das Erkennen schon nahezu automatisiert. Das kognitive System hat nämlich in seinem Gedächtnis eine »plausible« Lösung bereit und aktiviert diese. Wir können diesen Prozeß stören, indem wir das Bild um 90 oder 180 Grad drehen und dem kognitiven System die Sache wieder schwerer machen. Nach einiger Übung sind wir aber in der Lage, die Figur aus jeder Position heraus zu erkennen.

Das geschilderte Beispiel ist außerordentlich aufschlußreich. Eine Darstellung, die uns anfangs trotz größter Anstrengung völlig ungestaltet erschien, wird *durch Erfahrung* zu einer stabilen und bedeutungsvollen Wahrnehmung. Es ist nach längerem Umgang mit der Darstellung völlig unmöglich, in dem Bild etwas anderes zu sehen als eine Kuh. Unser kognitives System »rastet« auf diese eine Deutung ein; systemtheoretisch ausgedrückt hat sich ein *Attraktorzustand der Wahrnehmung* herausgebildet, auf den unter den gegebenen Anfangs- und Randbedingungen unser Wahrnehmungssystem zuläuft und in ihm (vorübergehend) verharrt.

Daraus folgt: *Gedächtnis ist das Bindungssystem für die Einheit der Wahrnehmung*, und zwar für alle diejenigen Wahrnehmungsinhalte, die nicht bereits durch die Konstruktion der Sinnesorgane und der phylogenetisch erworbenen Mechanismen zusammengefügt werden (auch dies ist natürlich eine Art Gedächtnis), sondern deren Zusammengehören frühkindlich oder im Erwachsenenalter erlernt werden muß. In das Gedächtnis geht das Begreifen der Welt durch Handeln, die erlebte Koinzidenz und Folgerichtigkeit von Ereignissen als »Erfahrung« ein (einschließlich stammesgeschichtlicher Erfahrung). *Das Gedächtnis ist damit unser wichtigstes »Sinnesorgan«.* Es ist zugleich aber, wie wir mehrfach gehört haben, nur ein Glied im Kreisprozeß von Wahrnehmung, Gedächtnis, Aufmerksamkeit, Erkennen, Handeln und Bewerten.

Mögliche zelluläre Mechanismen des »Zusammenbindens« von Wahrnehmungsinhalten

Wie vollzieht sich dies auf neuronaler Ebene im Gehirn? Wir benötigen statt dessen ein System, welches in irgendeiner Weise all diejenigen Prozesse im Wahrnehmungssystem *markiert*, die unter bestimmten Gesichtspunkten zusammen eine sinnvolle Einheit bilden. Welches könnte dies sein? Vor einer Reihe von Jahre wurde die Hypothese entwickelt, daß diejenigen Zellen in räumlich getrennten Bereichen innerhalb eines sensorischen Areals oder auch in verschiedenen sensorischer Arealen, die durch einen komplexen externen Reiz aktiviert sind, *momentan* miteinander »kommunizieren« (Reitboeck, 1983; von der Malsburg, 1983). Bewegt sich zum Beispiel ein bestimmtes Objekt vor einem Hintergrund, dann haben alle Punkte dieses Objektes hinsichtlich der Bewegung, Bewegungsrichtung, Geschwindigkeit, Geschlossenheit der Kontur, der Farbe und Farbschattierungen, des Kontrastes usw. ein gemeinsames raumzeitliches Schicksal. Dieses gemeinsame raumzeitliche Schicksal kann nun dadurch *repräsentiert* werden, daß sich Nervenzellen in bestimmten Zentren in ihrer Aktivität einkoppeln und selbst ein distinktes raumzeitliches Muster bilden.

Nach Auffassung einiger Neurobiologen wird die kohärente Aktivität durch *synchrone Oszillation* von Zellgruppen im Bereich von 35-90 Hz (im sogenannten Gammawellen-Bereich) herbeigeführt. Entdeckt wurden solche Oszillationen schon in den vierziger Jahren und genauer studiert durch Walter Freeman bei seinen Untersuchungen über die Reizcodierung im olfaktorischen System von Kaninchen (Freeman, 1975). Reinhard Eckhorn und Mitarbeitern (Eckhorn et al., 1988, 1990), Charles Gray, Wolf Singer und Mitarbeitern gelang es, diese Oszillationen im Bereich von Einzelzellen und Zellgruppen in A17 und A18 des visuellen Systems der Katze (Gray und Singer, 1987; Gray et al., 1989) und dem Areal MT (Kreiter und Singer, 1992) und V1 des Affen nachzuweisen. In derartigen Experimenten wurden z. B. Zellen in A 17 mit weit auseinanderliegenden rezeptiven Feldern, aber derselben Orientierungs- und Bewegungsrichtungsspezifität untersucht. Wurden diese beiden Zellen durch zwei Lichtbalken gereizt, die mit der für die Zellen optimalen Orientierung, jedoch in der nicht bevorzugten Richtung bewegt wurden, so zeigten die Zellen *keine* synchrone Aktivität. Bewegten sich die beiden Balken aber in derselben Richtung, so trat eine schwache Synchronisation auf. Wurde aber ein einziger Balken über beide rezeptive Felder bewegt, so trat eine deutliche Synchronisation auf. Eckhorn und Mitarbeiter sowie Singer und Mitarbeiter konnten sogar zwischen verschiedenen Cortexarealen rhythmische, reizinduzierte Synchronisation nachweisen (A17-A18: Eckhorn et al., 1988; A17-A18-A19: Eckhorn et al., 1990, und zwischen verschiedenen Cortexhemisphären: Engel et al., 1991; Eckhorn und Schanze, 1991; Singer et al., 1992, Eckhorn et al., 1993).

Die Autoren waren bei diesen Untersuchungen in der Lage, die *direkt reizgekoppelte* Aktivität der abgeleiteten Neurone von der *bindungscodierenden* synchronen Aktivität zu unterscheiden. Letztere folgt bei schnellen vorübergehenden Reizen nach einem kurzen Moment des »Schweigens« der reizgebundenen Aktivität in Form von Oszillations-»Spindeln« im Gammafrequenzbereich mit einer Dauer von 50 bis zu 500 Millisekunden. Dabei koppeln sich in der direkten Umgebung einer Ableitelektrode schätzungsweise wenige hundert bis tausend Neurone ein. Über das ganze Sehsystem verteilt, können das aber bei großen Reizen viele Millionen Zellen sein. Nach Auskunft von R. Eckhorn treten beim wachen Affen derartige Spindeln besonders dann auf, wenn die Kopplung über den externen Stimulus *schwach* ist, d. h. die Zusammengehörigkeit der Neurone nicht bereits durch den Stimulus erzwungen wird. Auch hierbei wurde festgestellt, daß sich vorzugsweise Neurone synchronisieren, die mindestens in einer Eigenschaft ihrer rezeptiven Felder Ähnlichkeiten (z. B. dieselbe Orientierungsspezifität) aufweisen. Dies könnte ein Indiz dafür sein, daß der Cortex aktiv etwas zusammenfügt, was nicht ganz offensichtlich »reizseitig« zusammengehört.

Bisher wurde jedoch nicht eindeutig gezeigt, daß derartige verteilte Muster synchroner neuronaler Aktivität tatsächlich der subjektiv empfundenen Einheit der Wahrnehmung zugrunde liegen, daß sie also *notwendigerweise* bei Wahrnehmungsprozessen auftreten. Es wird auch wieder intensiver diskutiert, ob nicht vielleicht synchronisierte Aktivität ganz allgemein (d. h. auch in nicht-rhythmischer Form) diesen Bindungsprozeß unterstützen könnte, wie es bereits von H. Reitboeck 1983 gefordert wurde (Reitboeck, 1983). Bereits die nichtrhythmische, aber überzufällige Koinzidenz einzelner Aktionspotentiale von Neuronen mag genügen, um das »Zusammengehören« dieser Neurone bei einem Wahrnehmungsakt zu signalisieren.

Beide, oszillatorische wie nicht-oszillatorische Mechanismen synchronisierter Aktivität können durchaus parallel im Gehirn tätig sein. Dies ist sogar wahrscheinlich, weil schnelle Reizänderungen direkt synchronisierend in den sensorischen Neuronen wirken, ohne daß sie rhythmische Aktivität auslösen (vgl. Eckhorn et al., 1990). Auch ist nicht auszuschließen, daß Oszillationen im Gehirn auch noch andere Funktionen ausüben als das »Zusammenbinden« (zum Beispiel das Feinabstimmen von neuronalen Regelkreisen, wie K. Kirschfeld vermutet). Daneben mag es durchaus noch andere Mechanismen für denselben Zweck geben, genauso wie man vermuten muß, daß NMDA-Synapsen nicht die alleinigen Mechanismen zur Bildung neuer corticaler Ensembles sind.

Klar ist, daß die unterstellten Mechanismen (und ebenso die noch unbekannten) unter der Kontrolle des Gedächtnisses stehen müssen. Dies ist insbesondere für stark erfahrungs- und bedeutungsabhängige Gestaltwahrnehmung (wie beim Beispiel mit der Kuh) der Fall, also allgemein für das Erkennen neuer Gestalten. Im Gedächtnis werden all diejenigen Verknüpfungen niedergelegt, die sich irgendwann einmal bewährt haben. Das geschieht schon während der frühesten Entwicklungsphase der sensorischen Systeme, in der das Gehirn des Säuglings und des Kleinkindes überhaupt erst lernt, was ein Objekt ist, nämlich auf der Basis *räumlicher* und *zeitlicher Koinzidenz*: Ein Objekt bilden danach alle Einzelmerkmale, die – wie oben bereits festgestellt – innerhalb einer gewissen Schwankungsbreite ein gemeinsames raumzeitliches Schicksal haben. Freilich wird diese Gestaltung der Umwelt bald durch komplexere Kriterien vollzogen, in denen etwa die Folgen des eigenen Einwirkens auf die Umwelt wichtig werden (das Holzklötzchen wird zum Objekt, weil in ihm viele Einzelmerkmale zur selben Zeit am selben Ort in derselben Weise *manipulierbar* sind). Im späteren Leben werden viele Merkmale deshalb »zusammengebunden«, weil sie im Lichte von Vorerfahrung »Sinn machen«.

Was wir bewußt sehen, sind »Gedächtnisbilder«

Eine wichtige Konsequenz dieses Prozesses ist die Tatsache, daß die im Gedächtnis niedergelegten Netzwerke, welche Gestaltwahrnehmungen repräsentieren, nicht nur dann aktiviert werden, wenn *alle* Details der Gestalt vorliegen. Vielmehr genügt, wie beim Modell des assoziativen Speichers innerhalb der Theorie neuronaler Netzwerke (Palm, 1990), das Vorliegen einer bestimmten kritischen Menge von Daten, damit das vollständige Bild einer Gestalt hergestellt werden kann. Wie beim künstlichen assoziativen Gedächtnisspeicher ist diese *Fähigkeit zur Komplettierung* abhängig von der Beschaffenheit des Stimulus und der Intensität des Trainings des entsprechenden Netzwerks: Je eindeutiger von vornherein das Zusammenpassen von separaten Merkmalen ist, d. h. je mehr es einfachen Gestaltgesetzen gehorcht, oder je häufiger ein Netzwerk das Zusammengehören von Merkmalen gelernt hat, desto schneller wird das komplette Bild produziert und desto weniger Einzelmerkmale sind dazu nötig. Hierbei ist natürlich das menschliche Gehirn aufgrund seiner massiv parallelen Verarbeitungsweise und seines immensen Vorwissens bisher jedem künstlichen assoziativen Netzwerk weit überlegen. Es genügen zum Teil nur Bruchstücke von aktuellen Sinnesdaten, um in uns ein vollständiges Wahrnehmungsbild zu erzeugen, das dann gar nicht von den Sinnesorganen, sondern aus dem Gedächtnis stammt.

Wir können diese Fähigkeit unseres kognitiven Systems bei vielen Gelegenheiten des täglichen Lebens verfolgen. Wenn ich meine Wohnung oder mein Dienstzimmer betrete, dann signalisiert mir das visuelle System anhand weniger »Eckdaten« sofort: vertraut! Ich habe das Gefühl, die Szene in kürzester Zeit wahrnehmungsmäßig *vollständig* erfaßt zu haben, auch wenn eine Überschlagsrechnung über die Zeiten, die zur Verarbeitung der nötigen Details in meinem Gehirn gebraucht werden, zeigt, daß ein *detailliertes* visuelles Erfassen meiner Umgebung in dieser kurzen Zeit gar nicht möglich ist. Das subjektiv empfundene vollständige Bild entsteht also dadurch, daß die wenigen Eckdaten durch Gedächtnisinhalte komplettiert werden.

Trete ich hingegen in eine mir völlig unbekannte Umgebung ein (zum Beispiel das Wartezimmer eines Arztes, bei dem ich vorher noch nie gewesen bin; ein unbekannter Saal mit einem mir unbekannten Publikum), so fühle ich mich wie blind! Ich erkenne nur diejenigen Dinge, auf die mein Blick gerade fällt, und auch diese nur mühsam. Der Raum hat keine definierten Grenzen, die Menschen haben keine deutlichen Gesichter. Erst nach einiger Zeit, wenn mein Blick umherschweift, ordnet sich langsam die Szene, und ich beginne, sie mir vertrauter zu machen. Das Wahrnehmungs-Aufmerksamkeits-Gedächtnis-Bewertungssystem ist dabei aufs höchste gefordert, und entsprechend stark fallen bei vielen Personen die emotionalen Begleiterscheinungen aus (z. B. das Gefühl der Unsicherheit). Allgemein gilt: *Je vertrauter mir eine Situation oder Gestalt ist, desto weniger »Eckdaten« benötigt mein Wahrnehmungssystem, um ein als vollständig empfundenes Wahrnehmungsbild zu erzeugen, das zu diesen Eckdaten paßt.*

Die Fähigkeit unseres Gehirns, anhand weniger »Eckdaten« eine komplette Wahrnehmungssituation zu erzeugen, gehört zu seinen Meisterleistungen, denn hierzu ist nicht nur ein sehr schnelles unbewußtes Einschätzen der Situation nach bekannt/unbekannt und wichtig/unwichtig nötig, sondern ein großer Vorrat an Vorwissen, der nahezu augenblicklich aktiviert werden kann. Die Überlebensanforderung, in möglichst kurzer Zeit (oder auf möglichst große Entfernung) verläßlich zu erkennen, »was Sache ist«, mag bei Primaten einer der wichtigsten Selektionszwänge für große und komplexe Gehirne gewesen sein. Hierbei muß das kognitive System einen schwierigen Kompromiß eingehen. Verläßliches Erkennen braucht üblicherweise Zeit; diese Zeit widerspricht aber der Maxime »möglichst schnell«. Wenn ich als urzeitlicher *Homo sapiens* eine Gestalt heraneilen sehe, dann ist es von entscheidender Bedeutung, möglichst schnell zu erkennen, ob es sich um Freund oder Feind handelt. Warte ich solange, bis ich sein Gesicht oder die Stammeszeichen an seinem Körper erkennen kann, dann mag es zu spät sein. Umgekehrt kann ich es mir nicht leisten, vor jeder herankommenden Person fortzulaufen.

Eine noch kompliziertere Situation besteht für mich als Gruppenmitglied darin, rechtzeitig zu erkennen, ob in der Gruppe etwas gegen mich im Gange ist. Anhand kleinster Veränderungen in den Verhaltensweisen und der »Zungenschläge« der Gruppenmitglieder muß ich drohendes Unheil entdecken und mit geeigneten Maßnahmen zu vereiteln suchen. Wenn mir erst als Angeklagter im Kreis der Stammesmitglieder die Augen aufgehen, ist es meist zu spät. Umgekehrt kann sich eine ständige

Wachsamkeit zu Argwohn und zu paranoidem Verhalten steigern, was ebenfalls mein Leben in der Gruppe unerfreulich macht.

Die Lösung dieses schwierigen Balanceaktes besteht darin, daß man immer mehr Erfahrungen gewinnt, die es erlauben, bei gleicher Reaktionszeit immer verläßlichere Einschätzungen zu erreichen oder bei gleicher Verläßlichkeit kürzere Reaktionszeiten. Dies bedeutet, daß mit zunehmendem Umgang mit meiner Umwelt das Gedächtnis eine immer größere Rolle bei der Gestaltung meiner Wahrnehmung spielt.

Dieser für uns Menschen außerordentlich vorteilhafte Umstand führt auch zu einigen bekannten Fehlleistungen. Sie entstehen vor allem dadurch, daß von unserem kognitiven System eine Situation nach Abtasten der »Eckdaten« fälschlich als »vertraut/bekannt« eingestuft wird und daß dadurch neue Details völlig ignoriert werden. Dies erleben wir, wenn wir uns in einer vertrauten Umgebung bewegen, in der kleine, aber wichtige Einzelheiten verändert wurden. Diese werden dann gar nicht bewußt wahrgenommen, denn sie kommen in dem vom Gedächtnis produzierten Komplettbild natürlich nicht vor. Wir sehen die kleinen Veränderungen selbst dann nicht, wenn sie sich »vor unserer Nase« befinden. Deshalb werden im Straßenverkehr große und die Aufmerksamkeit anziehende Hinweise auf Veränderungen (zum Beispiel in der Vorfahrtsregelung) angebracht, und selbst dann passieren häufig genug Fehlleistungen.

Am dramatischsten sind solche »konstruktiven« Fehlleistungen, wenn es sich um Wahrnehmungsinhalte handelt, die hochgradig automatisiert vonstatten gehen wie etwa die Gesichtererkennung. So kann man in der Kollegenrunde einem Bekannten gegenübersitzen und das merkwürdige Gefühl haben, daß mit seinem Gesicht »etwas nicht stimmt«, aber man weiß nicht, was. Schließlich erfährt man, daß dieser Kollege sich im Urlaub den jahrelang getragenen Bart abgenommen hat. Ähnliches geschieht gelegentlich mit der neuen Haarfrisur der Lebensgefährtin, die man übersieht (aus Desinteresse, wie uns unterstellt wird). Erklärt werden können diese Fehlleistungen dadurch, daß unser visuelles System diese vertrauten Gesichter anhand einfachster Eckdaten identifiziert und dann ein Bild aufbaut, in dem die Veränderungen nicht vorkommen.

Unsere Wahrnehmung ist also deshalb im nicht-trivialen Sinne kreativ, weil dadurch der Umgang mit einer Umwelt, die so außerordentlich kompliziert und voller Überraschungen ist wie die des Menschen, sehr erleichtert oder überhaupt erst ermöglicht wird. Wie ich bereits früher festgestellt habe, sind Wahrnehmungen *Hypothesen* über die Umwelt, und der Mensch ist offenbar zu einer sehr schnellen und verläßlichen Hypothesenbildung in einer stark fluktuierenden natürlichen und sozialen Umwelt imstande (mit all den typischen Fehlleistungen, die dieses System produziert).

Es ist klar, daß ich mit der These, daß es das Gedächtnis ist, welches die Wahrnehmungsdetails zusammenbindet, nicht die *subjektive Empfindung* der Einheit der Wahrnehmung erklärt, sondern nur die möglichen Mechanismen genannt habe, die dieser Empfindung zugrunde liegen. Wie beim Bewußtsein und bei mentalen Zuständen allgemein, müssen wir auch hier davon ausgehen, daß diese subjektive Empfindung eine *Kennzeichnung* des Gehirns für sich selbst ist, eine *Hervorhebung* von momentan korrelierten neuronalen Ereignissen aus dem allgemeinen Aktivitätszustand.

12 Geist und Gehirn

Die Frage nach dem Wesen, der Herkunft und der möglichen Funktion von Geist und Bewußtsein ist zu einem dominierenden Thema selbst in den Tagesmedien geworden. So erfreulich dies auch ist, so verdeckt es doch die Tatsache, daß in aller Regel hierbei alte philosophische Fragestellungen und bekannte Argumente und Gegenargumente noch einmal vorgestellt werden. Demgegenüber ist der Fortschritt in der empirischen Erforschung des Verhältnisses von Geist und Gehirn langsam, trotz aller bewunderungswürdigen technischen Neuerungen.

Einen detaillierten Überblick über den gegenwärtigen Stand der Gehirn-Geist-Diskussion zu geben ist im vorliegenden Zusammenhang unmöglich und auch unnötig, denn es liegen aus unterschiedlichen philosophischen Positionen heraus gute Zusammenfassungen zu diesem Thema vor (z. B. Hastedt, 1988; Carrier und Mittelstraß, 1989; Beckermann et al., 1992; Metzinger, 1996; Seifert, 1993). Eine umfangreiche Bibliographie von Metzinger und Chalmers zu Geist-Gehirn bzw. Bewußtsein findet sich in Metzinger (1996). Besonders soll auf das Buch von Carrier und Mittelstraß verwiesen werden, in dem in ausführlicher Weise das Für und Wider der verschiedenen Leib-Seele- bzw. Geist-Gehirn-Theorien dargestellt wird. Bezeichnenderweise ist in diesem Buch mit dem Titel »Geist, Gehirn, Verhalten« vom Gehirn und seinen neuronalen Eigenschaften nicht die Rede, und zwar wohl nicht aus Unkenntnis, sondern weil die Autoren es offenbar für überflüssig halten, bei der Diskussion des Geist-Gehirn-Problems auf das Gehirn einzugehen.

Uns soll im Folgenden die Frage interessieren, was im Lichte der in den vorausgegangenen Kapiteln dargestellten neurobiologischen Erkenntnisse zum Verhältnis von Gehirn und Geist gesagt werden kann, und inwieweit die unterschiedlichen philosophischen Standpunkte hiermit vereinbar sind; rein innerphilosophische und philosophiehistorische Erörterungen bleiben unberücksichtigt.

Was ist Geist?

Das erste Problem bei der Behandlung des Geist-Gehirn-Problems ist eine befriedigende Definition von Geist. »Geist« ist einer der komplexesten Begriffe der Geistesgeschichte. Nach dem Historischen Wörterbuch der Philosophie hat »Geist« als griechisch Pneuma, hebräisch »Ruach« und lateinisch »Spiritus«/ »Anima« die Bedeutung von Hauch, Atem, und davon abgeleitet von Lebensodem oder Lebensgeist und schließlich »Lebensprinzip«. Geist wurde in diesem Sinne in der Antike durchaus als etwas Materielles angesehen, wenn auch als etwas außerordentlich Leichtes. Das deutsche Wort »Geist« und das englische Wort »ghost« bedeuten ursprünglich »Gespenst« oder »unkörperliches Wesen«, meist etwas, das erschreckt. Die moderne philosophische Bedeutung von »Geist« ergibt sich aus den griechischen Begriffen Nous und Logos. Diese wurden als überindividuelle Vernunft oder Idee, wie bei Anaxagoras und Platon, oder als individueller Geist, als (Selbst-)Bewußtsein, Denken und Verstand, wie bei Aristoteles, verstanden. Interessanterweise ist für den großen Philosophen Kant »Geist« kein zentraler Begriff. Dort, wo man ihn vermuten würde, stehen »Ich«, »Intelligenz«, »Bewußtsein überhaupt« oder »transzendentale Apperzeption«. Seinen Aufstieg zum philosophischen Zentralbegriff erfährt der Begriff »Geist« erst mit der Philosophie Schellings und Hegels. Für letzteren wird die gesamte Weltgeschichte die Entwicklung vom »subjektiven« über den »objektiven« zum »absoluten« Geist, der sich im Schicksal der Völker und ihres Denkens verwirklicht.

Damit Geist mit empirischen Methoden untersucht werden kann, ist es notwendig, diesen Begriff auf *individuell erlebbare Zustände* einzuschränken und alle denkbaren religiösen und sonstigen überindividuellen geistigen Zustände unberücksichtigt zu lassen. Solche Zustände können grundsätzlich nicht Gegenstand einer wissenschaftlichen Untersuchung sein, und die Mehrzahl von Naturwissenschaftlern, aber wohl auch von Psychologen und Philosophen bezweifelt, ob es einen überindividuellen Geist überhaupt gibt. Dagegen ist die Existenz individuell erlebbarer Geistzustände evident, denn jeder von uns hat sie.

Der zweite wichtige Schritt ist die Erkenntnis: Es gibt nicht *den* Geist! Vielmehr erleben wir eine *Vielzahl höchst unterschiedlicher mentaler und psychischer Zustände*. Hierzu gehören bewußtes Erleben von Wahrnehmungsinhalten, Denken, Vorstellen, Aufmerksamkeit, Erinnern, Wollen, Gefühle, das Erleben der Körperidentität und schließlich das Selbsterleben als Ich. *Wahrnehmungserlebnisse* sind in aller Regel deutlich und detailreich und scheinen nicht nur Teil meiner selbst, sondern zugleich Teil der wahrgenommenen Welt (einschließlich meines Körpers) zu sein. *Denken*, *Vorstellen* und *Erinnern* hingegen sind meist deutlich blasser und detailärmer als Wahrnehmungen. *Gefühle* (Emotionen) stehen zwischen Wahrnehmungen und Gedanken. Sie sind nicht so konkret und orts- und objektbezogen wie Wahrnehmungen, aber lebhafter als Gedanken und Erinnerungen. Ein merkwürdiger, den Gefühlen verwandter Zustand ist der *Wille* oder *Willensakt*, von dem noch gesondert die Rede sein wird. Besonders schwer zu erfassen und scheinbar völlig zeit- und raumlos sind *Aufmerksamkeit*, *Bewußtsein* und das Gefühl der eigenen Identität, das *Ich-Gefühl*. Sie bilden den Begleitzustand bzw. den Hintergrund für alle anderen geistigen und emotionalen Zustände. Wenn ich im folgenden von »Geist« und »geistigen/mentalen« Zuständen spreche, dann meine ich im allgemeinen die Gesamtheit dieser sehr unterschiedlichen Phänomene. Diese verschiedenen Geistzustände liegen in jedem Augenblick in ganz unterschiedlichen Mischungsverhältnissen vor und bilden den charakteristischen vielfarbigen Strom meiner bewußten Existenz. Die Neuropsychologie zeigt uns, daß eine ganze Reihe dieser Zustände unabhängig voneinander ausfallen können. So kann das Gefühl der Körperidentität aufgrund von Schädigungen des Scheitellappens stark gestört sein, ohne daß das Wahrnehmungserleben beeinträchtigt ist; das Erinnerungsvermögen kann selektiv beeinträchtigt sein, Gefühle können fehlen aufgrund einer Funktionsstörung des limbischen Systems; das autobiographische Gedächtnis und damit das Wissen über mich selbst kann selektiv ausfallen usw. All dies zeigt, daß das erlebende Ich, der sich bewußte Geist in uns ein vielgestaltiges Konstrukt ist und keineswegs das einheitliche Phänomen, das Philosophen fälschlich meinen, wenn sie von »dem« Geist sprechen.

Wie hängen Geist und Gehirn zusammen?

Eine häufig von Philosophen vertretene Auffassung lautet, Mentales sei *absolut privat*, d. h. nur mir selbst zugänglich und sonst niemandem. »Man kann nicht in den Kopf eines anderen hineinsehen«, heißt es. Deshalb könne ich auch niemals mit Sicherheit wissen, ob außer mir irgend jemand Geist besitzt und ob nicht alle anderen Menschen intelligente, aber bewußtlose Wesen sind (»Zombies«, wie es in der Philosophie des Geistes gern heißt). Wegen dieser grundlegenden Unzugänglichkeit des »Fremdpsychischen« sei auch die Übereinstimmung zwischen mentalen Ereignissen und Hirnprozessen *grundsätzlich* nicht festzustellen.

Diese Auffassung ist aber nicht gerechtfertigt. In der Experimentalpsychologie ist der Bericht über innere Erlebnisse, die *Introspektion*, ebenso eine Quelle von Erkenntnis wie die Reaktionszeitmessung und das Registrieren evozierter Potentiale. Warum sollte eine Versuchsperson konsistent lügen, wenn man feststellen will, ob bestimmte Hirnregionen (z. B. Area V4) immer dann aktiv sind, wenn sie eine Farbempfindung hat? Man kann diese Experimente mit mehreren Personen durchführen und sehen, ob Berichte und Registrierungen voneinander abweichen. Wenn man von chronischem Mißtrauen befallen ist, kann man diese Versuche mit den heutigen nichtinvasiven Methoden an sich selbst durchführen. Vor längerer Zeit wurde bereits die Idee eines »Autozerebroskops« als bloßes Gedankenexperiment von Schlick, Feigl und Meehl in die Geist-Gehirn-Debatte hineingebracht (vgl. Carrier und Mittelstraß, 1989). Dabei handelte es sich um einen imaginären Apparat, mit dem ich meine eigenen Hirnzustände vollständig erfassen kann. Dieses Autozerebroskop ist heute in Form moderner bildgebender Verfahren zumindest annähernd verwirklicht (vgl. Kapitel 10). Ich kann mithilfe von PET oder fNMR im Eigenversuch meine Introspektion und die von mir verwendeten Registriermethoden gegeneinander *eichen* und brauche dann nicht den Umweg über die Mitteilung. So kann ich eindeutig bei mir selbst feststellen, ob bei bestimmten Vorstellungen immer dieselben Aktivitätsmuster auftreten oder nicht. Die Ergebnisse dieser

Selbstversuche kann ich dann mit den Resultaten vergleichen, die an anderen Personen gewonnen wurden. Linke (in Linke und Kurthen, 1988) hat mit Recht auf die Bedeutung einer solchen *introspektiven Neurologie* hingewiesen. Man kann behaupten, daß damit das alte philosophische Problem des »Fremdpsychischen« weitgehend entschärft ist. Ich werde weiter unten auf diese Frage im Zusammenhang mit dem Qualia-Problem noch einmal zurückkommen.

Eine andere, von Psychologen häufig vertretene Meinung lautet, ein enger Zusammenhang von mentalen Zuständen mit hirnphysiologischen Prozessen liege zwar bei »einfachen« Wahrnehmungen wie Farb- und Formerkennung vor, nicht jedoch bei »höheren« kognitiven Leistungen wie Denken, Vorstellen und Erinnern. Dieser Standpunkt wurde nachdrücklich von Wilhelm Wundt (1832-1920) vertreten, dem Begründer der experimentellen Psychologie. Die in den voraufgegangenen Kapiteln genannten experimentellen Daten sprechen jedoch gegen eine solche Einschränkung. Die Hirnforschung kann durchaus auch »höhere« kognitive Leistungen mit neuronalen Prozessen korrelieren. So ist – wie in Kapitel 10 dargestellt – mit einer Vielzahl von Methoden, angefangen von Einzelzellableitungen über EEG bis hin zu PET und fNMR (bzw. deren Kombination) innerhalb bestimmter Grenzen feststellbar, ob jemand über etwas Gehörtes *nachdenkt* (z. B. dessen Sinn zu erfassen versucht) oder nicht; ob er sich etwas Visuelles oder Auditorisches *vorstellt* oder ob jemand »stumm« mit sich *spricht* (Posner, 1994). Auch über die groben Inhalte von Gedanken und Vorstellungen läßt sich etwas aussagen, etwa ob jemand sich ein *bewegtes* oder ein *ruhendes* Objekt vorstellt und ob es sich um ein *künstliches Objekt* oder ein *Gesicht* handelt. All dies ist schwierig und aufwendig zu messen, aber unter günstigen Bedingungen durchaus möglich.

Natürlich handelt es sich nicht wirklich um eine Art von »Gedankenlesen«, denn das Erfassen der Details des Vorgestellten, Gedachten oder Erinnerten stößt an die Auflösungsgrenzen der verwendeten Techniken, auch wenn man die räumliche Auflösung der funktionellen Kernspintomographie auf einige hundert Mikrometer wird »herunterfahren« können. Ein entsprechender Bereich der Großhirnrinde umfaßt dann immer noch um die tausend Nervenzellen mit einer Million bis zehn Millionen Synapsen. Es mag daher sein, daß man den *genauen* Inhalt selbst einfacher Wahrnehmungen, etwa ob ich einen Kreis oder ein Rechteck sehe, einen grünen oder einen roten Ball, niemals mit neurobiologischen Registriermethoden wird erfassen können. Da diese detaillierten Inhalte in dem aktuellen Aktivitätsmuster sehr kleiner Nervennetze repräsentiert sind, müßte man diese Muster punktuell genau messen und in Relation mit vielen anderen kleinen Netzwerken setzen können. Dies aber ist sehr schwierig, auch wenn Ableitungen von einzelnen Zellen (z. B. parietale oder präfrontale »Aufmerksamkeitsneurone«) gelegentlich eine enge Korrelation zeigen.

Schwerer wiegt noch, daß in die aktuelle Bedeutung einer neuronalen Aktivität die *semantische Vorgeschichte*, d. h. die Bedeutungen früherer Aktivitäten an diesem Ort, ebenso eingeht wie die Bedeutung anderer beteiligter Netzwerke, die ebenfalls eine Vorgeschichte haben. All diese Vorgeschichten müßte ich genau kennen, um im Detail zu sagen, was eine neuronale Aktivität in der bewußten Wahrnehmung bedeutet. Dies ist aber nicht anders, als wenn ich versuche, den Flug eines Blattes im Herbstwind präzise zu berechnen oder genau vorherzusagen, wie in Bremen das Wetter in zehn Tagen sein wird. Auch hier können wir mit großem Aufwand und günstigenfalls Näherungen erreichen. Diese Schwierigkeit beim genauen Erfassen der Parallelität zwischen neuronalen und mentalen Ereignissen betrifft alle komplexen Systeme und Prozesse und hat nichts spezifisch mit dem Geist-Gehirn-Problem zu tun.

Eine weitere, in der Geist-Gehirn-Diskussion oft gestellte Frage lautet, ob die Beziehung zwischen mentalen Prozessen und ihrem neurophysiologischen Substrat ein-eindeutig (bi-jektiv) ist oder nicht, d. h. ob einem bestimmten mentalen Prozeß nicht nur irgendein, sondern *immer derselbe* neurophysiologische Prozeß zugeordnet ist und umgekehrt, oder ob derselbe mentale Prozeß durch mehrere neurophysiologische Prozesse repräsentiert sein kann (und umgekehrt). Ein Wort kann ja ganz unterschiedliche Bedeutungen haben (wie das Wort »Bank«), und dieselbe Bedeutung kann durch verschiedene Worte repräsentiert sein

(»Baum« und »tree«). So ist es durchaus möglich, daß derselbe mentale Prozeß durch mehr als nur genau einen neuronalen Prozeß repräsentiert (»multipel instantiiert«) ist; es könnte sich ja um einen redundanten oder »degenerierten« Code handeln!

Auf dem noch relativ groben Niveau, auf dem die heutigen Geist-Gehirn-Korrelationsanalysen arbeiten, zeigt sich eine *ein-eindeutige* Zuordnung; ob dies aber *im Detail* auch der Fall ist, ist aus den bereits genannten Gründen zur Zeit oder vielleicht grundsätzlich nicht entscheidbar. In jedem Fall aber würde das Umgekehrte die allgemein akzeptierte Parallelität zwischen Geist und Gehirn verletzen, denn wir müßten dann dem Geist (oder dem Gehirn) die Möglichkeit zugestehen, demselben neuronalen Prozeß unterschiedliche Bedeutungen zuzuordnen. Zum Beispiel müßte sich herausstellen, daß Aktivität in Area V4 einmal mit Farbwahrnehmung, ein andermal mit Bewegungswahrnehmung einhergeht. Dies wird aber nicht beobachtet. Allerdings gibt es durchaus die Möglichkeit, daß ausgefallene kognitive und motorische Fähigkeiten teilweise oder gar vollständig *kompensiert* werden können, und zwar (sofern zentralnervöse Strukturen und Funktionen betroffen sind) nicht durch Reparatur (Regeneration), sondern durch das Inkrafttreten von Ersatzschaltungen. Aber auch bei diesen noch wenig verstandenen Prozessen der *zentralnervösen Kompensation* stellt sich offensichtlich eine zwar neue, aber doch ein-eindeutige Zuordnung zwischen kognitiven Leistungen und Gehirnprozessen ein.

Fassen wir zusammen: Gehirn und Geist hängen offenbar eng zusammen, und dieses enge Verhältnis reicht in einen Bereich von Netzwerken hinein, die wenige tausend Nervenzellen umfassen. Damit kommen wir vielleicht schon an Netzwerke heran, welche die Grundeinheiten kognitiver Verarbeitung im menschlichen Gehirn darstellen. Aber auch solche Netzwerke sind noch von einer außerordentlichen Komplexität. Wir werden uns wohl mit einer aus praktischen Gründen nicht übersteigbaren Grenze der Berechenbarkeit und Voraussagbarkeit abfinden müssen, mit denen die Naturwissenschaften überall bei der Behandlung komplexer Systeme konfrontiert sind. Angesichts alles verfügbaren Wissens ist es also vernünftig, von einer im Rahmen der experimentellen Überprüfbarkeit liegenden

strengen Parallelität zwischen Mentalem und Neuronalem aus-
zugehen. Dabei berücksichtigen wir natürlich, daß keineswegs
alle neuronalen Prozesse im Gehirn auch von mentalen Zuständen im Sinne bewußter und daher im Prinzip berichtbarer Ereignisse begleitet sind.

Was haben wir nun mit der begründeten Vermutung einer Parallelität zwischen mentalen Prozessen und bestimmten Hirnprozessen gewonnen? Eine Parallelität – so wird uns der Philosoph mit Recht entgegnen – sagt nichts über ihre *Ursachen* aus;
vielmehr ist sie mit den verschiedensten philosophischen Stand-
punkten hinsichtlich des Geist-Gehirn-Verhältnisses verträglich. Diese Standpunkte will ich nun diskutieren.

Der Dualismus und seine Schwierigkeiten

Der Geist-Gehirn-Dualismus geht – wenn er seinen Namen verdient – von einer »wesensmäßigen« Verschiedenheit zwischen
Geist und Gehirn aus. Was aber ist eine »wesensmäßige« Verschiedenheit? Seit der antiken griechischen Philosophie wird
unter Wesen, Seinsweise oder Substanz das Unwandelbare,
Notwendige und Allgemeine der Dinge in dieser Welt verstanden, unterschieden von allem Zufälligen, Veränderlichen und
Einzelnen, den »Erscheinungen«. Während für Platon die Ideen
das Wesen der Dinge waren, die Dinge selbst aber nur Abbilder
oder Erscheinungen dieser Ideen, unterschieden Aristoteles und
die klassische rationale Philosophie an den Dingen selbst *Wesen*
(Substanz) und *Erscheinung* (Akzidenz). Es war und ist nach
weitverbreiteter philosophischer Auffassung eine vornehmliche
Aufgabe der Philosophie, das *Wesen der Dinge* hinter und in
ihren Erscheinungen zu ergründen. Philosophie ist gegenüber
den Einzelwissenschaften, die sich mit den Erscheinungen beschäftigen, *Wesensschau*. Dieser Standpunkt wird zum Beispiel
ausdrücklich bei Seifert (1993) vertreten: Die philosophische
Geist-Theorie ergründet nach Seifert das Wesen des Geistes und
kann deshalb alle Resultate der empirischen Erforschung des
Mentalen und des Gehirns akzeptieren, ohne von ihnen berührt
zu werden.

Die Naturwissenschaften haben im Laufe ihrer historischen Entwicklung mit gutem Grund darauf verzichtet, vom »Wesen der Dinge« zu sprechen oder es zu ergründen versuchen. Natürlich werden auch in den Naturwissenschaften dauerhafte von nur vorübergehenden Merkmalen der Dinge und Prozesse unterschieden. Man unterscheidet *charakteristische* Eigenschaften von *zufälligen* und benutzt erstere zur Definition und Klassifikation. Die charakteristische Eigenschaft einer Flüssigkeit ist ein bestimmtes physikalisches (z. B. Siede- und Gefrierpunkt; Viskosität) oder chemisches Merkmal (beim Wasser etwa die Zusammensetzung aus zwei Wasserstoffatomen und einem Sauerstoffatom in einer ganz charakteristischen räumlichen Anordnung). Welche Temperatur eine bestimmte Menge Wasser in dem Glas vor mir gerade hat, ist dagegen zufällig. Charakteristische, definitorische Eigenschaften der genannten Art sind aber nicht zwingend; die Physik könnte Flüssigkeiten ganz anders definieren. In der Zoologie lassen sich verschiedene Tiergruppen häufig durch mehr als nur ein einziges Merkmal voneinander unterscheiden, und jedes allein kann als charakteristisches Merkmal genommen werden. Niemand spricht aber in diesem Zusammenhang vom »Wesen« der Vögel oder der Säugetiere im oben genannten philosophischen Sinne.

Es gibt in der gesamten Natur nahezu unendlich viele charakteristische Eigenschaften, nämlich mindestens ebenso viele, wie es mögliche Klassen von Dingen und Prozessen gibt, und es wäre absurd, diese alle als »wesensmäßig verschieden« zu bezeichnen. Dies ist wohl auch nicht die Absicht der Dualisten, denn das liefe auf die Feststellung hinaus, daß alles, was es gibt, von allem anderen »wesensmäßig verschieden« ist. Manche Philosophen kommen aber in ihrem dualistischen Eifer offenbar zu dieser Schlußfolgerung. So entbehrt es nicht einer gewissen Komik, wenn Seifert den Begriff »wesensmäßig verschieden« mit dem entlarvenden Hinweis zu erläutern versucht, die Farbe Rot sei von der Farbe Blau »wesensmäßig verschieden«, genauso wie Farben von Tönen und Geist vom Gehirn (Seifert, 1993).

Die Naturwissenschaften gehen dagegen generell von einem *universellen Wirkungszusammenhang* aller Dinge und Zustände aus, so verschieden sie auch erscheinen (vgl. dazu Schlosser,

1993). Von den Dingen und Zuständen, die diesem allgemeinen Wirkungszusammenhang *nicht* angehören, können wir niemals etwas erfahren, denn etwas von etwas anderem erfahren bedeutet, in irgendeiner Weise mit ihm wechselzuwirken. Der Begriff der Wesensverschiedenheit ist deshalb unvereinbar mit dem Begriff des universellen Wirkungszusammenhangs.

Man kann sich die Sache leichtmachen und wie Carrier und Mittelstraß in Hinblick auf Geist und Gehirn sagen: Was verschieden aussieht, ist so lange als wesensverschieden zu behandeln, bis das Gegenteil bewiesen ist. Dieser Standpunkt ist nicht akzeptabel, denn dann müßten wir praktisch alles als wesensverschieden ansehen. Scheinbare »Grundverschiedenheit« und Nichtreduzierbarkeit von Phänomenen und Phänomenbereichen widersprechen durchaus nicht dem Prinzip des allgemeinen Wirkungszusammenhangs der Natur. Prozesse der Mechanik und der Elektrodynamik gehorchen ganz unterschiedlichen Gesetzen, die bisher jeder gegenseitigen Reduktion widerstanden haben. Dennoch zögert niemand, beide als physikalische Prozesse zu bezeichnen, denn sie sind mit akzeptierten physikalischen Methoden beschreibbar, sie wechselwirken miteinander, und ihre Gesetzmäßigkeiten sind miteinander *kompatibel*. Noch eklatanter ist die Sache beim Phänomen »Licht«. Hier liegt nicht nur der sogenannte »Welle-Teilchen-Dualismus« vor, sondern je nach experimenteller Vorgehensweise und Meßmethode zeigt »Licht« ganz unterschiedliche Beschaffenheiten. Die Physiker akzeptieren diesen Pluralismus der Eigenschaften des Lichtes; sie haben es sich abgewöhnt, nach dem »Wesen« des Lichtes zu fragen. Kein Physiker sieht sich genötigt, dem Licht unphysikalische Eigenschaften zuzuschreiben oder in diesem Zusammenhang die Einheit der Natur in Frage zu stellen.

Ein »Dualismus« besonderer Art liegt im Verhältnis der mikrophysikalischen und der makrophysikalischen Welt vor. Während man die Newtonsche (klassisch-mechanische) und die Einsteinsche (relativistische) Physik durchaus miteinander in Einklang bringen konnte, ist es den Physikern bisher nicht in überzeugender Weise gelungen, Quantenmechanik und makroskopische Physik einschließlich der Relativitätstheorie zu einer Gesamttheorie zu vereinigen. Dies hängt unter anderem damit zusammen, daß die Quantentheorie in der heute vorliegenden Fassung den sogenannten Meßprozeß als konstituierendes Element enthält, der immer schon einen makroskopischen Meßapparat voraussetzt, damit einem System überhaupt Eigenschaften zugeschrieben werden können. Die Eigenschaften von Quantenprozessen scheinen also nicht unabhängig vom Meßprozeß zu sein, während dieser Effekt bei der makroskopischen Physik nicht auftritt bzw. zu vernachlässigen ist.

Ein weiterer fundamentaler Unterschied zwischen Mikro- und Makrophysik ist, daß die mikrophysikalischen Prozesse reversibel und damit »zeitlos« sind, während die makrophysikalischen Prozesse der Irreversibilität der Zeit unterliegen. Dennoch besteht auch hier kein Grund, ontologische Brüche innerhalb der Natur anzunehmen. Sehen wir die Unterschiede zwischen Geist und Gehirn dennoch als wesensmäßige Unterschiede an, so sind wir der Ehrlichkeit halber gezwungen, mehrere oder gar viele derartige ontologische Unterschiede anzunehmen, unter denen der Geist-Gehirn-Dualismus dann nur einer ist und vielleicht nur deshalb für uns der wichtigste, weil er eben uns betrifft.

Als erstes Ergebnis halten wir fest, daß ein Dualismus, sofern er von einer wesensmäßigen Verschiedenheit von Gehirn und Geist ausgeht (und nur dann handelt es sich um einen echten Dualismus), nicht mit dem modernen naturwissenschaftlichen Denken vereinbar ist, genauer mit dem Prinzip des universellen Wirkungszusammenhangs, auf dem dieses Denken aufbaut. Letztlich geht von dieser Unverträglichkeit auch der *klassische Dualismus* aus, denn er nimmt an, daß die Parallelität zwischen Gehirn und Geist von einem höheren Wesen eingerichtet wurde, ohne daß irgendeine Wechselwirkung zwischen beiden stattfindet. Geist und Gehirn haben dann nichts miteinander zu tun und gehören unterschiedlichen Wesensbereichen an. Dieser klassische Dualismus findet sich in der Idee der prästabilierten Harmonie bzw. des Okkasionalismus, wie sie von Leibniz, Geulincx und Malebranche vertreten wurde und in dem berühmten Leibnizschen Uhrengleichnis Niederschlag fand: Wenn zwei (ideale) Uhren völlig gleich gehen, so heißt das nicht notwendig, daß sie hierbei kausal aufeinander einwirken. Vielmehr kann dies dadurch erklärt werden, daß der Uhrmacher sie ein einziges Mal synchronisiert hat.

Mithilfe eines solchen Ansatzes sollte die Frage gelöst werden, wie zwei wesensverschiedene Substanzen wie Geist und Gehirn überhaupt miteinander wechselwirken können. Für Descartes waren der Prozeß der Reizung der Sinnesorgane und die Verarbeitung der sensorischen Information im Gehirn rein mechanistische, kausal ablaufende Prozesse, und zwar bis zu dem Punkt, wo diese Prozesse auf der Oberfläche der Zirbeldrüse »Figuren« (wir würden heute sagen »Repräsentationen«) hervorrufen, die dann *unmittelbar* von der Seele wahrgenommen werden. Descartes nahm eine Wechselwirkung zwischen Geist und Materie innerhalb der Zirbeldrüse (Epiphyse) an; diese sollte aber den Energieerhaltungssatz nicht verletzen. Die Antwort von Leibniz und seinen Anhängern darauf lautete: Wechselwirkung bedeutet immer Energieübertragung, und dies ist mit einem Dualismus unvereinbar. Ergo können Geist und Gehirn gar nicht miteinander wechselwirken; es hat nur den Anschein »als ob«. Eine solche radikal-dualistische Position ist nicht beweisbar oder widerlegbar; sie liegt jenseits dessen, womit Wissenschaft sich vernünftigerweise beschäftigen kann.

Eine moderne Variante des Dualismus lautet, daß diese Parallelität durch den Geist verursacht ist, der die ihm geeignet erscheinenden Gehirnprozesse »benutzt«, um sich zu realisieren. Dies ist die Position von Eccles, der einen sogenannten *interaktionistischen Dualismus* vertritt (Popper und Eccles, 1982). Das Gehirn ist für Eccles das Instrument des Geistes; dabei ist der Geist aber keineswegs völlig frei. Ebenso wie ein Pianist, will er bestimmte Melodien produzieren, bestimmte Tasten auf dem Klavier anschlagen muß, so muß der Geist auf der Klaviatur des Gehirns spielen, und diese gibt ihm vor, wie er das zu tun hat. Im Rahmen dieser Beschränkungen hat der Pianist/Geist aber sehr viele Freiheitsgrade; er ist gegenüber dem Klavier/Gehirn *autonom*.

Das grundsätzliche Dilemma einer Interaktion zwischen Geist und Gehirn, die nicht den Erhaltungssätzen der Physik widerspricht, versuchte Eccles in Zusammenarbeit mit dem Darmstädter Physiker Beck durch den Hinweis auf die begrenzte

Gültigkeit des Kausalitätsprinzips im Bereich der Quantenphysik zu lösen (vgl. Beck und Eccles, 1992; Eccles, 1994). Nach Eccles steuern Geist und freier Wille das Gehirn über die Beeinflussung der *Wahrscheinlichkeit*, mit der an den Kontaktstellen zwischen den Nervenzellen, den Synapsen, Transmitter ausgeschüttet werden. Hier sollen nicht-kausale Quantenprozesse eine entscheidende Rolle spielen.

Dieser Ansatz ist aus mehreren Gründen von vornherein unbrauchbar. Erstens wendet er einen verbalen Trick an, der die Tatsache ausnutzt, daß Physiologen von einer *gequantelten* Freisetzung von Transmittern an der Synapse sprechen. Hiermit ist aber die Abgabe in kleinen Mengen (die einige hundert Moleküle einschließen) gemeint und überhaupt nicht ein »quantenhafter« Vorgang im Sinne der Quantenphysik. Zweitens gibt es keinerlei Beweis oder Hinweis dafür, daß quantenphysikalische Prozesse im echten Sinne an einer einzelnen Synapse für das Funktionieren des Gehirns überhaupt eine Rolle spielen. Das menschliche Gehirn enthält zwischen hundert Milliarden und einer Billion Nervenzellen, wovon jede im Durchschnitt 10 000 Synapsen besitzt, was zwischen einer und zehn Trillionen Synapsen ergibt – eine unvorstellbar große Zahl. Bei neuronalen Prozessen, die kognitiven bzw. geistigen Akten zugrunde liegen, kommt es auf viele Millionen von Neuronen an und überhaupt nicht auf eine einzige Nervenzelle, geschweige denn auf eine Synapse. Geistige Tätigkeit und das Steuern von Bewegungen durch das Gehirn beruhen auf makroskopischen physikalischen Vorgängen, die – wie in Kapitel 10 geschildert – sehr viel Stoffwechselenergie benötigen. Das menschliche Gehirn, das 2 % des Körpervolumens ausmacht, verbraucht rund 20 % der Stoffwechselenergie, und innerhalb des Gehirns ist die Großhirnrinde, deren Aktivität für Geist und Bewußtsein nötig ist, besonders energiezehrend! Ähnliche Argumente gelten auch für den quantentheoretischen Ansatz von Penrose (1995), der – zumindest was die Neurobiologie angeht – schlicht obskur ist.

Letztlich geht es Eccles auch gar nicht um eine ernsthafte naturwissenschaftlich-neurobiologische Behandlung des Verhältnisses von Geist und Gehirn, denn für ihn steht von vornherein fest: »Da materialistische Lösungen darin versagen, unsere erfahrene Einzigartigkeit zu erklären, bin ich gezwungen, die Einzigartigkeit des Selbst oder der Seele auf eine übernatürliche, spirituelle Schöpfung zurückzuführen. Es ist die Gewißheit des inneren Kerns einer einzigartigen Individualität, die keine andere Lösung als eine ›göttliche Schöpfung‹ zuläßt. Ich gestehe ein, daß keine andere Erklärung haltbar ist; weder die genetische Einzigartigkeit mit ihrer phantastischen und unmöglichen Lotterie noch abweichende Umwelten, anhand derer unsere Einzigartigkeit nicht bestimmt, sondern nur modifiziert wird.

Diese Schlußfolgerung ist von unschätzbarer theologischer Bedeutung. Sie unterstützt entschieden unseren Glauben an die menschliche Seele und ihren wunderbaren Ursprung in einer göttlichen Schöpfung. Sie enthält nicht nur das Bekenntnis des transzendenten Gottes, Schöpfer des Alls – des Gottes, an den Einstein glaubte –, sondern auch des immanent wirkenden Gottes, dem wir unser Dasein verdanken« (Eccles, 1994, S. 261 f).

Man muß derartiges als religiöse Haltung respektieren, die völlig jenseits der Reichweite wissenschaftlicher (und nicht nur naturwissenschaftlicher) Argumente liegt. Was am Vorgehen von Eccles jedoch zu verurteilen ist, ist die ständige Vermischung einer solchen Grundhaltung mit neurobiologischen Argumenten bzw. Scheinargumenten, die auch noch völlig unlogisch sind. Warum sollte denn der von Gott unmittelbar geschaffene autonome und selbstbewußte Geist ein Gehirn oder gar die Beeinflussung von Wahrscheinlichkeitsfeldern synaptischer Transmitterausschüttung nötig haben, um in der materiellen Welt zu leben?

Fazit: Ein Dualismus, der seinen Namen verdient, ist mit dem heutigen naturwissenschaftlichen Weltbild unvereinbar und als interaktiver Dualismus in sich widersprüchlich.

Probleme des reduktionistischen Identismus.

Beschäftigen wir uns nun mit der entgegengesetzten Position, nämlich dem reduktionistischen Identismus, für den Geist ein neurobiologischer Zustand ist. Bei der Diskussion um eine neurobiologische Reduktion (wie einen Reduktionismus allgemein, vgl. Stöckler, 1992) muß zuallererst diskutiert werden, *worauf* sich der Reduktionsanspruch bezieht. Es ist keine Frage, daß für viele Philosophen und wohl auch Psychologen allein schon die grundlegende Hypothese dieses Buches, geistige Zustände könnten aufs engste mit bestimmten Hirnzuständen verbunden sein, als einen neurobiologischen Reduktionismus ansehen, während Helmut Schwegler und ich – wie später in diesem Kapitel zu zeigen sein wird – dies zur Grundlage eines nicht-reduktionistischen Physikalismus machen. In der Tat muß man sich bei der zum Teil hitzig diskutierten Geist-Gehirn-Debatte daran gewöhnen, daß Etiketten für Positionen nahezu beliebig verteilt werden. So erhielten Schwegler und ich aufgrund eines »Target«-Artikels (Roth und Schwegler, 1995) Einstufungen, die von »verkapptem« Dualismus bzw. Idealismus bis hin zu »krassem Reduktionismus« reichten.

Der echte neurobiologische Reduktionismus geht davon aus, daß psychische Phänomene *ihrem Wesen nach* »nichts anderes sind als feuernde Nervenzellen«. Dies kann man als *ontologischen* neurobiologischen Reduktionismus bezeichnen. Ein solcher neurobiologischer Reduktionismus ist in ausgearbeiteter Form selten zu finden. Nahe kommt ihm der französische Neurobiologe Jean-Pierre Changeux, der 1983 das seinerzeit vielbeachtete Buch »L'homme neuronal« veröffentlichte, welches ein Jahr später unter dem Titel »Der neuronale Mensch« und dem sehr bezeichnenden Untertitel »Wie die Seele funktioniert – die Entdeckung der neuen Gehirnforschung« erschien. (Eine Nebenbemerkung: Auf dem Titelbild dieser deutschen Ausgabe ist sinnigerweise eine Purkinjezelle des Kleinhirns abgebildet, und als Erläuterung hierzu heißt es »Der menschliche ›Geist‹ unter dem Elektronenmikroskop«. Drei Dinge sind an diesem Titelbildchen und dem kleinen Satz bemerkenswert: Erstens handelt es sich nicht um eine elektronenmikroskopische, sondern um eine lichtmikroskopische Aufnahme einer Purkinjezelle. Zweitens ist »Geist« in Anführungsstriche gesetzt, und es fragt sich, warum. Und drittens ist – wie wir im 10. Kapitel gehört haben – gerade das, was im Kleinhirn passiert, *nicht* von Geist und Bewußtsein – ob mit oder ohne Anführungsstriche – begleitet.)

An einer entscheidenden Stelle des Buches, in einem Abschnitt mit der bemerkenswerten Überschrift »Die ›Substanz‹ des Geistes« heißt es: »Mit dem theoretischen Konstrukt der ›Neuronenverbände‹ oder kooperativen Neuronenkomplexe findet von vornherein ein Sprung von einer Organisationsebene auf eine andere statt: von der des einzelnen Neurons auf die der Neuronenpopulation. Wie viele Neuronen am Netzwerk eines geistigen Objekts beteiligt sind, ist nicht bekannt. Hunderttausend? Millionen? Man kann sich vorstellen, daß diese Komplexe, wenn sie in irgendeiner Weise selbständig sind, neue Eigenschaften besitzen. Diese werden sich genauso durch die Eigenschaften der Neuronen erklären lassen, wie sich die Eigenschaften der Moleküle aus denen der Atome erklären lassen. Die Entstehung der Neuronenkomplexe beruht wahrscheinlich auf eingehend erforschten synaptischen und molekularen Mechanismen: Sie sorgen für die Integration einzelner Neuronen in ›einheitliche‹ Verbände und damit für den Übergang von einer Ebene zur anderen.« (S. 214 f.).

Eindeutig reduktionistisch ist in diesem Zusammenhang die Idee, daß sich die Eigenschaften, die im Gehirn zu Geist und Bewußtsein führen, von »unten nach oben« aufbauen. Für Changeux sind es die Eigenschaften der Atome (oder sogar noch kleinerer physikalischer Bestandteile?), die dem Geistigen zugrundeliegen. Welches diese sind, darüber schweigt sich Changeux natürlich aus, und niemand in der Welt kennt solche Eigenschaften. Letztlich läuft Changeux' Konzept auf einen panpsychistischen Ansatz heraus, wie ihn mein Lehrer Bernhard Rensch in seinem Buch »Biophilosophie« (Rensch, 1968) vertreten hat. Der Panpsychismus nimmt an, daß der Materie »protopsychische Qualitäten« zukommen, die dann, wenn sich Materie im Gehirn zu höchst komplexen Strukturen und Funktionen zusammenfügt, »von selbst« zu Geist werden. Ein solcher Ansatz vermeidet viele Schwierigkeiten des Dualismus und des Emergentismus, aber er halst sich ebenso viele neue auf, denn er kann die protopsychischen Qualitäten gar nicht benennen. Das Entstehen des Geistes wird – und dies ist ja sehr vernünftig – den komplexen Nervennetzen (auf der Grundlage der Eigenschaften einzelner Neurone) zugeschrieben. Leider weiß man darüber, was in kleineren und größeren Netzwerken passiert, ebenfalls nahezu nichts. Die Netzwerke werden – ebenso wie später bei Churchland (1995) – zum »deus ex machina«, der alle Probleme löst, genauso wie in der Lern- und Gedächtnisforschung die Hebb-Synapse mit einem Schlag alle Schwierigkeiten beseitigen soll. Es ist interessant, daß Changeux von der Substanz des Geistes spricht, diesen Begriff der Substanz – so als würde er vor seiner altehrwürdigen Bedeutung zurückschrecken – aber schnell in Anführungszeichen setzt.

Daß Geist und Bewußtsein eine Art Substanz sind, nehmen auch Francis Crick und der Neurotheoretiker Christoph Koch an (vgl. Crick, 1994). Crick ist neben Gerald Edelman und John Eccles der dritte Wissenschaftler, der sich nach Erhalt des Nobelpreises anschickte, das Geheimnis des Geistes im Gehirn zu lösen. Sehr ähnlich wie Changeux will Crick den Lesern mitteilen, »Was die Seele wirklich ist«, – so nämlich der deutsche Titel. (Der amerikanische heißt ganz anders, nämlich »The astonishing hypothesis. The scientific search for the soul«.) Allerdings beeilt sich der Autor gleich zu Beginn des Vorwortes, daß er dem gespannten Leser gar keine »flotte Lösung« für das »Geheimnis des Bewußtseins« anzubieten hat, und auf den erheblichen Unterschied zwischen »Seele« und »Geist/Bewußtsein« geht er gar nicht ein. Die »erstaunliche Hypothese« (s. den englischen Titel) besagt, daß es sich bei den von uns empfundenen Freuden, Leiden, Erinnerung, Ziele, Identität und Willensfreiheit »in Wirklichkeit nur um das Verhalten einer riesigen Ansammlung von Nervenzellen und dazugehörigen Molekülen« handelt (wörtliches Zitat). Cricks »wissenschaftliche Überzeugung besteht darin, daß unser Geist – das Verhalten unseres Gehirns – sich durch die Wechselwirkungen von Nervenzellen (sowie anderen Zellen) und den dazugehörigen Molekülen erklären läßt«. Dies bezeichnet Crick freimütig und zu Recht als reduktionistischen Ansatz. Freilich sieht er Geist/Bewußtsein als »emergente Eigenschaften«, die aus den Eigenschaften der Neurone plus deren Wechselwirkung entstehen. Ein echter emergenztheoretischer Standpunkt, wie wir ihn weiter unten kennenlernen werden, ist dies aber nicht, denn für diesen ist der Geist gerade *nicht* aus den Eigenschaften der Komponenten und deren Wechselwirkungen erklären; er bleibt »geheimnisvoll«.

Für Crick heißt es aber: kennen wir alle (wesentlichen) Eigenschaften der Neurone plus deren Wechselwirkungen, dann können wir Geist erklären.

Crick und sein Mitstreiter Koch gehen aber noch einen Schritt weiter, denn sie suchen letztlich nach den »Bewußtseinsneuronen«, d. h. solchen Nervenzellen, die durch ihre Aktivität Bewußtsein *hervorbringen* (Crick und Koch, 1995). Auf der Suche nach diesen Bewußtseinsneuronen glauben beide – zumindest was das visuelle System betrifft – auch fündig geworden zu sein. Im Buch »Was Seele wirklich ist« präsentiert Crick die Hypothese, daß es sich dabei um Pyramidenzellen in den unteren Schichten (vor allem Schicht 5 und 6) des assoziativen visuellen Cortex handelt, die in rückläufiger Beziehung zum Thalamus stehen. Diese thalamocorticale Schleife ist für Crick eine wesentliche Grundlage für Bewußtsein. In jüngster Zeit scheinen aber Crick und Koch eine andere (oder darüber hinausgehende) These zu vertreten, indem sie annehmen, daß es sich bei den bewußtseinsproduzierenden Neuronen um diejenigen Pyramidenzellen im assoziativen Cortex handelt, die zum präfrontalen Cortex projizieren. Dies sei bei den Pyramidenzellen der primären sensorischen corticalen Areale nicht der Fall und erkläre, warum wir von den Vorgängen in diesen Zentren kein Bewußtsein hätten (was auch zutrifft).

Man kann diesen Ansatz nichtreduktionistisch interpretieren, indem man derartige assoziative Neurone als »Konvergenzzonen« hochkomplexer corticaler und subcorticaler Systeme ansieht. Allerdings verstehen Crick und Koch die Sache doch reduktionistischer, denn zumindest Koch geht davon aus, daß in nicht allzu ferner Zukunft diese Bewußtseinsneurone immuncytochemisch (d. h. über den Nachweis bestimmter neurochemischer Substanzen) nachweisbar sein werden (C. Koch, pers. Mitteilung).

Die eklatante Schwäche eines solchen Reduktionismus besteht darin, daß an der Aktivität eines einzelnen Neurons oder kleiner Neuronennetzwerke überhaupt nichts Geistiges oder Kognitives zu entdecken ist (ebensowenig wie »Protopsychisches« an atomaren oder subatomaren Bausteinen der physikalischen Welt). Sehr ausgedehnte Netzwerke von Millionen, vielleicht sogar Milliarden von Neuronen sind in vielen Teilen des Gehirns bei kognitiven und geistigen Prozessen aktiv. Kognition, Geist und Bewußtsein sind *globale Aktivitätszustände* (oder *Makrozustände*) des Gehirns und trivialerweise nicht auf die Aktivität von einzelnen Neuronen oder gar Teilen von Neuronen wie Synapsen oder Ionenkanäle reduzierbar. Hinzu kommt, daß Geist und Bewußtsein das Ergebnis komplexer Hirnaktivität in einem stammesgeschichtlich wie individualgeschichtlich entstandenen *Kontext* sind. Dies bedeutet: Geist und Psyche entstehen im Gehirn nur dann, wenn das Gehirn und sein Organismus in bestimmter Weise mit einer Umwelt interagieren und das Gehirn diese Interaktion *bewertet*. Isolieren wir das Gehirn von seiner Umwelt, dann entsteht kein Geist. Freilich müssen in diesem mit der Umwelt interagierenden Gehirn ganz spezifische strukturelle und funktionale Bedingungen herrschen, zu denen unter anderem auch das thalamocorticale System oder assoziative Neurone, die zum präfrontalen Cortex projizieren, genauso gehören wie Flohrs NMDA-Synapsen. Sie sind *notwendige*, keineswegs aber *hinreichende* Bedingungen für das Entstehen von Geist im Gehirn.

Eine schwächere Variante des neurobiologischen Reduktionismus ist der *nomologische* neurobiologische Reduktionismus. Dieser unterstellt nicht eine Wesensreduktion des Psychischen auf das Neuronale oder die Existenz von bewußtseinsproduzierenden Nervenzellen, behauptet aber, daß sich die *Gesetze* des Psychischen vollständig auf die *Gesetze* der Hirnprozesse zurückführen lassen. Derartige nomologische Reduktionen (oder Vereinigungen von Theoriebereichen) hat es innerhalb der Naturwissenschaften durchaus gegeben, und eine Reduktion der Gesetze psychischer Phänomene und Prozesse auf neurobiologische Phänomene und Gesetze läßt sich nicht von vornherein ausschließen. Vertreten wird ein nomologischer neurobiologischer Reduktionismus heute in Form des *eliminativen Materialismus*, wie er etwa von Paul Churchland vertreten wird (Churchland, 1985). Dieser unterstellt, man könne »mentalistische« Begriffe aus dem Vokabular der kognitiven Hirnforschung streichen und durch präzisere neurobiologische Termini ersetzen. Anstatt also zu sagen: »Herr X glaubt, daß…«, können wir entsprechend dem *eliminativen Materialismus* genauer sagen: »Im Gehirn von Herrn X feuern zur Zeit T1 die Neurone N1 bis N12 des Nucleus Y in der und der Weise.«

Dieser Standpunkt wurde und wird von den meisten »Philosophen des Geistes« scharf angegriffen (vgl. Beckermann, 1992), jedoch teilweise zu Unrecht. Meist wird argumentiert, psychische Zustände seien derart andersartig gegenüber physiologischen, daß eine Ersetzung der Beschreibung der einen durch eine Beschreibung der anderen prinzipiell unmöglich sei. Es ist aber keineswegs ausgeschlossen, daß man in der Lage sein wird, zumindest im Falle einfacher Wahrnehmungen anzugeben, was im Gehirn einer Person vor sich geht, z. B. wenn sie einen runden, roten, bewegten Gegenstand sieht. In diesem Fall könnten wir in der Tat den Satz »Herr X sieht gerade einen runden, roten, bewegten Gegenstand« vollgültig ersetzen durch »in Herrn Xs Gehirn feuern zur Zeit T1 bestimmte Neurone synchron in Area V1, V4, IT...«.

Aber auch wenn Philosophen dies einmal gutwillig akzeptieren, so können sie sich die neurowissenschaftliche Ersetzung der *dispositionalen* Aussage: »Ich fürchte, daß ich morgen erkältet bin« grundsätzlich nicht vorstellen. Wir müssen aber aufgrund des oben akzeptierten strengen Parallelismus zwischen geistigen und neuronalen Prozessen davon ausgehen, daß auch dem dispositionalen Zustand wie »etwas hoffen, wünschen, befürchten« usw. ein bestimmter neuronaler Prozeß entspricht. Dies insbesondere, weil solche Zustände eine klare emotionale Komponente haben. Für Prozesse des aufmerksamen *Erwartens* lassen sich bereit eindeutig korrelierbare Hirnzustände feststellen (Posner und Dehaene, 1994). Intentionale bzw. dispositionale Zustände wie »befürchten«, »wünschen«, »hoffen« sind im Gehirn charakterisiert durch die Begleitaktivität bestimmter präfrontaler und limbischer Zentren. Es ist sogar zu erwarten, daß die diesen emotionalen Zuständen zugrundeliegenden neuronalen Prozesse eher identifiziert werden als die neuronalen Grundlagen der Aussage »Ich sehe einen roten Ball«.

Der eliminative Ansatz Churchlands ist – wie bereits oben festgestellt – *nicht zwangsläufig reduktionistisch*, wie viele Philosophen meinen. Denn wenn man zwischen mentalen und neuronalen Prozessen eine völlige Parallelität annimmt, so heißt dies keineswegs, Mentales auf Neuronales zu reduzieren. Was Paul Churchland vorzuwerfen ist, ist sein allzu großer Optimismus hinsichtlich der Fähigkeit der Neurowissenschaften, eindeutige neuronale Korrelate zu beliebigen Wahrnehmungs- und Bewußtseinsprozessen bestimmen zu können.

Die Chancen eines nomologischen Reduktionismus bzw. eines eliminativen Materialismus stehen zur Zeit nicht gut, und zwar aus folgenden Gründen: (1) Die »Gesetze des Psychischen« bzw. »Mentalen« sind nur in sehr groben Umrissen oder Einzelfällen bekannt (z. B. die »Gesetze« des assoziativen Lernens oder die der Gestaltpsychologie). Man wüßte also gar nicht, *was* auf Neuronales zu reduzieren sei. (2) Ebensowenig sind die »Gesetze des Gehirns« hinreichend bekannt. Zwar weiß man inzwischen viel über das Zustandekommen von Erregungsprozessen an der Nervenzellmembran, über das Entstehen und die Fortleitung von Aktionspotentialen, die Wirkung von Transmittern usw., aber alle Hirnprozesse »oberhalb« dieser molekular-zellulären Ebene sind in ihrer Gesetzmäßigkeit weitgehend unerforscht. Selbst die integrativen Leistungen einer einzelnen Zelle sind nahezu unbekannt, geschweige denn die Interaktion solcher Zellen in kleineren oder größeren Zellverbänden. Man wüßte also gar nicht, *worauf* man die Gesetze des Psychischen reduzieren sollte.

Der emergenztheoretische Materialismus

Ein Ausweg aus dem Dilemma des reduktionistischen Materialismus scheint sich mit dem *emergenztheoretischen* Materialismus aufzutun, wie er vom Philosophen M. Bunge (Bunge, 1984) und nach ihm von vielen anderen vertreten wird (vgl. Beckermann et al., 1992). Hiernach entstehen zwar mentale Phänomene als *Systemeigenschaften* aus neuronalen Prozessen, sie lassen sich aber nicht auf die physikalischen, chemischen und physiologischen Eigenschaften von Nervenzellen reduzieren. Es wird darauf verwiesen, daß komplexe Systeme Phänomene hervorbringen könnten, die weder ontologisch noch nomologisch auf dieses zurückführbar seinen, auch wenn sie ohne diese nicht existierten. Mentales entsteht danach »unvorhersehbar« bzw. »unvorhersagbar« aus neuronalen Prozessen.

Die Schwäche eines solchen emergentistischen Standpunktes ist, daß er das Auftreten »neuartiger« Systemeigenschaften zu etwas Mystischem macht. Dabei ist dieses Phänomen in der unbelebten und der belebten Natur alltäglich. Alle nicht rein quantitativen Eigenschaften sind emergent; sie sind das Resultat von *Systemeigenschaften*. Hierzu gehören häufig angeführte Beispiele für das Entstehen emergenter Eigenschaften wie die Harmlosigkeit des Kochsalzes Natriumchlorid im Gegensatz zur Giftigkeit seiner Komponenten, das Schwingen des Schwingkreises oder die Lebendigkeit der Lebewesen. Auch die Festigkeit von Gegenständen, die Flüssigkeit von Flüssigkeiten, die Gasförmigkeit von Gasen, die Durchsichtigkeit von Glas usw. sind hier zu nennen und natürlich auch das Entstehen von Geist im Gehirn. Wir nennen diese ersteren Vorgänge nur deshalb nicht explizit »emergent«, weil sie uns alltäglich erscheinen.

Ein besonderes Argument in diesem Zusammenhang ist die *prinzipielle Nichtvorhersagbarkeit* bzw. *Nichtableitbarkeit* »emergenter« Eigenschaften bei noch so genauer Kenntnis der Komponenten des Systems (Lorenz, 1973; Popper und Eccles, 1982). Dieses Argument ist aber nicht stichhaltig. Es gibt sehr viele Prozesse (eigentlich die allermeisten in dieser Welt), die nicht exakt vorhersagbar sind, obwohl sie für gewöhnlich nicht als »emergent« bezeichnet werden. Dies trifft für die Flugbahn eines fallenden Blattes genauso zu wie für die Lufttemperatur morgen in meinem Garten. Des weiteren gibt es völlig deterministische Prozesse, die *prinzipiell* nicht vorhersagbar sind, weil uns die entsprechenden hinreichend detaillierten Kenntnisse über ihre Anfangs- und Randbedingungen für alle Zeiten verborgen sind (z. B. gilt dies für historische Ereignisse, die einer genauen Untersuchung nicht mehr zugänglich sind); andere Prozesse sind hingegen lediglich *aus praktischen Gründen* nicht vorhersagbar (z. B. das Wetter). Helmut Schwegler und ich haben diesen Zusammenhang an anderer Stelle ausführlich diskutiert (Schwegler und Roth, 1992). Der emergenztheoretische Materialismus ist also entweder eine Trivialität, weil im Grunde alle Eigenschaften emergent sind, oder ein Mystizismus, der das Entstehen des Geistes zu etwas rätselhaft Nichtphysikalischem macht. Wir können davon ausgehen, daß bestimmte neuronale Prozesse notwendig und hinreichend sind für das Auftreten geistiger Zustände. In dem Maße, wie wir diese erfassen können, können wir auch das Auftreten bestimmter mentaler Aktivitäten zumindest in groben Züge voraussagen. Daß dies *praktisch* sehr schwer oder gar unmöglich ist, macht Geist nicht zu einem rätselhaft-emergenten Phänomen.

Wie sieht es mit der *Zwei-Aspekte-Theorie* aus, wie Fechner und nach ihm besonders Feigl sie vertreten haben (Feigl, 1958)? Dieser Standpunkt hat den Vorteil, daß er ein Monismus ist und gleichermaßen ohne einen reduktionistischen und emergentistischen Ansatz auskommt. Allerdings zu dem Preis, daß er als Erklärung der strengen Parallelität zwischen Geist und Gehirn etwas *prinzipiell Unerkennbares* annehmen muß, nämlich als etwas, bei dem Geist und Gehirn sich als zwei Aspekte darstellen, und zwar einmal in der »Innenansicht« und einmal in der »Außenansicht«. Geist wird dadurch wie im Dualismus zu einer Substanz, die sich aus dem prinzipiell erkennbaren Naturzusammenhang ausgrenzt. Weiterhin ist bei der Redeweise von Aspekten unklar, was »Innenansicht« in Hinblick auf den Status des subjektiven Erlebens bedeutet. Man kann nicht vernünftigerweise ein Ich annehmen, welches sich das Gehirn »von innen« ansieht, ohne in einen infiniten Regreß zu geraten, denn mithilfe welcher Mechanismen oder Vermögen »sieht« das Ich?

Der Epiphänomenalismus und das Qualia-Problem

Der Epiphänomenalismus ist ein ernst zu nehmender Ansatz zur Lösung der Probleme des Reduktionismus. Er wurde und wird von zahlreichen Philosophen und Psychologen vertreten und beinhaltet folgendes Argument: Es mag ja sein, daß es eine eindeutige Kopplung zwischen bestimmten neuronalen Prozessen einerseits und subjektiv erlebten Bewußtseinsprozessen andererseits gibt. Diese Kopplung hat aber keinerlei Bedeutung, denn das Erleben ist ein nutz- und wirkungsloses Beiwerk, ein

Epiphänomen. Was *kausal* wirksam ist, das sind einzig die neuronalen Prozesse. Für den englischen Biologen und Philosophen Thomas Huxley (1825-1895) zum Beispiel war Geist wie das Tuten der Dampf-Pfeife einer Lokomotive. Es wird durch den Dampfmaschinenmechanismus hervorgebracht, wirkt aber nicht auf diesen zurück. Es ist irrelevant für das Ablaufen kognitiver Prozesse in unserem Gehirn, daß wir diese Zustände auch noch subjektiv erleben, denn dieses Erleben bewirkt nichts. Was nichts bewirkt, kann auch nicht naturwissenschaftlich erfaßt werden, und deshalb können (und müssen) wir innerhalb unseres Erklärungsmodells für kognitive Leistungen des Gehirns völlig von der Erlebniskomponente absehen.

Diese Behauptung des Epiphänomenalismus wäre dann bewiesen, wenn es tatsächlich oder zumindest im Prinzip gelingen würde, die Erlebniszustände in irgendeiner Weise von den normalerweise gekoppelten neuronalen Prozessen abzutrennen, ohne daß diese ihre spezifische Wirkung verlören. Dies wäre zum Beispiel dann gegeben, wenn bei der Einnahme bestimmter Drogen vorübergehend unser Bewußtsein ausgelöscht wäre, wir aber dennoch neue sprachliche Sachverhalte erfassen oder komplizierte Handhabungen erlernen könnten (wie sich später herausstellen würde). Dies ist jedoch nach allem, was man aus dem Alltagsleben, der Neuropharmakologie und der Narkoseforschung weiß, nicht der Fall. Wenn wir bei komplizierten Aussagen nicht genau hinhören oder aufmerksam lesen, dann entgeht uns typischerweise ihr Sinn; wenn wir uns beim Erlernen komplizierter motorischer Fertigkeiten nicht konzentrieren, dann werden wir keinen Erfolg haben. Entsprechend können wir in der Narkose nichts Kompliziertes lernen und haben kein späteres Wissen über das, was während der Operation vor sich ging. Wenn die Patienten beim Verabreichen angeblicher Narkotika Erinnerungen an hämische Bemerkungen des Chirurgen über ihre Fettleibigkeit hatten, dann berichteten sie auch, daß sie während der Operation bei Bewußtsein waren. Wir können zwar in Narkose *implizit* auf irgend etwas konditioniert werden, aber wir werden später nicht wissen, warum wir dies können, d. h., wir haben darauf keinen deklarativen Zugriff. Beeinträchtigungen des subjektiven Bewußtseinszustandes gehen immer mit einer Beeinträchtigung bestimmter kognitiver Leistungen einher, und ebenso treten unter diesen Umständen die mit Aufmerksamkeitsbewußtsein normalerweise korrelierten Zustände im Gehirn nicht auf.

Noch viel deutlicher sind die *Verhaltensstörungen*, die bei Beeinträchtigungen der verschiedenen Bewußtseinszustände auftreten. Wir nehmen an unseren Mitmenschen sofort wahr, ob sie bei Bewußtsein sind, ob sie unaufmerksam sind, und erst recht, ob sie eine normale Ich-Identität und ein normales Körperempfinden haben. Den von Philosophen im Zusammenhang mit der Bewußtseinsdebatte beschworenen »bewußtlosen Doppelgänger« (oder »Zombie«), der sich rein äußerlich ununterscheidbar so verhält wie ich im Bewußtseinszustand, gibt es real nicht. Wir müssen annehmen, daß die Erlebniskomponente einen *unabtrennbaren Teil* bestimmter kognitiver und verhaltenssteuernder Prozesse des Gehirns bildet und daß ohne diese Komponente ein komplexes adaptives Verhalten des Menschen, so wie wir es tagtäglich bei uns und unseren Mitmenschen beobachten, unmöglich ist.

Mit einer solchen Zurückweisung des Epiphänomenalismus habe ich allerdings noch nicht erklärt, *warum* wir Erlebnisse haben und was diese eigentlich sind. Viele Philosophen würden meiner Kritik an den verschiedenen Geist-Gehirn-Positionen zustimmen, aber einwenden, ich hätte immer noch nicht das *Eigentliche* des Bewußtseins und des Mentalen erklärt, nämlich das *Erleben* dieser Zustände! Dieses *phänomenale* Erleben (philosophisch ausgedrückt handelt es sich um das »Qualia-Problem«) neurobiologisch zu ergründen sei völlig unmöglich, denn Erleben könne nur aus der Perspektive der »ersten Person« erfahren werden, und nicht »von außen«, aus der Perspektive der »dritten Person«, wie es für die empirischen Wissenschaften charakteristisch sei. Damit sei auch das Programm einer »Neurobiologie des Geistes« im Kern gescheitert!

Bei der Behandlung dieses Arguments müssen wir berücksichtigen, daß es Gehirnprozesse gibt, die grundsätzlich unbewußt ablaufen (wir wollen sie G_U nennen), und solche, die von Geist und Bewußtsein begleitet sind (wir wollen sie G_B nennen). Wie wir gehört haben, können die Hirnforscher recht gut erklären, wann die einen und wann die anderen Typen von Gehirnprozessen auftreten. Diese G_B charakterisieren für das Gehirn diejenigen Zustände, in denen neue Nervennetze angelegt werden, die für die Bewältigung neuer Probleme nötig sind. Ich behaupte nun: Das Gehirn benutzt den Zustand subjektiven Erlebens als *Kennzeichnung* von solchen Gehirnprozessen, um sie von anderen zu unterscheiden.

Warum aber müssen die Reorganisationsprozesse in unserem Gehirn gekennzeichnet werden? Erinnern wir uns, daß der Cortex hinsichtlich seiner zellulären Komponenten und seiner intrinsischen Verknüpfungsstruktur sehr homogen aufgebaut ist; man kann anhand der corticalen Mikrostruktur nicht unterscheiden, ob ein bestimmtes Stück Cortex visuelle oder auditorische Funktionen hat oder im visuellen System Farbe oder Form verarbeitet oder im auditorischen System Tonhöhe, Melodie oder Sprache. Die spezifischen Empfindungen der verschiedenen Sinnesmodalitäten und -qualitäten sind – wie ich ausführlich dargestellt habe – durch den *Ort der Verarbeitung* der zugrundeliegenden Erregung festgelegt. Dies bedeutet: Alles was im Hinterhauptslappen und unteren Temporallappen passiert, wird vom Gehirn als »Sehen« interpretiert und deshalb von uns in einer bestimmten Weise erlebt, und alles was im oberen Temporallappen passiert, wird als »Hören« erlebt, gleichgültig, woher »eigentlich« diese Erregung kommt, ob von einem »natürlichen Input« (z. B. von der Retina über den lateralen Kniehöcker) oder von einer direkten elektrischen Stimulation der Hirnrinde. Entsprechendes gilt auch für die corticalen Sub-Areale innerhalb eines Sinnessystems. Wir haben bei Reizung des visuellen Areals V4 Farbempfindungen und bei Reizung des visuellen Areals V5/MT Bewegungsempfindungen, unabhängig von der »Quelle« dieser Erregung. In der Tat werden ja bei Akten der Vorstellung bzw. Erinnerung von Farbigem oder Bewegtem diese Areale ohne sensorischen Input, d. h. rein cortexintern aktiviert.

Diese räumliche Organisation ist offenbar von großer Bedeutung für das Funktionieren des Gehirns, denn es ist im Kontext der Verhaltenssteuerung sehr wichtig, Hören von Sehen zu unterscheiden, Wahrnehmungen von Handlungen, Willkürmotorik von Reflexen und so weiter. Diese Zuordnung von corticalen Arealen und Erlebniszuständen findet auch in kindlichen Gehirnen bei corticalen Reorganisationsprozessen statt, die durch Verletzungen oder operative Eingriffe ausgelöst wurden. Hier werden nämlich Cortexareale buchstäblich umgewidmet, indem nach Fortfall eines Rindengebiets zum Beispiel ein als visuell »vorgesehenes« Areal eine somatosensorische Funktion erhält, Sprachzentren nach linksseitiger Zerstörung rechtsseitig angelegt werden usw.

Erleben ist also eine besondere Art der *Kennzeichnung* bestimmter corticaler Prozesse. Eine solche Kennzeichnung tritt nur im Cortex auf und scheint zumindest beim Menschen außerhalb des Cortex nicht notwendig oder möglich zu sein. Dies mag daran liegen, daß der Cortex der einzige Ort im Gehirn ist, in dem sensorische Afferenzen mit Eingängen aus dem Erinnerungssystem, dem limbischen und retikulären Bewertungssystem zusammenkommen und in dem außerdem ein genügend hohes Maß an Plastizität vorhanden ist, damit schnell neue Netzwerke geformt werden können. Erlebensprozesse erleichtern oder ermöglichen überhaupt erst eine sehr differenzierte Unterscheidung zwischen unterschiedlichen Modalitäten und Qualitäten, zwischen Ich und Nicht-Ich, zwischen Vorher, Jetzt und Nachher, zwischen gewollten Handlungen und Reflexen (siehe unten). Hiermit ist auch die Annahme verträglich, daß das subjektive Erleben genauso wie die Konstruktion eines Ich, das sich als Subjekt der Wahrnehmungen und als Verursacher von Handlungen ansieht, zumindest teilweise von bestimmten historischen soziokulturellen Bedingungen abhängen.

Ich glaube, damit zumindest teilweise erklärt zu haben, warum es subjektive Erlebnisse gibt, d. h. welche Funktion sie haben. Was ich bei der Behandlung des »Qualia-Problems« nicht beantworten kann bzw. muß, ist die beliebte philosophische Frage, warum sich bestimmte Erlebnisse in einer bestimmten Weise »anfühlen« und nicht anders. Es ist absurd zu fragen, warum wir eine bestimmte Farbe als grün empfinden und eine andere als blau. Ebenso könnten wir fragen, warum wir einen bestimmten Gegenstand gerade Baum nennen und einen anderen Gegenstand Ball. Beides sind nämlich historisch gewachsene *Konven-*

tionen, die Farbempfindungen solche des Gehirns mit sich selbst, und die anderen Konventionen der Sprachgemeinschaft. Das einzig Wichtige hierbei ist die hinreichende Unterscheidung verhaltensrelevanter Zustände. Farben sind in der Tat Namen, die das Gehirn intern erzeugten Zuständen im farbcodierenden System gibt, allerdings bevor in der Gehirnentwicklung das subjektive, erlebende Ich entstanden ist. Deshalb sind Farbempfindungen für uns etwas Vorgefundenes, Festes, das wir willentlich nicht ändern können. Ebenso treten wir in die Sprachgemeinschaft ein, und dort tragen bestimmte Gegenstände den Namen »Baum« und andere den Namen »Ball«, und wir können diese sprachlichen Konventionen nicht ohne größeren Schaden mißachten. Es wäre jedoch durchaus möglich, daß alle deutschsprechenden Menschen beschließen, ab 1. Januar nächsten Jahres alle bisher mit Baum bezeichneten Objekte nunmehr als Bälle zu bezeichnen. Man müßte allerdings dann auch die Definitionen ändern: ein Baum wäre nun rund und würde beim Fußballspiel eingesetzt, während ein Ball nunmehr verzweigt wäre und Blätter tragen würde usw., denn derartige Bezeichnungen stehen in einem sehr komplexen Geflecht anderer Wortbedeutungen. Dasselbe gilt aber auch für Farben. Es könnte – um auf das bei einigen Philosophen so geschätzte »inverted Qualia-Problem« einzugehen – so sein, daß bei meinem Nachbarn grün als blau, blau als rot, rot als gelb usw. empfunden würde, daß aber dieser Nachbar immer, wenn ich grün wahrnehme, »grün« sagt, aber blau empfindet. Eine Idee dahinter ist die Beobachtung, daß Farbenblinde lernen können, daß bei der Verkehrsampel die oberste Farbe als rot, die mittlere als gelb und die unterste als grün bezeichnet wird, sie aber je nach Typ der Farbblindheit solche Farbunterschiede gar nicht erlebnismäßig haben.

Obwohl Farbempfindungen *wesensmäßig* überhaupt nichts mit Wellenlängen zu tun haben (genausowenig wie das Wort »Baum« mit dem entsprechenden Gegenstand), gehorchen sie doch bei allen Menschen strengen Gesetzen, etwa dem Gegenfarbenprinzip. Wenn ich also überprüfen will, ob mein Nachbar unter einer »inverted-Qualia-Krankheit« leidet, dann kann ich ihn fragen, ob er sich zwischen dem, was er als »rot« und »grün«

bezeichnet, einen stufenlosen farblichen Übergang vorstellen kann und ob dies bei »gelb« und »blau« ebenso der Fall ist. Wenn er dies im einen Fall oder gar in beiden bejaht, dann kann ich vermuten, daß seine Farbempfindung von der meinen stark abweicht, denn für uns »Normale« bilden rot und grün sowie gelb und blau Gegenfarben, zwischen denen wir uns keine Übergänge vorstellen können. Wenn wir weiter nach möglichen »Übergängen« fragen, können wir schließlich genau herausbekommen, wie sein Farbempfinden ist und wo es von unserem abweicht, und zwar unabhängig davon, welche Farbbezeichnungen er verwendet.

Um noch weiter in die subjektiven Farbempfindungen unseres Nachbarn einzudringen, können wir ihn fragen, welche Farben für ihn »warm« und welche »kalt« sind. Solche Einstufungen sind interkulturell konstant, und langwellige Farben werden stets als »warm«, kurzwellige als »kalt« empfunden. Sagt unser Nachbar also, daß »rot« und »gelb« auf ihn kalt wirke, »grün« und »blau« dagegen warm, dann sind wir ziemlich sicher, daß er unter der »inverted-Qualia-Krankheit« leidet (die es natürlich nur bei Philosophen gibt).

Mit viel Vorkenntnis und geschickten psychophysischen Experimenten ist es sehr wohl möglich, subjektives Erleben in einem Maße zu erforschen, das manche Philosophen für unmöglich halten. Wir können dann auch testen, was Menschen, die unter bestimmten Störungen des subjektiven Erlebens leiden, *nicht* können. Im Zusammenhang mit der Darstellung des limbischen Systems habe ich von Patienten berichtet, die unter einer beidseitigen Zerstörung der Amygdala leiden und damit unter der Unfähigkeit, bestimmte Situationen mit Furcht zu verbinden. Derartige Menschen sind nahezu lebensuntüchtig, denn sie können das Bedrohliche von Situationen nicht einschätzen. Ähnlich ergeht es den Patienten, die keine Schmerzempfindungen haben. Wir sehen hieran ebenso wie an zahllosen anderen Beispielen, daß bewußte Empfindungen der Mitmenschen eine sehr wichtige Rolle spielen und daß sie durchaus einer Erforschung zugänglich sind, auch wenn wir sie – trivialerweise – nicht direkt erfühlen können.

Geist als physikalischer Zustand:
Eine nicht-reduktionistische Deutung

Schwegler und ich setzen die Methode der Naturwissenschaften mit »Physikalismus« gleich. Dabei sind wir uns im klaren, daß wir keineswegs notwendig mit anderen »Physikalismen« übereinstimmen und uns von einem reduktionistischen Physikalismus absetzen. Zur näheren Darstellung der verschiedenen Bedeutungen von »Physikalismus« in bezug auf das Gehirn-Geist-Problem sei der entsprechende Teil im Buch von Carrier und Mittelstraß empfohlen.

Schwegler und ich vertreten einen Physikalismus, der *nicht* die Forderung erhebt, die Phänomene aller nichtphysikalischen Disziplinen und ihre Gesetzmäßigkeiten müßten auf die Phänomene und Gesetzmäßigkeiten der heutigen Physik zurückführbar sein, wie dies zum Beispiel Schlick und der Wiener Kreis taten (Schlick, 1925; vgl. Beckermann et al., 1992). Wir gehen vielmehr davon aus, daß das vorhandene Theoriegebäude der Physik selbst *nicht-reduktionistisch* ist und aus Bereichstheorien besteht, die keineswegs aus einer einzigen fundamentalen Theorie abgeleitet werden können. Dies betrifft – wie bereits erwähnt – bereits das Verhältnis von makroskopischer Physik und Quantentheorie: Keiner dieser beiden Großbereiche ist (zumindest bisher) auf den anderen reduzierbar, und eine Verbindung gelingt nur mit zum Teil gewaltsamen »Überbrückungsannahmen«. Die Physiker können aber mit beiden Bereichen und mit den sie verbindenden Phänomenen weithin widerspruchsfrei umgehen, auch wenn noch keine gemeinsame, umfassende Theorie gefunden wurde.

Natürlich hoffen alle Physiker, daß irgendwann eine solche Theorie aufgestellt werden kann, denn es ist unbefriedigend, bloß koexistierende Bereichstheorien zu haben; jedoch ist eine solche Vereinigung nicht notwendigerweise in Form einer Reduktion zu erreichen. Ebenso ist es unmöglich, die Prozesse des Gehirns vollständig auf die heute bekannten physikalischen Prozesse und Gesetze zurückzuführen; dies ist schon aus reinen Komplexitätsgründen nicht machbar. Auch gibt es keine befriedigende physikalisch-naturwissenschaftliche Beschreibungssprache für die kognitiven Leistungen des Gehirns. Trotzdem hat bisher niemand gefunden, daß irgendein neuronaler Prozeß den Naturgesetzen widerspricht. Im Gegenteil: alles was bisher an lokalen Ereignissen untersucht wurde (z. B. Nervenimpuls-entstehung und -fortleitung), läßt sich *widerspruchsfrei* in der physikalisch-physiologischen Sprache beschreiben.

Der von uns vertretene Physikalismus geht von dem einheitlichen Wirkungszusammenhang der verschiedenen und verschieden erlebten Bereiche der Natur aus, so eigengesetzlich diese auch sein mögen. Dies erfordert, daß sie zumindest miteinander *kompatibel* sind; darüber hinaus aber wünscht man sich weitergehende Beziehungen in Form von Wechselwirkungen und partiellen Korrelationen der auftretenden Phänomene. Aus all dem folgt, was von uns als *nicht* physikalisch angesehen wird, nämlich alles, was den heute bekannten Naturgesetzen eklatant widerspricht, was unter klar definierten Bedingungen mithilfe einer vereinbarten Methode und innerhalb eines vereinbarten Begriffsrahmens intersubjektiv erfahrbar ist.

Von einigen Philosophen, vor allem von Popper (vgl. Popper und Eccles, 1982; Eccles, 1994) wird die »Abgeschlossenheit« der physikalischen Welt im Gegensatz zur Geist-Welt hervorgehoben und als Argument zugunsten eines Dualismus verwandt. Diese Auffassung entspringt aber einem tiefen Mißverständnis der Welt der Physik und der Annahme, es gäbe eine Gemeinsamkeit aller physikalischen Phänomene, die sich von der Natur des Geistes prinzipiell unterscheidet. Es ist immer möglich, daß in der uns zugänglichen Welt neuartige Phänomene oder neuartige Gesetzmäßigkeiten entdeckt werden, die dann in das physikalische Weltbild integriert werden, eventuell unter massiver Revision unserer bisherigen physikalischen Annahmen. Insofern ist die physikalische Welt prinzipiell *offen* und nicht abgeschlossen. Geist kann in diesem Ansatz als ein physikalischer Zustand verstanden werden, genauso wie elektromagnetische Wellen, Mechanik, Wärme, Energie.

In diesem Zusammenhang läßt sich folgendes sagen:

(1) Es gibt eine sehr enge Parallelität zwischen Hirnprozessen und kognitiven Prozessen.

(2) Man kann diejenigen Hirnprozesse, die von Geist, Bewußt-

sein und Aufmerksamkeit begleitet sind, auf verschiedene Weisen darstellen (sichtbar machen).

(3) Die Mechanismen, die zu Geist- und Bewußtseinszuständen führen, sind in groben Zügen bekannt und physiologisch-pharmakologisch beeinflußbar.

Im Rahmen einer solchen nicht-reduktionistischen physikalischen Methodologie ist es möglich, Geist auf der einen Seite als einen mit physikalischen Methoden faßbaren Zustand anzusehen, der in sehr großen interagierenden Neuronenverbänden auftritt, und auf der anderen Seite zu akzeptieren, daß dieser Zustand »Geist« von uns als *völlig anders* erlebt wird. Dies unterscheidet »Geist« aber nicht vom Erleben des Lichtes, der Härte von Gegenständen und der Musik.

Verträglich mit der Annahme, daß Geist ein physikalischer Prozeß ist, ist auch seine *Nichtreduzierbarkeit* auf die Systemkomponenten (Nervenzellen) des Gehirns. Diese Nichtreduzierbarkeit teilt »Geist« mit sehr vielen anderen physikalischen Zuständen. Schließlich kann Geist als physikalischer Zustand durchaus eigene Gesetze haben, d. h. »Autonomie« zeigen (er muß es jedoch nicht!). Nur dürfen diese Gesetze den bekannten Gesetzen der Physik nicht widersprechen, d. h., sie müssen mit ihnen kompatibel sein.

Nehmen Schwegler und ich also an, daß Geist physikalisch erklärbar ist? Eine Antwort hierauf hängt zuallererst davon ab, was man unter »Erklärung« versteht. Innerhalb der Naturwissenschaften gibt es sehr unterschiedliche Arten von Erklärungen. Entgegen einem weitverbreiteten Irrtum ist eine Erklärung auch in den Naturwissenschaften keineswegs immer und nicht einmal im Regelfall die Rückführung von Phänomenen bzw. deren Gesetzmäßigkeiten auf »darunterliegende« (»fundamentale«) Mechanismen und Gesetzmäßigkeiten. Den in den Wissenschaften, besonders den Biowissenschaften am meisten verbreiteten Typus der Erklärung haben Schwegler und ich »Unterordnung unter ein allgemeines Gesetz« genannt (Schwegler und Roth, 1992). Dieser Typ von Erklärung entspricht der Feststellung: »Wenn immer ich A, B, C ... beobachte, dann kann ich mit Sicherheit (oder mit einer bestimmten Wahrscheinlichkeit) auf X, Y, Z schließen« (»Immer wenn es regnet, ist die Straße naß«;

oder »Immer wenn ein Tier ein Vogel ist, dann kann ich davon ausgehen, daß er Federn besitzt und sich durch Eierlegen fortpflanzt«). Ein derartiger Typus von Erklärungen, der bei weitem der häufigste ist, benötigt keine Rückführung auf »darunterliegende« Mechanismen.

Damit wir Geist sinnvollerweise als physikalischen Zustand ansehen können, müssen wir angeben können (möglicherweise auch nur mit Wahrscheinlichkeit, wie häufig in der Physik), *wo*, *wann* und *wie* dieser Zustand auftritt, d. h. welche Teile des Gehirns in welcher Weise aktiv sein müssen, damit ein Mensch bestimmte mentale Zustände hat. In gewissem Sinne haben wir mit dem Aufweis der beteiligten neuronalen Strukturen und Zentren auch Mechanismen angegeben. *Mehr kann eine wissenschaftliche Erklärung prinzipiell nicht leisten.*

Ist der Wille frei?

Der Begriff der Willensfreiheit spielt in der Diskussion um die Autonomie des Geistes gegenüber dem Gehirn eine besondere Rolle und ist eine Herausforderung an jeden neurobiologischen Physikalismus, sei er reduktionistisch oder nicht-reduktionistisch. Beim Begriff der Willensfreiheit gehe ich von der üblichen Vorstellung aus, daß ich mich entschließe, etwas zu tun, zum Beispiel gleich von meinem Stuhl aufzustehen oder heute abend ins Konzert zu gehen. Dies ist nach herkömmlicher Meinung ein mentales Ereignis, das als *Willensakt* auf das Gehirn einwirkt. Ich habe dabei die Empfindung, etwas zu tun, *weil* ich es so gewollt habe; der Willensakt ist der Verursacher der Handlung. Von meiner freien Willensentscheidung bin ich überzeugt, obwohl ich überhaupt nicht das Gefühl habe, ich hätte eine rein *willkürliche* Entscheidung getroffen, so wie wenn ich darum gewürfelt hätte, ob ich heute ins Konzert gehe oder nicht. Vielmehr kann ich in aller Regel *gute Gründe* für mein Tun angeben, und zwar *unmittelbare* Gründe, z. B. solche, die mich bewogen haben, genau dieses Konzert zu besuchen, als auch *mittelbare* Gründe, die damit zu tun haben, daß ich die im Konzertprogramm angegebenen Komponisten und Kompositionen und/

oder das Orchester und den Solisten besonders mag, als auch noch indirektere, die mit der Tatsache zu tun habe, daß ich in einer musikliebenden Familie aufgewachsen bin. Man kann bei jeder Handlung die Kette dieser Gründe zurückverfolgen. Bei einigen Stationen dieser Kette wird sich herausstellen, daß man keine Wahl hatte, bei den meisten jedoch, daß man dies im Prinzip auch anders hätte machen können, aus guten Gründen aber so gemacht hat. Manchmal sind die Gründe sehr subtil, die Entscheidung geht hin und her, und man entscheidet sich schließlich mit Bauchschmerzen oder weil das Zögern einfach ein Ende haben muß.

Dies bedeutet: Bei der Willensfreiheit geht es nicht um die völlig willkürliche Entscheidung zwischen zwei gleichberechtigten Alternativen. Dies gilt auch für die meisten unserer Handlungen, bei denen gar kein ausdrücklicher Willensakt vorausging und die wir »so nebenbei« tun. Wir müssen einen separaten *Willensakt* überhaupt nicht fordern, wie dies viele Philosophen tun, wenn wir von Willensfreiheit sprechen. Vielmehr geht es um das Gefühl, daß die Entscheidung letztlich *aus mir selbst* kommt und nicht von außen aufgezwungen wurde. Die Frage ist nun: Spiegelt dieses Gefühl eine tatsächliche Entscheidungsfreiheit wider, oder ist sie eine Illusion?

Die Hirnforschung hat die Frage, was im Gehirn abläuft, bevor und während wir Bewegungen und Handlungen willentlich ausführen, gründlich untersucht, vor allem im Zusammenhang mit Erkrankungen der Motorik (Abb. 43). Willkürbewegungen wie Schreiben, Autofahren oder Klavierspielen sind *zweckbestimmt* und größtenteils *erlernt*. Ihre Ausführung verbessert sich mit zunehmender Übung. Dabei gilt: Je besser sie ablaufen, desto weniger ist eine bewußte Steuerung nötig; oft stört Bewußtsein sogar. Bei der Willkürmotorik sind folgende drei Gebiete der Großhirnrinde wichtig: Der *primäre motorische Cortex* (MC) steuert einzelne Muskeln und Muskelgruppen bei der Willkürbewegung, und der *prämotorische Cortex* (PMC) das komplexere Zusammenspiel von Muskeln und Gelenken. Der *supplementär-motorische Cortex* (SMA) kontrolliert komplexe Bewegungsabläufe und deren Planung. Diese motorischen Areale sind teils hierarchisch angeordnet, d. h., das SMA beeinflußt den PMC

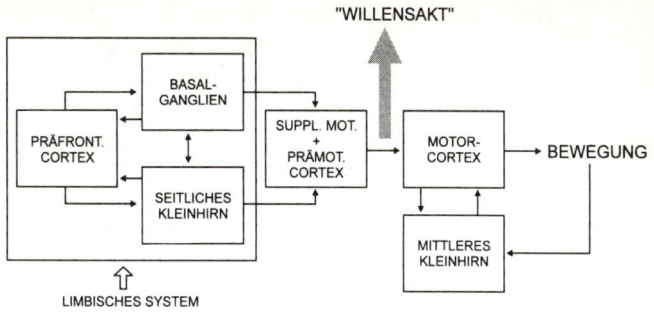

Abb. 43: Schema zur Steuerung willkürmotorischer Handlungen. Im limbischen System unbewußt verlaufende Prozesse wirken auf den motorischen »Planungsapparat« im engeren Sinne ein, der seinerseits teils bewußt (präfrontaler Cortex), teils unbewußt (Basalganglien, laterales Kleinhirn) arbeitet. Dieser Apparat wirkt auf die prämotorischen Cortexareale ein, die ihrerseits den Motorcortex kontrollieren, der dann im Zusammenhang mit dem medialen Kleinhirn (Vestibulo-Cerebellum, Spino-Cerebellum) die aktuelle Bewegung steuern. Der subjektiv erlebte »Willensakt« tritt offenbar beim Übergang der Aktivität vom prämotorischen zum motorischen Cortex auf.

und dieser den MC, als auch parallel, indem sie separate Bahnen zu den subcorticalen motorischen Zentren haben.

Neben der Großhirnrinde sind *subcorticale* Zentren an der Steuerung der Willkürmotorik beteiligt. Hierzu gehören (1) die *Basalganglien*: Nucleus caudatus, Putamen, Globus pallidus, Nucleus subthalamicus, Substantia nigra, (2) verschiedene Kerne des *Thalamus*, (3) die *Kleinhirn*-Hemisphären (s. Kapitel 3). Letztere sind eng mit den prämotorischen und motorischen Rindenarealen verbunden und spielen eine wichtige Rolle beim motorischen Lernen, aber auch bei der Integration sensorischer Information für zweckbestimmtes Handeln sowie das Starten solcher Handlungen, indem sie auf SMA und PMC einwirken. Dem Kleinhirn parallel geschaltet sind die Basalganglien. Sie erhalten Eingänge vom motorischen Cortex (im weiten Sinne), vom parietalen und vom präfrontalen Cortex und projizieren über Thalamuskerne wieder dorthin zurück. Ebenso wie die Kleinhirn-Hemisphären sind die Basalganglien an Planung und am Starten willkürlicher Bewegungen sowie an der Organisation solcher Bewegungen beteiligt. Diese Funktion wird durch die Befunde bei Parkinson-Patienten bestätigt, die unfähig sind bzw. große Schwierigkeiten haben, in Abwesenheit äußerer Reize Willkürbewegungen zu starten. Hier liegt eine Störung in den Basalganglien vor, insbesondere was die Wechselwirkung zwischen Substantia nigra und Striatum betrifft.

Bei Willkürbewegungen, z. B. bei Armbewegungen, geht die Hirnaktivität im »Armareal« des motorischen Cortex der Bewegung bis zu mehreren hundert Millisekunden voraus und klingt nach Beginn der Bewegung schnell ab. Allerdings ist diese Aktivität des motorischen Cortex nicht die *Ursache* für die Willkürbewegung, sondern diese Region wird vom prämotorischen Cortex und vom supplementär-motorischen Areal gesteuert. Diese Areale werden wiederum beeinflußt von den Basalganglien und dem Kleinhirn, die ihrerseits vom präfrontalen Cortex, SMA und vom parietalen Cortex beeinflußt werden. Wir haben also hier ein sehr kompliziertes Steuerungssystem vor uns, bei dem die obersten Zentren teils in der Großhirnrinde sitzen, nämlich im parietalen und im präfrontalen Cortex (zusammen mit dem SMA), zum anderen in subcorticalen Regionen, nämlich in den Basalganglien und im Kleinhirn. Die Aktivität von Basalganglien und Kleinhirn geht in aller Regel derjenigen des Cortex voraus.

Da uns nur Prozesse, die in der Großhirnrinde stattfinden, bewußt sind, stammen also wesentliche Anteile unserer Handlungssteuerung aus Teilen unseres Gehirns, die dem Bewußtsein grundsätzlich unzugänglich sind. Die Basalganglien selbst hängen sehr eng mit dem limbischen System zusammen. Dieses System bewertet – wie wir gehört haben – alles, was wir tun, danach, ob es günstige oder ungünstige Folgen hatte, Lust oder Schmerz, Befriedigung oder Mißbehagen, Gelingen oder Mißlingen, und speichert das Resultat dieser Bewertung im Gedächtnis, das selbst Teil dieses Systems ist.

Dieses *Bewertungsgedächtnis*, in dem unsere gesamte Lebenserfahrung abgelegt ist, steuert unser Verhalten. Es entscheidet unter Berücksichtigung der jeweiligen Reize aus der Umwelt und meinem Körper, was ich im nächsten Augenblick tue. Dies bedeutet, daß die eigentlichen Antriebe unseres Verhaltens aus den »Tiefen« unserer unbewußten Gedächtnisinhalte und den damit verbundenen Gefühlen und Motiven stammen. Allerdings gehen durchaus Komponenten der bewußten Handlungsplanung mit ein, die vor allem im präfrontalen Cortex stattfindet. Diese bewußte Handlungsplanung steht aber wiederum unter Kontrolle des – im wesentlichen unbewußten – Bewertungsgedächtnisses. Das *unmittelbare Starten* einer Handlung, also die letzte Entscheidung darüber, daß ich dies tue und nicht jenes, bzw. daß ich jetzt überhaupt etwas tue, wird durch die Basalganglien und das Kleinhirn veranlaßt, die auf den supplementärmotorischen, prämotorischen und motorischen Cortex einwirken. Dies geschieht dann, wenn die Summe der bewußten und unbewußten Handlungsantriebe die Aktivitätshemmung durch die Basalganglien und das Kleinhirn aufhebt. Dies bedeutet, daß die *aktuelle Entscheidung*, etwas zu tun, *unbewußt* erfolgt.

Wie läßt sich das alles beweisen? Im prämotorischen und supplementär-motorischen Areal, aber auch im frontalen und parietalen Cortex läßt sich bei Willkürbewegungen eine langsame negative neuronale Aktivität registrieren, das sogenannte *Bereitschaftspotential* (Kornhuber und Deecke, 1965). Das Bereitschaftspotential startet 0.5 bis 2 Sekunden vor der Bewegung, während das corticale Motorsignal im wesentlichen 50 bis 100 ms vor der Bewegung auftritt. Dieses Potential wird als »Entschluß« des Gehirns, die Bewegung auszuführen, gedeutet. Diese Deutung ist auch deshalb gerechtfertigt, weil eine Aktivierung des supplementären motorischen Cortex auch nach Aufforderung, sich die Bewegung nur vorzustellen, auftritt. Dabei ist der motorische Cortex nicht aktiv.

Der amerikanische Neurobiologe Benjamin Libet hat vor einer Reihe von Jahren aufsehenerregende Versuche zur Beziehung zwischen Bereitschaftspotential und Willensakt durchgeführt (Libet et al., 1983; vgl. auch Libet, 1985). Die Versuchspersonen wurden trainiert, innerhalb einer gegebenen Zeit (1-3 s) spontan den Entschluß zu fassen, einen Finger der rechten Hand oder die ganze rechte Hand zu beugen. Dabei blickten sie auf eine Art

Oszilloskop-Uhr, auf der ein Punkt mit einer Periode von knapp drei Sekunden rotierte. Zu genau dem Zeitpunkt, an dem die VPs den Entschluß zur Bewegung faßten, mußten sie sich die Position des rotierenden Punktes auf der »Uhr« merken. In einer anderen Serie genügte es, sich zu merken, ob der Entschluß vor oder nach einem Stop der Punktrotation gefaßt wurde, was für die Versuchspersonen erheblich einfacher ist. Bei allen Versuchspersonen wurde während der Experimente das Bereitschaftspotential gemessen, d. h. aus dem EEG herausgefiltert.

Es zeigte sich, daß der Willensakt immer (durchschnittlich 200 ms) der Motorreaktion vorausging und daß der Beginn des Bereitschaftspotentials im Durchschnitt 550-350 ms, mit einem Minimum bei 150 ms und Maximum bei 1025 ms, dem »Willensentschluß« vorausging. In keinem Fall fiel das Bereitschaftspotential mit dem »Willensentschluß« zeitlich zusammen oder folgte diesem gar. Dieser Befund wird von manchen Neurobiologen und Philosophen dahingehend interpretiert, daß der Willensentschluß nicht die *Ursache* der Bewegung ist, sondern ein *Begleitgefühl* für die Handlung selber. Libet selbst hat die Bedeutung dieser Befunde hinsichtlich der Frage der Willensfreiheit sehr vorsichtig interpretiert. Er glaubte im Anschluß an seine Untersuchungen, daß die Antriebe unseres Handelns subcortical-unbewußt zustande kommen und dann infolge des Bereitschaftspotentials bewußt werden. Er stellte aber fest, daß Versuchspersonen manchmal, nachdem sie einen Entschluß faßten, ein »Veto« gegen das Ausführen der bestimmten Reaktion verspürten, und daß die Bewegung in der Tat dann nicht folgte. Daraus schloß Libet, daß es einen corticalen Willen gibt, der die subcortical aufkommende Bereitschaft zu einer bestimmten Handlung lenken und sogar blockieren kann. Hierdurch sieht er den freien Willen gerettet. An der subcorticalen unbewußten Steuerung des Verhaltens läßt er aber keinen Zweifel, ebensowenig daran, daß das Gefühl, etwas zu wollen, *nach* dem Bereitschaftspotential auftritt (Libet, 1985).

Diese Versuche haben bis heute großes Aufsehen erregt, und man ist sich nach wie vor uneins, wie sie zu interpretieren sind. Die geschilderten Resultate stimmen aber mit dem überein, was man auch aus unserer Kenntnis über die Steuerung von Willkürmotorik ableiten kann, nämlich daß die eigentlichen Antriebe für unser Verhalten subcorticalen Ursprungs sind, also aus dem limbischen Bewertungs- und Gedächtnissystem kommen. Dieses aktiviert die Basalkerne und das Kleinhirn, die wiederum die corticalen Prozesse in Gang setzen. Dann erst setzt das Gefühl, etwas zu wollen, ein. Damit stimmt überein, daß bei Willkürhandlungen zuerst in den Basalkernen und im Kleinhirn neuronale Aktivität auftritt und dann im Cortex. Außerdem hat Libet in anderen aufsehenerregenden Experimenten gezeigt, daß Bewußtsein im Gehirn mit einer charakteristischen und deutlichen »Entstehungszeit« auftritt, die im Bereich von ca. 300 bis 1000 Millisekunden liegt.

Der Willensakt geht also den neuronalen Prozessen nicht voraus, sondern ergibt sich aus ihnen. In entsprechender Weise *folgt* das Gefühl, eine Handlung intendiert zu haben – also der »Willensakt« – den für eine Willkürhandlung notwendigen corticalen und subcorticalen Prozessen und tritt zusammen mit den nachfolgenden Handlungen auf. Einige Philosophen haben dagegen eingewandt, es könne ja sein, daß der Willensakt selbst zusammen mit den Hirnprozessen gestartet werde, aber Zeit brauche, um bewußt zu werden. Diese Annahme, es gebe einen unbewußten Willensakt, erscheint aber als ein Widerspruch in sich selbst, wenn man die traditionelle Sicht des Willensaktes zugrunde legt.

Die Libet'schen Versuche zeigen deutlich: Das Gefühl des Willensentschlusses ist nicht die eigentliche Ursache für eine Handlung, sondern eine *Begleitempfindung,* die auftritt, nachdem corticale Prozesse begonnen haben. Andererseits ist es durchaus möglich, daß corticale Prozesse, die wiederum von Bewußtsein begleitet sind, mit diesen ersteren Prozessen interferieren, sie beeinflussen oder blockieren, wie es Libet beschrieben hat. Allerdings müßte man für diese letzteren Prozesse genauso vorhergehende Gehirnprozesse fordern wie für die ersteren, denn auch ein derartiges Blockieren kann ja nicht aus heiterem Himmel kommen.

Bewußte corticale Handlungsplanungsprozesse, wie sie etwa im präfrontalen Cortex ablaufen, können aber durchaus die subcorticalen Prozesse beeinflussen. Allerdings führen derartige bewußte Planungen keineswegs automatisch zu Handlungen. Wir können uns nämlich bewußt etwas stark vornehmen, ohne daß eine entsprechende Handlung folgt. Der unmittelbare Anstoß, etwas zu tun, kommt nicht von diesem bewußten Vorsatz, sondern aus den »Abgründen« des limbischen Systems. Unsere bewußten Planungen gehen also nur als eine von vielen Determinanten in unsere Handlungssteuerung ein, und oft sind sie keineswegs entscheidend.

Ein Fazit aus diesen Untersuchungen und Erkenntnissen könnte lauten: Die Autonomie menschlichen Handelns ist nicht im subjektiv empfundenen Willensakt begründet, sondern in der Fähigkeit des Gehirns, *aus innerem Antrieb* Handlungen durchzuführen. Das Gehirn oder besser: der ganze Mensch ist also das autonome System, nicht das empfindende Ich. Diese Autonomie beruht darauf, daß das Gehirn alles, was es tut, durch das limbische System bewertet und das Resultat dieser Bewertung im Gedächtnis niederlegt. Gedächtnissystem und Bewertungssystem steuern unser Verhalten in Zusammenarbeit mit dem präfrontalen Cortex als Zentrum bewußter Handlungsplanung. Alle drei Systeme wirken auf die subcorticalen Zentren (Basalkerne, thalamische Kerne, Kleinhirn) ein, die dann die eigentliche Entscheidung treffen und das aktuelle Verhalten auslösen. Da dies seit unserer Geburt passiert (z. T. schon vorher), sammelt sich im Gedächtnis ein ungeheurer Vorrat an Erfahrungen an. Neben den wenigen strikt angeborenen Verhaltensweisen bestimmen diese *erfahrungsabhängigen* Gedächtnisinhalte unser Verhalten. Entsprechend dieser Erfahrung sind wir dann in der Lage, zum Teil sehr unterschiedlich auf dieselben Umweltereignisse zu reagieren.

Widerspricht – so lautet der naheliegende Einwand – eine solche Auffassung nicht der vielbeschworenen Tatsache, daß ein unbeugsamer Wille Berge versetzen kann? Haben nicht Menschen aus reiner Willenskraft übermenschliche Leistungen vollbracht? Wir denken dabei an Marathonläufe, an die Erstbesteigung des Mount Everest, an überragende Kunstwerke, die große Meister ihrem todkranken Körper abgerungen haben.

Keineswegs! lautet meine Antwort. Ein starker Wille gehört zur Persönlichkeit, zum Charakter eines Menschen und kommt langsam, aber doch früh zum Ausdruck. Er ist nicht zu verwechseln mit der bloßen Absicht, irgend etwas zu erreichen (wer hätte dieses Absicht nicht!). Vielmehr müssen bei einem starken Willen über viele Jahre dominante Denkprozesse (»Zielsetzungen«) mit motivationalen Zuständen in Einklang gebracht werden, d. h., es müssen sich spezifische Belohnungsmuster im limbischen System entwickelt haben, welche das Erreichen bestimmter Ziele als sehr lustvoll erscheinen lassen. Dabei ist es völlig gleichgültig, welche Ziele das sind, der Nobelpreis oder ein entsagungsvolles klösterliches Leben. Sehr »willensstarke« Menschen sind überhaupt nicht frei, sondern von ihren Zielsetzungen getrieben, mit deren Erreichen sie sich belohnen wollen. Es ist die Aussicht auf diese besondere Belohnung, nicht der freie Wille, der Menschen zu Höchstleistungen antreibt.

Haben auch Tiere Geist und Bewußtsein?

Die Frage, ob Tiere Geist bzw. Bewußtsein haben, ist so alt wie die Frage nach dem Sitz und der Funktion von Bewußtsein beim Menschen und wird seit kurzem wieder intensiv diskutiert (vgl. Stamp Dawkins, 1994). Wir werden diese Frage niemals mit absoluter Gewißheit bejahen oder verneinen können, wir können aber mehr oder weniger plausible Gründe für oder gegen die Existenz von Bewußtsein bei Tieren anführen.
Welche Gründe veranlassen uns, unseren Mitmenschen Bewußtsein zuzusprechen? Der stärkste Grund besteht darin, daß sie sich in den meisten Situationen ungefähr so verhalten wie ich, der ich ja Bewußtsein habe. Auch habe ich gelernt, daß Menschen sich in einer bestimmten Weise verhalten, wenn sie bei Bewußtsein sind, ihre Aufmerksamkeit auf etwas richten, ein Körper-Identitätsgefühl oder eine Ich-Identität haben.
In welcher Weise hilft uns das bei Tieren weiter? Genetik und Verhaltensforschung an Schimpansen zeigen, daß diese Primaten mit uns genetisch sehr eng verwandt sind und daß das individuelle und das soziale Verhalten beider Gruppen in jeder Beziehung sich sehr ähnlich sind. Schimpansen zeigen Nachdenklichkeit, Handlungsplanung (z. B. in Form von geistigem

Probehandeln) und Erkennen der eigenen Identität (z. B. im Spiegel). Umstritten ist in Fachkreisen, ob sie ihren Artgenossen bzw. ihren menschlichen »Kollegen« Wünsche, Absichten und Handlungsplanung, d. h. eine »Welt im Kopf« unterstellen und diese bei ihrem eigenen Handeln einkalkulieren. Viele Primatenforscher sind aber geneigt, dies anzunehmen. Wir gehen also nicht ganz falsch, wenn wir den Schimpansen ein Bewußtsein unterstellen, das dem unseren gleicht oder zumindest sehr ähnlich ist. Diese Annahme wird dadurch unterstützt, daß das Gehirn des Schimpansen dem unseren sehr ähnlich ist und alle Strukturen und Funktionen besitzt, die wir – wie oben dargestellt – bei uns mit dem Entstehen von Bewußtsein in Verbindung bringen.

Bei Gorillas und Orang-Utans, den anderen Menschenaffen, sind wir nicht mehr so sicher. Zwar ist ihr Gehirn dem unseren ebenfalls sehr ähnlich, aber ihr individuelles und soziales Verhalten ist bereits recht verschieden von unserem. Noch schwieriger wird die Sache bei denjenigen Affen, die nicht zu den Menschenaffen gezählt werden. Man hat bei ihnen zum Beispiel nicht die Fähigkeit entdeckt, sich im Spiegel zu erkennen. Es ist also unklar, ob sie eine Ich-Identität besitzen. Andererseits zeigen sie deutliche Zeichen von Aufmerksamkeitsbewußtsein und von Handlungsplanung. Noch schwieriger wird es bei anderen Säugetieren wie Hunden und Katzen. Sie haben einen Neocortex mit ausgedehnten assoziativen Arealen, einen Hippocampus, Raphe-Kerne und einen Locus coeruleus, und die Verbindungen zwischen diesen Strukturen sind dieselben wie bei uns. Kein Hunde- oder Katzenfreund wird diesen sehr lernbegabten Tieren ein Aufmerksamkeitsgedächtnis absprechen wollen. Aber haben sie eine Ich-Identität und ein Körperidentitätsgefühl? Zumindest benutzen sie nicht wie Menschen und Schimpansen einen Spiegel zur Körperpflege, auch wenn man ihnen dazu Gelegenheit gibt.

Wir können uns nun weiter fragen, ob Ratten, Meerschweinchen, Vögel, Krokodile und Frösche ein Bewußtsein haben, und wenn ja, was für eines? Anzeichen für Aufmerksamkeitszustände liefern sie alle, und alle haben einen Neocortex, einen Hippocampus, einen Locus coeruleus und Raphe-Kerne. Ihre Gehirne sind aber viel kleiner als das unsere und sehen auch schon einigermaßen anders aus, und bei manchen von ihnen ist es schwierig, assoziative Cortexareale auszumachen. Und was ist mit den anderen Bewußtseinszuständen? Wir erkennen hieran eine grundlegende Schwierigkeit: Je unähnlicher das Verhalten und die Gehirne solcher Tiere unserem Verhalten und unserem Gehirn, desto schwieriger ist es, die Frage nach der Existenz von Bewußtsein zu beantworten. Viele Säugetiere sind uns sehr fremd, z. B. Wale und Delphine mit Gehirnen, die sehr viel größer sind als die unsrigen, und mit einem Verhalten, das wir kaum bis gar nicht verstehen. Bei Nicht-Wirbeltieren, z. B. bei Insekten oder Tintenfischen, stoßen wir an vielleicht unüberwindliche Grenzen, denn ihr Verhalten und ihre Gehirne sind grundverschieden von den menschlichen Verhältnissen.

Wir sollten also in jeder Hinsicht vorsichtig sein und annehmen, daß die verschiedenen Arten von Bewußtsein in ganz unterschiedlicher Zusammensetzung und Intensität im Tierreich vorhanden sind. Kaum Zweifel können wir haben, daß viele Tiere, auch Wirbellose mit großen und komplexen Gehirnen wie ein Octopus, ein *Aufmerksamkeitsbewußtsein* haben. Es kann durchaus sein, daß Vögel und Säugetiere ein *Bewußtsein der Körperidentität* und der eigenen Existenz besitzen. Ob sie auch ein *Bewußtsein einer andauernden Identität*, eines Ich, und einer eigenen Geschichte haben, ist ganz unklar. Dies mag man am ehesten Säugetieren mit großen und komplexen Gehirnen (und damit großen assoziativen Cortexarealen) zusprechen wie Elefanten, Walen, Delphinen und Menschenaffen. Uns Menschen schreiben wir diese Bewußtseinszustände ganz natürlich zu; dabei vergessen wir aber die Möglichkeit, daß diese sich auch beim Menschen erst in einer bestimmten sozialen Umgebung voll entwickeln. All dies ist aber empirisch-experimentell wenig erforscht und entsprechend mit vielen Vormeinungen und Vorurteilen belastet.

13 Realität und Wirklichkeit

Wirklichkeit als Konstrukt
des Gehirns

Die Welt unserer Empfindungen besteht aus drei Bereichen: der
Außenwelt, der Welt unseres Körpers und der Welt unserer geistigen und emotionalen Zustände. Diese drei Bereiche sind normalerweise deutlich voneinander getrennt. So verwechseln wir
in aller Regel nicht die Gegenstände und Ereignisse der Außenwelt mit den Teilen unseres Körpers und den Vorgängen in ihm,
und eine solche Verwechslung hätte schmerzhafte Folgen. Ebenso sind unsere Gedanken, Vorstellungen und Erinnerungen
meist klar getrennt von den Geschehnissen in der Außenwelt; es
wäre ebenfalls verhängnisvoll, Dinge und Vorgänge in der
Außenwelt mit unseren Vorstellungen und Wünschen zu verwechseln.

Die Trennung zwischen Prozessen unseres Körpers einerseits
und mentalen und emotionalen Zuständen andererseits ist schon
schwieriger. Mentale Zustände siedeln wir üblicherweise in unserem Körper an, meist im Kopf, und zwar zwischen und einige
Zentimeter hinter den Augen. Notwendig ist diese Art der Lo-
kalisierung aber nicht; antike und mittelalterliche Philosophen
haben mentale Zustände im Herzen oder im Zwerchfell angesiedelt, und bei verschiedenen Völkern gibt es ebenfalls ganz
verschiedene Lokalisierungen von Geist oder Seele im Körper.
Entsprechend der abendländisch-neuzeitlichen Tradition sehen
wir mentale Zustände nicht als körperlich an, aber auch diese
Abgrenzung ist nicht selbstverständlich. Bei den Gefühlen ist sie
noch schwieriger, denn Gefühle werden auch von uns meist
nicht im Kopf, sondern im Körper angesiedelt und mit Vorgängen dort in Zusammenhang gebracht (zum Beispiel das berühm-
te »Magendrücken« bei Angstzuständen oder das Herzklopfen
bei Freude oder Aufregung). Gefühle scheinen irgend etwas
zwischen Mentalem und Körperlichem zu sein.

Einen merkwürdigen Zwischenzustand nehmen auch Wahrnehmungen ein. Einerseits gehen wir davon aus, daß sie irgend etwas mit dem Kopf zu tun haben, denn dort befinden sich unsere wichtigsten Sinnesorgane, die für Wahrnehmungen notwendig sind. Andererseits werden die wahrgenommenen Dinge nicht im Kopf angesiedelt, sondern in der Außenwelt oder in meinem Körper, also dort, wo sich die Dinge und Ereignisse befinden, welche die Sinneseindrücke hervorgebracht haben. Ein Geräusch wird von mir in meiner näheren Umgebung lokalisiert; dieses Buch befindet sich links auf dem Schreibtisch und die mit den Fingern berührte Computertastatur unmittelbar vor mir; ein Schmerz wird von mir im linken Unterarm lokalisiert.

Dies ist auf den ersten Blick nicht merkwürdig, denn wo sollten die wahrgenommenen Dinge und Ereignisse der Außenwelt oder meines Körpers sich sonst befinden? Merkwürdig wird dies alles erst, wenn ich mir klarmache, daß Wahrnehmungen dadurch entstehen, daß Sinnesrezeptoren durch entsprechende Vorgänge in der Außenwelt oder in meinem Körper gereizt werden und elektrische Impulse ins Gehirn senden. Entsprechend sollten wir die Wahrnehmungen im *Gehirn* empfinden, was aber nicht der Fall ist.

Die Tatsache der »direkten« oder »peripheren« Wahrnehmung hat viele Physiologen, Psychologen und Philosophen sehr verwirrt und zur Frage dazu veranlaßt: Wie kommen die Gegenstände der Wahrnehmungen, die ja »im Kopf« entstehen, wieder »nach draußen«? Es wurden abenteuerliche Hypothesen entwickelt, um zu erklären, wie dies geschehen könnte. So nahm man an, die Wahrnehmungsinhalte würden über die Sinnesbahnen in die Welt »rückprojiziert« (vgl. Sass, 1989). Es gibt aber dafür keinerlei plausible neuronale Mechanismen, und es würde auch nichts nützen, wenn es sie gäbe, denn auch der uns umgebende Raum, in den angeblich die Dinge »hinausprojiziert« werden, entsteht wie alle anderen Wahrnehmungen im Gehirn. Andere siedelten die Wahrnehmungen und Empfindungen in den Sinnesorganen an. Nach unserem heutigen neurobiologischen Wissen ist dies ebenso unsinnig. Dasjenige, was sich in den Sinnesorganen vollzieht, ist grundsätzlich nicht von Bewußtsein begleitet; auch stammen – wie wir bereits gehört haben – die meisten Details unserer Wahrnehmung und erst recht deren Bedeutungen gar nicht aus den aktuellen Sinnesreizen, sondern werden »zentral« erzeugt. Schließlich können wir Sinnesempfindungen auch ohne Reizung der Sinnesorgane haben, zum Beispiel in Form von Halluzinationen, beim Träumen oder aufgrund von Hirnstimulation.

Wo existieren also die Gegenstände der Wahrnehmung? Eine Lösung dieses Problems wurde von Wolfgang Köhler in seinem Aufsatz »Ein altes Scheinproblem« von 1929 dargelegt. Köhler vertritt hier die Auffassung, daß *überhaupt nichts* hinausprojiziert wird, sondern daß alles, was ich wahrnehme, nur *eine* Welt bildet, von Wolfgang Köhler und Wolfgang Metzger »phänomenale Welt« genannt (Köhler, 1929; Metzger, 1975). Erwin Schrödinger hat (offenbar unabhängig von Köhler) in seinem Buch »Geist und Materie« einen sehr ähnlichen Standpunkt vertreten (Schrödinger, 1958, 1986).

In dieser Welt, die ich in einem Aufsatz von 1985 »Wirklichkeit« genannt habe (Roth, 1985), gibt es die drei genannten Bereiche: die Welt der mentalen Zustände und des Ich, die Welt des Körpers und die Außenwelt. Diese drei Bereiche sind *Aufgliederungen* der phänomenalen Welt, der Wirklichkeit. Dieser Wirklichkeit wird gedanklich eine *transphänomenale* Welt gegenüber gestellt, die unerfahrbar ist und dementsprechend in der phänomenalen Welt nicht vorkommt.

Dies bedeutet, daß alle erlebten Vorgänge zwischen mir und meinem Körper, zwischen mir und der Außenwelt, zwischen meinem Körper und der Außenwelt *innerhalb der Wirklichkeit* ablaufen. Wenn ich einen Gegenstand anfasse oder mit einer Person spreche, so fasse ich einen *wirklichen* Gegenstand an und spreche mit einer *wirklichen* Person. Die drei Wirklichkeitsbereiche stoßen direkt aneinander oder gehen direkt ineinander über. Deshalb sind mir meine Wahrnehmungen *unmittelbar* gegeben, mein Körper hat unmittelbaren Kontakt mit den Gegenständen der Welt. In dieser Erlebniswelt bewirkt auch mein Willensentschluß direkt meine Handlungen. Es gibt dabei keine vermittelnde Instanz in Form von Sinnesorganen oder eines Gehirns.

Wie paßt dies mit all den Tatsachen zusammen, die wir über die

Leistungen der Sinnesorgane und der vielen Gehirnzentren zusammengetragen haben und die uns zeigen, welch ein verwickelter Prozeß Wahrnehmung ist? Um diese scheinbar widersprüchlichen Annahmen zu vereinen, müssen wir annehmen, daß die Wirklichkeit und ihre Gliederung in drei Bereiche ein *Konstrukt* des Gehirns ist, und zwar ein Konstrukt, in dem die physiologisch-neuronalen Prozesse des Gehirns, die den mentalen Zuständen zugrunde liegen, nicht vorkommen. Wir können diese Zustände als *äußerliche Geschehnisse* studieren, nicht jedoch *erlebnismäßig* erfahren.

Daß die Wirklichkeit ein Konstrukt ist, läßt sich empirisch gut nachweisen. Die Grenze zwischen Körper und Außenwelt erscheint uns fest und scharf gezogen, sie ist aber wie alle »kognitiven« Grenzen labil und bricht zusammen, wenn sie nicht ständig bestätigt wird. So setzt die Empfindung meines Körpers und seiner Begrenzungen die Aktivität der körperbezogenen motorischen corticalen Areale (A4, A6) und somatosensorischen Areale (A1, A2, A3) ebenso voraus wie die Aktivität des hinteren Parietallappens, der (zusammen mit subcorticalen Zentren) den räumlichen Bezug des Körpers zur Umgebung herstellt. Verletzungen in diesen Bereichen führen zu massiven Störungen des Körperschemas, wie wir dies von Neglect-Patienten gehört haben. Solche Personen betrachten Teile ihres Körpers als nicht vorhanden oder als fremde Gegenstände. Ähnliches kann auch durch Zerstörungen der sensorischen Reafferenzen von den Gliedmaßen zum Gehirn hervorgerufen werden. Das Aufrechterhalten unseres so fest erscheinenden Körperschemas benötigt offenbar die ständige Bestätigung durch die Körpersensorik und -motorik. Massive Störungen des Körperschemas sind auch bei schizophrenen Patienten bekannt. Zum Beispiel kann ein solcher Patient behaupten, neben ihm stünde eine Person, die genauso aussehe wie er/sie, oder ein schizophrener Patient sieht den eigenen Körper als »Hülle« an.

Geschehnisse, die unseren Körper betreffen, haben also in unserem Gehirn eine ganz bestimmte Repräsentation, die unter anderem darin begründet ist, daß der motorischen Abbildung des Körpers in Area 4 und 6 (auch »motorischer Homunculus« genannt) mehr oder weniger genau eine sensorische Abbildung (in

Wirklichkeit sind es sogar mehrere) in den Arealen A1, 2 und 3 entspricht. Beide Abbildungen sind vor und hinter der Zentralfurche lokalisiert und bestätigen sich bei jeder Bewegung gegenseitig. Ich kann meine Hand als Objekt betrachten, die auf der Tischplatte neben anderen Objekten liegt. Daß es *meine* Hand ist und damit zu meinem Körper gehörig, weiß ich nicht aus ihrem Anblick, sondern dadurch, daß sie sich entsprechend der von mir intendierten Weise bewegt und ich charakteristische Rückmeldungen durch die Somatosensorik erhalte. Mein Gehirn schließt daraus: »meine Hand«. Ohne diese Rückmeldungen sähe ich sie als »angenähten« fremden Körperteil an. Wie O. Sacks anschaulich beschreibt, ändert sich auch dann nichts daran, wenn keinerlei Anzeichen für ein Angenähtsein zu entdecken sind. Anstatt zuzugeben, daß dieses Bein zu ihm gehört, sucht der Patient von Sacks lieber bei der für uns abenteuerlichen Hypothese Zuflucht, sein »echtes« linkes Bein habe sich über Nacht in Luft aufgelöst (Sacks, 1987).

Die Geschehnisse der Außenwelt sind anders im Gehirn repräsentiert als die des Körpers, und zwar in den visuellen, auditorischen, gustatorischen u. a. Zentren. Gleichzeitig unterliegen sie nicht motorischen »Kommandos« und senden auch keine entsprechenden sensorischen Meldungen zurück, wie dies für Körperteile typisch ist. Entsprechend wurde von Philosophen und Sinnesphysiologen (z. B. von Helmholtz, Zeller, Riehl) dasjenige als »Außenwelt« definiert, was *nicht* meinen »Willensimpulsen« unterliegt und was mir »Widerstand« entgegensetzt (vgl. Grünepütt, 1992).

Die erlebnismäßige Unterscheidung in Körper und Welt ist zumindest beim Menschen nicht genetisch fixiert, sondern muß erlernt werden, auch wenn es sich dabei um ein *genetisch erleichtertes* Lernen handelt. Dies Lernen beginnt spätestens nach der Geburt, wenn der Säugling anfängt, die Welt zu *begreifen*. Wenn er zum Beispiel einerseits sich selbst und andererseits Objekte der Umwelt anfaßt, *erlernt* sein Gehirn den fundamentalen Unterschied zwischen Körper und Welt. Im ersteren Fall erhält er eine doppelte sensorische Rückmeldung von den beiden sich berührenden Körperteilen, im zweiten Fall nur eine. Jeder dieser beiden Bereiche, Körper und Umwelt, wird nun weiter ausdifferenziert, und zwar innerhalb der Vorgaben der anatomischen und funktionalen Grundorganisation des Gehirns, die sich schon vor der Geburt in selbstorganisierend-epigenetischer Weise ausgebildet haben. Dies betrifft etwa die Organisation des Körpers hinsichtlich seiner Position im Raum, der Stellung der Gelenke, des Anspannungsgrades seiner Muskeln und Sehnen. Diese Informationen werden in die dafür genetisch prädestinierten corticalen und subcorticalen Zentren »hineingelernt«; sie können sich aber aufgrund organischer Mängel oder fehlender Eigenbewegungen des Körpers auch abnorm entwickeln. So ist es für die getrennte corticale Repräsentation zweier Gliedmaßen nötig, daß sie auch unabhängig voneinander bewegt wurden. Selbst im jugendlichen und Erwachsenenalter unterliegen die somatosensorischen Prozesse noch diesen Bedingungen (Merzenich et al., 1983).

Hinsichtlich der Geschehnisse der Außenwelt betrifft diese Ausdifferenzierung zu allererst die modalitätsspezifischen Unterschiede. Diese Unterschiede sind insofern »reine« Konstrukte, als Sehen, Hören, Riechen usw. ihrer *Empfindungsqualität* nach nichts mit den Ereignissen in der Außenwelt zu tun haben. So ist die Tatsache, daß alles, was im Hinterhauptslappen und im unteren Temporallappen stattfindet, als »Sehen« und alles, was im oberen und mittleren Temporallappen an Aktivität vor sich geht, als »Hören« empfunden wird, eine *Konvention des Gehirns mit sich selbst*. Im Fall des Sehens folgert das Gehirn, daß die im Hinterhauptslappen und im unteren Temporallappen angesiedelten Areale durch Bewegungen des Auges und damit der Netzhaut aktiviert oder in ihrer Aktivität moduliert werden. Dies kann unser Gehirn dadurch überprüfen, daß es Augenbewegungen veranlaßt und dadurch bestimmte zentrale visuelle Veränderungen hervorruft, die es voraussagen kann. Diese Überprüfung der internen Repräsentation des Körpers und der Außenwelt durch *Aktionen* dient dem Gehirn während der Individualentwicklung (und auch später) dazu, *verläßliche Vermutungen* über die Verbindungen zwischen Außenwelt, Sinnesorganen und den Sinneszentren im Gehirn herzustellen.

Mit dieser Tatsache stimmt überein, daß die *motorischen* Zentren des Wirbeltiergehirns sich ontogenetisch vor den sensorischen entwickeln. Spontane motorische Aktivitäten und ihre sensorischen Rückkopplungssignale sind für die Ausbildung und »Eichung« zentraler sensorischer Karten und anderer Repräsentationen außerordentlich wichtig. Tiere und Mensch *verhalten* sich zuerst, und danach bestimmt sich der Aufbau der sensorischen Welt. Dies wird an der Tatsache sichtbar, daß sich keine oder keine normalen modalitätsspezifischen Areale im Gehirn ausbilden, wenn Kinder daran gehindert werden, die Umwelt motorisch zu erforschen, wie es beim Hospitalismus der Fall ist (Spitz, 1952). Die Fallbeschreibungen über sehend gewordene Blinde (v. Senden, 1932; Gregory, 1966) zeigen, daß spätere Sinneserfahrungen überhaupt nicht mehr oder nur äußerst schwer in die einmal entwickelten kognitiven Strukturen eingepaßt werden können. Die durch Operation im Erwachsenenalter sehend gewordenen Patienten haben größte Mühe, das Gesehene zu deuten, insbesondere wenn es nichts handgreiflich Erfahrbares ist. Häufig ordnen sie visuelle Eindrücke in eine andere, ihnen bekannte Sinnesmodalität ein oder empfinden sie als Schmerz. Die meisten der beschriebenen Patienten resignierten vor den Schwierigkeiten im Umgang und der Deutung dieser unbekannten Welt und schlossen buchstäblich vor der Welt die Augen.

Wie im Gehirn die Unterscheidungen zwischen Farbe, Form und Bewegung, zwischen Tonhöhe und Klangfarbe usw. zustande kommen, ist unklar. Bekannt ist nur, daß im visuellen System zur Form- und Tiefenwahrnehmung ein exemplarisches Lernen innerhalb einer frühen sensiblen Periode nötig ist. Werden Katzen in einer optisch völlig homogenen Umgebung aufgezogen, so bilden sich in ihrem visuellen Cortex keine orientierungs- oder disparitätsspezifischen Zellen aus (vgl. dazu Purves und Lichtman, 1985). Komplexe Gestaltwahrnehmung ist sicherlich erfahrungsabhängig, und eine sensible Phase scheint es auch beim Erwerb der Muttersprache zu geben.

Der dritte Bereich, derjenige der mentalen Prozesse, bildet sich am spätesten heraus, und zwar offenbar im »Ausschlußverfahren«. Das bedeutet, daß all das in sensorischen corticalen Zentren vom Gehirn als Vorstellung, Erinnerung oder Denken angesehen wird, was *nicht* aktuelle Wahrnehmung darstellt und/oder mit aktuellem Handeln verbunden ist. Diese Unterscheidung scheint sich innerhalb der kindlichen Entwicklung nur sehr langsam zu entwickeln, und kleine Kinder treffen offenbar noch keine scharfe Unterscheidung zwischen tatsächlich Wahrgenommenem und bloß Vorgestelltem oder Erinnertem, zwischen Tun oder bloß Gedachtem oder Geplantem. Aber auch dem erwachsenen Gehirn stehen keine absolut verläßlichen Unterscheidungen zwischen »Tatsächlichem« einerseits und »Vorgestelltem« oder »Halluziniertem« andererseits zur Verfügung, sondern es geht bei dieser Unterscheidung nach bestimmten internen Kriterien vor, die noch zu schildern sein werden.

Es gibt auch große ethnische und historische Unterschiede in der Ausbildung einer Abgrenzung zwischen Körperlichem und Mentalem, und man kann die relativ scharfe Abgrenzung, wie sie in unserem modernen abendländischen Denken üblich ist, nicht verallgemeinern. Von Kutschera hat mit Recht hierauf und auf die enge sprachliche Beziehung zwischen Körperlichem und Mentalem hingewiesen (von Kutschera, 1982).

Wirklichkeitskriterien

Wahrnehmungen von »tatsächlich Vorhandenem« sind – wie wir alle aus Erfahrung wissen – nicht immer verläßlich von Sinnestäuschungen, Halluzinationen, Tagträumen oder bloßen Vorstellungen zu unterscheiden. William James hat sich in den »Principles of Psychology« diese Frage in der Form gestellt: »Unter welchen Bedingungen halten wir Dinge für wirklich?« Inzwischen liegen viele psychologische Untersuchungen zu *Wirklichkeitskriterien* vor, die zeigen, daß wir bei der Frage nach Wirklichkeit oder Schein bzw. Wirklichkeit oder Täuschung eine Vielzahl von Kriterien meist unbewußt anwenden. Stadler und Kruse haben in einem Aufsatz von 1990 derartige Wirklichkeitskriterien zusammengetragen. Sie unterscheiden syntaktische, semantische und pragmatische Wirklichkeitskriterien.

Den grundlegenden Eindruck von Wirklichkeit vermitteln die *syntaktischen* Kriterien, die mit den Sinnesempfindungen selbst zu tun haben. Danach werden Objekte um so eher als tatsächlich vorhanden angenommen, je heller sie gegenüber ihrer Umgebung sind, je kontrastreicher sie sich abheben, je schärfere Konturen sie aufweisen und je strukturell reichhaltiger sie sind (z. B. hinsichtlich der Oberfläche, der Farbe, der Gestalt).

Weiterhin werden dreidimensionale Objekte für wirklicher gehalten als flächige. Es fällt den meisten von uns außerordentlich schwer, sich Dinge realistisch dreidimensional vorzustellen. Ebenso gilt: Ein Objekt wird um so eher als real angesehen, wenn es durch mehr als nur ein Sinnessystem wahrgenommen wird (ich sehe gerade ein Auto und ich höre es), wenn es gegenüber einem Perspektivwechsel form- und größenkonstant bleibt, wenn es sich selbst bewegt und wenn es eindeutig im Raum lokalisierbar ist.

Das bedeutet: Je *lebhafter* eine Wahrnehmung ist, desto eher bin ich geneigt, das Wahrgenommene für real zu halten. Dies trifft für Träume ebenso zu wie für drogeninduzierte Halluzinationen. Umgekehrt gilt: Je blasser und undeutlicher eine Wahrnehmung, desto unwirklicher erscheint sie. Dies ist insbesondere für Geschehnisse an den Wahrnehmungsschwellen unserer Sinne der Fall: War da ein Schrei in der Ferne, oder habe ich mir das nur eingebildet? Hat sich im Dunkeln gerade etwas bewegt, oder unterliege ich einer Sinnestäuschung? Riecht es nicht irgendwie nach Brennendem, oder täusche ich mich? Dies sind Fragen, die wir uns im täglichen Leben häufig stellen müssen. »Reale« Wahrnehmung unterscheidet sich nicht in jedem Fall klar von Sinnestäuschung oder bloßer Vorstellung.

Besonders wichtig bei der Feststellung des Wirklichkeitsgehaltes von Empfindungen ist für das kognitive System die intermodale Überprüfung. Für das kognitive System ist es offenbar sehr unwahrscheinlich, daß unterschiedliche Sinnessysteme, zum Beispiel das visuelle System und das Gleichgewichtssystem, Fehlermeldungen in dieselbe Richtung machen. »Fehler« in einem Sinnessystem werden daran erkannt, daß sie in Widerspruch zu den Informationen von anderen Sinnessysteme stehen. Dabei haben unterschiedliche Sinnessysteme durchaus unterschiedliche Glaubhaftigkeit. Am glaubhaftigsten ist offenbar das Gleichgewichtssystem, gefolgt vom Tastsystem, und diesen ordnen sich die anderen Systeme unter. Dies läßt sich sehr schön an Experimenten mit Umkehrbrillen demonstrieren, bei der die Welt entweder auf dem Kopf steht oder rechts-links-vertauscht erscheint. Der Widerspruch zwischen visueller und vestibulärer bzw. somatosensorischer Information wird nach einigen Tagen zugunsten letzterer gelöst: die visuelle Welt dreht sich in die »richtige« Position.

Unter *semantischen* Wirklichkeitskriterien verstehen Stadler und Kruse (1) Bedeutungshaltigkeit: Objekte und Geschehnisse werden eher als real angesehen, wenn man ihnen ohne Aufwand eine Bedeutung zuordnen kann (gegenüber bedeutungslosen oder rätselhaften Geschehnissen); (2) Kontextstimmigkeit: Etwas wird eher als real angesehen, wenn es in einen vorhandenen Kontext paßt; (3) Valenz: ein Objekt wird um so eher als tatsächlich vorhanden angesehen, je attraktiver es ist. Diese drei Kriterien hängen stark mit unserer Aufmerksamkeit und der präkognitiven Einstufung in »wichtig« und »unwichtig« zusammen, von der im 10. Kapitel die Rede war. Dort haben wir festgestellt, daß Geschehnisse um so weniger in unser Bewußtsein dringen und daher um so weniger »real« sind, je bedeutungsloser sie sind.

Schließlich gibt es noch die *pragmatischen* Wirklichkeitskriterien. Objekte werden von uns besonders dann als tatsächlich vorhanden angesehen, wenn wir auf sie einwirken und sie zum Beispiel anfassen können. Dieses Kriterium ist für die Konstitution der Dingwelt im Säuglingsalter besonders wichtig. Weiterhin halten wir Dinge und Ereignisse dann für real, wenn wir sie erwarten konnten. Dieses Wirklichkeitskritium scheint besonders wichtig zu sein, denn – wie Stadler und Kruse anmerken – können »Magier« oder »Illusionisten« bei ihren Zuschauern beinahe beliebige Wirklichkeitstäuschungen hervorrufen, wenn sie bestimmte Erwartungshaltungen erzeugen. Ebenso heißt es umgangssprachlich: Wir sehen das, was wir sehen wollen, und wir nehmen dasjenige oft nicht wahr, was uns nicht »in den Kram« paßt (ohne daß wir davon wissen).

Ein besonders starkes pragmatisches Wirklichkeitskriterium ist die *intersubjektive Bestätigung*. Dinge und Geschehnisse, die von mehreren Personen berichtet oder bestätigt werden, gelten als realer als solche, die nur von einer Person berichtet werden. Hierauf baut das Prinzip der Zeugenaussagen vor Gericht ebenso auf wie das Prinzip der intersubjektiven Überprüfbarkeit in der Wissenschaft. Aus gruppenpsychologischen Untersuchungen ist bekannt, daß eine Person, die normalerweise ihren Sinnen traut, unter starkem Druck der Gruppe (deren Mitglieder sich zum Beispiel »gegen« ein weiteres Mitglied verabredet haben) bereit ist, widersinnige Deutungen von Wahrnehmungserlebnissen zu akzeptieren (Asch, 1955; Watzlawick, 1976). Gruppen tendieren dazu, nicht nur einheitliche Ideologien zu entwickeln, sondern auch einheitliche Wahrnehmungen. *Wir sehen im allgemeinen die Welt so, wie wir gelernt haben, wie sie sein soll.*

Insgesamt können wir feststellen: Das Gehirn trifft die Unterscheidungen über den Wirklichkeitscharakter erlebter Zustände aufgrund bestimmter Kriterien, von denen keines völlig verläßlich arbeitet. Es tut dies in *selbstreferentieller* Weise; es hat nur seine eigenen Informationen einschließlich seines Vorwissens zur Verfügung und muß hieraus schließen, womit die Aktivitäten, die in ihm vorgehen, zu tun haben, was sie bedeuten und welche Handlungen es daraufhin in Gang setzen muß.

Die Unterscheidung von Realität und Wirklichkeit und was wir damit gewonnen haben

Ich habe davon gesprochen, daß das Gehirn die Wirklichkeit *hervorbringt* und darin all die Unterscheidungen entwickelt, die unsere Erlebniswelt ausmachen. Wenn ich aber annehme, daß die Wirklichkeit ein Konstrukt des Gehirns ist, so bin ich gleichzeitig gezwungen, eine Welt anzunehmen, in der dieses Gehirn, der *Konstrukteur*, existiert.

Diese Welt wird als »objektive«, bewußtseinsunabhängige oder transphänomenale Welt bezeichnet. Ich habe sie der Einfachheit halber *Realität* genannt und sie der *Wirklichkeit* gegenübergestellt (Roth, 1985). In dieser Welt – so nehmen wir an – gibt es viele Dinge, unter anderem auch Organismen. Viele Organismen haben Sinnesorgane, auf die physikalische und chemische Ereignisse als Reize einwirken, und sie haben Gehirne, in denen aufgrund dieser Einwirkungen und interner Prozesse eine phänomenale Welt entsteht, eben die Wirklichkeit.

Wir sind damit zu einer *Aufteilung der Welt* in Realität und Wirklichkeit, in phänomenale und transphänomenale Welt, Bewußtseinswelt und bewußtseinsjenseitige Welt gelangt. *Die Wirklichkeit wird in der Realität durch das reale Gehirn hervorgebracht.* Sie ist damit Teil der Realität, und zwar derjenige Teil, in dem wir vorkommen. Dies ist eine höchst *plausible* Annahme, die wir allerdings innerhalb der Wirklichkeit treffen und die nicht als eine Aussage über die tatsächliche Beschaffenheit der Realität mißverstanden werden darf. Machen wir aber keine solche Unterscheidung zwischen Realität und Wirklichkeit, dann müssen wir entweder annehmen, daß es gar keine phänomenale Welt gibt, sondern nur Realität. Damit gibt es aber auch gar keine Wahrnehmung und kein wahrnehmendes Ich. Umgekehrt müßten wir die Existenz einer bewußtseinsunabhängigen Welt, der Realität, leugnen; dann aber wären wiederum alle Befunde über das Zustandekommen der »Welt im Kopf« völlig rätselhaft. Wenn ich als Hirnforscher den Zusammenhang zwischen Sinnesreizen, Hirnprozessen und bewußtem Erleben bzw. Handeln aufzeige, so müßte ich in diesem Fall einer außerordentlich merkwürdigen Täuschung unterliegen und mir überdies einbilden, es gäbe Kollegen, denen dies genauso ginge.

Mit der Unterscheidung von Realität und Wirklichkeit lassen sich *innerhalb der Wirklichkeit* hingegen viele Dinge befriedigend erklären. Dann verschwindet das eingangs gestellte Problem, wie die wahrgenommenen Dinge »nach draußen« kommen. Sie werden vom Gehirn aufgrund interner Kriterien dem Bereich »Außenwelt« zugeordnet. Das Ich als anderer Teil der Wirklichkeit empfindet dann diese Dinge als außerhalb, aber dieses »außerhalb« existiert nur innerhalb der Wirklichkeit: Ich sehe wirkliche, nicht reale Gegenstände. Dies gilt auch für mein Handeln. Wenn ich nach etwas greife, so bewege ich meine wirkliche, nicht meine reale Hand, die nach einem wirklichen, nicht nach einem realen Gegenstand greift. Die Wirklichkeit ist der Ort, in dem mein Willensakt etwas veranlaßt. Dieser Willensakt verkörpert sich *empfindungsgemäß* darin, daß ich absichtsvoll etwas tue, zum Beispiel mit meiner Hand nach der Tasse greife. Meine Bewegung wird empfindungsmäßig direkt von dieser Absicht getrieben, es gibt kein Gehirn und kein Motorsystem dazwischen.

Warum gibt es überhaupt
eine phänomenale Welt?

Wolfgang Metzger hat in einem Aufsatz von 1969 die phänomenale Welt als »zentrales Steuerungsorgan« gesehen (Metzger,
1969). Er unterscheidet in seiner Argumentation zwischen den
»tatsächlichen« oder »echten« neuro- und muskelphysiologischen Geschehnissen der Aktionen meines Körpers und den
phänomenalen, empfundenen Geschehnissen. Während nach
Metzger die »echte« Armbewegung kausal vor sich geht, ist die
phänomenale Armbewegung empfindungsmäßig meinem Willen unterworfen. Das Ich handelt in diesem Sinne in einer virtuellen Welt, die nach Ansicht von Metzger zumindest teilweise
parallel mit der realen verläuft und in der sich phänomenale und
reale Aktionen ungefähr entsprechen. In der phänomenalen, virtuellen, wirklichen Welt bildet sich das – so Metzger – Span-
nungsverhältnis zwischen Subjekt und Objekt aus, welches die
Grundlage der Interaktion mit der Umwelt ist. Metzger sieht –
in ähnlicher Weise wie vor ihm David Hume und nach ihm viele Philosophen wie Dennett (1994) und Metzinger (1996) – die
phänomenale, erlebte Welt als ein »Aktionstheater« im Zusammenhang mit Handlungsplanung, und darin besteht auch ihre
Funktion. (Erkenntnistheoretisch gesehen, besteht bei Metzger
in diesem Zusammenhang Unklarheit, indem er die neuro- und
muskelphysiologischen Prozesse, so wie wir sie kennen, als Teil
der Realität ansieht, während natürlich auch sie ein Teil der
phänomenalen Welt sind und nicht Teil der bewußtseinsunabhängigen Welt. Allerdings stellt er in einem anderen Teil seines
Aufsatzes klar, daß auch die physikalisch-physiologische Beschreibung ein Teil der phänomenalen Welt ist).
Wolfgang Prinz hat sich in einem Aufsatz von 1992 die Frage gestellt: Warum nehme ich nicht meine Hirnzustände wahr? Diese sind mir bzw. der bewußten Repräsentationsebene doch viel
näher als die »distalen« Objekte. Ebenso stellt er sich die Frage:
Warum plane ich meine Handlungen und nicht die Motoraktio-
nen meines Körpers? Die Antwort von Prinz lautet: Die Erlebniswelt stellt einen Raum dar, in dem zum einen die verschiedenen sensorischen Informationen miteinander kompatibel

gemacht werden und in dem sich zum anderen der Übergang von sensorischen zu motorischen Zuständen problemlos vollzieht, d. h. ohne Schwierigkeiten mit den unterschiedlichen »Datenformaten« der verschiedenen sensorischen und motorischen Erregungen. Dieser Bereich des »gemeinsamen Datenformats« (domain of common coding) erlaubt jeden beliebigen Grad von Abstraktion und ebenso jede Art von Handlungsplanung und Antizipation. Dies setzt voraus, daß mir die Gegenstände der Wahrnehmung als auch meine Handlungen *unvermittelt*, ohne dazwischenliegende neuronale Prozesse, gegeben sind. Von einem fiktiven »objektiven Beobachter« aus gesehen, handelt das Subjekt in einer virtuellen Welt (nämlich der Wirklichkeit), der die Prozesse in der Realität folgen oder parallel laufen. Dies erspart es ihm, über die »tatsächlichen« physiologischen Prozesse Bescheid zu wissen. Bewußtseinsmäßig wäre in der Tat auch niemand in der Lage, aus dem unendlichen Gewirr peripherer sensorischer Prozesse eine Gestaltwahrnehmung hervorzubringen, genausowenig wie ich in der Lage wäre, bewußt Arm und Hand und die vielen beteiligten Muskeln und Sehnen so zu aktivieren und koordinieren, daß ich das Glas vor mir greifen kann.

Wie B. Libet gezeigt hat, blendet das Gehirn offenbar die beträchtlichen Verarbeitungszeiten bis zu einer Sekunde aus unserem Bewußtsein aus, die zum Beispiel zwischen peripherer Reizung und bewußtem Erleben bzw. Aktionsbeginn und Erleben dieser Aktion verstreichen (Libet, 1978). Es gaukelt uns in der Tat vor, daß unser Ich Wahrnehmungen und Handlungen unmittelbar erfährt.

Der Cortex ist offenbar derjenige Teil unseres Gehirns, in dem die Transformation der unterschiedlichen sensorischen und motorischen Informationen in dasselbe »Datenformat« geschieht. In diesem Sinne ist er ein übergroßer Assoziationsspeicher (Braitenberg und Schüz, 1991) (er ist aber nicht nur dies). In ihm sind – wie wir gesehen haben – alle sensorischen, motorischen und assoziativen Areale eng miteinander verbunden. Es mag deshalb kein Zufall sein, daß zumindest bei uns Menschen und wohl auch bei Primaten Bewußtsein an intakte Cortexbereiche gebunden ist.

Die Wirklichkeit und damit Erleben, Bewußtsein, Wahrnehmen, Vorstellen, Erinnern usw. sind – so mögen wir spekulieren
– eine »Erfindung« des Gehirns im Zusammenhang mit der Integration multisensorischer Information, ihrer Gestaltung
durch Erfahrungsinhalte, die im Gedächtnis vorhanden sind,
und dem Ermöglichen von Handlungsplanung. Dies stimmt mit
der Tatsache überein, daß bewußtes Erleben nur dann auftritt,
wenn etwas Neues (und Wichtiges) integriert bzw. etwas Be-
kanntes in neuer Form integriert werden soll und wenn neue
Handlungsprogramme angelegt werden müssen. Hierzu ist
wohl auch die Konstruktion eines Bewußtseins- und Erlebnis-
subjektes in Form eines Ich nötig. Für alles andere benötigen wir
kein bewußtes Erleben.

Wo existiert mein Gehirn?
Wer bin/ist ich/Ich?

Ich habe diejenigen Dinge und Vorgänge, die ich anschaulich
wahrnehme, als Konstrukte des Gehirns bezeichnet. Was aber
ist mit *meinem* Gehirn, das ich ja ebenfalls anschauen kann, zum
Beispiel mithilfe eines Computertomographen? Ich könnte mir
auch in einem heroischen Selbstversuch den Schädel öffnen und
dann mein Gehirn im Spiegel oder mithilfe einer Videokamera
ansehen.
Ich stelle dann folgende Vermutung an: Wie alles, was ich wahrnehme, ist auch dieser Sinneseindruck ein Konstrukt des Gehirns. Das Gehirn erzeugt also ein Konstrukt von sich selbst.
Dies tut es ganz offensichtlich deshalb, weil die Netzhaut von
bestimmten optischen Reizen in bestimmter Weise erregt wird
und das visuelle System in der geschilderten Weise mithilfe des
Gedächtnisses hieraus eben dieses Bild meines Gehirns zusammensetzt.
Das bedeutet aber, daß dieses Gehirn, das ich betrachte und als
meines identifiziere, *nicht* dasjenige Gehirn sein kann, welches
mein Wahrnehmungsbild von diesem Gehirn hervorbringt.
Würde ich beide Gehirne miteinander identifizieren, so käme
ich zu der Schlußfolgerung, daß mein Gehirn sich als echte Teil-

menge enthält. Ich wäre nämlich dann zugleich in mir und außer mir, und der Operationssaal, in dem ich mich dann befinde, wäre zugleich in meinem Gehirn, und das Gehirn (zusammen mit dem Kopf und Körper) in dem Operationssaal.

Um derartige absurde Schlußfolgerungen zu vermeiden, müssen wir zwischen einem *realen* Gehirn, welches die Wirklichkeit hervorbringt, und dem *wirklichen* Gehirn, unterscheiden. Daraus folgt: Dasjenige Gehirn, das mich hervorbringt, ist mir selbst unzugänglich, genauso wie der reale Körper, in dem es steckt, und die reale Welt, in welcher der Körper lebt. Daraus folgt zugleich: Nicht nur die von mir wahrgenommenen Dinge sind Konstrukte in der Wirklichkeit, *ich selbst bin ein Konstrukt*. Ich komme unabweisbar in dieser Wirklichkeit vor. Dies bedeutet, daß das reale Gehirn eine Wirklichkeit hervorbringt, in der ein Ich existiert, das sich als *Subjekt* seiner mentalen Akte, Wahrnehmungen und Handlungen erlebt, einen Körper besitzt und einer Außenwelt gegenübersteht.

Welchen Status hat dieses Ich? Innerhalb der abendländischen Geistesgeschichte haben Philosophen und Psychologen besonders des 18. und 19. Jahrhunderts die unterschiedlichsten Beschreibungen und Definitionen dieses Phänomens geliefert (vgl. Herring/Schönpflug, 1976; von Kutschera, 1982). Zwei Auffassungen stehen sich dabei gegenüber: Entweder ist – wie bei Leibniz, Locke und Berkeley – das Ich eine eigene Instanz, ein Wesen, das entweder mit Seele, Geist, Bewußtsein, Denken identisch gesetzt oder als *Träger* dieser Zustände angesehen wird. Für andere, wie Kant und insbesondere Hume, gibt es kein solches Ich-Wesen. Für Hume ist – in scharfer Ablehnung der Ideen von Descartes und Locke – das Ich ein Bündel von Wahrnehmungen, Vorstellungen und Empfindungen, ein »Theater«, auf dem derartige geistige Phänomene kommen und gehen (eine Vorstellung, die der von mir oben präsentierten sehr nahekommt). Dabei ist auch das Ich nur eine Vorstellung (»idea«).

Daß das Ich in der Tat nicht ein einheitliches Wesen, sondern ein komplex zusammengesetztes Phänomen ist, welches die unterschiedlichsten »Dissoziationen« aufweisen kann, ist aus der Psychiatrie und Neuropsychologie seit langem bekannt (Kolb und Wishaw, 1993). Schizophreniepatienten können sich als

mehrere Personen oder »Ichs« empfinden, und aufgrund neurologischer Schäden können ganz unterschiedliche Aspekte des Ich-Bewußtseins ausfallen, z. B. die Erinnerungsdimension, das Gefühl, Herr der eigenen Handlungen oder Gedanken zu sein, und so weiter. Auch wir selbst erleben uns gewöhnlich als »vielschichtig« und zusammengesetzt aus verschiedensten Komponenten. Charakteristisch ist ebenfalls, daß wir uns in der Tat nicht als *Produzent* unserer Wahrnehmungen empfinden, sondern daß wir diese Wahrnehmungen »erfahren« und manchmal sogar »erleiden«. So können wir, auch wenn wir sehr hungrig sind, uns nicht *willentlich* einen reich gedeckten Tisch vorstellen und an den imaginären Speisen satt essen. Das *reale* Gehirn hingegen kann in der Wirklichkeit derartige Illusionen (sogar einschließlich des Sattessens) erzeugen, zum Beispiel nach ausgedehnten Hungerperioden oder im Traum. Freilich wird auch das reale Gehirn in seiner Realität kaum auf Dauer durch imaginäre Speisen sich und seinen Organismus am Leben erhalten können (was auch immer dies in der Realität bedeuten mag!).
Die Wirklichkeit ist nicht ein Konstrukt meines Ich, denn ich bin selbst ein Konstrukt. Vielmehr geht ihre Konstruktion durch das Gehirn nach Prinzipien vor sich, die teils phylogenetisch, teils frühontogenetisch entstanden sind und ansonsten den Erfahrungen des Gehirns mit seiner Umwelt entstammen. *Diese Prinzipien sind meinem Willen nicht unterworfen. Vielmehr bin ich ihnen unterworfen.* Diese Feststellung ist außerordentlich wichtig, denn sie macht den neurobiologischen Konstruktivismus, wie er hier vertreten wird, überhaupt erst plausibel.
Das Ich ist ein Gebilde, das entsteht, während sich das Gehirn und seine Erfahrungswelt entwickeln, und wir haben Grund anzunehmen, daß der Konstitution des Ich dieselben Mechanismen zugrunde liegen wie der Einheit der Wahrnehmung, wie sie im 11. Kapitel geschildert wurden. Dies hat sehr weitreichende Konsequenzen für die Frage, welcher Instanz in uns man »Schuld« zurechnen soll. Eine ausführliche Antwort muß ich mir hier ersparen. Es müßte sehr sorgfältig diskutiert werden, ob und inwieweit es sowohl bei der Strafe als Sühne wie auch bei Strafe als Erziehung zum Besseren einen großen Unterschied macht, ob man das Ich als *Konstrukt* bestraft (wenn dies über-

haupt möglich ist) oder das Gehirn und seinen Organismus als autonomes System.

Der Abschied vom Ich als Autor meiner Handlungen und die Feststellung »Ich bin ein Konstrukt« bzw. »das Ich ist ein Konstrukt« mögen sehr befremdlich klingen. Diese Feststellung mag uns »den Boden unter unseren Füßen wegziehen«, aber sie ist genauso zwingend wie alle anderen Feststellungen über die Konstruktivität der Wirklichkeit. Tröstlich ist, daß die Stabilität meiner Wirklichkeit durch derartige Einsichten nicht bedroht wird: Ich falle nicht wirklich ins Bodenlose, wenn ich erkenne, daß ich das Konstrukt eines mir unzugänglichen realen Gehirns bin.

Noch einmal: Geist und Gehirn

Im 12. Kapitel habe ich mich ausführlich mit der Frage befaßt, in welcher Beziehung mentale und neuronale Prozesse zueinander stehen. Die Antwort darauf lautete, daß diese Beziehung sehr eng ist. Weiterhin habe ich im Rahmen eines nicht-reduktionistischen Physikalismus argumentiert, daß trotz einer (wahrscheinlich) strikten Parallelität eine Reduktion von »Geist« auf Gehirnzustände weder logisch zwingend noch empirisch durchführbar ist. Geist – so meine These – kann als ein *physikalischer Zustand* angesehen werden; er muß nicht auf neuronale Zustände reduzierbar sein und kann eigene Gesetzmäßigkeiten aufweisen.

Ein Philosoph mag aber diese Aussage immer noch als unbefriedigend empfinden. Wie kann ich mir das denn vorstellen – so lautet oft die hartnäckige Frage –, daß aus dem Feuern von »materiellen« Neuronen Geist entsteht? Nirgendwo sonst scheint ein solcher *erlebnismäßiger* Abgrund zu herrschen wie zwischen materiellem Gehirn und Geist. Natürlich erwartet niemand als »Lösung«, daß ein Hirnforscher das Entstehen von Geist aus den Neuronen sozusagen auf dem Oszillographen demonstrieren könnte. Aber irgendeinen Hinweis möchte man doch gern, wie dieses »Wunder der Entstehung des Geistes« überhaupt möglich ist.

Wir erkennen die Auflösung dieses Problems, wenn wir uns

noch einmal das Selbstversuch-Beispiel vergegenwärtigen. Ich liege mit geöffnetem Schädel und freigelegtem Gehirn im Operationssaal und verfolge alles, was mit ihm geschieht, über einen Fernsehmonitor oder einen Spiegel. Ich bewege mithilfe einer geeigneten Vorrichtung die Reizelektrode über meine Cortexoberfläche, senke sie hinein und stimuliere den einen oder anderen Ort meiner Großhirnrinde. Entsprechend habe ich unterschiedliche Arten von Halluzinationen. Ich kann hiermit das »Entstehen des Geistes aus der Materie« an mir selbst nachweisen; allerdings wird mir der Vorgang dabei *erlebnismäßig* nicht im geringsten klarer. Warum nicht?

Ich bin zu Beginn dieses Kapitels als Arbeitshypothese davon ausgegangen, daß das *reale* Gehirn innerhalb der von ihm konstruierten Wirklichkeit den Unterschied zwischen »materieller« Außenwelt, Körper und Mentalem erzeugt. Außenwelt/Materie ist dann »per definitionem« alles, was *nicht* Körper oder Mentales ist, und hierzu gehört auch der Untersuchungsgegenstand Gehirn (gleichgültig, ob meines oder das eines anderen), denn zweifellos erlebe ich dieses mir äußerliche Gehirn nicht als mentales Phänomen. *Die Unterscheidung zwischen Geist und Gehirn ist eine Unterscheidung innerhalb der Wirklichkeit.* Der kritische Philosoph verlangt also vom Hirnforscher etwas Widersinniges. Er soll zeigen, wie aus dem »materiellen« Gehirn Geist wird, wo doch die Unterscheidung von »Materie« und »Geist« ein in der Wirklichkeit getroffene Unterscheidung ist. Diese Unterscheidung ist für unseren Verstand unüberwindlich, denn dies würde den Aufbau der Wirklichkeit zerstören, der unsere Existenz erst möglich macht.

Wenn ich also sage, daß das *Gehirn* »Geist« im Sinne von mentalen Zuständen hervorbringt, dann kann ich damit nicht das *wirkliche* Gehirn meinen, das ich in meinem Selbstversuch ansehe und stimuliere, und auch nicht das Gehirn, welches ich bei einem anderen Menschen untersuche. Wir stehen also vor der verwickelten Situation: Das Gehirn, welches mir zugänglich ist (das *wirkliche* Gehirn), bringt gar keinen Geist hervor; und dasjenige Gehirn, welches mitsamt der Wirklichkeit Geist hervorbringt (nämlich das *reale* Gehirn – so muß ich plausiblerweise annehmen), ist mir unzugänglich.

Dies hat für die eigene Arbeit außerordentliche Konsequenzen: Hirnforschung vollzieht sich innerhalb der Wirklichkeit und kann nur wirkliche Gehirne untersuchen, niemals reale. Ist dann nicht alle Hirnforschung zwecklos? Haben wir es nicht dann – wie Platon in seinem Höhlengleichnis meinte – grundsätzlich mit den *Schatten* der Dinge zu tun, anstatt mit den *Dingen selbst*, und wäre dann nicht Wissenschaft nur Erkenntnis über die Schatten?

Nach Platon können wir die Welt der Schatten in der Höhle verlassen und unter Anleitung der Philosophie die *Wesensschau* betreiben und die Dinge begreifen, wie sie wahrhaft sind. Dies aber ist unmöglich. Die Wirklichkeit ist die *einzige* Welt, die uns zur Verfügung steht. Wir können bewußtseinsmäßig nicht aus ihr heraustreten. Was die Hirnforschung tut, ist das, was Wissenschaft als Teil der Wirklichkeit überhaupt tun kann, nämlich die Phänomene der Wirklichkeit untersuchen und sie so deuten, daß sie *in der Wirklichkeit* Sinn machen. Diese Problematik werde ich im nächsten und letzten Kapitel noch einmal ausführlicher diskutieren.

Lebt jeder von uns in seiner einsamen Wirklichkeit?

Unter der Voraussetzung, daß die realen Gehirne, welche die Wirklichkeit hervorbringen, *individuelle* Gehirne sind, bringen sie auch individuelle Wirklichkeiten hervor. Insofern gibt es ebensoviele individuelle Wirklichkeiten, wie es reale Gehirne gibt. Jedes menschliche Gehirn ist verschieden. Zwar teilt es mit anderen menschlichen Gehirnen denselben Grundaufbau, und auch die Lokalisation der funktionalen Hirnzentren ist bei den meisten Menschen sehr ähnlich. Aber es kann hierin durchaus stärkere Abweichungen geben, ohne daß dies schwerwiegende oder überhaupt feststellbare funktionale Auswirkungen hat. Diese Veränderungen können durch geburtliche und frühkindliche Schädigungen oder notwendig gewordene operative Eingriffe verursacht sein, z. B. aufgrund von epileptischen Herden. Viele solcher Eingriffe, etwa das Entfernen großer Teile einer Cortexhemisphäre, können nach Auskunft der Fachleute bis zu einem Alter von zehn Jahren weitgehend kompensiert werden. So kann bei einer Schädigung des linken Schläfenlappens das Wernickesche Sprachzentrum in der rechten Hemisphäre neu angelegt werden, wie dies bei vielen (aber keineswegs bei allen!) Linkshändern der Fall ist. Andere Zentren, besonders diejenigen, die mit komplexen kognitiven Leistungen zu tun haben, sind auch bei »normalen« Menschen in ihrer Lokalisation sehr variabel, etwa in ihrer Verteilung auf die rechte oder linke Hemisphäre.

Aber nicht nur hinsichtlich dieser anatomischen und physiologischen Unterschiede sind Gehirne der einzelnen Menschen verschieden. Es gibt genetisch bedingte Unterschiede in der Weise, wie wir die Welt und uns wahrnehmen und wie wir handeln, d. h. in all dem, was zumindest teilweise unseren *Charakter* ausmacht, und diese Unterschiede ererben wir als eine individuelle Kombination des Erbguts von unseren Eltern. Besonders wichtig sind frühkindliche Einflüsse und Erlebnisse, die prägend auf unseren Charakter wirken und den *Rahmen* bilden, in dem spätere Erfahrungen verarbeitet werden. Dabei gilt: Je später die Einflüsse, desto stärker müssen sie wirken, um noch eine nachhaltige Wirkung zu erlangen. Dieser Prozeß ist *selbststabilisierend*: Es wird vornehmlich dasjenige aufgenommen und angeeignet, was hineinpaßt, und dasjenige verdrängt, was stört. Das heißt aber nicht, daß nicht auch in späteren Lebensjahren Erlebnisse noch unseren Charakter ändern können; diese müssen dann aber entweder krisenartige Zustände hervorrufen oder jahrelang einwirken.

Sieht also jeder die Welt nur in seiner Weise? Sind wir wirklich voneinander isoliert? Dies ist in einem bestimmten Sinne der Fall. Wie ich ausführlich beschrieben habe, ist das Gehirn von seiner Außenwelt und damit von allen anderen Gehirnen und ihren Trägern isoliert; es erfährt nur das, was die Sinnesorgane ihm in der Sprache der Neurone mitteilen. Diese Sprache enthält keine primären Bedeutungen, sondern jedes individuelle Gehirn muß sich selber Bedeutungen konstruieren. Die Konsequenzen dieses Umstandes erleben wir in jedem Augenblick, wenn wir mit anderen Menschen *kommunizieren*. Wir stellen fest, daß viele Worte und Sätze nicht selbstverständlich für jeden Menschen dieselbe Bedeutung haben. Wenn ich jemandem sage »Ich gehe jetzt zu meiner Bank«, so wird einiges an diesem Satz in seiner Bedeutung unproblematisch sein. Die Wörter »ich«, »gehe«, »zu« und »meiner« und ihre Bedeutungen sind durch jahrzehntelange Kommunikation jedem von uns geläufig; was ich aber mit »Bank« meine, muß sich aus dem *Kontext* ergeben sowie aus dem *Vorwissen*. Mein Kommunikationspartner muß dieses Vorwissen ebenfalls besitzen, um meinen Satz verstehen zu können.

Verstehen ist also möglich, wenn für einen bestimmten kommunikativen Kontext ein spezifischer *konsensueller Bereich* im Sinne von Maturana (1982) existiert, also ein Bereich, in dem Signalen durch individuelle Gehirne dieselbe Bedeutung zugeordnet wird. Verschiedene konsensuelle Bereiche können nebeneinander existieren, sie können jedoch auch eine *geschachtelte Hierarchie* bilden in dem Sinne, daß ein konsensueller Bereich den allgemeinen semantischen Kontext für speziellere konsensuelle Bereiche bildet. Wir könnten auch sagen, daß unterschiedliche konsensuelle Bereiche *aufeinander aufbauen*.

Den allgemeinsten und umfassendsten konsensuellen Bereich teilen wir mit allen Tieren, sofern diese überhaupt ein komplexeres Verhalten zeigen. Bestimmte Vorgänge und Reize haben fast überall im Tierreich dieselbe Bedeutung und werden deshalb in derselben Weise mit Verhaltensreaktionen beantwortet, auch wenn die Nervensysteme teilweise sehr unterschiedlich gebaut sind: Schnelle Annäherung eines Objekts oder das Auftauchen eines großen dunklen Schattens lösen fast überall Flucht oder Abwehrreaktionen aus; Süßes wird von sehr vielen Tieren bevorzugt, Bitteres abgelehnt, Elektroschocks werden als unangenehm empfunden; die Prinzipien der klassischen (Pavlovschen) und operanten Konditionierung (nach Skinner) gelten bei Bienen genauso wie bei Wirbeltieren; und so weiter. Ein Imker oder Bienenforscher wird durchaus der Meinung sein, daß man sich mit Bienen »verständigen« kann, sei es über derartige universell geltende Reiz-Reaktions-Beziehungen oder über erlernte Kommunikationsweisen.

Kommunikation mit Wirbeltieren ist jedoch einfacher, und noch einfacher ist sie mit Säugetieren oder gar mit Affen. Die steigende

Ähnlichkeit der Gehirne, des Verhaltens (besonders des Sozial-verhaltens) und der Art, Erfahrungen zu erwerben, verbreitert die Kommunikationsbasis erheblich. Gleichzeitig ist uns natürlich bei vielen Tieren vieles fremd; wir können uns schwer in die Welt eines Meerschweinchens oder eines Rindes hineindenken.

Mit unserem Menschsein ist uns die wichtigste Basis für Kom-munikation gegeben, nämlich die Sprachfähigkeit. Diese Sprachfähigkeit ist angeboren, ebenso das Lautrepertoire und die »sensible Phase«, in der je nach Sprachangebot eine Mutter-sprache erlernt wird. Verstehen im *engeren* Sinne hängt von spezifischeren konsensuellen Bereichen ab, nämlich von der Er-ziehung, die ich genossen und mit der ich mir Stücke von Weltbildern angeeignet habe, und schließlich von den individu-ellen Erfahrungen, die ich gemacht habe. In dem Maße, in dem ich diese immer spezifischer werdenden konsensuellen Bereiche mit anderen Menschen teile, *verstehe* ich mich mit ihnen, d. h. ich ordne bestimmten Signalen (meist Worte, aber auch Mimik und Gesten sowie Gebräuche) dieselben Bedeutungen zu. Mißverstehen ist das Fehlen solcher gemeinsamer Bedeutungs-zuordnungen. Verstehen und Mißverstehen hängen also nur wenig von unserem guten Willen ab, sondern vor allem davon, wie viel oder wie wenig wir an gemeinsamem Vorwissen und gemeinsamer Vorerfahrung mitbringen.

Verstehen stellt besondere Anforderungen, Mißverstehen nicht. *Mißverstehen ist daher der Normalfall, Verstehen hingegen der Sonderfall.*

Das Schwierige am Verstehen ist, daß wir das Vorhandensein und das Ausmaß konsensueller Bereiche nicht unmittelbar er-kennen. Das Wissen darüber, ob und inwieweit man sich ver-steht, muß ebenso durch Versuch und Irrtum in *selbstreferenti-eller* Weise ausgelotet werden wie Bedeutung. Ich teste mit jedem Satz und jeder Geste, ob mein Partner mich verstanden hat oder nicht, und er tut dies genauso (gleichgültig, ob dies be-wußt oder – wie meist – unbewußt geschieht). Die Selbstrefe-rentialität dieses Prozesses besteht darin, daß *ich* als Kommuni-kationspartner derjenige bin, der darüber entscheiden muß, ob Kommunikation gelingt oder nicht, und dabei kann ich mich ir-ren (Rusch, 1992). Selbst ein »ja« auf die Frage »Hast Du mich verstanden?« kann auf einem Irrtum meines Partners oder meiner selbst beruhen.

Freilich gibt es Situationen, in denen ein Irrtum über das Gelingen von Kommunikation ausgeschlossen erscheint. Wenn jemand zu mir sagt: »Ich gehe jetzt zur Bank« und ich wissen will, ob ich ihn richtig verstanden habe (nämlich, daß er ein Geldinstitut meint), so kann ich nachschauen, wohin er geht. Bitte ich jemanden, mir eine Gabel zu geben, so werde ich an seinem Verhalten sehen, ob er mich verstanden hat. Ich bewege mich dabei in konsensuellen Bereichen, die sich durch Handeln sehr stark verfestigt haben.

Allerdings meinen wir meist nicht derartige einfache Vorgänge, wenn wir von »Kommunikationsschwierigkeiten« reden. Diese treten dort auf, wo die Prozesse der Bedeutungszuweisungen komplex sind, z. B. einen großen *individuellen* Erfahrungshintergrund benötigen und nicht in einfacher Weise am Handeln von Personen überprüfbar sind. Wie soll ich – um eines unserer schwierigsten Kommunikationsprobleme anzusprechen – *verläßlich* herausbekommen, was meine Partnerin oder mein Partner damit meint, wenn sie/er sagt: »Ich liebe Dich«? Lügt die Person? Meint sie es ehrlich? Weiß sie, was die Worte »eigentlich« (d. h. für mich!) bedeuten? Ist sie sich über ihre eigenen Motive im klaren, wenn sie dies sagt? Insbesondere stellt sich die Frage: Wie kann ich dies alles herausbekommen? Es ergibt sich ein Vermuten und Hinterfragen, das keine letzte Gewißheit kennt und irgendwann einmal im Wittgensteinschen Sinne wie alles Fragen zu einem Ende kommt.

Wir sind nicht einsam, sofern wir an konsensuellen Bereichen teilnehmen, die uns das Gefühl vermitteln, *hinreichend* verstanden zu sein. Hinreichendes Verstehen kann in verschiedenen Situationen außerordentlich verschieden sein: Kommunikation mit dem Fahrkartenverkäufer erfordert andere Voraussetzungen als Verständigung mit meinem Fachkollegen oder mit meinem Lebenspartner. In keinem Fall ist all dies ein Austausch an Informationen im Sinne von Bedeutungen. Dies ist eigentlich eine triviale Tatsache, ihre Konsequenzen für Kommunikation, Erziehung und Wissensvermittlung und für menschliches Zusammenleben sind aber unabsehbar (Rusch, 1992; von Aufschnaiter

et al., 1992). Nichtverstehen muß der Anlaß sein, um herauszufinden: Welche *Vorerfahrung* fehlt bei mir oder beim anderen?
Welche für das Verstehen notwendige Bedeutungszuweisung ist
falsch gelaufen? Wo ist etwas in einen falschen Kontext hinein-
geraten (»falsch« natürlich immer nur für *mich*!). Der Prozeß,
der nötig ist, um dies zu ergründen, ist – wie bereits oben erwähnt – selbstreferentiell, er ist derjenige des Testens und Er-
probens, in dem ich Testsubjekt, Testobjekt und Schiedsrichter
zugleich bin.

14 Wirklichkeit und Wahrheit

In diesem letzten Kapitel möchte ich einige erkenntnistheoretische Aspekte und Schlußfolgerungen aus den voraufgegangenen
Kapiteln behandeln. Ich will mich dabei mit folgenden Fragen
beschäftigen:

1. Welchen Erkenntniswert haben unsere Wahrnehmungen?
Liefern sie uns Informationen über die Dinge der Außenwelt
oder sind sie reine Konstrukte?

2. In welchem Maße ist objektive Erkenntnis, Wahrheit, möglich?

3. Welchen ontologischen Status hat die Realität? Existiert sie
überhaupt? Wenn ja, kann man über sie etwas Sinnvolles aussagen?

Zweifellos sind dies klassische philosophische Fragen, und ich
will deshalb meine Aussagen und Behauptungen im philosophischen Rahmen diskutieren. Dies will ich als Konstruktivist tun
auf der Basis der in diesem Buch dargestellten neurobiologischen Erkenntnisse.

Ist objektive Erkenntnis möglich?

Die Frage, wie wir objektives, allgemeingültiges Wissen erwerben können und ob dies überhaupt möglich ist, hat Philosophen
und Wissenschaftler seit der Zeit der Vorsokratiker im antiken
Griechenland beschäftigt. Seitdem stehen sich Erkenntnisoptimismus und Erkenntnispessimismus (Skeptizismus) gegenüber.
Die einen sind der Überzeugung, objektives Wissen sei auf irgendeine Weise zu erlangen, während andere dies für prinzipiell
unmöglich halten, und zahllose Positionen versuchen zwischen
diesen beiden Extremen zu vermitteln (für einen Überblick vgl.
von Kutschera, 1982).

In der neuzeitlichen Philosophie unterscheidet man in der Erkenntnistheorie als typische Gegenpositionen *Realismus* und
Idealismus. Diese Standpunkte sind nicht deckungsgleich mit

Erkenntnisoptimismus und Skeptizismus. Der erkenntnistheoretische Realismus, gleich welcher Spielart, hält objektives Wissen für möglich; er geht davon aus, daß die Sachverhalte der bewußtseinsunabhängigen Welt zumindest teilweise so zu erkennen sind, wie sie *tatsächlich* sind. Der Realismus hält die Erfahrung der Dinge der Außenwelt für die einzige Quelle gesicherten Wissens. Der erkenntnistheoretische Idealismus bestreitet diese Möglichkeit; für ihn kann wahres Wissen nur aus dem Geist bzw. der Vernunft selber kommen. Er bestreitet also nicht die Möglichkeit gesicherten Wissens, sondern nur, daß es seine Wurzeln in der Erfahrung hat. Wir sehen also, daß beide Positionen, Realismus wie Idealismus, an die Möglichkeit gesicherten Wissens glauben; sie nehmen nur unterschiedliche Quellen für dieses Wissen an. Die Gegenposition zu beidem ist der Skeptizismus, der gesichertes Wissen für grundsätzlich unmöglich hält.

Die *erkenntnistheoretischen* Positionen des Realismus und des Idealismus haben wir streng von den *ontologischen* Positionen gleichen Namens zu unterscheiden. Ein *ontologischer Realismus* geht von der Existenz einer bewußtseinsunabhängigen Welt aus, d. h. einer Welt, die auch dann existiert, wenn es uns Menschen nicht gibt bzw. wenn wir sie nicht wahrnehmen. Ein *ontologischer Idealismus* (oft auch »objektiver« Idealismus genannt), wie ihn etwa Berkeley vertreten hat, hält eine solche Annahme für überflüssig oder gar widersinnig.

Der ontologische Realismus paart sich häufig mit einem erkenntnistheoretischen Realismus, ist aber durchaus vereinbar mit einem erkenntnistheoretischen Idealismus. Man kann durchaus der Überzeugung sein, daß eine bewußtseinsunabhängige Realität existiert, und gleichzeitig meinen, sie sei prinzipiell unerkennbar. Der bekannteste Vertreter einer solchen Kombination von ontologischem Realismus und erkenntnistheoretischem Idealismus ist Kant. Kant nahm in seiner »Kritik der reinen Vernunft« an, daß wir niemals die »Dinge an sich« (die »Noumena«) erkennen können, sondern daß uns nur ihre »Erscheinungen« (die »Phainomena«) gegeben sind. Unsere Sinnesempfindungen werden zwar durch die Einwirkung der »Dinge an sich« ausgelöst, sie werden aber zu geordneten Wahrnehmungen und erst recht zu Erkenntnis durch die »apriorischen Anschauungsformen« Raum und Zeit und durch die ordnende Wirkung der Kategorien, zwölf an der Zahl (Kategorien der Quantität: Einheit, Vielheit, Allheit; Kategorien der Realität: Qualität, Negation, Einschränkung; Kategorien der Relation: Substanz, Ursache, Gemeinschaft; Kategorien der Modalität: Möglichkeit, Dasein, Notwendigkeit). Diese entstammen nach Kant nicht der Erfahrung, sondern sind aller Erfahrung vorgeordnet. Die Zuverlässigkeit unseres Wissens ist durch die unbedingte Gültigkeit dieser Kategorien gewährleistet und nicht – wie im erkenntnistheoretischen Realismus – durch den Bezug auf die Realität und damit auf Erfahrung. Kants Position wird im Gegensatz zu Berkeleys Position häufig »subjektiver« Idealismus genannt.

Ein ontologischer Idealismus, der die Existenz einer bewußtseinsunabhängigen Realität leugnet, läßt hingegen nur einen erkenntnistheoretischen Idealismus zu; seine Paarung mit einem erkenntnistheoretischen Realismus wäre widersinnig, denn ich kann nicht an die (zumindest teilweise) Erkennbarkeit der Realität glauben und gleichzeitig ihre Existenz leugnen. Der ontologische oder »objektive« Idealismus muß, wenn er nicht in einem unfruchtbaren *Solipsismus* (also in der Überzeugung, daß nur ich existiere und alles andere meine Einbildung ist) enden will, annehmen, daß meine Sinneseindrücke mir von Gott eingegeben werden. Dies nehmen die bekanntesten »objektiven« Idealisten der neuzeitlichen Philosophie, Leibniz und Berkeley, in der Tat an.

Ich will mich mit der Position des objektiven Idealismus nicht weiter beschäftigen, sondern mit der ersten der oben genannten Fragen: In welchem Maße geben uns unsere Wahrnehmungen Auskunft über Dinge und Prozesse der bewußtseinsunabhängigen Realität? Können sie Grundlage objektiver Erkenntnis sein?

Alle »realistischen« Philosophen sind davon ausgegangen, daß das einzige, was uns unmittelbar gegeben und vollkommen gewiß ist, unsere Wahrnehmungserlebnisse sind. Ich mag – so das Argument – an allem zweifeln, nicht jedoch daran, daß ich diese Wahrnehmungserlebnisse habe (Descartes hat auch diese Möglichkeit in Betracht gezogen, gleichzeitig aber befunden, daß diese »größte Gemeinheit« der Güte Gottes widerspräche). Wenn es objektive Erkenntnis über die Außenwelt geben soll, dann muß sie in diesen Wahrnehmungserlebnissen enthalten und aus ihnen »herausdestillierbar« sein. Deshalb läßt sich die genannte erkenntnistheoretische Frage so umformulieren: Wie können wir bei unseren Wahrnehmungserlebnissen verläßlich entscheiden, was von der Realität stammt und was von uns bzw. unserem »Erkenntnisapparat« beigegeben wurde?

Der sogenannte naive Realist (von dem immer behauptet wird, daß es ihn »eigentlich« nicht gibt) glaubt, daß die Dinge so sind, wie wir sie wahrnehmen; unser »Wahrnehmungsapparat« bildet einfach ab und tut nichts hinzu. Hingegen stimmen alle *kritischen* Realisten darin überein, daß einiges in unserer Wahrnehmung objektiv gegeben ist, während anderes subjektive Beigabe ist. Über das Mischungsverhältnis ist man aber sehr unterschiedlicher Meinung. Der französische Philosoph Descartes glaubte ebenso wie sein englischer Kollege Locke, man könne zwischen primären und sekundären Qualitäten der wahrgenommenen Dinge unterscheiden; erstere seien objektiv gegeben, letztere hingegen subjektives Beiwerk. Für Descartes sind es zum Beispiel die geometrischen Eigenschaften der Dinge, die objektiv gegeben sind, denn sie sind »klar und deutlich« erkennbar. Bei Locke ist hingegen unklar, was er mit dieser Unterscheidung inhaltlich meint (von Kutschera, 1982). Nach allem, was ich in diesem Buch an sinnes- und neurophysiologischen Daten vorgelegt habe, ist eine Unterscheidung in »primäre« und »sekundäre« Qualitäten fragwürdig. Alles, was wir überhaupt bewußt wahrnehmen können, ist ein Konstrukt unseres Gehirns und keine unmittelbare Widerspiegelung der Realität, und dies gilt auch für scheinbar einfache Gegebenheiten wie den Ort, die Form, die Bewegung und die Farbe eines visuellen Objekts.

Eine andere gängige Unterscheidung betrifft dasjenige, was sich erfahrungsgemäß an den wahrgenommenen Dingen *wandeln* kann und was *konstant* bleibt. Ein solches Argument lautet etwa: Eine Kugel kann groß oder klein aussehen, hell oder dunkel, unterschiedlich farbig usw., sie wird immer wie eine Kugel aussehen und nicht wie ein Würfel. Ein Hund wird nicht plötzlich wie eine Katze aussehen, gleichgültig unter welchen Bedingungen er erscheint. Wir werden ein Stück Holz nicht plötzlich für eine Flüssigkeit halten. Es gibt demnach bei bestimmten Wahrnehmungen einen Kern, über den man sich nicht täuschen kann, und auf solche Wahrnehmungen kann man objektives Wissen gründen.

Kritiker dieser Position bestreiten entweder, daß es überhaupt solche objektiv gültigen Anteile unserer Wahrnehmung gibt, oder sie sind der Meinung, daß man sie zumindest *nicht verläßlich* von den subjektiven unterscheiden kann. Sie weisen darauf hin, daß es kaum etwas gibt, über das man sich *nicht* täuschen kann (Watzlawick, 1976). Gewisse Hunde können durchaus wie Katzen aussehen; eine Kugel kann zwar nicht wie ein Würfel aussehen, aber wir können sie unter bestimmten Beleuchtungsbedingungen für eine Scheibe oder eine Sichel halten (wie beim Mond), und so weiter. Und selbst dort, wo kein Irrtum möglich zu sein scheint (den Mond halte ich niemals für einen Würfel, einen Bernhardiner niemals für eine Katze), so sagt dies nur etwas über die Konstanz *meiner* Wahrnehmungsleistungen aus. Bestimmte Dinge oder Aspekte von Dingen erscheinen mir und allen anderen Menschen immer in einer bestimmten Weise, weil die Mechanismen, die sie hervorbringen, mehr oder weniger dieselben sind, aber dies ist überhaupt kein Hinweis darauf, daß diese Dinge bzw. Aspekte »objektiv gegeben« sind. Es mag durchaus sein, daß unter bestimmten Beleuchtungsverhältnissen bestimmte Gegenstände allen Menschen mit hinreichender Farberfahrung »rot« erscheinen, aber gleichzeitig weiß auch der erkenntnistheoretische Realist, daß Farbe eine »subjektive Beigabe« unseres Wahrnehmungsapparats ist.

Wir können also aus der Konstanz von Dingeigenschaften nicht zwingend auf ihre objektive Natur schließen. Konstanzleistungen wie Farb-, Form- und Dingkonstanz sind hochkomplexe Leistungen unseres Gehirns, sie sind Konstruktionen, allerdings solche, die nicht unserem Willen unterliegen. Ebenso können wir nicht aus der Tatsache, daß alle Menschen und sogar viele Tiere offenbar Dinge in derselben Weise sehen (zum Beispiel einige Dinge für größer halten als andere oder Dreiecke von Kreisen unterscheiden), eine Objektivität dieser Dinge unterstellen, sondern wir können nur auf dieselbe oder eine ähnliche Funktionsweise von kognitiven Systemen schließen.

Der Realismus
der Evolutionären Erkenntnistheorie

Eine biologisch orientierte Erkenntnistheorie auf dem Boden des Realismus stellt die »Evolutionäre Erkenntnistheorie« (EE), dar, wie sie im deutschen Sprachraum vor allem vom Physiker und Philosophen Gerhard Vollmer ausgearbeitet wurde (Vollmer, 1975; vgl. auch Riedl, 1979). Vollmer hat vor einigen Jahren auch eine lesenswerte Kritik des »subjektiven Idealismus« Kants vorgelegt (Vollmer, 1984). Dabei erhebt Vollmers Evolutionäre Erkenntnistheorie den Anspruch, an die Stelle der Kantschen Erkenntnistheorie zu treten; d. h., über die konkrete Kritik hinaus stellt die EE die Kantsche Erkenntnistheorie *grundsätzlich* in Frage. Auf die nach Vollmer fundamentale Frage jeder Erkenntnistheorie, nämlich: »Warum passen die subjektiven Strukturen menschlicher Erkenntnis auf die objektiven Strukturen der realen Welt?« antwortet die EE: Unsere Anschauungsformen und die Kategorien unserer Erfahrung sind zwar ontogenetisch a priori, d. h. unabhängig von jeder individuellen Erfahrung, aber phylogenetisch a posteriori, d. h. erworben durch gute und schlechte Erfahrungen der biologischen Art. Sie sind wie alle Merkmale biologischer Systeme das Ergebnis des *evolutiven Selektionsprozesses*, sie haben sich stammesgeschichtlich bewährt. Da nur diejenigen Merkmale zusammen mit der Art überleben, die diesem Überleben förderlich sind, kann man annehmen, daß auch unsere Anschauungs- und Denkformen überlebensadäquat sind. Dies aber bedeutet, daß sie an die Umwelt, in der unsere Vorfahren überleben mußten, angepaßt sind. Denn nur das ist überlebensfördernd, was umweltangepaßt ist. Wie – so fragen Vollmer und die anderen Vertreter der EE (z. B. Riedl, 1979) – könnte der Mensch überleben, wenn nicht unsere grundlegenden Denk- und Anschauungsformen zumindest prinzipiell richtig sind, d. h. die objektive Realität *in ihren Grundzügen* korrekt wiedergeben?

Allerdings bezieht sich die Anpassung unseres »Erkenntnisapparats« nur auf die Welt der menschlichen Dimensionen, den *Mesokosmos*. Im Bereich des sehr Kleinen und sehr Großen versagt unsere Anschauung, wenn auch nicht unser Denken. Hier hilft uns die Wissenschaft, unsere mesokosmischen Anschauungen zu transzendieren. Sie ist mithilfe einer »projektiven Erkenntnistheorie« in der Lage, die objektive Welt zu *re*-konstruieren (Vollmer, 1975).

Die EE ist in den achtziger Jahren intensiv diskutiert worden, allerdings meist von seiten solcher Philosophen, die eine Vermischung erkenntnistheoretischer und »biologistischer« Argumente und Theorieansätze grundsätzlich ablehnen. Eine der wenigen ausführlichen Stellungnahmen von seiten der Philosophie, welche nicht dieses Vorurteil aufweisen, stammt von der Tübinger Philosophin Eve-Marie Engels (Engels, 1989). Engels setzt sich kritisch mit den Hauptthesen der EE, nämlich der Anpassungsthese und dem Realismuskonzept, auseinander und plädiert dafür, Erkenntnisleistungen konsequent aus einer biologischen Perspektive zu betrachten, »um dabei Aspekte ans Licht zu fördern, die in traditionellen Ansätzen der Erkenntnistheorie zu kurz kommen oder überhaupt ins Blickfeld rücken« (S. 13). Sie vertritt dabei einen »konstruktionistischen« Ansatz (so genannt, um sich sowohl vom Erlanger wissenschaftstheoretischen Konstruktivismus als auch vom »radikalen Konstruktivismus« abzusetzen, wobei sie einem »nichtradikalen« Konstruktivismus durchaus nahesteht).

Engels betont in ihrer Kritik zu Recht die aktive Rolle von Lebewesen und ihren Charakter als Subjekte der »Konstruktion von Umwelt und Realität«. Eine revidierte EE impliziert für sie eine Neuformulierung des Anpassungsbegriffs. Anpassung ist danach »die Evolution von Erkenntnisorganen, die es ermöglichen, Realitäten auf überlebensdienliche Weise zu konstruieren sowie als die individuelle Konstruktion dieser Realitäten« (S. 333). Die von der EE vertretene Anpassungs- und Realismuskonzeption ist nach Engels mit einer konsequent evolutionsbiologischen Betrachtungsweise unvereinbar, da sie der überlebensnotwendigen kognitiven Plastizität und Variabilität des Menschen nicht gerecht wird. Darüber hinaus führt für Engel das Anpassungskonzept der EE in Verbindung mit dem Realismuskonzept zu einer internen Inkonsistenz der EE. Diese sieht Engels darin, daß sich nach der EE die menschlichen Erkenntnisstrukturen im Laufe der Stammesgeschichte an den Mesokosmos angepaßt haben sollen und daß entsprechend eine natürliche »mesokosmische« Erkenntnis den höchsten Objektivitätsgrad besitzen müßte; dieses Privileg wird aber nur der *wissenschaftlichen* Erkenntnis zugebilligt, also einer Erkenntnisform, die ein sehr spätes Produkt der Entwicklung menschlichen Geistes ist und noch keine lange evolutive Bewährungsprobe für sich beanspruchen kann.

Engels versucht diese Inkonsistenz dadurch zu beheben, daß sie auf der einen Seite von der Konstruktivität all unserer Erfahrung ausgeht, andererseits einen »Minimalrealismus« annimmt, der besagt, daß wir aus logischen Gründen von der Annahme einer wie auch immer gearteten bewußtseinsunabhängigen Realität ausgehen, ohne damit beanspruchen zu wollen, diese an sich erkennen zu können. Auf der Basis dieser »minimal-realen« Annahme konstruieren wir diejenige Welt, die von uns im Rahmen unserer Erkenntnis- und Lebenszusammenhänge als objektiv existierend und gesetzlich strukturiert angesehen wird.

Dieser Ansatz von Engels ist sehr bedenkenswert, und ich schließe mich ihm – wie noch zu zeigen sein wird – in wesentlichen Punkten durchaus an. Meine evolutionsbiologische Kritik ist allerdings schärfer als die von Engels und lautet wie folgt. Die Prinzipien der Evolution weichen z. T. erheblich von denen ab, welche die EE in der Nachfolge des Neodarwinismus annimmt. Der kritische Begriff dabei ist derjenige der *Anpassung*. Die Kritik am neodarwinistischen Adaptationsbegriff (»Pan-Selektionismus«) hat inzwischen weite Teile der evolutionsbiologischen Diskussion erfaßt (vgl. Gould und Lewontin, 1979; Wake und Roth, 1989). Wichtig waren dabei die Entdeckungen,

(a) daß viele Organismen innerhalb vieler Millionen oder sogar Hunderten von Millionen Jahren sich *nicht* wesentlich verändert haben, obwohl ihre Umwelt sich änderte (dies bezeichnet man als *Stasis*, vgl. Wake et al., 1983; Futuyama, 1990);

(b) daß umgekehrt Organismen sich zum Teil stark änderten, obwohl ihre Umwelt sich nicht änderte;

(c) daß viele Organismen offenbar deshalb überlebten, weil sie sich *nicht* eng an ihre Umwelt anpaßten, weil sie nämlich (relativ) unspezialisiert waren; und umgekehrt: daß viele Organismen deshalb ausstarben, weil sie (retrospektiv) zu eng an ihre Umwelt angepaßt waren;

(d) daß Organismen gleicher Herkunft in gleicher Umwelt sich verschieden entwickeln können, und zwar aus Gründen, die in ihren strukturellen und funktionalen Systemeigenschaften liegen.

Ganz offenbar übt die Umwelt auf die Evolution der Organismen nicht die *determinierende* Kraft aus, die ihr der Neodarwinismus zuschreibt. Der bei weitem bedeutungsvollste Faktor für den Verlauf der Evolution des Lebendigen sind die Großkatastrophen, welche in den vergangenen 700 Millionen Jahren mehrmals zwischen 50 und 95 Prozent der jeweils bestehenden Arten ausrotteten (Futuyama, 1990). Danach sind es die interndynamischen Prozesse (die physikalischen und physiologischen Existenz- und Wachstumsbedingungen, strukturelle und funktionale Kopplungen aller Art usw.), welche die Evolution entscheidend beeinflussen, indem sie das »Spielmaterial« für die Umweltselektion bietet (Wake und Roth, 1989). Auch wird die genaue Rolle der Umweltselektion häufig falsch gesehen. Wenn sich z. B. die Umwelt einer Population von Tieren stark ändert, so bestehen drei Möglichkeiten: (1) Alle sterben aus (dies geschieht häufig); (2) verschiedene Varianten überleben gleichzeitig (auch dies geschieht häufig); (3) genau eine Variante überlebt auf Dauer (dies geschieht sehr selten). Für das Überleben genügt es, gewisse Minimalbedingungen z. B. hinsichtlich Nahrungserwerb, Flucht, Reproduktion, Stoffwechsel zu erfüllen, die zur erfolgreichen Erhaltung des Individuums und der Art führen. Die Umwelt definiert diese Minimalbedingungen, sie setzt eine *untere* Grenze, sie wählt aber in aller Regel nicht den »Bestangepaßten« aus (vgl. Roth, 1986). Häufig erfüllen bei einem drastischen Umweltwandel *mehrere* Varianten die Minimalanforderungen, d. h., die Überlebensanforderungen werden durch »Alternativkompromisse« beantwortet. Dies führt zu divergenten Entwicklungen aus denselben Vorfahren. Wie ich im vierten Kapitel dieses Buches dargestellt habe, können Organismen in derselben Umwelt in ganz unterschiedlicher Weise überleben.

Was hier für den Organismus allgemein gesagt wurde, gilt auch für das Gehirn und seine kognitiven Funktionen. Die meisten Merkmale der funktionalen Organisation des Gehirns sind nur unspezifisch genetisch festgelegt, sie gehorchen überwiegend epigenetischen, selbstorganisierenden und erfahrungsabhängigen Prozessen (Purves und Lichtman, 1985). Die vergleichende Hirnforschung hat in den letzten Jahren viele Beweise dafür geliefert, daß die Hirnevolution stark eigengesetzlich verlaufen ist. Die Rolle der Umweltselektion, so stark man an sie auch glauben mag, ist für das Gehirn nirgendwo eindeutig nachgewiesen (Roth und Wullimann, 1996). Die EE nimmt daher fälschlicherweise an, der Mensch könne nur dann überleben, wenn die kognitiven Prinzipien des Menschen den Merkmalen der objektiven Welt zumindest in wesentlichen Punkten entsprechen: »Unsere Raumanschauung« – so Vollmer – »ist dreidimensional, weil die physikalische Welt es ist. Unsere Zeitanschauung ist gerichtet, weil reale Prozesse gerichtet sind. Wir geben einigen Ereignisfolgen kausale Interpretationen, anderen dagegen nicht, weil in der Natur einige Ereignisse durch einen Energieübertrag gekoppelt sind, andere nicht. Unsere Kategorien sind miteinander verträglich, weil widersprüchliche Kategorien eine widerspruchsfreie Welt nicht angemessen erfassen können« (Vollmer, 1984).

Die experimentelle Psychologie hat aber gezeigt, daß ein Kausalitätserlebnis dann auftritt, wenn zwei Ereignisse unmittelbar aufeinander folgen, unabhängig davon, ob diese Folge in einem »tatsächlichen« Kausalzusammenhang steht, durch eine dritte Ursache bewirkt wird oder rein zufällig ist (Heider, 1944; Michotte, 1966). Ebenso ist es höchst unzutreffend, wenn Vollmer sagt, unsere Raumwahrnehmung sei euklidisch, weil die mesokosmische Welt euklidisch sei. Denn menschliche Raumwahrnehmung ist nämlich gar nicht euklidisch: sie ist nicht parallelgeometrisch, nicht perspektivisch, nicht distanzgetreu; sie ist vielmehr gekrümmt und foveal, d. h. bestimmte Sehbereiche werden über- und andere untermaßstabsgerecht wahrgenommen. Die Raumwahrnehmung ist weder völlig bewegungsabhängig noch völlig bewegungsunabhängig. Der Raum um uns und besonders hinter uns ist hinzugedacht (oder hinzugefühlt). Er ist um die menschliche Nah-Aktionssphäre herum konstruiert und entspricht den Bedürfnissen der menschlichen Sensomotorik (v. Allesch, 1931; Bischof, 1966; Suppes, 1977; Metzger, 1975).

Zum anderen trifft natürlich auch die Aussage, der Raum sei *objektiv* euklidisch, nicht zu. Es gibt eine Reihe von Hypothesen über die Struktur des Raumes, euklidische wie nicht-euklidische. Alle diese Hypothesen sind Teil unserer kognitiven Welt und werden, falls sie überhaupt überprüft werden können, in dieser kognitiven Welt überprüft.

Ich teile mit der EE die Grundanschauung, daß Kognition primär ein biologisches Phänomen ist. Aus der biologisch-evolutiven Bedingtheit der Kognition und der Vermutung, daß sie *hinreichend* für das Überleben war, läßt sich jedoch keinerlei Objektivität unseres Wissens ableiten.

Ist der Konstruktivismus selbstwidersprüchlich?

Ein Einwand der Kritiker der von mir vertretenen konstruktivistischen Erkenntnistheorie lautet: Dadurch, daß wir inzwischen so viel über den Bau und die Funktionsweise des visuellen Systems wissen, können wir gerade das tun, was soeben hartnäckig bestritten wurde, nämlich unsere visuellen Bewußtseinsinhalte danach sortieren, was von außen kommt und was von unserem »Erkenntnisapparat«. Wir müssen nur die richtigen psychophysischen und neurophysiologischen Experimente machen. Die Versuchsperson, die einen Lichtpunkt sieht, mag nicht in der Lage sein, verläßlich zu entscheiden, ob diese Wahrnehmung extern oder intern erzeugt wurde, aber der Versuchsleiter kann dies, denn er hat »objektiven« Zugriff zur Außenwelt der Versuchsperson. Außerdem kann die Versuchsperson selbst durch geeignete Versuchsanordnungen im nachhinein feststellen, ob tatsächlich eine Lampe geleuchtet hat oder nicht.

Die ganze Kritik des Konstruktivismus am erkenntnistheoretischen Realismus – so das Argument – ist doch gerade auf *empirischen Evidenzen* aufgebaut. Der neurobiologische Konstruktivismus will absurderweise mithilfe objektiver naturwissenschaftlicher Forschungsresultate beweisen, daß objektive Erkenntnis nicht möglich ist. Entweder stimmt diese Kritik, dann widerlegt sie sich selbst, nämlich dann ist objektives Wissen möglich, oder sie stimmt nicht, dann liefert sie keine brauchbaren Argumente gegen den Realismus! *Der neurobiologische Konstruktivismus ist also gerade dann falsch, wenn seine Argumente gegen den Realismus richtig sind* (Nüse et al., 1991).

Diese Argumentationsweise wird auch häufig in Hinblick auf Sinnestäuschungen gebraucht. Gerade unsere Fähigkeit, Sinnestäuschungen (zum Beispiel die optischen Täuschungen) als *Täuschungen* zu erkennen – so wird argumentiert –, beweist die Möglichkeit, zu erkennen, wie Dinge tatsächlich sind. Die Erkenntnis, daß die Pfeiltäuschung eine optische Täuschung ist, gewinne ich anhand der *tatsächlichen* Verhältnisse, wenn ich zum Beispiel mithilfe eines Lineals die Strecken nachmesse. Bei sorgfältigem Messen und Beobachten kann es keinen Irrtum darüber geben, ob zwei Strecken gleich lang sind oder nicht. Wenn alles Täuschung wäre, dann könnten wir Täuschungen überhaupt nicht erkennen.

Diese Einwände gegen den neurobiologischen Konstruktivismus, obwohl sie wie schwere Geschütze erscheinen, sind relativ einfach auszuräumen. Die Kritik, der neurobiologische Konstruktivismus – so wie ich ihn vertrete – wolle seinerseits mit seinem Zweifel an der Möglichkeit objektiver Erkenntnis (im Sinne des Erkennens bewußtseinsunabhängiger Gegebenheiten) naturwissenschaftlich objektive Erkenntnisse verkünden, trifft nämlich nicht zu. Ein solches Unterfangen wäre in der Tat selbstwidersprüchlich. Erkenntnisse und Sätze der Naturwissenschaften unterliegen als Teile der Wirklichkeit deren Erkenntnisbedingungen. Wie sicher und fest Aussagen der Naturwissenschaft auch erscheinen mögen, objektive Wahrheiten zu sein, können sie nicht beanspruchen, und die meisten erkenntniskritisch geschulten Naturwissenschaftler vertreten diese

Meinung auch nicht. *Was Naturwissenschaftler bestenfalls tun können, ist ein Gebäude von Aussagen zu errichten, das hinsichtlich der empirischen Daten und seiner logischen Struktur für eine bestimmte Zeitspanne ein Maximum an Konsistenz aufweist.* Wenn ich mich als Konstruktivist innerhalb dieser Auffassung bewege, so verwickle ich mich bei der Anwendung empirischer naturwissenschaftlicher Forschungsresultate in keinerlei Selbstwiderspruch.

Was sind empirische Evidenzen?

Wie steht es innerhalb einer konstruktivistischen Erkenntnistheorie genauer mit der »empirischen Evidenz«? Ist dieser Begriff innerhalb eines Konstruktivismus nicht ein Widerspruch in sich selbst? Naturwissenschaften sind als empirische Wissenschaften per definitionem auf Beobachtungen aufgebaut, und alles, was sie behaupten, muß letztlich auf Beobachtungen gründen und bestimmten logischen Bedingungen gehorchen. Wissenschaftliche Beobachtungen sind jedoch meist nicht unmittelbare Sinneswahrnehmungen der zu untersuchenden Phänomene, sondern sind in aller Regel Beobachtungen des Verhaltens von Meßinstrumenten. Dies aus guten Gründen, denn zum einen sind die meisten Phänomene, mit denen sich die modernen Naturwissenschaften beschäftigen, nicht direkt oder grundsätzlich nicht wahrnehmbar. Niemand kann mit bloßem Auge eine Nervenzelle sehen, und ein Aktionspotential ist überhaupt nicht sinnlich wahrnehmbar. Dasselbe gilt für Moleküle und Atome, und erst recht für subatomare Teilchen, bei denen der Begriff der »realen Existenz« überhaupt fragwürdig wird.
Zweitens hat die Entwicklung der experimentellen Wissenschaft auch deshalb stattgefunden, weil selbst dort, wo direkte sinnliche Wahrnehmung möglich ist, ihre subjektive Färbung und ihre grundsätzliche Täuschbarkeit in Rechnung gestellt wird. Einige Arten von Sinneswahrnehmungen sind »subjektiver« und täuschbarer als andere. So wird niemand sich auf das Urteil »ähnlich« oder »unähnlich« einer Versuchsperson oder auf ihre ästhetischen Urteile oder ihr Zeitgefühl verlassen, während das

Urteil »größer« oder »kleiner« oder »links« oder »rechts« von einem Referenzobjekt verläßlicher ist. Unmittelbare Beobachtungen werden in den Naturwissenschaften deshalb nur dort eingesetzt, wo *erfahrungsgemäß* Täuschungen selten vorkommen, und dies trifft besonders auf das Ablesen von Meßwerten oder eines Zeigerstandes zu. Aber selbst darüber, ob ein Zeiger auf 7 oder 8 steht, kann man sich täuschen. Deshalb legt man hier Protokolle an, wiederholt das Ablesen durch andere Personen oder läßt die Meßwerte automatisch ausdrucken.

Die empirische Grundlage aller Naturwissenschaften besteht darin, daß Beobachtungen durch *andere* Beobachtungen überprüft werden, Messungen durch andere Messungen. Dadurch werden zufällige oder systematische individuelle Fehlleistungen weitgehend vermieden, die Beobachtungen werden *konsistenter* und *glaubhafter*. Im Falle der bekannten optischen Täuschungen vergleichen wir eine Beobachtung mit anderen Beobachtungen, und zwar mit solchen, die für uns eine größere Glaubwürdigkeit haben. Insbesondere vertraue ich meinen eigenen *Handlungen*. So kann ich im Falle der Pfeiltäuschung oder der Schienentäuschung mit größter Sorgfalt zwei Strecken gleichlang ziehen. Wenn ich dann die Winkel oder unparallelen Linien hinzufüge, so werden sie mir ungleich lang erscheinen. Ich werde nun aber nicht glauben, daß sich eine der Strecken gerade in diesem Augenblick verkürzt oder verlängert hat, sondern ich werde meiner voraufgegangenen Sorgfalt vertrauen und daraus schließen, daß es sich um eine Täuschung handelt.

Es gibt in unserer Wahrnehmung wie in unserem Leben Dinge, denen ich mehr vertraue als anderen, und diese ziehe ich als »Wirklichkeitskriterien« hinzu, wie wir im letzten Kapitel gesehen haben. Wahrnehmungstäuschungen werden als solche erkannt, weil sie Erfahrungen widersprechen, die wir selbst nicht vernünftigerweise in Zweifel ziehen. *Wir lernen, wem und was wir trauen können und auf wen und was wir uns wenig oder gar nicht verlassen können.*

Aber auch wenn alle Menschen auf dieser Welt seit Jahrhunderten dieselben Beobachtungen und Erfahrungen machen würden, so würde dies keine objektive Gültigkeit herstellen, sondern nur etwas darüber aussagen, wie Menschen *generell* ihre Welt sehen.

Selbst wenn wir in der Lage wären, die Beobachtungsinhalte aller Wirbeltiere zu erfahren und ihre Übereinstimmung mit unseren festzustellen, so wüßten wir nur, wie Wirbeltiere allgemein die Welt sehen, nicht aber wie die Welt an sich ist. Wir haben guten Grund anzunehmen, daß Insekten die Welt ziemlich anders wahrnehmen als wir und daß Mollusken dies wieder in anderer Weise tun. Aber selbst wenn dies nicht so wäre, was hätten wir dann gewonnen? Überdies könnten wir die Übereinstimmung der Wahrnehmungen aller anderen Tiere mit den unseren nur in *unserer* Wahrnehmungswelt feststellen, und die Insekten könnten in ihrer Wahrnehmungswelt zu ganz anderen Resultaten kommen.

Alle Meßinstrumente setzen Theorien voraus, die sich bewährt haben müssen. Auch Beobachtungen setzen Vorerfahrung voraus, wie wir gesehen haben (zum Beispiel in Hinblick auf Gestaltwahrnehmung). Alles Wissen gründet sich, wie Wittgenstein sagt, letztlich auf Anerkennung von etwas Vorgegebenem. Die Entwicklung der modernen Naturwissenschaften hat nicht nur gezeigt, daß objektive Erkenntnis unmöglich ist, sondern auch, daß sie nicht notwendig ist. Wenn es zwar keine allgemeinen Kriterien für objektives Wissen gibt, so können wir doch, wie von Kutschera (1982) sagt, eine *immanente Erkenntniskritik* betreiben (vgl. auch Schlosser, 1993). Wir können zum Beispiel ohne Rückgriff auf »absolute« Wahrheiten prüfen, ob eine Theorie konsistenter ist als eine andere, und zwar sowohl in Hinblick auf Messungen und Beobachtungen, als auch in Hinblick auf interne Stimmigkeit (ob nicht in einem Satz das Gegenteil von dem behauptet wird, was ein anderer Satz sagt; ob die Schlußfolgerungen aus den Prämissen logisch korrekt sind). Dabei ist klar, daß auch ein Höchstmaß an interner Konsistenz und Kohärenz nichts über die objektiven Gegebenheiten aussagt.

In diesem Sinne kann ich als neurobiologischer Konstruktivist durchaus mit Hilfe empirischer Evidenzen zeigen, daß ein erkenntnistheoretischer Realismus nicht gerechtfertigt ist, ohne daß ich in eine Selbstwidersprüchlichkeit gerate. Ich kann für die Wahrnehmung anderer Menschen und anderer Tiere empirisch zeigen, daß auf der Ebene komplexen bewußten (aber auch unbewußten) Wahrnehmens Anteile, die auf äußere Reize zurückgehen, und solche, die intern erzeugt wurden, ununterscheidbar sind und daß hieraus nicht verläßlich auf objektive Sachverhalte geschlossen werden kann. Daraus kann ich den höchst plausiblen Schluß ziehen, daß dies für meine eigenen Wahrnehmungen und empirischen Forschungsergebnisse ebenso gilt. Wie sollte ich vernünftigerweise behaupten, die Wahrnehmungen aller anderen Wesen seien nicht objektiv, nur meine eigenen seien es!

Um zu dem oben genannten Beispiel zurückzukehren: Ich kann innerhalb eines Experiments, in dem ich einer Versuchsperson einen einfachen visuellen Stimulus präsentiere, feststellen, ob und in welcher Weise ihre Gehirnaktivität und ihre subjektive Wahrnehmung mit der Stimulussituation korreliert ist, und daher feststellen, was reizgebunden und was intern erzeugt ist. Dies alles findet jedoch in meiner Wahrnehmungswelt statt. Die Umgebung meiner Versuchsperson ist *meine Wirklichkeit*, nicht die Realität. Nun kann die Versuchsperson dieselben Experimente bei mir machen, und wir beide bei vielen anderen Personen. Wir kommen vielleicht zu Erkenntnissen, die wir auf Teile der Menschheit oder gar auf alle Menschen verallgemeinern können. Nichtdestoweniger sagen sie nichts Objektives aus, sondern nur etwas, was innerhalb der Wirklichkeit der Menschen feststellbar ist.

Diese erkenntnistheoretische Position wäre dann durch einen kritischen Realisten widerlegt, wenn dieser beweisen könnte, daß Wahrnehmungen eindeutig identifizierbare objektive Inhalte haben, aus denen dann objektive Wahrheiten zusammengesetzt werden können. Dies könnte aber wieder nur durch empirische Evidenzen geschehen, die auf Beobachtungen und Messungen beruhen.

Was ist Wahrheit?

Wenn wir von religiösen Bedeutungen von Wahrheit absehen, so bedeutet Wahrheit in der Regel etwas, das *unter allen Umständen* richtig ist. Die Frage ist, ob es so etwas geben kann. Um

Aussagen wie »die Wahrheit Gottes«, die »Wahrheit der Ideen«, der »wahre Mensch« *zu vermeiden*, welche die Philosophiegeschichte verunsichert haben, hat man sich in der modernen Philosophie im Anschluß an Tarski darauf geeinigt, daß überhaupt nur *Behauptungen über Sachverhalte* wahr (oder falsch) sein können, niemals aber Dinge oder Prozesse. Danach ist ein Satz genau dann wahr, wenn der Sachverhalt *besteht*, den er behauptet (Tarski, 1956). Der Satz »Es regnet draußen« ist dann wahr, wenn es tatsächlich draußen regnet.

Wahrheit bemißt sich also danach, ob es möglich ist, festzustellen, ob der behauptete Sachverhalt tatsächlich vorliegt oder nicht. Dies ist an *Beobachtungen* gebunden, und alles, was wir soeben über den Aussagewert von Beobachtungen gesagt haben, gilt natürlich auch in diesem Zusammenhang. Danach kann es keine objektiven Wahrheiten geben. Diese Einsicht mag in vielen Fällen schwer akzeptierbar sein. Wenn ich nach draußen blicke und sehe es in Strömen regnen, so mag ich mich ja noch irren. Sehe ich aber gleichzeitig Menschen mit Regenschirmen auf der Straße, dann werde ich weniger zweifeln. Ich kann andere Personen befragen und schließlich selber vor die Tür treten und hinausgehen. Wenn alle Personen mir sagen: »es regnet«, und wenn ich das unabweisliche Gefühl habe, sehr naß geworden zu sein, wie soll ich dann an der Objektivität der Aussage zweifeln, daß es draußen regnet?

Selbstverständlich gibt es Täuschungen, denen alle Menschen gleichermaßen unterliegen, zum Beispiel haben alle den Eindruck, daß die Sonne morgens »aufgeht«. Niemand kann, sofern er die Erde nicht verläßt, allein aufgrund seiner Sinneswahrnehmungen diese Täuschung durchschauen, denn die Erde erscheint außerordentlich groß gegenüber der Sonnenscheibe, und deshalb interpretieren wir die Sonne automatisch als ein bewegtes Objekt vor einem stationären Hintergrund, dem »Himmelsgewölbe«, und unser Gleichgewichtssystem ist für die Drehung der Erde unempfindlich. Bis zu dem Zeitpunkt, an dem der erste Mensch Sonne und Erde gleichzeitig aus dem Weltraum erblickte, war der »Aufgang« der Sonne ein Phänomen, das sich lediglich aus einer *Theorie*, nämlich der Kopernikanischen, als Täuschung ergab.

Weiterhin muß man fragen: Für wen ist die Aussage »es regnet draußen« eine *objektive* Wahrheit? Sicherlich nur für den, der diesen deutschen Satz überhaupt versteht und den darin enthaltenen Worten den üblichen Sinn zuordnet. Wer kein Deutsch kann und/oder in seinem Leben noch nie einen Regen erlebt hat, dem wird dieser Satz keine Wahrheit vermitteln. Die Schrödingersche Wellengleichung mag eine tiefe Wahrheit über die Natur enthüllen, aber nur dem, der sie zu lesen vermag. Wahrheiten – so die Schlußfolgerungen – beruhen auf Vereinbarungen zwischen Menschen. Diese Vereinbarungen mögen sehr eng oder sehr weitgehend sein, sie mögen von uns bewußt vollzogen werden oder von uns völlig unbewußt übernommen sein. Sie bestimmen darüber, welchen Inhalt ich einer Aussage zuordne. Die Aussage »es regnet draußen« repräsentiert für diejenigen eine Wahrheit, die sich mit mir an diesem Ort befinden, ziemlich dieselbe Sinnesausrüstung haben wie ich, des Deutschen kundig sind und die enthaltenen Worte so verstehen wie ich. Dies sind eine Menge Voraussetzungen. Eine Wahrheit »objektiv« zu nennen, die an derartig viele Voraussetzungen gebunden ist, erscheint sinnlos.

Diese Kritik trifft auch auf Vollmers »hypothetischen Realismus« zu, wie er ihn im Zusammenhang mit seiner bereits erwähnten Evolutionären Erkenntnistheorie vertritt (Vollmer, 1975). So spricht Vollmer einerseits davon, alles Wissen sei hypothetisch (dem ist zuzustimmen); andererseits hält er zusammen mit Popper (1993) daran fest, daß die Welt »teilweise erkennbar und erklärbar« ist und daß es einen erkennbaren Fortschritt der Wissenschaften auf die objektive Wahrheit hin gibt. Wenn aber alles hypothetisch ist, dann auch diese Annahme. Manche Menschen glauben, die gesamten modernen Naturwissenschaften seien ein gigantischer Rückschritt gegenüber der Ideenlehre Platons oder der Schöpfungsgeschichte der Bibel. Wie kann ich absolut sicher sein, daß sie nicht recht haben? All unser Wissen ist in der Tat hypothetisch; es weist nur unterschiedliche Grade an Plausibilität, interner Konsistenz und Kohärenz auf. So kann ich jemandem, der die modernen Naturwissenschaften und ihren Naturgesetzbegriff als fundamentalen Irrtum ablehnt und dafür den Glauben an einen Gott hochhält, der unmittelbar in das tägliche Leben eingreift, *Inkonsequenz* in seinem Denken und Handeln nachweisen. Im täglichen Leben verläßt er sich nicht ständig auf göttliche Fügung, sondern darauf, daß bestimmte Dinge in vorhersehbarer Weise funktionieren. Warum sollte er sonst sein Auto zur Inspektion bringen? (Er mag natürlich mit Leibniz der Überzeugung sein, Gott habe alles eingerichtet, *als ob* es naturgesetzlich zugehe, aber dann muß er sich nach diesem *Anschein* richten).

Damit der Begriff des hypothetischen Realismus nicht ein Widerspruch in sich selbst wird, greift Vollmer zu der Vorstellung: Objektive Wahrheit existiert *an sich*, unabhängig von menschlichem Denken. Wir haben daher die Möglichkeit, die Wahrheit zu sagen, und tun das wohl auch manchmal, nur können wir nicht *mit Bestimmtheit wissen*, *wann* wir dies tun. Ich mag also in diesem Augenblick zufällig etwas objektiv Richtiges sagen bzw. schreiben, nur kann ich das nie überprüfen. Hierin folgt Vollmer K. Popper, der bei aller Betonung der Unmöglichkeit, absolutes Wissen zu *erreichen*, ebenfalls an der »Idee des objektivistischen und absoluten Wahrheitsbegriffs« festhält (Popper, 1993). Was aber hat man damit gewonnen? Was nützt mir die Idee Gottes, wenn ich gleichzeitig der Meinung bin, daß er grundsätzlich unerkennbar ist? Ich kann dann weder der »absoluten Wahrheit« noch »Gott« irgendwelche Eigenschaften zuschreiben außer der, daß beide *unerkennbar* sind. Ich tue hierbei nichts anderes als eine Größe als nicht-definierbar zu definieren.

Wie sollte eine bewußtseinsunabhängige, objektive Wahrheit überhaupt ausgedrückt werden können? Jeder Satz benötigt zu seinem Verständnis außerordentlich viele Voraussetzungen, die schlicht akzeptiert werden müssen, und dies gilt für jede mathematische Formel, die in der Physik benutzt wird. Gesichertes Wissen ist hingegen möglich, wenn wir unter »gesichert« *hinreichend plausible, konsistente, kohärente Annahmen* verstehen. Viele philosophische Diskussionen sind dadurch entstanden, daß man solch gesichertes Wissen als »objektives« Wissen bezeichnet, während man doch nur »intersubjektiv« meint (von Kutschera, 1982). Es gibt Dinge, die man unter den gegebenen Umständen nicht sinnvoll bezweifeln kann. Diese gegebenen

Umstände können sich jedoch historisch wandeln. Was Menschen noch vor dreihundert Jahren für *völlig unbezweifelbar* gehalten haben, darüber mögen wir heute lachen, genauso wie Menschen in dreihundert Jahren vielleicht über unsere unbezweifelbaren Wahrheiten lachen werden.

Kann man sinnvoll über eine bewußtseinsunabhängige Welt sprechen?

Ein gängiger Einwand gegen den Konstruktivismus lautet: Die meisten erkenntniskritischen Argumente des Konstruktivismus sind ja berechtigt, auch wenn sie nicht neu bzw. originell sind. Mit der Ablehnung der Erkennbarkeit einer bewußtseinsunabhängigen Welt geht er aber zu weit, ist er *zu radikal* (Nüse et al., 1991).

Wie wir gehört haben, waren und sind Philosophen über die Existenz und Erkennbarkeit der Realität sehr verschiedener Meinung. *Ontologische* Realisten gehen davon aus, daß es eine Realität gibt, und nehmen zusätzlich als *erkenntnistheoretische* Realisten an, daß sie erfahrungsmäßig zumindest teilweise zugänglich ist. Wie wir aber gehört haben, kann man wie Kant ontologischer Realist und gleichzeitig erkenntnistheoretischer Idealist sein. Man glaubt zwar an die Existenz einer bewußtseinsunabhängigen Welt, hält sie aber für unerfahrbar. Der schottische Philosoph und Erkenntniskritiker David Hume hielt die Idee der Existenz einer bewußtseinsunabhängigen Welt weder für beweisbar noch für widerlegbar, während Berkeley, als objektiver Idealist, diese Idee für überflüssig und gar für widerlegbar hielt (auf seine Gründe will ich hier nicht eingehen). Macht es überhaupt einen Sinn, die Existenz einer bewußtseinsunabhängigen Welt anzunehmen, wenn ich gleichzeitig über sie nichts erfahren kann? Ein Grund wäre in der *logischen* Notwendigkeit einer solchen Annahme zu suchen. Wenn ich, wie im vorigen Kapitel geschehen, davon ausgehe, daß die Wirklichkeit durch das reale Gehirn erzeugt wurde, so folgt daraus logisch, daß es eine Entität geben muß, welche nicht selbst Teil der Wirklichkeit ist. Die gesamten Ausführungen darüber, welche Funktion Wahrnehmung hat, wofür Sinnesorgane nötig sind, was sie tun, wie das Gehirn funktioniert, all dies ist natürlich unsinnig, wenn ich nicht gleichzeitig annehme, daß es eine Realität gibt, in denen ein Gehirn existiert, auf das ich diese Aussagen beziehen kann.

Dies scheint nun ein Widerspruch in sich zu sein. Erst behaupte ich, die Realität sei vollkommen unerkennbar, und nun heißt es, man könne die Annahmen innerhalb der Wirklichkeit auf sie beziehen. Ich halte meinen Standpunkt aber nicht für widersprüchlich. Obwohl erkenntnistheoretisch die Realität vollkommen unzugänglich ist, muß ich erstens ihre Existenz annehmen, um nicht in elementare Widersprüche zu geraten, und zweitens kann mir niemand verbieten, mir Gedanken über die Beschaffenheit der Realität zu machen, und zwar zu dem Zweck, die Phänomene *in meiner Wirklichkeit* besser erklären zu können. Ich darf nur keine objektive Gültigkeit hierfür beanspruchen; vielmehr unterstreiche ich den *praktischen* Wert meiner Theorie. Dies ist bei vielen Modellvorstellungen der Naturwissenschaften der Fall. So glauben Physiker nicht, daß die Atome genauso aufgebaut sind, wie es das Bohrsche Atommodell sagt. Mit ihm lassen sich aber sehr viele physikalische und chemische Dinge gut erklären.

Darüber hinaus ist es allerdings außerordentlich schwierig, sinnvoll die Frage der Beschaffenheit der Realität zu behandeln. Zuerst können wir fragen: Wo existiert die Realität? Wenn wir sagen, sie existiere »außerhalb« oder »jenseits« der Wirklichkeit, so machen wir räumliche Aussagen, die nur innerhalb meiner Wirklichkeit einen Sinn haben. Die Realität existiert nicht hinter oder jenseits der Wirklichkeit, und man kann nicht durch »Löcher« in der Wirklichkeit auf sie sehen. Ich kann nicht einmal die Grenzen der Wirklichkeit bestimmen.

Viele Philosophen haben versucht, das Wesen der Realität zu ergründen, indem sie von den Erscheinungen der Wirklichkeit alles abzogen, was offenbar nur in unserer Erfahrungswelt Gültigkeit hat. Eine derartige »erkenntnistheoretische Reduktion der Phänomene« beginnt damit, daß wir uns klarmachen, daß Dinge in der bewußtseinsunabhängigen Welt keine Farben haben, daß es dort keine Melodien gibt, keinen Rosenduft, nichts

Hartes oder Weiches. All dies, so stellen wir fest, sind »Zutaten« unseres Gehirns. Immerhin – so kann man einwenden – gehen diese Konstrukte auf *reale* Einwirkungen zurück, zum Beispiel auf Licht einer bestimmten Wellenlänge oder Überlagerungen und Abfolgen von Schalldruckwellen bestimmter Frequenz. Der sinnes- und neurophysiologisch Versierte entgegnet, daß diese Bezüge eben *nicht* eindeutig sind. Wir können ein Rot unter vielen Wellenlängenbedingungen wahrnehmen oder gar als rotes Nachbild eines grünen Reizes. Es ist dann überhaupt nichts da, was der Empfindung von »rot« eindeutig physikalisch entspräche. Im Falle dessen, was unser Gedächtnis zu den aktuellen Sinnesdaten »hinzutut«, um eine komplette Wahrnehmung herzustellen (vgl. Kapitel 11), gibt es noch nicht einmal eine »Einwirkung« von Sinnesreizen.

Ebenso sind die Größe und die Gestalt von Dingen nichts, was der Realität zukommt. Eine Gestalt, die uns als vollkommen rund erscheint, ist nicht als rundes (erst recht nicht vollkommen rundes) Gebilde auf der Netzhaut vorhanden oder in der sogenannten primären retinotopen Karte in V1/A17. Dort wird nämlich gar nichts abgebildet, sondern dort feuern Nervenzellen. Der vollkommen runde Kreis ist vollkommen rund aufgrund unseres Vorwissens.

Wir können diese Reduktion auf die Begriffe von Raum und Zeit ausdehnen und werden feststellen, daß auch sie jeden Sinn verlieren, wenn wir sie von unserer Wirklichkeit abtrennen. Der reale Raum ist – wie wir gehört haben – weder »real« dreidimensional-euklidisch noch relativistisch, sondern dies sind Vorstellungen in unserer Wirklichkeit; und Aussagen wie »oben«, »hinter« und »in« haben außerhalb unserer Wirklichkeit keine Bedeutung. Dasselbe gilt für die Zeit. Ist die Realität also völlig eigenschaftslos?

Halt! werden nun viele sagen. Es gibt sehr wohl Eigenschaften der Realität, nämlich all diejenigen, welche die Physik als die grundlegendste aller Naturwissenschaften festgestellt hat. Nicht umsonst nennen viele erkenntniskritische Philosophen und Psychologen die Realität »physikalische Welt«. Diese Wissenschaft sagt uns doch gerade, daß das Licht, wenn schon keine Farben, so doch unterschiedliche Wellenlängen besitzt, daß der Raum nicht dreidimensional-euklidisch ist, sondern in relativistischer Weise vierdimensional (mit der Zeit als einer Art vierter Dimension); sie sagt, daß dasjenige, was wir als »feste Materie« ansehen, »in Wirklichkeit« nahezu leerer Raum ist mit ein paar Molekülen und Atomen darin; und so weiter. Sie stellt Gesetzmäßigkeiten auf, die unabhängig von jedem Beobachter und in beliebigen Teilen unseres Weltalls gelten. Die von der Physik beschriebene Welt muß also identisch mit der objektiven Realität sein!

Diese Anschauung vom objektiven Charakter der Aussagen der Physik ist zwar weit verbreitet, jedoch unzutreffend. Alle Begriffe der Physik sind menschlichem Geist entsprungen und beruhen auf menschlichen Vorstellungen und Vereinbarungen, die sich in Jahrhunderten oder gar Jahrtausenden mühsam herausgebildet haben. Sie setzen andere Begriffe voraus, von denen sie abgeleitet wurden, oder sie sind nicht weiter (oder nur zirkulär) erklärbare Setzungen wie die Begriffe »Masse«, »Kraft« oder »Energie«. Die Physik bedient sich der Sprache der Mathematik, die ebenfalls nicht voraussetzungslos ist, sondern auf (nicht ableitbaren) Axiomen aufruht.

Auch muß gefragt werden, *welche* Physik die Realität widerspiegeln soll. Wie im 12. Kapitel dieses Buches erwähnt wurde, gibt es gar nicht *die eine* Physik, sondern mehrere Bereiche physikalischer Phänomene, die teilweise unabhängig voneinander existieren wie die Elektrodynamik und die Mechanik, teils zueinander partiell widersprüchlich sind wie die Mikro- und die Makrophysik. Spiegelt die Quantenphysik die Realität eher wider als die Festkörperphysik oder die Relativitätstheorie? Wollte man – wie es viele tun – die Quantenphysik als die grundlegende Darstellung der Realität ansehen, so käme man in große Schwierigkeiten bei der Frage, ob es Elektronen oder Quarks »wirklich« gibt. Die Frage nach der Realität solcher Phänomene über das physikalische Experiment hinaus ist nicht Gegenstand der Physik und ist daher auch nicht sinnvoll zu stellen, erst recht nicht, wenn man als Quantenphysiker annehmen muß, daß die Eigenschaften der untersuchten Phänomene überhaupt erst im Meßvorgang entstehen.

Dasselbe gilt für die Naturgesetze. Naturgesetze werden mithilfe von Experimenten nachgewiesen, in denen zum Teil komplizierte Meßapparaturen zum Einsatz kommen, die jede für sich nur unter sehr begrenzten Bedingungen arbeiten und spezielle Theorien voraussetzen. Außerhalb dieser Voraussetzungen gibt es keine Naturgesetze. Physik ist wie jede Naturwissenschaft eine *Beschreibung von Phänomenen der Wirklichkeit*, die an die Bedingungen dieser Wirklichkeit gebunden ist und daher einen Teil von ihr bildet. Die Physik mag die beste, kritischste oder allgemeinste Beschreibung der Phänomene der Wirklichkeit sein, aber sie übersteigt die Wirklichkeit nicht.

Letztlich ist jedes Nachdenken über die objektive Realität, sei es wissenschaftlich oder nicht, an die Bedingungen menschlichen Denkens, Sprechens und Handelns gebunden und muß sich darin bewähren. Deshalb sind die Konstrukte unseres Gehirns nicht willkürlich.

Die Auflösung der Paradoxien aus dem ersten Kapitel

Ich habe im ersten Kapitel vier Paradoxien genannt, die entstehen, wenn ich die Einsichten der Hirnforschung auf mich selber anzuwenden versuche und mir darüber klar werde, daß ich als Hirnforscher zugleich Erkenntnissubjekt, Erkenntnismittel und Erkenntnisobjekt bin. Als ein Gehirnzustand (ein bewußtes Ich) versuche ich mithilfe von Gehirnzuständen (mithilfe meines Wahrnehmens und Nachdenkens) Auskunft über Gehirnzustände zu erlangen (nämlich Wahrnehmen, Denken, Fühlen usw.). Letztlich versuche ich herauszubekommen, wie ich entstehe und wer ich bin.

Die Lösungen der (scheinbaren) Paradoxien habe ich bereits in den letzten Kapiteln geliefert, ich will sie hier der Vollständigkeit halber aber noch einmal explizit wiederholen. Die erste Paradoxie löst sich auf, wenn ich die Unterscheidung zwischen »drinnen« und »draußen« als eine Unterscheidung in meiner (vom realen Gehirn erzeugten) Wirklichkeit erkenne. Die Gegenstände meiner Wahrnehmung werden durch das Gehirn dem »draußen« zugeordnet. Die Annahme, daß sie im Gehirn entstehen, ist von uns *erschlossen*, kann aber erlebnismäßig nicht nachvollzogen werden, denn das reale Gehirn, welches »in sich« die Wirklichkeit erzeugt (was auch immer das bedeuten mag), ist mir erlebnismäßig unzugänglich.

Die Paradoxie, daß mein Gehirn ein Teil der Welt ist und sie gleichzeitig hervorbringt, wird durch die Unterscheidung zwischen realem und wirklichem Gehirn gelöst. Vom realen Gehirn nehmen wir an, daß es die Wirklichkeit hervorbringt, in der es wirkliche Organismen mit wirklichen Gehirnen gibt, die mir anschaulich gegeben sind (unter Umständen auch mein eigenes). Die *wirklichen* Gehirne enthalten aber nicht wieder die wahrgenommene Welt und bringen sie auch nicht hervor, sondern sie sind ein Teil von ihr.

Die Paradoxie, daß ich im Gehirn keine Farben, Formen, Töne, keine Gedanken und Erinnerungen entdecke, sondern Nervenzellen bzw. Verbände von Nervenzellen und ihre Aktivitäten, löst sich dadurch auf, daß dieses anschauliche Gehirn nicht dasjenige ist, welches mentale Zustände hervorbringt. Wir können in unserer Wirklichkeit nur die *Parallelität* beider Prozesse feststellen. Gleichzeitig gehen wir angesichts der Neutralität des neuronalen Codes davon aus, daß die verschiedenen Modalitäten und Qualitäten (ebenso wie alle anderen Inhalte unserer Wahrnehmung) Konstrukte des Gehirns aufgrund interner Kriterien sind, Kriterien freilich, die sich – so dürfen wir annehmen – stammesgeschichtlich und individualgeschichtlich bewährt haben (*hinreichend* waren).

Über die letzte Paradoxie, die Selbstbezüglichkeit wissenschaftlicher Erkenntnis über das Gehirn, habe ich soeben ausführlich gesprochen. Sie verschwindet, wenn ich auch als Wissenschaftler den Anspruch aufgebe, objektive Wahrheiten zu verkünden, zum Beispiel in diesem Buch. Ich kann lediglich dafür sorgen, daß dasjenige, was ich hier dargestellt habe, gehobene Ansprüche an Plausibilität und interne Konsistenz erfüllt.

Literatur

Abkürzungen: HWbPh: Historisches Wörterbuch der Philosophie, Hg. von J. Ritter und K. Gründer. TINS: Trends in Neurosciences.

Aggleton, J. P. (1992): The Amygdala: Neurobiological Aspects of Emotion, Memory, and Mental Dysfunction. Wiley-Liss, Chichester

Aggleton, J. P. (1993): The contribution of the amygdala to normal and abnormal emotional states. TINS 16: 328-333

Allesch, G. J. von (1931): Zur nicht-euklidischen Struktur des phänomenalen Raumes. G. Fischer, Jena

An der Heiden, U., G. Roth und H. Schwegler (1985): Die Organisation der Organismen: Selbstherstellung und Selbsterhaltung. Funktionelle Biologie und Medizin 5: 330-346

Anderson, J. R. (1990): Cognitive Psychology and its Implications. Freeman, New York

Asch, S. (1955): Opinions and social pressure. Scientific American 193: 31-35

Aufschnaiter, S. von, H. E. Fischer und H. Schwedes (1992): Kinder konstruieren Welten. Perspektiven einer konstruktivistischen Physikdidaktik. In: S. J. Schmidt (Hg.), Kognition und Gesellschaft. Der Diskurs des Radikalen Konstruktivismus 2. Suhrkamp, Frankfurt/M., S. 380-424

Barlow, H. B. (1953): Summation and inhibition in the frog's retina. J. Physiology (London) 119: 69-88

Basar, E., C. Basar-Eroglu, R. Parnefjord, E. Rahn und M. Schürmann (1992): Evoked potentials: Ensembles of brain induced rhythmicities in the alpha, theta and gamma ranges. In: E. Basar und T. H. Bullock (Hg.), Induced Rhythms in the Brain. Birkhäuser, Boston u. a., S. 155-181

Basar-Eroglu, C., E. Basar, T. Demiralp und M. Schürmann (1992): P300-response: possible psychophysiological correlates in delta and theta frequency channels. A review. International Journal of Psychology 13: 161-179

Basar, E., Roth, G. (1996): Ordnung aus dem Chaos: Kooperative Gehirnprozesse bei kognitiven Leistungen. In: Chaos und Ordnung. Formen der Selbstorganisation in Natur und Gesellschaft, G. Küppers (Hrsg.). Philipp Reclam jun. Stuttgart. (im Druck)

Beck, F. und J. C. Eccles (1992): Quantum aspects of brain activity and the role of consciousness. Proc. Natl. Acad. Sci. USA 89: 11257-11361

Beckermann, A. (1992): Introduction – Reductive and Nonreductive Physicalism. In: A. Beckermann, H. Flohr und J. Kim (Hg.), Emergence or Reduction? Essays on the Prospects of Nonreductive Physicalism. De Gruyter, Berlin, S. 1-21

Beckermann, A., H. Flohr und J. Kim (Hg.) (1992): Emergence or Reduction? Essays on the Prospects of Nonreductive Physicalism. De Gruyter, Berlin

Bischof, N. (1966): Psychophysik der Raumwahrnehmung. In: W. Metzger und H. Erke (Hg.), Wahrnehmung und Bewußtsein. Handbuch der Psychologie, Bd. 1,1. Hogrefe, Göttingen, S. 307-408

Bisiach, E. und G. Geminiani (1991): Anosognosia related to hemiplegia and hemianopia. In: G. P. Prigatano und D. L. Schacter (Hg.), Awareness of Deficit After Brain Injury. Oxford Univ. Press, New York, S. 17-39

Braitenberg, V. und A. Schüz (1991): Anatomy of the Cortex. Springer, Berlin u. a.

Brauer, K. und W. Schober (1976): Katalog der Säugetiergehirne. Fischer, Jena

Breidbach, O. (1993): Nervenzellen oder Nervennetze? Zur Entstehung des Neuronenkonzepts. In: E. Florey und O. Breidbach (Hg.), Das Gehirn – Organ der Seele? Zur Ideengeschichte der Neurobiologie. Akademie-Verlag, Berlin, S. 81-126

Broadbent, D. E. (1971): Cognitive Psychology, Introduction. In: A. Summerfield (Hg.), Cognitive Psychology. Brit. Med. Bulletin 27: 191-194

Brodmann, K. (1909): Vergleichende Lokalisationslehre der Großhirnrinde. Barth, Leipzig, (Nachdruck Leipzig 1985)

Bunge, M. (1984): Das Leib-Seele-Problem.Ein psychobiologischer Versuch. Mohr, Tübingen

Campenhausen, C. von (1981): Die Sinne des Menschen, Band 1: Einführung in die Psychophysik der Wahrnehmung. Thieme, Stuttgart u. a.

Carrier, M. und J. Mittelstraß (1989): Geist, Gehirn, Verhalten. Das Leib-Seele-Problem und die Philosophie der Psychologie. De Gruyter, Berlin u. a.

Changeux, J.-P. (1984): Der neuronale Mensch. Wie die Seele funktioniert – die Entdeckung der neuen Gehirnforschung. Rowohlt, Reinbek

Churchland, P. M. (1985): Reduction, qualia, and the direct introspection of brain states. J. Philosophy 82: 8-28

Churchland, P. M. (1995): The engine of reason, the seat of the soul. Bradford Book, MIT Press, Cambridge, Mass., London.

Collins, R. C. (1991): Basis aspects of functional brain metabolism. In:

Exploring Brain Functional Anatomy with Positron Tomography. Wiley, Chichester, S. 6-22

Corballis, M. C. (1991): The Lopsided Ape. Evolution of the Generative Mind. Oxford University Press, New York u. a.

Corbetta, M., F. M. Miezin, S. Dobmeyer, G. L. Shulman und S. E. Petersen (1990): Attentional modulation of neural processing of shape, color, and velocity in humans. Science 248: 1556-1559

Corbetta, M., G. L. Shulman, F. M. Miezin und S. E. Petersen (1995): Superior parietal cortex activation during spatial attention shifts and visual feature conjunction. Science 270: 802-805

Cowey, A. und P. Stoerig (1991): The neurobiology of blindsight. TINS 14: 140-145

Cramon, D. von (1988): Planen und Handeln. In: D. von Cramon und J. Zihl (Hg.), Neuropsychologische Rehabilitation. Springer, Berlin u. a.

Creutzfeldt, O. D. (1983): Cortex Cerebri. Leistung, strukturelle und funktionelle Organisation der Hirnrinde. Springer, Berlin u. a.

Crick, F. (1994): Was die Seele wirklich ist. Die naturwissenschaftliche Erforschung des Bewußtseins. Artemis und Winkler, München

Crick, F. und C. Koch (1995): Are we aware of neural activity in primary visual cortex? Nature 375: 121-123

Damasio, A. R. (1989): The brain binds entities and events by multi-regional activation from convergence zones. Neural Computation 1: 123-132

Damasio, A. R. (1990): Category-related recognition defects as a clue to the neural substrates of knowledge. TINS 13: 95-98

Damasio, A. R. (1995): Descartes' Irrtum. Fühlen, Denken und das menschliche Gehirn. List, München

Deacon, T. W. (1989): Human brain evolution: I. Evolution of language circuits. In: H. J. Jerison und I. Jerison (Hg.), Intelligence and Evolutionary Biology. Springer, Berlin u. a., S. 363-382

Deacon, T. W. (1990): Rethinking mammalian brain evolution. American Zoologist 30: 629-705

Dennett, D. C. (1994): Philosophie des menschlichen Bewußtseins. Hoffmann und Campe, Hamburg

Desimone, R., T. D. Albright und C. G. Gross (1984): Stimulus-selective properties of inferior temporal neurons in the macaque. J. Neuroscience 4: 2051-2062

DeYoe, E. A. und D. C. van Essen (1988): Concurrent processing streams in monkey visual cortex. TINS 11: 219-226

Dicke, U. und G. Roth (1994): Parallel processing in the visuomotor system of amphibians. Proceedings World Congress on Neural Networks–San Diego, IV, 340-345

Eccles, J. C. (1994): Wie das Selbst sein Gehirn steuert. Piper, München

Eckhorn, R., H. J. Reitboeck, M. Arndt und P. Dicke (1990): Feature linking via synchronization among distributed assemblies: simulations of results from cat visual cortex. Neural Computation 2: 293-307

Eckhorn, R., R. Bauer, W. Jordan, M. Brosch, W. Kruse, M. Munk und H. J. Reitboeck (1988): Coherent oscillations: A mechanism of feature linking in the visual cortex? Multiple electrode and correlation analyses in the cat. Biol. Cybernetics 60: 121-130

Eckhorn, R., R. Frien, R. Bauer, H. Kehr, T. Woelbern und W. Kruse (1993): High frequeny (50-90 Hz) oscillation in visual cortical areas V_1 and V_2 of an awake monkey are phase-locked at zero delay. Society Neuroscience Abstr. 19, 1574

Eckhorn, R. und Th. Schanze (1991): Possible neural mechanisms of feature linking in the visual system: stimulus-locked and stimulus-induced synchronizations. In: A. Babloyantz (Hg.), Self-Organization, Emerging Properties and Learning. Plenum, New York

Engel, A. K., P. König, A. K. Kreiter und W. Singer (1991): Interhemispheric synchronization of oscillatory neuronal responses in cat visual cortex. Science 252: 1177-1179

Engels, E.-M. (1989): Erkenntnis als Anpassung? Eine Studie zur Evolutionären Erkenntnistheorie

Ewert J.-P. (1974): The neural basis of visually guided behavior. Scientific American 230: 34-42

Ewert, J.-P. (1989): The release of visual behavior in toads: stages of parallel/hierarchical information processing. In: J.-P. Ewert und M. A. Arbib (Hg.), Visuomotor Coordination. Amphibians, Comparisons, Models, and Robots. Plenum, New York, S. 39-120

Feigl, H. (1958): The ›Mental‹ and the ›Physical‹, In: H. Feigl, M. Scriven und G. Maxwell (Hg.), Concepts, Theories, and the Mind-Body Problem. Minnesota Studies in the Philosophy of Science II. Minneapolis, S. 370-497

Fendrich, R., C. M. Wessinger und M. S. Gazzaniga (1992): Residual vision in a scotoma: implications for blindsight. Science 258: 1489-1491

Flohr, H. (1991): Brain processes and phenomenal consciousness. A new and specific hypothesis. Theory and Psychology 1: 245-262

Flohr, H. (1992): Die physiologischen Bedingungen des phänomenalen Bewußtseins. Forum für interdisziplinäre Forschung 1: 49-55

Flohr, H. (1995a): Sensations and brain processes. Behav. Brain Res. 71: 157-161

Flohr, H. (1995b): An information processing theory of anaesthesia. Neuropsychologia 33: 1169-1180

Florey, E. (1993): MEMORIA: Geschichte der Konzepte über die Natur des Gedächtnisses. In: E. Florey und O. Breidbach (Hg.): Das Gehirn – Organ der Seele? Zur Ideengeschichte der Neurobiologie. Akademie-Verlag, Berlin, S. 151-215

Florey, E. und O. Breidbach (1993): Das Gehirn – Organ der Seele? Zur Ideengeschichte der Neurobiologie. Akademie-Verlag, Berlin

Fodor, J. A. (1975): The Language of Thought. Crowell, New York

Fodor, J. A. (1983): The Modularity of Mind. MIT/Bradford Press, Cambridge, Mass.

Freeman, W. J. (1975): Mass Action in the Nervous System. Academic Press, New York

Frith, C. D. (1992): The Cognitive Neuropsychology of Schizophrenia. Lawrence Earlbaum, Hove, Hillsdale

Futuyama, D. J. (1990): Evolutionsbiologie. Birkhäuser, Basel

Gao, J.-H., L. M. Parsons, J. M. Bower, J. Xiong, J. Li und P. T. Fox (1996): Cerebellum implicated in sensory acquisition and discrimination rather than motor control. Science 272: 545-547

Gardner, H. (1987): The Mind's New Science. Basic Books, New York

Georgopoulos, A. P., J. F. Kalaska, R. Caminiti und J. T. Massey (1982): On the relations between the direction of two-dimensional arm movements and cell discharge in primate motor cortex. J. Neuroscience 2: 1527-1537

Goldman-Rakic, P. S.: Das Arbeitsgedächtnis. Spektrum der Wissenschaft, November 1992: 94-102

Goodale, M. A. und A. D. Milner (1992): Separate visual pathways for perception and action. TINS 15: 20-25

Goodall, J. (1986): The chimpanzees of Gombe. Patterns of behavior. Belknap Press of Harvard University Press, Cambridge Mass.

Gould, S. J. und R. L. Lewontin (1979): The spandrels of San Marco and the Panglossian paradigm. Proc. Royal Society London B 205: 581-598

Gould, S. J. (1977): Ontogeny and Phylogeny. Belknap Press of Harvard University Press, Cambridge, Mass.

Gray, C. M. und W. Singer (1987): Stimulus-dependent neuronal oscillations in the cat visual cortex area 17. 2nd IBRO-Congress Neuroscience Supplement 1301P

Gray, C. M., P. König, A. K. Engel und W. Singer (1989): Oscillatory responses in cat visual cortex exhibit inter-columnar synchronization which reflects global stimulus properties. Nature (London) 338: 334-337

Gregory, R. (1966): Auge und Gehirn. Zur Psychophysiologie des Sehens. Kindler, München

Gross, C. G. (1973): Visual functions of inferotemporal cortex. In: H. Autrum, R. Jung, W. R. Loewenstein, D. M. MacKay und H. L. Teuber (Hg.), Handbook of Sensory Physiology Bd. VII, 3B, Springer, Berlin u. a.

Grünepütt, K. (1992): Realität der Außenwelt. HWbPh Bd. 8. Schwabe, Basel, S. 206-211

Grüsser O.-J. und Grüsser-Cornehls U. (1976): Neurophysiology of the anuran visual system. In: R. Llinas und W. Precht (Hg.), Frog Neurobiology. Springer, Berlin u. a., S. 298-385

Grüsser, O.-J. (1990): Vom Ort der Seele. In: O.-J. Grüsser und F. Hucho (Hg.), Streit um die Seele. Aus Forschung und Medizin 5: 75-96

Grüsser, O. J., A. Naumann und M. Seeck (1990): Neurophysiological and neuropsychological studies on the perception and recognition of faces and facial expressions. N. Elsner und G. Roth (Hg.), Brain, Perception, Cognition. Thieme, Stuttgart, S. 83-94

Harrington, A. (1991): Beyond phrenology: Localization theory in the modern era. In: P. Corsi (Hg.), The Enchanted Loom. Oxford University Press, New York, S. 207-239

Harvey, P. H. und J. R. Krebs (1990): Comparing Brains. Science 249: 140-146

Hastedt, H. (1988): Das Leib-Seele-Problem. Zwischen Naturwissenschaft des Geistes und kultureller Eindimensionalität. Suhrkamp, Frankfurt/M.

Hebb, D. O. (1949): The Organization of Behavior. A Neuropsychological Theory. Wiley, New York

Heider, F. (1944): Social perception and phenomenal causality. Psychol. Review 51: 358-374

Heilman, K. M. (1991): Anosognosia: Possible neuropsychological mechanisms. In: G. P. Prigatano und D. L. Schacter (Hg.), Awareness of Deficit After Brain Injury. Oxford Univ. Press, New York, S. 53-62

Herring, H. und U. Schönpflug (1976): Ich. HWbPh Bd. 4. Schwabe, Basel, S. 1-18

Hobson, J. A. (1985): Sleep. Scientific American Library – W. H. Freeman & Co., New York

Hobson, J. A. (1988): The Dreaming Brain. Basic Books, New York

Hobson, J. A. und R. Stickgold (1993): The conscious state paradigm: A neurogenetic approach to waking, sleeping and dreaming. In: M. Gazzaniga (Hg.), The Cognitive Neurosciences. S. 3-28

Hofman, M. A. (1989): On the evolution and geometry of the brain in mammals. Progress in Neurobiology 32: 137-158

Hubel D. H. und T. N. Wiesel (1959): Receptive fields of single neurons in the cat's striate cortex. J. Physiology (London) 148: 574-591

Hubel D. H. und T. N. Wiesel (1962): Receptive fields, binocular inter-
action and functional architecture in the cat's visual cortex. J. Physiology (London) 160: 106-154

Hubel D. H. und T. N. Wiesel (1965): Receptive fields and functional
architecture in two non-striate visual areas (18 and 19) of the cat. J.
Neurophysiology 28: 229-289

Hubel D. H. und T. N. Wiesel (1968): Receptive fields and functional
architecture of monkey striate cortex. J. Physiology (London) 195:
215-243

Hubel D. H. und T. N. Wiesel (1978): Anatomical demonstration of
columns in the monkey striate cortex. Nature 221: 747-750

James, W. (1890): The Principles of Psychology, Nachdruck 1984, En-
cyclopedia Britannica, Chicago u. a.

Jerison, H. J. (1973): Evolution of the Brain and Intelligence. Academic
Press, New York

Jerison, H. J. (1991): Brain Size and the Evolution of Mind. American
Museum of Natural History, New York

Jung, R. (1978): Perception, consciousness and visual attention. In: P. A.
Buser und A. Rougeul-Buser (Hg.), Cerebral Correlates of Conscious
Experience. Elsevier/North-Holland, Amsterdam u. a., S. 15-36

Kandel, E. R., J. H. Schwartz und T. M. Jessell (1991): Principles of
Neural Science (3. Aufl.). Elsevier, New York

Kinomura, S., J. Larsson, B. Gulyás und P. E. Roland (1996): Activation
by attention of the human reticular formation and thalamic intrala-
minar nuclei. Science 271: 512-515

Knowlton, B. J. und L. R. Squire (1993): The learning of categories:
Parallel brain systems for item memory and category knowledge.
Science 262: 1747-1749

Köhler, W. (1929): Ein altes Scheinproblem. Naturwissenschaften 17,
395-401

Kolb, B. und I. Q. Wishaw (1993): Neuropsychologie. Spektrum Akademischer Verlag, Heidelberg u. a.

Konorski J. (1967): Integrative Activity of the Brain. The University of
Chicago Press, Chicago

Kornhuber, H. H. und L. Deecke (1965): Hirnpotentialänderungen bei
Willkürbewegungen und passiven Bewegungen des Menschen: Be-
reitschaftspotential und reafferente Potentiale. Pflügers Archiv für
Gesamte Physiologie 284: 1-17

Kupfermann, I. und K. R. Weiss (1978): The command neuron concept.
Behavioral Brain Sciences 1: 3-39

Kutschera, F. von (1982): Grundfragen der Erkenntnistheorie. De
Gruyter, Berlin

Land, E. (1959): Color vision and the natural image. Parts I and II. Proc. Nat. Academy Sciences 45: 115-129 und 636-644

Land, E. (1986): Recent advances in Retinex theory. Vision Research 26: 7-21

Leiner, H. C., A. L. Leiner und R. S. Dow (1991): The human cerebro-cerebellar system: its computing, cognitive, and language skills. Behavioural Brain Research 44: 113-128

Lennie, P., C. Trevarthen, D. van Essen und H. Wässle (1990): Parallel processing of visual information. In: L. Spillmann und J. S. Werner (Hg.), Visual Perception. The Neurophysiological Foundations. Academic Press, San Diego u. a., S. 103-128

Lettvin J. Y., H. R. Maturana., W. S. McCulloch und W. H. Pitts (1959): What the frog's eye tells the frog's brain. Proc. Inst. Radio Engineers New York 47: 1940-1951

Libet, B. (1978): Neuronal vs. subjective timing for a conscious sensory experience. In: P. A. Buser und A. Rougeul-Buser (Hg.), Cerebral Correlates of Conscious Experience. Elsevier/North-Holland, Amsterdam u. a., S. 69-82

Libet, B., C. A. Gleason, E. W. Wright und D. K. Pearl (1983): Time of conscious intention to act in relation to onset of cerebral activity (readiness-potential). Brain 106: 623-642

Libet, B. (1985): Unconscious cerebral initiative and the role of conscious will in voluntary action. Behav. Brain Sciences 8: 529-566

Lieberman, P. (1984): The Biology and Evolution of Language. Harvard University Press, Cambridge, Mass.

Linke, D. und M. Kurthen (1988): Parallelität von Gehirn und Seele. Neurowissenschaft und Leib-Seele-Problem. Enke, Stuttgart

Livingstone, M. S. und D. H. Hubel (1984): Anatomy and physiology of a color system in the primate visual cortex, J. Neuroscience 4: 309-356

Livingstone, M. S. und D. H. Hubel (1987): Connections between layer 4B of area 17 and the thick cytochrome oxidase stripes of area 18 in the squirrel monkey. J. Neuroscience 7: 3371-3377

Livingstone, M. S. und D. H. Hubel (1988): Segregation of form, color, movement, and depth: Anatomy, physiology, and perception. Science 240: 740-749

Lorenz, K. (1973): Die Rückseite des Spiegels. Piper, München

Lurija, A. R. (1991): Der Mann, dessen Welt in Scherben ging. Rowohlt, Reinbek.

MacLean, P. D. (1990): The Triune Brain in Evolution. Plenum, New York

Martin, A., J. V. Haxby, F. M. Lalonde, C. L. Wiggs und L. G. Ungerleider (1995): Discrete cortical regions associated with knowledge of color and knowledge of action. Science 270: 102-105

Maturana, H. R., Lettvin, J. Y., McCulloch, W. S. und Pitts, W. H. (1960): Anatomy and physiology of vision in the frog (Rana pipiens). J. General Physiology (Suppl. 2) 43: 129-175

Maturana, H. R. (1982): Erkennen: Die Organisation und Verkörperung von Wirklichkeit. Vieweg, Braunschweig

Maunsell, J. H. R. (1995): The brain's visual world: Representation of visual targets in cerebral cortex. Science 270: 764-769

Menzel, R. und G. Roth (1996): Verhaltensbiologische und neuronale Grundlagen von Lernen und Gedächtnis. In: G. Roth und W. Prinz (Hg.), Kopfarbeit. Kognitive Leistungen und ihre neuronalen Grundlagen. Spektrum Akademischer Verlag, Heidelberg

Merzenich, M. M., J. H. Kaas, J. Wall, R. J. Nelson, M. Sur und D. Felleman (1983): Topographic reorganization of somatosensory cortical areas 3B and 1 in adult monkeys following restricted deafferentation. Neuroscience 8: 33-55

Metzger, W. (1969): Die Wahrnehmungen als zentrales Steuerungsorgan. Ceskoslovenska Psychologie 13: 417-431

Metzger, W. (1975): Gesetze des Sehens. Kramer, Frankfurt

Metzger, W. (1975): Psychologie. Steinkopf, Darmstadt (5. Auflage)

Metzinger, T. (1991): Das Leib-Seele-Problem in den achtziger Jahren. Conceptus XXV 64: 99-114

Metzinger, T. (1993): Die gegenwärtige Situation in der Philosophie des Geistes. Information Philosophie 4: 14-24

Metzinger, Th. (1996): Bewußtsein. Beiträge aus der Gegenwartsphilosophie. Schöningh, Paderborn

Michotte, A. (1966): Die Kausalitätswahrnehmung. In: W. Metzger und H. Erke (Hg.), Wahrnehmung und Bewußtsein. Handbuch der Psychologie, Bd. 1,1. Hogrefe, Göttingen, S. 954-977

Miller, E. K., L. Li und R. Desimone (1991): A neural mechanism for working and recognition memory in inferior temporal cortex. Science 254: 1377-1379

Müller, R. A. (1991): Der (un)teilbare Geist. Modularismus und Holismus in der Kognitionsforschung. De Gruyter, Berlin

Munk, M. H. J., P. R. Roelfsema, P. König, A. K. Engel und W. Singer (1996): Role of reticular activation in the modulation of intracortical synchronization. Science 272: 271-274

Neisser, U. (1967): Cognitive Psychology. Appleton, New York

Nieuwenhuys, R., J. Voogd und Chr. van Huijzen (1991): Das Zentralnervensystem des Menschen. Springer, Berlin u. a.

Nüse, R., N. Groeben, B. Freitag und M. Schreier (1991): Über die Erfindung/en des Radikalen Konstruktivismus. Deutscher Studienverlag, Weinheim

Ogden, J. A. (1993): Visual object agnosia, prosopagnosia, achromatopsia, loss of visual imagery, and autobiographical amnesia following recovery from cortical blindness: Case M. H. Neuropsychologia. 31, 6: 571-589

Ojemann, G. A. (1991): Cortical organization of language. J. of Neuroscience 11: 2281-2287

Palm, G. (1990): Assoziatives Gedächtnis und Gehirntheorie. In: Gehirn und Kognition. Spektrum-der-Wissenschaft-Verlag, Heidelberg, S. 164-174

Papez, J. W. (1937): A proposed mechanism of emotion. Archives of Neurology and Psychiatry 38: 725-744

Peichl, L. (1992): Prinzipien der Bildverarbeitung in der Retina der Säugetiere. Biologie in unserer Zeit 22: 45-53

Penfield, W. und L. Roberts (1959): Speech and Brain-Mechanisms. Princeton University Press, Princeton

Penrose, R. (1995): Schatten des Geistes. Wege zu einer neuen Physik des Bewußtseins. Spektrum Akademischer Verlag, Heidelberg

Perrett D. I., A. J. Mistlin und A. J. Chitty (1987): Visual neurones responsive to faces. TINS 10: 358-364

Perrett, D. I., P. A. J. Smith, D. D. Potter, A. J. Mistlin, A. S. Head, A. D. Milner und M. A. Jeeves (1984): Neurones responsive to faces in the temporal cortex: studies of functional organization, sensitivity to identity and relation to perception. Human Neurobiology 3: 197-208

Perry, V. H., R. Oehler und A. Cowey (1984): Retinal ganglion cells that project to the dorsal lateral geniculate nucleus in the macaque monkey. Neuroscience 12: 1101-1123

Peterhans, E. und R. von der Heydt (1991): Subjective contours – bridging the gap between psychophysics and physiology. TINS 14: 112

Philbeam, D. und S. J. Gould (1974): Size and scaling in human evolution. Science 186: 892-901

Pogliano, C. (1991): Between form and function: a new science of man. In: P. Corsi (Hg.), The Enchanted Loom. Chapters in the History of Neuroscience. Oxford University Press, New York, S. 144-203

Pöppel, E. (1985): Grenzen des Bewußtseins. Über Wirklichkeit und Welterfahrung. Deutsche Verlagsanstalt, Stuttgart

Pöppel, E., R. Held und D. Frost (1973): Residual visual function after brain wounds involving the central visual pathway in man. Nature 243: 296

Popper, K. R. und J. C. Eccles (1982): Das Ich und sein Gehirn. Piper, München

Popper, K. R. (1993): Objektive Erkenntnis. Ein evolutionärer Entwurf. Campe, Hamburg

Posner, M. I. (1994): Seeing the mind. Science 262: 673-674

Posner, M. I. und S. Dehaene (1994): Attentional networks. TINS 17: 75-79

Posner, M. I., S. E. Petersen, P. T. Fox und M. E. Raichle (1988): Localization of cognitive operations in the human brain. Science 240: 1627-1631

Prinz, W. (1976): Kognition, kognitiv. In: HWbPh Bd. 4. Schwabe, Basel, S. 866-878

Prinz, W. (1992): Why don't we perceive our brain states? European J. of Cognitive Psychology 4 (1): 1-20

Prosiegel, M. (1991): Neuropsychologische Störungen und ihre Rehabilitation. Pflaum, München

Purves, D. und J. W. Lichtman (1985): Principles of Neural Development. Sinauer, Sunderland, Mass.

Raichle, M.E. (1994): Bildliches Erfassen von kognitiven Prozessen. Spektrum der Wissenschaft, Juni 1994, S. 56-63

Reitboeck, H. J. (1983): A multi-electrode matrix for studies of temporal signal correlations within neural assemblies. In: E. Basar, H. Flohr, H. Haken und A. J. Mandell (Hg.), Synergetics of the Brain. Springer, Berlin u. a.

Rensch, B. (1947, 3. Aufl. 1972): Neuere Probleme der Abstammungslehre. Enke, Stuttgart

Rensch, B. (1965): Homo sapiens. Vom Tier zum Halbgott. Vandenhoeck und Ruprecht, Göttingen

Rensch, B. (1968): Biophilosophie auf erkenntnistheoretischer Grundlage. G. Fischer, Stuttgart

Riedl, R. (1979): Biologie der Erkenntnis. Die stammesgeschichtlichen Grundlagen der Vernunft. Parey, Berlin

Rolls, E. T. (1984): Neurons in the cortex of the temporal lobe and in the amygdala of the monkey with responses selective for faces. Human Neurobiology 3: 209-222

Roth, G. (1985): Die Selbstreferentialität des Gehirns und die Prinzipien der Gestaltwahrnehmung. Gestalt Theory 7: 228-244

Roth, G. (1986): Selbstorganisation – Selbsterhaltung – Selbstreferentialität: Prinzipien der Organisation der Lebewesen und ihre Folgen für die Beziehung zwischen Organismus und Umwelt. In: A. Dress, H. Hendrichs und G. Küppers (Hg.), Selbstorganisation – Zur Bedeutung eines neuen disziplinübergreifenden Paradigmas für die Einzelwissenschaften. Piper, München

Roth, G. (1987): Visual Behavior in Salamanders. Springer, Berlin u. a.

Roth, G. und H. Schwegler (1995): Das Geist-Gehirn-Problem aus der Sicht der Hirnforschung und eines nicht-reduktionistischen Physikalismus. Ethik und Sozialwissenschaften (im Druck)

Roth, G. und M. F. Wullimann (1994): Die Evolution des Nervensystems und der Sinnesorgane. In: J. Dudel, R. Menzel und R. F. Schmidt (Hg.), Lehrbuch der Neurowissenschaft. VCH, Weinheim (im Druck)

Roth, G., C. Naujoks-Manteuffel, K. Nishikawa, A. Schmidt und D. B. Wake (1993): The salamander nervous system as a secondarily simplified, paedomorphic system. Brain Behavior Evolution 42: 137-170

Roth, G., Dicke, U., Wiggers, W.: Vision. In: Amphibian Biology, H. Heatwole (Hrsg.), Bd. 3: Sensory Perception. Surrey Beatty & Sons (im Druck)

Roth, G., Schwegler, H. (1995): Das Geist-Gehirn-Problem aus der Sicht der Hirnforschung und eines nicht-reduktionistischen Physikalismus. Ethik und Sozialwissenschaften 6 (1): 69-156

Roth, G., Wullimann, M. F. (1996): Evolution der Nervensysteme und Sinnesorgane. In: Neurowissenschaft. Vom Molekül zur Kognition. J. Dudel, R. Menzel, R. F. Schmidt (Hrsg.). Springer-Verlag, Heidelberg-Berlin

Rusch, G. (1992): Auffassen, Begreifen und Verstehen. Neue Überlegungen zu einer konstruktivistischen Theorie des Verstehens. In: S. J. Schmidt (Hg.), Kognition und Gesellschaft. Der Diskurs des Radikalen Konstruktivismus 2. Suhrkamp, Frankfurt/M., S. 214-256

Sacks, O. (1987): Der Mann, der seine Frau mit einem Hut verwechselte. Rowohlt, Reinbek

Sass, H.-M. (1989): Projektion. HWbPh Bd. 7. Schwabe, Basel, S. 1458-1462

Savage-Rumbaugh, S. (1984): Acquisition of functional symbol usage in apes and children. In: H. L. Roitblat, T. G. Bever und H. S. Terrace (Hg.), Animal Cognition. Earlbaum, Hillsdale, New Jersey, S. 291-310

Scheerer, E. (1992): Mentale Repräsentation in interdisziplinärer Perspektive. Report Nr. 72/1992. MIND AND BRAIN. Zentrum für Interdisziplinäre Forschung, Universität Bielefeld, Bielefeld

Schiller, P. H. und K. Lee (1991): The role of the primate extrastriate area V4 in vision. Science 251: 1251-1253

Schlick, M. (1925, 1979): Allgemeine Erkenntnislehre. Suhrkamp, Frankfurt/M.

Schlosser, G. (1993): Einheit der Welt und Einheitswissenschaft. Grundlegung einer Allgemeinen Systemtheorie. Vieweg, Braunschweig

Schmidt, S. J. (1993): Zur Ideengeschichte des Radikalen Konstruktivismus. In: E. Florey und O. Breidbach (Hg.), Das Gehirn – Organ der Seele? Zur Ideengeschichte der Neurobiologie. Akademie-Verlag, Berlin, S. 327-349

Schrödinger, E. (1958, 1986): Geist und Materie. Zsolnay, Wien u. a.

Schwegler, H. und G. Roth (1992): Steuerung, Steuerbarkeit und Steuerungsfähigkeit komplexer Systeme. In: H. Bußhoff (Hg.), Politische Steuerung. Nomos, Baden-Baden, S. 11-49

Seifert, J. (1993): Sind Geist und Gehirn verschieden? Kritische Anmerkungen zu einigen Neuerscheinungen zum Leib-Seele-Problem. Allgemeine Z. für Philosophie 18: 37-60

Sekuler R., S. Anstis, O. J. Braddick, T. Brandt, J. A. Movshon und G. Orban (1990): The perception of motion. In: L. Spillmann und J. S. Werner (Hg.), Visual Perception. The Neurophysiological Foundations. Academic Press, San Diego u. a., S. 205-230

Senden, M. von (1932): Raum- und Gestaltauffassung bei operierten Blindgeborenen vor und nach der Operation. Leipzig

Shallice, T. (1988): From Neuropsychology to Mental Structure. Cambridge University Press, Cambridge Mass.

Shapley, R. und V. H. Perry (1986): Cat and monkey retinal ganglion cells and their visual functional roles. TINS 9: 229-235

Shannon, C. E. und W. Weaver (1949): The Mathematical Theory of Communication. The University of Illinois Press, Urbana

Shepherd, G. M. (1993): Neurobiologie. Springer, Berlin u. a.

Singer, W. (1990): Einführung: Das Ziel der Hirnforschung. Gehirn und Kognition. Spektrum der Wissenschaft-Verlagsgesellschaft, Heidelberg, 7-9

Singer, W. (1990): Hirnentwicklung und Umwelt. Gehirn und Kognition. Spektrum der Wissenschaft-Verlagsgesellschaft, Heidelberg, 50-65

Skinner, B. F. (1973): Wissenschaft und menschliches Verhalten. Kindler, München

Sommer, V. (1992): Lob der Lüge: Täuschung und Selbstbetrug bei Tier und Mensch. Beck, München

Sperry, R. W. (1974): Lateral specialization in the surgically separated hemispheres. In: F. O. Schmitt und F. G. Worden (Hg.), The Neurosciences: Third Study Program. MIT Press, Cambridge Mass. S. 5-19

Spitz, R. (1952): Hospitalism. In: E. Friedman: Principles of Sociology. New York

Squire, L. R. (1987): Memory and Brain. Oxford University Press, New York

Squire, L. R. und S. Zola-Morgan (1991): The medial temporal lobe memory system. Science 253: 1380-1386

Stadler, M. und P. Kruse (1990): Über Wirklichkeitskriterien. In: V. Riegas (Hg.), Zur Biologie der Kognition. Suhrkamp, Frankfurt/M., S. 133-158

Stamp Dawkins, M. (1994): Die Entdeckung des tierischen Bewußtseins. Spektrum Akademischer Verlag, Heidelberg

Stephan, H., G. Baron und H. D. Frahm (1991): Insectivora. Comparative Brain Research in Mammals. Bd. 1. Springer, Berlin u. a.

Stöckler, M. (1992). Reduktionismus. In: HWbPh Bd. 8, Schwabe & Co., Basel

Stone, J., und B. Dreher (1979): Parallel processing of information in the visual pathways. A general principle of sensory coding? TINS 5: 441-446

Stone, J., B. Dreher und A. Leventhal (1979): Hierarchical and parallel mechanisms in the organization of visual cortex. Brain Research Reviews 1: 345-394

Stuss, D. T. (1991): Disturbance of self-awareness after frontal system damage. In: G. P. Prigatano und D. L. Schacter (Hg.), Awareness of Deficit After Brain Injury. Oxford University Press, New York, S. 63-83

Suppes, P. (1977): Is visual space euclidean? Synthese 35: 397-421

Tanaka, K. (1993): Neuronal mechanisms of object recognition. Science 262: 685-688

Tarski, A. (1956): Logic, Semantics, Metamathematics. Clarendon Press, Oxford

Terrace, H. S., L. A. Petitto, R. J. Sanders und T. G. Bever (1979): Can an ape create a sentence? Science 206: 891-902

Ungerleider, L. G. und M. Mishkin (1982): Two cortical visual systems. In: D. J. Ingle, M. A. Goodale und R. J. W. Mansfield (Hg.), Analysis of Visual Behavior. MIT Press, Cambridge, Mass., S. 549-586

Ungerleider, L. G. (1995): Functional brain imaging studies of cortical mechanisms for memory. Science 270: 769-775

Van Essen, D. C., C. H. Anderson und D. J. Felleman (1992): Information processing in the primate visual system: An integrated systems perspective. Science 255: 419-423

Vollmer, G. (1975): Evolutionäre Erkenntnistheorie. Hirzel, Stuttgart

Vollmer, G. (1984): Kant und die Evolutionäre Erkenntnistheorie. Allgemeine Z. für Philosophie 9: 19-71

Von der Malsburg, C. (1983): How are nervous structures organized? In: E. Basar, H. Flohr, H. Haken und A. J. Mandell (Hg.), Synergetics of the brain. Springer, Berlin u. a., S. 238-249

Wake, D. B., G. Roth und M. H. Wake (1983): The problem of stasis in organismal evolution. J. theoretical Biology 101: 211-224

Wake, D. B. und G. Roth (1989): The linkage between ontogeny and phylogeny in the evolution of complex systems. In: D. B. Wake und G. Roth (Hg.), Complex Organismal Functions: Integration and Evolution in Vertebrates. Wiley, Chichester, S. 361-377

Watzlawick, P. (1976): Wie wirklich ist die Wirklichkeit? Wahn, Täuschung, Verstehen. Piper, München

Weiskrantz, L. (1986): Blindsight: A Case Study and Implications. Oxford University Press, Oxford

Weiskrantz, L. (1988): Thought without Language. Oxford University Press, Oxford

Wilson, F. A. W., S. P. O. Scalaidhe und P. S. Goldman-Rakic (1993): Dissociation of object and spatial processing domains in primate prefrontal cortex. Science 260: 1955-1958

Wilson, H. R., D. Levi, L. Maffei, J. Rovamo und R. DeValois (1990): The perception of form: retina to striate cortex. In: L. Spillmann und J. S. Werner (Hg.), Visual Perception. The Neurophysiological Foundations. Academic Press, San Diego u. a., S. 231-272

Young, D. (1989): Nerve Cells and Animal Behavior. Cambridge Univ. Press, Cambridge

Young, P. und S. Yamane (1993): Sparse population coding of faces in the inferotemporal cortex. Science 256: 1327-1332

Zeki, S. M. (1992): Das geistige Abbild der Welt. Spektrum der Wissenschaft, November 1992: 54-63

Zihl, J., D. von Cramon und N. Mai (1983): Selective disturbance of movement vision after bilateral brain damage. Brain 106: 313-340

Zrenner, E., I. Abramov, M. Akita, A. Cowey, M. Livingstone und A. Valberg (1990): Color perception: Retina to cortex. In: L. Spillmann und J. S. Werner (Hg.), Visual Perception. The Neurophysiological Foundations. Academic Press, San Diego u. a., S. 163

Register